JACQUES SALOMÉ

Du meilleur de soi au meilleur de l'autre

Vivre avec les autres
Vivre avec les miens
Vivre avec soi

J'AI LU

Collection dirigée par Ahmed Djouder

VIVRE AVEC LES AUTRES

« Aucun homme de génie, aucun saint, aucun Dieu ne peut enseigner à un homme comment il doit vivre. Chacun doit découvrir en lui-même sa propre sagesse, la science secrète de l'âme. »

Maurice MAGRE

Je crois avoir passé l'essentiel de ma vie à tenter de mettre des mots sur ce qui me paraissait être de l'ordre de l'indicible et, depuis quelques années seulement, commencer à nommer l'insupportable de la souffrance, apprivoiser l'infinie subtilité des sentiments, entendre l'intensité des émotions et reconnaître la dimension sacrée de l'amour.

Les mots de ce livre furent longtemps cachés, enfermés par le secret qu'impose la pudeur, confinés dans des carnets que je gardais sous clef dans mon bureau. Et puis un jour, les feuillets de ces carnets furent trop étroits, le tiroir aussi, l'ensemble déborda et… se répandit dans un livre, puis un second…

Je crois profondément, comme Christian Bobin, que « *Très peu de paroles s'échangent chaque jour, vraiment très peu. Peut-être ne tombe-t-on amoureux que pour commencer à parler ? Peut-être n'ouvre-t-on un livre que pour commencer à entendre ?* ».

Mais peut-être ne commence-t-on à voir que pour mieux s'égarer dans la réalité ?

Chaque jour… la vie

Notre vie est sans cesse traversée d'interrogations et de questionnements divers, parsemée de découvertes et de doutes. Tour à tour vouée à l'émerveillement et au découragement suscités par des rencontres, blessée ou stimulée de nouveau par des séparations ou des pertes, nourrie enfin par tout l'humus de l'existence grâce auquel nous pouvons faire face, nous tenir debout et ainsi construire notre quotidien.

Je crois qu'il nous appartient, ce faisant, d'accueillir, de protéger et d'agrandir la parcelle de vie que nous avons reçue. Parcelle de vie unique, qui fut déposée au moment de notre conception, puis bercée et nourrie durant le temps de la gestation, enfin proposée au monde et à l'ensemble de l'univers au moment de la naissance. Puis développée, enrichie tout au long de l'existence, pour être restituée plus pleinement au moment du passage dans l'au-delà.

Voilà ce que je considère comme le sens de ma vie : donner plus de vie à la vie.

Les situations proposées dans ce livre, le premier d'une trilogie (les deux autres porteront sur les relations de couple et familiales, et sur le rapport à soi), sont des invitations au dépassement de soi pour devenir enfin ce que nous sommes : des femmes et des hommes responsables, conscients, ouverts à la plus difficile des libertés, la liberté d'être. J'espère que ces textes permettront à ces femmes et à ces hommes d'en trouver les chemins, différents et uniques pour chacun.

Civisme et plaisir de vivre ensemble

Rappelons la sagesse des Peuls :

de 0 à 21 ans il faut se former en apprenant avec les autres,
de 21 à 42 ans il faut se former en travaillant,
de 42 à 63 ans il faut se former en formant les autres,
de 63 à 84 ans il faut se former en racontant l'histoire de la tribu ou du clan aux autres,
au-delà de 84 ans, quand on y arrive, tout est possible !

Dire bonjour, une coutume qui se perd

Encore aujourd'hui à la campagne, il nous arrive de saluer, de dire bonjour, non seulement lorsque nous rencontrons quelqu'un de connu, mais aussi quand nous croisons un inconnu. Nous avons parfois le goût de nous arrêter pour bavarder, partager l'instant d'une rencontre, voire lier connaissance. En ville, cela ne se fait plus. Un tel comportement semble inutile ou impossible : il y a tellement de monde, tant d'inconnus – et nous n'avons pas le temps, nous sommes si pressés ! Si bien que depuis quelques décennies la coutume qui consistait à souhaiter le bonjour s'altère. Nous oublions de saluer, de faire ce cadeau simple, reconnaître l'autre, lui donner une existence. Le mot ne vient plus à nos lèvres. L'anonymat, l'indifférence s'installent, parfois même une agressivité méfiante voit le jour. Nous omettons d'adresser un geste, une parole, un petit signe de tête montrant que nous prenons en compte la présence de l'autre. Nous avons pris l'habitude de nous côtoyer avec prudence, avec méfiance, parfois même avec un peu de peur au ventre.

Dire bonjour, c'est un début d'apprivoisement, c'est l'amorce d'un échange, d'un lien. La meilleure façon de le faire consiste à prendre le temps de le dire en regardant celui ou celle à qui ce vœu de « bon jour » s'adresse. Si vous ajoutez un sourire avec l'ouverture du cœur, vous semez un peu plus d'amour et de paix dans le monde. Vous changez parfois ainsi la qualité de la journée de l'interlocuteur – et de la vôtre !

Dire bonjour, c'est originellement souhaiter (et non prédire) une journée belle et bonne. C'est offrir un clin d'œil bienveillant à un inconnu, comme un viatique pour supporter la journée qui s'annonce.

Le bonjour automatique, en conserve, n'a ni goût ni effet. Il s'accompagne souvent d'une phrase stéréotypée, dévitalisée telle que « Comment allez-vous ? », censée s'enquérir de l'état de bien-être (et non de la santé) de l'autre. Si bien que lorsque ce dernier nous répond avec sincérité « Je ne vais pas bien » ou « Ça ne va pas du tout », il nous surprend, nous déstabilise, voire nous plonge dans la confusion. Le pire bonjour me semble être celui que l'autre nous adresse (et qu'il nous arrive aussi d'adresser !), tête baissée ou en regardant ailleurs. S'il s'accompagne d'une main molle et sans âme, alors notre journée risque d'être altérée et polluée pour plusieurs heures !

Oser dire bonjour, c'est saluer l'imprévisible de la vie.

« C'est l'attention à l'autre qui fait circuler plus vite l'énergie de la vie. »
Christiane Singer

Politesse et courtoisie

La politesse et la courtoisie, ou l'art des bonnes manières, ont pour fonction essentielle de veiller à ne pas provoquer la gêne d'autrui, ou à ne pas porter préjudice à autrui, et pour finalité de mettre de l'huile dans les relations interpersonnelles et les rouages sociaux. Il s'agit le plus souvent d'un ensemble d'attitudes et de comportements, codifiés au sein d'une culture donnée : leur respect permet à chacun de se sentir mieux, ou tout au moins d'être à l'aise en présence d'autrui. En étant poli ou courtois, nous sommes dans l'ordre de la proposition, de l'invitation, de l'offrande gratuite d'un côté, et de la discrétion, de l'ouverture ou de la disponibilité, de l'autre.

Dire bonjour, au revoir, tenir la porte, enlever son chapeau ou sa casquette en présence d'une femme représentent un minimum bien que ces manières soient aujourd'hui de moins en moins respectées. La politesse est pourtant l'une des réponses élémentaires apportées au besoin de reconnaissance, de confirmation et d'estime de soi qui habite chacun d'entre nous. En témoignent nos réactions, par lesquelles nous confirmons que nous avons reçu le cadeau de cette attention : « Quand je suis l'objet d'une attention particulière, je me sens meilleur », « Chaque fois que quelqu'un me témoigne une marque de politesse, j'ai envie d'être plus gentille », « Quand on me salue, c'est une vague de chaleur bienveillante qui me parcourt ».

Une marque de politesse venant d'autrui est l'indice que quelqu'un non seulement tient compte de notre existence, mais nous reconnaît une valeur. De notre part, elle est un mouvement vers l'autre indiquant que nous ne sommes pas porteur d'intentions négatives ou malveillantes. Le respect n'est pas un dû, mais une offrande qui peut confirmer l'estime de soi, donner le sentiment d'un épanouissement et procurer un bien-être intérieur.

Dans les pays d'Afrique, la vieillesse étant associée à la sagesse, les personnes âgées sont l'objet de marques de respect… très respectées. Chez nous, la vieillesse n'est plus honorée, car elle est le plus souvent associée à de la faiblesse, voire à l'inutilité. Ce qui confirmera le sentiment douloureux éprouvé par beaucoup de personnes âgées, de se sentir inutiles : « On n'a plus besoin de nous, je ne sers plus à rien… »

L'impolitesse, avec la disparition des gestes et attitudes élémentaires de courtoisie qui adoucissent et lubrifient même les rapports humains, est le début de l'incivilité. Et l'incivilité, le non-respect des personnes et des biens communs, est le terreau de la violence. Beaucoup d'actes de violence sont liés à des blessures d'amour-propre. Interpeller un jeune en lui disant : « Tu pourrais être poli, espèce de petit con ! » n'est pas la meilleure façon de l'inciter à l'être.

Dans le maquis des bonnes manières, il peut nous arriver de nous égarer, mais nous perdre sans arrêt suppose beaucoup de compétences.

De petits gestes, de minuscules attentions…

J'ai fait dans ma vie beaucoup de choses pour les autres, du moins je m'étais donné cet alibi propre à renforcer une image positive de moi. En y regardant d'un peu plus près, je découvre qu'en réalité j'ai fait beaucoup pour moi, pour nourrir une sorte de bien-être intime.

Ainsi, quand je dis « Bonjour », « Merci » « Je vous en prie » « Après vous », « S'il vous plaît », « Serait-il possible de… », je le fais pour l'autre mais aussi à mon intention. Ce faisant, j'ai le sentiment de me respecter, de maintenir et de garder vivant mon goût de la vie : minuscules attentions, clins d'œil de reconnaissance, c'est tout petit, tout petit, parfois imperceptible, mais cela laisse une trace, nourrit un échange, embellit une journée. Cela ne vise pas à changer le monde, cela ne diminue pas la misère ou l'injustice, mais permet simplement de mieux faire circuler un peu de bon, davantage d'humanitude. Un sourire esquissé à l'intention d'une passante que je ne connais pas, une caresse légère sur la tête d'un enfant qui freine mon avancée dans un magasin, un temps d'arrêt pour inviter un plus pressé que moi à passer, une invitation de la main pour permettre à un autre de me dépasser…

Il m'arrive parfois d'oser plus, d'adresser la parole à un inconnu dans le train, d'offrir un marque-page à une femme qui lit un livre que j'ai aimé, de proposer mon aide pour porter un sac… Je trouve d'ailleurs que je n'ose pas assez, que je devrais offrir plus, que je devrais m'interdire moins. Mais je subis encore l'effet de séquelles de la répression imaginaire qui m'a longtemps habité. Surtout vis-à-vis des femmes. J'ai peur qu'elles imaginent que je leur fais la cour ou même que je les drague, que je cherche autre chose ou voudrais aller plus loin, qu'elles puissent croire que je souhaite une aventure, comme on disait autrefois.

Avec l'âge, je trouve cependant que je me censure moins, que j'ose plus, que je m'autorise davantage. M'autoriser dans le sens de devenir auteur de ma vie. Et je suis toujours émerveillé, ébloui, plein de gratitude joyeuse, ému quand quelqu'un me parle spontanément, m'interpelle, fait un commentaire à mon intention et le partage. Une bouffée de chaleur, de bien-être, m'envahit, un sentiment de confirmation et de reconnaissance de mon existence.

Quand je vais au Québec, je suis chaque fois touché par la spontanéité, par la liberté avec laquelle les femmes, par exemple, abordent les hommes, sans afféterie, sans arrière-pensée, ni fausse coquetterie. Avec une liberté de ton, une ouverture d'esprit leur permettant d'entamer immédiatement un dialogue intime et concret où souvent le plus intime de leurs ressentis, de leurs sentiments, de leurs émotions mousse, déborde et entraîne des échanges ouverts, percutants.

Lorsque j'étais enfant, j'admirais les garçons de mon âge qui entraient facilement en relation avec les filles. Je tentais de voir et de retenir comment ils s'y prenaient, quelle phrase, quel mot, quelle plaisanterie ils utilisaient pour capter l'attention, l'intérêt des autres. En vain. Aujourd'hui encore, j'ai tout à apprendre pour oser... Oser encore et encore le plaisir d'ouvrir une relation avec un inconnu !

Je ne savais pas que j'avais déposé
en ta paume le soupir du soleil,
un sourire de pluie, la rosée d'une attente,
mais toi tu avais su les recevoir.

La beauté de l'instant

Je trouve que la beauté a de nos jours de plus en plus de mal à trouver sa place et à être reconnue et valorisée. Elle me semble absente de nombreux lieux et espaces, ou fugace et fragile lors de manifestations plus éphémères. Et je regrette qu'elle soit « mise en conserve » dans des expositions et enfermée dans des musées.

De quelle beauté est-ce que je parle ? me demandera-t-on. De celle qui s'offre aux yeux, qui nous ravit et nous comble quand elle saisit notre âme ? De celle qui suscite l'accord de ma bien-aimée et de moi-même et nous rapproche ainsi davantage ? De celle, plus officielle, que la ville d'Avignon a tenté de glorifier en ses murs, l'été de l'an 2000, sous le simple nom de : La Beauté ? Ou de la beauté un peu lasse de s'exhiber dans des galeries dites d'art où elle est mise en vente ?

Je souhaite parler de la beauté de l'instant. Beauté fragile d'un clair de lune qui se dessine dans le cadre de ma fenêtre. Beauté ciselée par la lumière du soir, auréolée par l'étonnement des bourgeons de l'amandier que j'ai planté, il y a trois ans, non loin d'un érable du Japon. Beauté d'une tête de Bouddha taillée dans une pierre du bout du monde...

La beauté est faite d'un ensemble de petits clins d'œil à la vie qui, soudain rassemblés, illuminent l'instant.

Dans les écoles, une éducation à la beauté pourrait être une matière à part entière. Elle consisterait à apprendre aux enfants à ralentir le cours des heures, à s'arrêter au présent, juste un instant, pour prendre le temps de poser un regard sur le monde, d'effeuiller une odeur, de laisser scintiller et s'accorder deux couleurs, ou simplement d'écouter la résonance de deux notes.

Je viens d'un milieu où l'urgence de gagner sa vie pour survivre passait au premier plan. La beauté trouvait pourtant le moyen de se dire dans le beau geste qu'avait ma mère pour essuyer le bec et le ventre d'une cruche de terre cuite avant de la poser sur la table. Dans la façon dont mon père prenait l'immense miche de pain contre sa poitrine et, avec son opinel, faisait un large signe de croix sur le plat du pain (lui qui votait communiste !), à l'envers du dessus décoré et croustillant. Et quand il déposait délicatement la large tranche de pain au bord de nos assiettes, son geste donnait à celle-ci une ampleur magnifique.

La beauté s'accompagne parfois de la conscience du sacré qui anime les actes et les accords du quotidien. Ce mouvement rapide de la main droite de ma mère pour relever une mèche de cheveux indociles sur nos fronts d'enfants, ou le glissement très doux de son index près de l'œil pour lisser une ride fatiguée quand elle se préparait à sortir. « Au-dehors il faut savoir se tenir. Se faire beau ne coûte rien, c'est juste une attention envers autrui et du respect envers soi », aimait-elle à dire.

J'aimerais que ces attentions, ce respect puissent se transmettre et continuer d'embellir ainsi chaque instant de l'existence.

Une forme de générosité consisterait à s'émerveiller du cadeau que représente le seul fait d'exister à chaque instant de la vie.

Accorder à un proche la liberté de mourir

Il peut sembler scandaleux d'entendre dire, comme je l'ai entendu chez une connaissance proche : « Quelques jours avant sa mort, j'ai donné à mon père la permission de mourir. Je crois qu'il m'a entendue. Il souffrait terriblement, précisa cette femme (sa fille préférée), je voyais bien qu'il s'interdisait de mourir, comme s'il avait peur de nous faire de la peine en disparaissant... Il nous disait souvent à mon frère et à moi : "Que va devenir votre mère si je meurs ?" Il se sentait responsable d'elle et s'interdisait de disparaître avant elle. »

Je crois, comme cette femme, que nous pouvons donner à quelqu'un qui touche à la fin de son cycle de vie la permission de lâcher prise sur l'existence, d'oser passer de l'autre côté. Beaucoup de personnes âgées, malades ou en souffrance de vie, s'interdisent en quelque sorte de lâcher prise parce qu'elles ont le sentiment très fort que leur mission n'est pas achevée, que l'on a encore besoin d'elles, que leurs proches ne s'en sortiront pas si elles viennent à disparaître...

Je crois qu'oser témoigner de la liberté de mourir est un acte d'amour de notre part, les enfants, quand il s'agit de nos parents, et de la part des proches et des amis. « Mais oui, tu as le droit de mourir. Tu as le droit de terminer ta vie dans la dignité, dans la plénitude avec toi-même. C'est à toi de le décider pour toi », pourrions-nous dire.

Le plus souvent, par pseudo-respect, nous faisons l'inverse. Nous forçons en quelque sorte la personne à continuer à vivre. Nous la bousculons, croyant l'invigorer nous nions sa réalité intime. Pensant l'aider ou la rassurer, nous l'incitons à lutter et à se battre contre la mort, mais ce faisant nous combattons surtout nos peurs, nous voulons atténuer notre désarroi, justifier notre rôle d'aidant : « Mais non, il ne t'arrivera rien de grave, le docteur a dit que tu étais solide comme un roc, que tu pouvais encore vivre des années... », « Allez, arrête d'avoir des idées noires, tu sais que nous ne voulons pas que tu meures, nous sommes là pour t'aider. » Nous cherchons ainsi à prolonger la vie de celui ou celle qui voudrait peut-être passer de l'autre côté et se reposer, arrêter de lutter ou de souffrir, se dissoudre dans les limbes de l'infini.

Il n'existe pas de recettes ou de formules toutes faites en la matière.

Il appartient à chacun, dans sa liberté intérieure et en accord avec lui-même, de trouver les mots et le courage d'oser dire : « Si tu sens que ton temps de vie est arrivé à son terme, tu as le droit de lâcher prise et de passer de l'autre côté. » Une telle autorisation, entendue dans le sens de rendre l'autre auteur, c'est-à-dire créateur, est un cadeau précieux que nous devrions oser offrir.

« Mon père est entré vivant dans la mort avec une grâce enfantine qui m'a bouleversée, lui que j'avais toujours connu grave, pondéré et plutôt en retrait de la vie », me disait aussi cette femme.

Une conscience citoyenne

En regardant vivre mes enfants, aujourd'hui devenus des adultes, j'ai été amené à m'interroger sur la façon dont se construit une conscience citoyenne. Comment se développe une conscience alliée à de la lucidité, à un sens critique, à une capacité d'engagement, et, pourquoi pas, à des combats pour un monde meilleur ?

J'ai peu de doutes sur l'éthique de vie et sur les valeurs de respect de soi et des autres que j'ai tenté d'inculquer à mes enfants. Mais j'ai quand même l'impression diffuse que je n'ai pas assez témoigné, dans ma propre vie et devant eux, des valeurs qui m'ont accompagné, construit et soutenu.

Bien sûr, nous avons eu d'innombrables discussions sur des sujets « chauds », révélateurs du dysfonctionnement de notre société : les scandales concernant l'argent facile et l'argent sale, la non-fiabilité des hommes politiques, les disparités sociales, le sida, la drogue, le chômage, les immigrés, la manipulation des guerres, le racisme, la torture, la violence...

Lorsqu'il m'arrive d'y penser, il me semble pourtant que nous nous échauffions davantage quand il s'agissait d'événements et de situations qui se situaient à des milliers de kilomètres que lorsque ces événements concernaient notre pays, notre région. Dans ce dernier cas nous avions des réactions plus feutrées, moins passionnées. Durant un temps, nous avons même confondu les premiers et les seconds, les prises de position et la conscience citoyenne, limitant nos engagements à de grandes analyses sociopolitiques, à des dénonciations critiques, à des accusations généralisantes et à des mises en cause outrancières... Et l'émotion, l'indignation, la surprise passées, nous retombions dans notre train-train, chacun étant confronté à une foultitude de petits problèmes suffisant à remplir sa vie. Nous entretenions mutuellement l'idée que nous étions des citoyens actifs et engagés en cotisant à Amnesty International, en versant notre obole aux Restos du cœur ou en défilant pour soutenir les actions spectaculaires de Greenpeace... Cela nous servait de caution.

Une conscience citoyenne en action est pourtant autre chose : s'engager, agir personnellement, que ce soit sur le plan de son quartier, de son village, de sa région, de son pays, ou sur le plan planétaire grâce aux relais qu'offrent les ONG, les associations humanitaires.

Il n'est pas facile de lutter contre sa propre inertie et son autosatisfaction, de se dégager de ses soucis et tracas personnels pour s'ouvrir à davantage de conscience sociale, et se dynamiser. Même si ce n'est pas facile, c'est d'autant plus nécessaire, aujourd'hui, chaque jour.

Nos choix et nos engagements politiques, socio-économiques ou culturels, même s'ils se veulent rationnels, obéissent à notre part d'affectivité, de spontanéisme et d'irrationnel qui les colore à la fois de nos enthousiasmes, de nos utopies et de beaucoup de nos contradictions.

Une réaction « anormale » ?

Une amie me raconte que récemment elle a trouvé une carte de crédit dans l'immense hall d'entrée de l'hypermarché de son quartier. « Je suis allée la rapporter à l'accueil. L'hôtesse m'a semblé abasourdie. Elle me regardait, jetait un regard sur la carte et s'écriait : "Oh là là ! Oh là là ! Il faut aller au poste de sécurité, madame !" Là, poursuit l'amie, même regard stupéfait du préposé à la sécurité, un homme robuste à l'air pas commode. Il n'en croyait pas ses yeux. Pas que j'aie trouvé une carte de crédit, une carte internationale, Gold, quelque chose comme ça, en plus !, mais que je l'aie rapportée... "Oh là là !" a-t-il dit, lui aussi. Les deux personnes qui travaillaient avec lui me dévisageaient curieusement. J'ai même eu une pensée malsaine : "Ils vont la garder pour eux !" Je leur ai alors demandé s'ils allaient l'enregistrer sur un cahier.

"Bien sûr, madame. Décidément, c'est le jour ! ont-ils répondu. Regardez, on nous a ramené ça aujourd'hui." Et ils me montrent un portefeuille noir, trouvé et rapporté avec de l'argent dedans, cent quatre-vingts francs et quarante centimes ! "Vous savez, ajouta l'un, vous n'avez pas eu une réaction normale ! La plupart des gens préfèrent garder ce qu'ils trouvent. C'est bien, il en faudrait beaucoup comme vous !"

"Des anormaux ! ?"

"Je veux dire des personnes qui ne font pas comme tout le monde, qui ne s'en foutent pas, qui pensent un peu aux autres." »

Je découvre ainsi qu'une des anomalies de notre époque, comme me disait cette amie en riant, est de penser aux autres ! En l'écoutant, je me suis souvenu d'un reportage que j'avais vu sur le Bureau des objets trouvés d'une ville moyenne, dont les services devaient se débarrasser, en un temps assez bref, de tous les objets non récupérés qui encombraient leurs locaux. En fait, la plupart des gens qui ont perdu ces objets ne vont pas les réclamer, certainement parce qu'ils imaginent que les gens normaux estiment légitime de garder ce qu'ils trouvent et ne vont pas les déposer !

Curieuse époque où il paraît normal de ne penser qu'à soi, de profiter de toutes les occasions offertes par le hasard pour oublier qu'une société en paix avec elle-même est aussi fondée sur l'entraide et le service.

Parmi les quelques valeurs pour rester en accord avec soi-même, qui me furent surtout transmises par ma mère, il y a celle-ci, qui a dominé toute sa vie : « Ne jamais s'approprier le bien d'autrui », et elle ajoutait toujours : « Ça pourrait lui manquer ! »

Une taxe à la solidarité

De plus en plus souvent au cours de ces dernières années, au feu rouge, hommes ou femmes se sont avancés vers ma voiture avec un carton sur lequel il était écrit : « J'ai faim, une petite pièce m'aiderait » ou : « Je n'ai pas de travail, j'accepterais tout boulot ou une pièce, pour manger aujourd'hui ! » J'avoue être perturbé chaque fois, me sentant à la fois sensible et ouvert, mais aussi irrité. Je suis partagé. J'ai envie de donner, j'en ai encore les moyens. En même temps, j'hésite, éprouvant un mélange de sentiments contradictoires que je vais décrire dans le désordre :

Je ne veux pas me faire avoir par n'importe qui...

Je veux bien donner pour de la nourriture, pas pour du vin, des cigarettes ou de la drogue, même douce...

Je ne veux pas encourager une forme d'assistanat, de mendicité qui se développe de plus en plus...

Je pense enfin qu'il existe des aides sociales, et que ce n'est donc pas à moi d'intervenir.

Des pensées contraires circulent aussi dans ma tête et alimentent ma mauvaise conscience :

Tu peux quand même donner une pièce, tu achètes souvent des choses inutiles dont l'argent serait plus utile ou nécessaire à cet homme ou à cette femme...

Ça ne va pas te ruiner !

Tu n'es pas responsable, chargé des choix de vie de cet homme...

Chaque fois se répète cette succession de monologues tumultueux et incertains, alors qu'il serait si simple de donner spontanément, gratuitement !

De plus, je ne veux pas, comme certains, détourner le regard, faire semblant de ne pas voir. Dans la rue, je vois bien cet homme et son chien recroquevillés près du guichet bancaire. Je suis même ému quand je lis, comme l'autre jour, sur sa pancarte : « Quand j'ai trop faim, mon chien me laisse sa part ! » ou « Si vous ne voulez pas pour moi, pensez à lui ! ». Alors je donne, mais pour qui ? pour l'homme ? pour que le chien ait sa part ? pour apaiser ma conscience ? J'ai longtemps biaisé, j'avais décidé de ne donner qu'à ceux qui produisent quelque chose, de la musique, un chant, un dessin sur le trottoir... ceux qui apportent un peu de soleil à la grisaille du jour. Ainsi je me rassurais, je donnais de façon *utile,* en échange de musique, pour les couleurs du temps.

Aujourd'hui je découvre que beaucoup sont si démunis qu'ils ne peuvent rien donner... seulement survivre. Je découvre de plus en plus de gens qui vivent dans l'insécurité, qui ont vraiment faim et qui tentent simplement de ne pas mourir, de survivre dans un quotidien sans avenir. Alors je donne. Je me fixe chaque jour une somme que je distribue en trois ou quatre fois suivant les circonstances – au fond, une sorte de taxe à la solidarité, que je m'impose !

Je ne suis pas soulagé pour autant. L'injustice règne toujours. Mais je n'hésite plus... je donne.

C'est celui qui reçoit avec générosité qui vivifie... celui qui donne.

Prime à la réussite

Nous vivons, en France, dans un pays qui semble avoir du mal à supporter la réussite et le succès. Il peut sembler paradoxal et même injuste de l'énoncer ainsi, mais il suffit de constater et de relier quelques faits entre eux, pour être convaincu des dérives et des nuisances allant dans ce sens.

Quand la reprise économique se confirme, une succession de grèves, d'incidents dans les transports en commun ou dans certaines professions essentielles ralentissent, bloquent et paralysent la marche du pays, provoquant chez les usagers quotidiens des transports, les utilisateurs de certains appareils et, d'une façon générale, les consommateurs, d'innombrables pertes de temps, d'énergie et surtout de créativité. Nous sommes devenus tellement dépendants de la technologie que le moindre grippage ou dysfonctionnement d'une partie du système nous place aussitôt en situation de survie.

De même, si vous avez créé une affaire, si vous avez du succès grâce à une invention ou à une création, votre taux d'imposition avoisine largement, tous impôts confondus, les trois quarts de votre revenu.

Plus votre réussite est élevée, éclatante, plus vous êtes sanctionné, pénalisé et donc, d'une certaine façon, découragé de produire, de vous investir, d'agrandir votre entreprise. Je lisais le témoignage de quelqu'un qui a réussi : « J'ai créé, il y a vingt ans, un cabinet de consultants, nous étions trois au départ, mon associé, une secrétaire et moi-même. Il y a cinq ans, j'aurais pu faire travailler dix personnes à temps plein pour répondre à la demande. Quand j'ai vu comment cela m'engageait, et d'une certaine façon m'aliénait, j'ai eu le tournis. Au stade où j'étais rendu, je devais déjà régler, chaque jour, quelque quatre mille francs d'impôts personnels. Je ne me voyais pas me réveillant tous les matins avec la contrainte de payer le double ou le triple... cela m'angoissait. Certains me disaient : "Si tu paies autant d'impôts, c'est que tu as gagné beaucoup d'argent, tout au moins l'argent qui correspond." C'est mal faire la différence entre les honoraires que je touche (un million deux cent mille francs par an), et ce que je gagne réellement, c'est-à-dire ce dont je peux disposer pour mes propres besoins après la déclaration de revenus faite, soit quelque trois cent soixante mille francs, ce qui représente trente mille francs par mois, en travaillant quatorze heures pleines par jour, onze mois et demi par an ! »

Ce point de vue, ainsi exprimé, peut paraître un peu simpliste, mais il indique bien le degré d'exaspération de jeunes entrepreneurs, des créateurs d'entreprises qui se sentent paralysés par les charges et les prélèvements, véritables ponctions dévitalisantes, qui sont opérés sur le résultat de leur réussite pour soutenir une politique économique, militaire ou culturelle qui leur paraît bien loin de leurs propres engagements de vie.

Il me semble que des primes à la réussite, des gratifications reconnues éviteraient l'hémorragie de compétences vers l'étranger, stimuleraient plus l'engagement social, et par là même le partage, diminueraient, je le crois, la fraude, et donneraient à chacun le sentiment d'une solidarité plus grande.

Si la réussite et le succès sont pénalisés, il ne faut pas s'étonner que l'assistanat soit autant recherché.

Quand je perds l'essentiel de mon existence à gagner de l'argent pour mieux vivre, je suis très loin de ma vie !

Il y a des paroles qui soignent...

Dans le monde où nous vivons, circulent beaucoup de paroles qui blessent, de mots qui violentent, de phrases qui visent à déstabiliser, voire à détruire.

Aux États-Unis, la grande mode est au *gossip,* l'équivalent du ragot. Sorte d'exercice de style, qui se veut brillant, sans limites quant à ce que l'on peut révéler ou dévoiler de la vie intime, des pensées, des pratiques, non seulement des personnalités du monde des arts, du spectacle ou de la politique, mais aussi du citoyen *lambda,* c'est-à-dire vous et moi, qui, par désir d'être enfin connu, se prête à ce jeu pernicieux... Certains chroniqueurs de la presse, de la radio, certains animateurs de télévision, excellent en petites phrases assassines, en questions intrusives ou violentes, en remarques acides à propos de la vie de ceux qui, non sans innocence mais avec un masochisme tout terrain, se prêtent à ces pratiques perverses.

Il arrive parfois que, simples auditeurs, spectateurs ou lecteurs, nous soyons choqués par l'odieux de telle question ou affirmation soi-disant empruntée ou reprise à une information qui circulerait, une confidence qui aurait été faite *ailleurs*... Nous savons aussi, les uns et les autres, combien une parole vraie, un mot juste, une phrase appropriée peut servir de passerelle, remplacer un chaînon manquant dans l'errance d'une recherche et permettre ainsi à celui ou celle qui le reçoit de se réconcilier avec son histoire, de mieux comprendre son passé ou son présent, de s'engager avec plus de confiance vers son avenir. Une simple parole déposée dans l'espace d'une écoute jusqu'alors blessée qui va permettre à celui qui la reçoit de relier les morceaux épars d'un puzzle et d'accéder à une meilleure compréhension de lui-même.

En ce sens, l'écoute de celui qui accompagne est susceptible de guérir ou de restaurer les blessures d'une vie, cela, même en dehors d'une démarche thérapeutique ou analytique. Chacun de nous peut en effet, au quotidien, être porteur de paroles à même de soigner, de réparer, d'apaiser celui qui les reçoit et qui, pour cette raison, les accueillera peut-être comme un cadeau.

Ne vous privez pas de ces paroles, car elles font autant de bien à celui qui les offre qu'à celui qui les reçoit.

S'il est des silences qui font le malheur des uns,
il est des partages qui agrandissent le meilleur
des autres, de ceux en particulier
qui acceptent de se dire et d'entendre.

Une taxe à la convivialité

Un ami vivant en ville me parlait récemment du plaisir qu'il avait à sortir de son immeuble, à descendre la rue pour aller s'approvisionner chez l'épicier arabe du coin :

« Je me rends compte, me disait-il, que je me suis attaché à cet homme. Sa gentillesse, sa disponibilité me touchent, son ouverture me rejoint toujours là où je suis, ses commentaires sur les petits événements de notre quartier sont d'une qualité rare, son humour tendre, dénué d'ironie, donne un goût de bon et de joyeuseté aux petits incidents de l'existence...

« Le bonjour ravi qu'il a, chaque fois que j'entre dans sa boutique, est comme une bouffée d'oxygène. Il m'appelle par mon nom, me demande des nouvelles de ma mère qu'il a entrevue il y a quelques années, connaît les résultats scolaires de ma fille et bien d'autres sujets. Il ne parle jamais de politique et ne se perd pas en généralités ou en lieux communs. Avec lui, c'est toujours concret, actuel, proche de la vie.

« Il ne se contente pas de me dépanner, il alimente une relation qui est bonne pour moi. Je me sens bien avec lui, confiant, disponible à ces moments d'échange et de partage.

« Bien sûr, je sais que ses prix sont supérieurs de quelque 10 à 15 % à ceux qui sont pratiqués par la plupart des supermarchés de la périphérie voisine, mais j'accepte de bon cœur de payer ce supplément. C'est, en quelque sorte, une taxe à la convivialité.

« Il connaît tout le monde, parle à chacun. Il est un régulateur d'émotions, de celles qui auraient tendance à s'enflammer dès qu'il y a un incident et à produire un germe de conflit, une possibilité de violence...

« Et le jour où cet épicier disparaîtra, c'est vraisemblablement un peu plus de violence qui se répandra dans mon quartier et un peu moins de vie dans ma rue, moins de confiance en moi dans l'autre. »

J'écoutais mon ami et je songeais combien il est important de pouvoir échanger, partager ou simplement parler avec des proches et des moins proches, avec le sentiment d'être reçu, entendu, de faire confiance à ce qui peut surgir d'une mise en commun, et de garder ainsi espoir en l'homme.

Toute personne qui communique avec le meilleur d'elle-même est à sa façon un agent de changement pour un monde plus libre.

Et si nous parlions de convivialité !

Si le mot convivial est ancien (il date, d'après le *Dictionnaire historique de la langue française*, de 1612), celui de convivialité est plus récent. Il est apparu en 1816 (dérivé de l'anglais *conviviality* : goût des réunions et des festins), il a été partiellement utilisé par Brillat-Savarin, fin gourmet de la deuxième moitié du XVIIIe siècle, mais il a été surtout repris en 1973 par Ivan Illitch au sens d'« ensemble des rapports entre personnes au sein de la société ou entre les personnes et leur environnement social, considérés comme autonomes et créateurs ».

Depuis, il est fréquemment utilisé dans le langage courant, surtout pour souligner un manque. Il est fréquent d'entendre dire qu'il y a une absence de convivialité dans les rapports humains de ceux qui vivent dans les grandes métropoles, une carence de chaleur humaine dans le peu d'attention accordé aux échanges entre personnes vivant dans un environnement proche.

Dans le mot convivialité sont implicitement contenus tous ces termes : simplicité, plaisir d'être ensemble, attention bienveillante, préoccupation envers l'autre. Autant de marques d'intérêt qui, aujourd'hui, sont absentes dans l'immense désertification des relations humaines.

Il y a convivialité quand il y a, dans un groupe humain, passage de la connaissance à la co-naissance, au fait de naître ensemble, de pouvoir se dévoiler dans sa vulnérabilité, d'apparaître tel qu'on se sent, sans souci de donner le change, d'être en représentation.

Pour ma part, cette notion reste attachée à l'image que j'ai de ma mère. Unanimement connue et appréciée dans son quartier, comme étant celle sur laquelle on pouvait compter, s'appuyer, avoir recours principalement en cas de difficultés ou de malheurs, mais aussi pour venir participer aux événements heureux de l'existence.

Sitôt qu'elle apprenait que l'une ou l'autre de ses voisines (ou voisins) était malade, ou éprouvait des difficultés à se déplacer, elle proposait spontanément ses services, son aide. Elle imaginait aussitôt préparer une soupe, dénicher un bon morceau dans le ragoût qui mijotait...

« Comme il est toujours difficile de donner ce que l'on n'a pas, disait-elle en conclusion de chacune de ses offrandes, on peut au moins donner ce que l'on a ! » Il y avait de l'âme dans les gestes qu'elle offrait à ceux qu'elle aidait, accueillait ou recevait.

Je suis un nostalgique impénitent de la convivialité, je la recherche, je ne sais pas toujours la proposer, car elle doit s'associer à une atmosphère particulière faite de légèreté, de spontanéité, d'abandon réciproque.

Le besoin d'appartenance, qui renforce le sentiment d'appartenir, de faire partie d'un groupe de semblables, nous fait passer de l'individu à la personne.

Promener un chien pour… engager la conversation ?

Celui ou celle qui promène son chien n'hésite jamais à engager la conversation avec un inconnu, un de ses semblables… pour peu que celui-ci ait aussi un chien !

Les promeneurs échangent alors des informations sur la race, l'origine, l'arrivée de ce compagnon dans leur vie, ses habitudes alimentaires et affectives. Bref, en peu de temps, ils se disent beaucoup de choses de leur vie, de leur intimité, de leur histoire personnelle, en termes de plaisirs, de projets ou de déceptions. Il est peu habituel de faire connaissance dans la rue, dans un parc, sans recourir à un prétexte : un livre, un détail vestimentaire peut faire l'affaire, mais le plus souvent la médiation d'un animal aide beaucoup pour oser entrer en relation.

Voilà quelques années, j'avais suggéré qu'on installe des *bancs de conversation* dans les lieux publics ; ils auraient été d'une certaine couleur et indiqués par un petit panneau sur lequel on aurait inscrit : « Ici, il est possible non seulement de se reposer, mais aussi de se parler, d'échanger, de converser. » On m'a signalé depuis qu'il existe de tels bancs à Bruxelles.

Il doit y avoir en France quelque sept à huit millions de personnes qui, dans leur solitude, ne parlent pratiquement qu'à leur canari, à leur chat ou à leur chien ! Pour s'adresser à quelqu'un, encore faut-il trouver une oreille disponible et susceptible d'écouter, et non pas un interlocuteur lui aussi soucieux de déposer ses propres besoins de parler, ses regrets, ses amertumes ou ses déceptions dans une oreille compatissante.

La communication intime, c'est-à-dire celle qui permet de parler de soi à quelqu'un qui nous écoute et nous reçoit tel que nous sommes, se raréfie. Elle devient si précieuse que beaucoup n'hésitent pas à payer un médecin, un psychologue ou bien un thérapeute pour pouvoir se dire et se sentir entendus.

Je serais curieux de savoir s'il existe une enquête mettant en évidence que les possesseurs d'animaux ont moins besoin de thérapie que ceux qui n'en ont pas !

Rien ne résume avec autant de douceur et d'émerveillement l'imprévu d'un échange, la lumière d'un partage, que l'émotion d'une rencontre faisant découvrir que l'on sait (plus souvent qu'on ne le croit) tout ce que l'on ne savait pas... que l'on savait.

Ah ! c'est Noël

Noël est un mot magique, investi de promesses d'amour et de paix. Bien que devenue aujourd'hui moins religieuse, la fête de Noël est restée une fête familiale et amicale consacrée aux relations avec les autres. Noël semble ainsi rappeler l'importance de l'amour, et lui donner une place plus grande dans notre vie souvent trop agitée...

C'est une période faite pour partager le plaisir d'être ensemble avec des proches, un temps pour s'offrir la joie de donner, un moment où il fait bon se rappeler une vie commune, des souvenirs joyeux, et parfois moins joyeux, de son histoire...

À l'occasion de Noël, nous tentons de rassembler la famille éparpillée aux quatre coins du pays, nous nous serrons pour accueillir tout le monde, nous préparons un repas, trouvons des cadeaux, anticipons la joie et le plaisir de faire plaisir. Certains veulent profiter de ce moment pour envisager de se réconcilier, renoncer aux accusations et aux reproches et oublier les contentieux – en un mot, faire la paix.

Bien sûr, et nous le constatons chaque année avec une nouvelle amertume, cette fête revêt aujourd'hui un aspect commercial. Une prolifération de gadgets et de décorations produites en masse, plutôt qu'artisanales, nous sollicite. Nous tentons quelquefois de ne pas trop nous laisser entraîner, de résister, afin de préserver la dimension personnelle, la note intime propre à cette fête.

Dans beaucoup de couples et de familles, la crèche créée au début d'une vie à deux ou celle qui remonte à notre enfance ou à notre jeunesse s'est enrichie chaque année de nouvelles figurines... Mais il devient de plus en plus difficile d'harmoniser l'âne et le bœuf d'aujourd'hui, en plastique, avec les moutons moutonnants d'il y a vingt ans, en terre cuite, et d'accorder le *look* de la lavandière et du porteur d'eau découverts l'été précédent en Provence avec les bergers et le forgeron d'antan...

Noël se présente comme une fête de l'amour, un temps pour une réconciliation possible avec son enfance, avec ses proches... Paradoxalement, cette période est aussi propice aux comptes à régler, au réveil de situations conflictuelles restées en suspens... Peuvent apparaître des dissonances entre les membres d'une famille qui ont emprunté des voies différentes, qui ont des réussites professionnelles, maritales ou familiales variées, ou qui ont eu des cheminements spirituels et des engagements de vie aux antipodes les uns des autres. Le temps de Noël devient alors un impitoyable champ de bataille ! Les fêtes de Noël peuvent ainsi basculer et se charger, malgré les intentions de départ, de malentendus, de tensions et parfois de violences qui pèseront longtemps sur les uns et les autres. Si longtemps, que même à Pâques, certains n'en seront pas encore remis !

Prière pour un prochain Noël :
En ce jour qui se lève et contient
tant de possibles, puis-je veiller à ne pas offenser
la vie qu'il contient.

Faire la fête

Il est des temps propices à la fête. L'été est l'un de ces temps suffisamment agrandi par l'espace du ciel et des jours pour accueillir l'ampleur, le débordement, la joie et les excès d'une rencontre festive.

Une fête réunissant beaucoup de monde s'improvise rarement, elle se prépare avec beaucoup de soins. Elle s'organise autour d'un prétexte, devient parfois un rituel. Chacun a entendu parler de certaines soirées fameuses dans les vieux mas et les bastides splendides et discrètes du Luberon qui peuvent réunir jusqu'à deux cents, trois cents invités venus de tous les horizons, de tous les milieux, qui vont se croiser, rire ensemble sans toujours se rencontrer.

Il y a ceux qui ont le sens de la fête, pour lesquels tous les prétextes sont bons pour vivre un moment, une soirée exceptionnelle où se mêleront surprise, plaisir, beauté. Il y a ceux qui donnent la fête et ceux qui font la fête.

Les premiers tirent leur plaisir du plaisir des autres, du déroulement harmonieux de l'accueil des invités, du repas, des moments forts de la soirée, de l'ordonnancement subtil d'un espace et d'un temps offerts aux regards, aux sens de tous les autres. Les invités n'ont qu'à se laisser envelopper, porter, bercer, à s'abandonner au présent de l'instant et à accepter de vivre dans le plaisir inattendu de la rencontre et celui, inépuisable, de pouvoir en parler un peu plus tard, de pouvoir dire « J'y étais ».

Une fête réussie est composée d'un mélange d'instants de grâce, d'étonnements et d'émerveillements reposant sur une préparation vigilante. Si les lendemains de fête sont parfois épuisants, ils s'inscrivent aussi comme des moments précieux qui marqueront telle ou telle séquence de notre vie.

Le goût de la fête n'existe pas chez tout le monde. Il y a les irréductibles qui détestent (ou jalousent !) ceux qui font la fête, il y a les solitaires (comme moi !) qui se trouvent un peu déphasés, inadaptés, trop déstabilisés pour se laisser aller à rire, à oser imploser. Mais le goût de la fête peut se développer, s'affiner, et même susciter des vocations.

Donner une fête et faire la fête sont des cadeaux qui, tout en étant éphémères et impalpables, laissent des traces durables, profondes. La fête colore, illumine, irrigue un lieu de vacances ou de vie, nous donnant parfois le sentiment d'avoir vécu quelque chose d'exceptionnel et d'être nous-même quelqu'un d'exceptionnel !

« C'est beau un jardin qui ne pense pas encore aux hommes. »
Jean ANOUILH

Les vacances et l'eau

L'eau est souvent associée au plaisir des vacances. Que ce soit avec la mer, la rivière ou les lacs, nous sommes beaucoup à rechercher la proximité de l'eau. Cette recherche touche une dimension très profonde, archaïque chez la plupart d'entre nous. Elle nous renvoie certainement à la période prénatale durant laquelle nous avons baigné dans le liquide amniotique pendant neuf mois, dans le meilleur des cas.

Ainsi l'eau est-elle souvent associée à des rires, au plaisir d'être et au bien-être.

Le besoin de se baigner, de se doucher fréquemment est non seulement en relation directe avec la chaleur de l'été et la nudité, mais aussi avec le désir de donner plus d'attention, d'espace et de liberté à notre corps, emprisonné durant toute l'année dans des contraintes assez... contraignantes !

Pendant les vacances de 1964, j'ai tenté d'apprendre à nager à mes cinq enfants. Je ne savais pas que j'entreprenais une tâche aussi éprouvante en comparaison de laquelle les travaux d'Hercule furent certainement un jeu d'enfant ! Nous étions près de Saint-Raphaël, au bord de la Méditerranée, une vraie mer, comme je les aime, pleine du bleu du ciel. Chaque matin et chaque après-midi, il était prévu deux heures d'entraînement intensif ! Je ne conseille à personne d'essayer de se transformer en maître nageur... pour ses enfants et en vacances. Il vaut mieux passer la main à un spécialiste. Ce qui aurait pu être plaisir et joie est devenu, plusieurs jours durant, une corvée, jusqu'au moment où je me suis calmé, les laissant trouver leur propre rythme. Alors, une fois les premières difficultés rencontrées et diverses peurs traversées, transformées en défis, que de gaieté, que de rires, que de plaisirs jaillissant de nos ébats !

Associées à l'eau, existent toutes les activités spécifiques qui permettent à notre corps de se dépasser, d'aller au-delà de ses limites, de se mesurer à ses ressources :

- la planche à voile, pour apprendre à être stable dans l'imprévisible ;
- le surf, pour garder les yeux ouverts dans les rouleaux ;
- le ski nautique, pour la puissance et l'équilibre ;
- la plongée sous-marine, pour découvrir un monde qui menace de disparaître ;
- le pédalo, pour affronter au ras des yeux, en toute sécurité, le miroitement d'un lac ou d'un rivage, et rêver...

La mémoire du cœur est le plus court chemin pour retourner à nos sources et agrandir l'avenir.

Les vacances et la lecture

Nous ne sommes pas tous des *papivores,* et même si nous avons, ancré au profond de nous, le goût de la lecture, les obstacles sont nombreux pour freiner notre passion. La fatigue, les engagements du quotidien, la présence des autres, le besoin de faire, de bricoler, de jardiner, la télévision (surtout) laissent souvent peu d'espace à sa pratique assidue. Le temps des vacances ouvre un espace à la lecture dans lequel beaucoup d'entre nous s'engouffrent avec vivacité : grandes sagas américaines, romans policiers, livres de réflexion ou de bien-être, tout est bon à notre boulimie d'évasion. Les livres font rêver, voyager et surtout stimulent notre imaginaire et par là même notre sensualité.

Associé à la lecture, existe aussi le désir de partager, d'échanger, de confronter des points de vue. Je me souviens de mon enthousiasme de l'été 1969, de mon éblouissement, quand j'ai découvert *Belle du Seigneur* d'Albert Cohen. Depuis, je considère ce livre comme un des grands livres du XXe siècle. Je l'ai dévoré lentement, craignant d'aller trop vite, reculant l'échéance de la fin, mâchouillant inlassablement certains chapitres avec une ivresse que j'avais rarement connue, jusqu'alors. Que de discussions interminables avec ma famille, avec mes proches, avec des inconnus, autour de certains passages. Que de controverses autour de Solal, personnage solaire et paradoxal, quand il dit par exemple à Ariane comment il va la séduire en neuf actions décrites avec une précision irritante, tant elle paraît pleine de fatuité : « Vous m'avez rejeté parce que vous aviez cru que j'étais laid, vieux et grotesque lorsque je me suis présenté à vous déguisé en vieillard, mais vous implorerez à genoux un regard, un geste de moi... ». Ce passage-là a irrité tellement les femmes, et surtout les féministes, que beaucoup ont fermé le livre à la page 70 et décidé une fois pour toutes qu'Albert Cohen était misogyne !

Puis il y eut les vacances de l'an 2001 durant lesquelles je lus, dévorai et laissai mon âme s'agrandir à la lecture du dernier livre de Christiane Singer, *Où cours-tu ? le ciel est en toi*. Et je rêve déjà de toutes ces vacances à venir, entouré, bercé, choyé par tant de livres encore à lire...

J'aime Christiane Singer, quand elle écrit :
« Quand on aime, on est déjà récompensé. »

Difficultés à vivre ensemble

« Aussi longtemps qu'il y a quelque chose
à trouver... rien n'est perdu. »
Pierre DAC

Apprendre à vivre non les uns sur les autres, mais les uns avec les autres, au plus proche de nos différences.

Une absence d'humus social

De plus en plus de handicapés sociaux sévissent dans nos villes. Des gens comme vous et moi, qui oublient la proximité d'autrui et se comportent comme s'ils étaient seuls au monde, ne réalisant même pas qu'ils font entrave aux autres, voire polluent l'espace qu'ils fréquentent.

Ainsi en est-il de ceux qui font un usage abusif de leur téléphone portable. Je suis pourtant en faveur de ces téléphones, d'autant que j'en dispose d'un, mais dans un lieu public, je l'utilise *a minima*.

Il m'est aussi souvent arrivé de pester devant une cabine téléphonique monopolisée par un quidam pendant des heures comme s'il s'agissait d'un téléphone privé. Ce dernier avait tellement de choses à dire qu'il épuisait plusieurs cartes sans retenue et sans manifester la moindre sensibilité à l'égard de ceux qui attendaient dans le vent et la pluie, juste sous son nez – mais de l'autre côté de la vitre, dehors !

Je ne perçois ni mauvaise volonté ni intention maligne chez un handicapé social. Le plus souvent, je ne vois dans son attitude qu'aveuglement, surdité ou insensibilité à autrui, à sa présence et à ses attentes. Je ne crois pas non plus que ce genre de handicapé souffre d'une inflation de l'ego ou d'une forme de débilité sociale relevant d'un « moi, j'ai tous les droits », mais davantage d'une altération, d'un appauvrissement du sens social. Pour un tel handicapé, l'autre, les autres n'ont pas de valeur. Face à son exigence personnelle, à son besoin de satisfaction immédiate, ils n'existent pas. Il les croise dans la rue, les bouscule sans les voir, ignorant leur espace propre. En fait, tant que l'autre ne lui est pas utile ou ne le gêne pas, le handicapé social ne lui reconnaît ni consistance ni existence !

Je vois par exemple une voiture s'arrêter devant un magasin ; quelqu'un en descend et se met à discuter avec un employé. Dix voitures sont bientôt bloquées dans la rue. Mais la personne n'a pas un geste à notre intention qui expliciterait la situation, encore moins quelques mots d'excuse... Au bout de dix minutes, la personne reçoit enfin un petit paquet que son interlocuteur lui a remis, remonte dans sa voiture et la voilà qui redémarre, satisfaite, sa mission accomplie, continuant de vaquer à ses affaires sans avoir aucun état d'âme !

J'en ai vu certains qui, au péage, après avoir payé, prennent le temps de se recoiffer, de ranger quelques affaires sur le siège arrière de leur voiture...

L'humus social, qui autrefois était nourri par de nombreuses petites attentions, par une sensibilité respectueuse à la présence d'autrui, cet humus-là est devenu un sable aride accompagnant la désertification galopante des relations humaines.

Mon travail le plus essentiel a consisté, durant des années, à inviter chacun non seulement à se respecter, à veiller à la qualité de ses relations, mais à être vigilant à ne pas envahir l'espace vital de l'autre, car c'est ainsi que la vie que chacun porte en soi sera le mieux vivifiée.

Envahis par les touristes !

Les touristes, qu'il ne faut pas confondre avec les vacanciers ou avec les habitués d'une région, ont des mœurs très particulières, souvent pénibles et quelquefois irritantes, d'autant plus qu'avec les années, elles ne vont pas dans le sens d'une amélioration !

Tout d'abord, les touristes se déplacent en hordes, ils parlent haut et fort, occupent tout l'espace, et quand ils sont en voiture, ils se garent n'importe où. Ils avancent triomphants, non pas à la découverte mais à la *conquête* du lieu qu'ils visitent. Ainsi en est-il de mon village. Village merveilleux, devenu un peu trop médiatisé, dont les ruelles se sont naturellement dessinées, au fil des siècles, selon le jeu des naissances (agrandissement des maisons), les rapports de voisinage (recherche d'une intimité et besoin de protection) et la nécessité d'aménager des zones de circulation (besoin de se déplacer et de se rencontrer).

Le touriste type, au pas décidé, n'est pas un flâneur. Il ne veut pas découvrir, admirer, s'abandonner au plaisir de l'imprévisible, comme on le croit habituellement, il veut pouvoir dire qu'il *a vu*, qu'il *a fait*. Ainsi a-t-il *fait* Carcassonne, Venise, Saint-Rémy-de-Provence, ou Saint-Paul-de-Vence, comme on fait ses besoins : en déposant commentaires, appréciations positives ou négatives, sur ce qu'il consomme et ne consomme pas. Il veut pouvoir dire à tous ses amis, au retour de vacances, qu'il a vu Roussillon-en-Provence, Vaison-la-Romaine, Gordes-sur-le-ciel, l'abbaye de Sénanque, ou, dans le pire des cas… Saint-Tropez !

Le touriste mange, boit, achète des cartes postales. Il touche à tout, les doigts mouillés ou tachés, gluants de glace fondue ou de gaufres affolées par le mistral, tout en mâchant énergiquement un chewing-gum ou du pop-corn. Le touriste touche, pour vérifier que *ce n'est pas du toc,* ou se convaincre que *c'est de l'ancien,* du rustique, du vrai, de l'authentique. Il palpe pour s'approprier ou se dégoûter. C'est un avide, un grand consommateur, un *dévoreur,* pas un gourmet. Il engloutit les restes d'une beauté qui lui échappe mais qu'il n'hésite pas à polluer.

Il assène des points de vue irréfutables sur ce qu'il a vu, compare L'Isle-sur-la-Sorgue et Cavaillon, le marché d'Apt avec celui de Carpentras ! Il croit avoir un avis d'esthète sur le monde, mais *son* monde, enjolivé par le soleil et le ciel bleu, n'est fait que d'apparences, tandis que lui passe à côté de l'essentiel : l'âme d'un village, le cœur d'une région, la vitalité des gens du pays.

Vous pensez que je n'aime pas les touristes ! Pas du tout, vous l'avez compris : je déteste seulement le comportement de certains ! D'autant qu'il m'arrive d'être moi-même un touriste. Alors je veille à ne pas me comporter comme ce genre de touriste.

Dans le pays tendre et violent où je vis, se dessine parfois dans le ciel un flamboiement de tons pastel à pleurer de douceur, dont un touriste boulimique ou affamé va s'emparer, à l'aide d'un flash… pour nourrir son hiver.

« Je vis entouré de violences banales dans un des pays les plus civilisés ! »

Qu'elle soit urbaine ou rurale, la violence est partout, visible, provocatrice ou plus feutrée, dans la rue, à l'école, dans un couloir d'immeuble, au sein d'un quartier. Elle s'introduit parfois dans l'intimité d'un appartement ou d'un pavillon. Tout récemment une commissaire de police, agrégée de philosophie, a établi une échelle des niveaux de violence urbaine.

Le premier niveau comprend la violence sur les biens, les vols à l'étalage et à la tire, les rackets et ce que les adolescents appellent *la dépouille* ; il y aussi la dégradation des biens collectifs et individuels, et ce que l'on nomme pudiquement les incivilités, à savoir les agressions verbales par des groupes de jeunes, de plus en plus jeunes.

Vient ensuite le harcèlement envers ceux qui représentent l'ordre ou l'autorité : les agents de police, les vigiles des grandes surfaces, les chauffeurs de bus, les pompiers. Tout ce qui porte un uniforme est susceptible d'être agressé gratuitement, sans autre motif que s'en prendre à l'ordre, c'est-à-dire à des contraintes potentielles.

S'ajoutent les violences à l'encontre des enseignants, objet de menaces et d'agressions alors qu'ils ne font que leur travail.

Cette violence est qualifiée de gratuite, car elle n'est pas liée au comportement de l'une ou de l'autre des personnes agressées, mais à ce qu'elles représentent. Elle peut être psychologique (pression morale, climat d'insécurité) ou physique et, dans ce dernier cas, aller de la bousculade aux coups, voire au meurtre même si un tel geste reste très rare.

La violence atteint un autre niveau avec les outrages, les attaques personnelles, les graffitis injurieux, et la rébellion envers toute tentative d'intervention ou au simple rappel d'une règle de vie en commun ou d'une loi.

Les rébellions collectives survenant souvent après un incident banal (vol de voiture ou interpellation), les provocations ou les pièges tendus à des agents de la force publique, les rodéos, les *parcocages* (télescopages volontaires des voitures), jusqu'aux émeutes qui mettent un quartier à feu et à sang, ralliant des personnes qui ne sont habituellement pas impliquées dans la délinquance, constituent (en dehors de la guerre civile, qui en est le degré ultime), le dernier degré de la violence sociale.

Ces descriptions permettront à chacun de constater que la violence est aujourd'hui devenue banale, et que même s'il n'est pas directement impliqué, sa vie quotidienne est entourée de ces possibles faisant qu'une irruption inattendue de violence dans son existence personnelle est toujours envisageable.

Et je n'ai pas parlé des autres formes de violence plus invisibles, plus ouatées qui nous sont imposées : celle de la chaîne alimentaire qui modifie génétiquement la nature des produits, en falsifie l'origine et le conditionnement ; celle des compagnies pharmaceutiques qui mettent au point des médicaments créant des accoutumances.

Je n'ai pas non plus mentionné la violence faite à nos imaginaires par certains films d'« action », celle que les corruptions et malversations de toute nature opèrent sur nos valeurs et croyances, ni la violence politique, tels ces décrets ministériels qui laissent circuler du sang contaminé, des farines animales, des conditionnements défaillants...

Certains penseront que la vie d'aujourd'hui n'est pas de tout repos... surtout dans un pays civilisé ! En effet, elle ne coule pas comme un long fleuve tranquille, entre les berges de nos existences...

« Change en toi, ce que tu veux changer dans le monde. »
GANDHI

La violence au quotidien ou « J'ai le droit de tout faire »

À la gare d'Avignon, comme dans tous les lieux publics en France, il est partout indiqué « Interdiction de fumer ». Un soir que j'attendais des amis, le train ayant du retard, j'ai assisté et participé à un incident ordinaire de la vie d'un citoyen d'aujourd'hui.

Dans le hall, un jeune garçon demande une cigarette à un voyageur. Ce dernier sort alors son paquet, en prend une pour lui-même, puis en offre une à son interlocuteur tout en lui donnant du feu. Ils se mettent ainsi à fumer de conserve. J'attends un peu, pensant qu'ils vont sortir pour aller se consumer à l'extérieur… Grande naïveté de ma part ! J'interviens alors, leur demandant d'aller fumer au-dehors tout en leur montrant l'un des nombreux panneaux d'interdiction. L'un me dit spontanément d'aller « me faire foutre », tandis que l'autre, doué d'une grande volubilité, me traite de « connard, pédé, lavette… » et autres noms d'oiseaux exotiques ! Je maintiens ma position, mentionnant que nous nous trouvons dans un lieu public. L'un s'avance alors vers moi au point de me frôler et, le visage tout contre le mien, me dit : « Pourquoi tu me cherches des histoires, t'as pas autre chose à faire que de me faire chier ? » Deux autres personnes s'en mêlent et me conseillent à leur tour de « ficher la paix » aux fumeurs. Pour tous, je suis devenu *l'empêcheur de fumer en rond,* je suis un agresseur ! Si la fumée me gêne, me signifie-t-on, je n'ai qu'à sortir moi-même de la gare et arrêter de faire des histoires et d'embêter tout le monde pour rien ! Pour rien… Sur ces derniers mots, je perds un peu pied, tente de dire que je ne veux pas me comporter en policier, mais simplement pouvoir me respecter. C'est une des plus grandes difficultés que j'éprouve aujourd'hui en public : pouvoir me respecter. Je ne demande pas à être respecté, simplement à pouvoir me respecter moi-même, en ne laissant pas faire n'importe quoi autour de moi, en ne faisant pas comme si je n'avais rien vu, en ne cautionnant ni l'à-peu-près ni l'inacceptable ! C'est une des violences les plus perverses que nous rencontrons : ne plus pouvoir nous respecter parce que nous nous laissons entraîner à la passivité. Il vaut mieux nous taire, fermer les yeux, ce n'est pas notre affaire… On nous incite à laisser faire, à ne pas faire d'histoires, ou à sortir de l'histoire qui se fait…

Je sais qu'il est des combats plus importants, des prises de position plus essentielles, des décisions de vie autrement plus vitales que rappeler un interdit bénin ou affronter la pseudo-liberté de certains. Mais je sais aussi, intérieurement, que toutes les petites violences dont nous sommes l'objet au quotidien sont le germe de la violence générale que la télévision nous offre en abondance – que celle-ci n'est que le reflet amplifié, la projection condensée de celles-là.

Au-delà des violences visibles, reconnaissables par chacun, des violences invisibles, plus subtiles, plus perverses traversent nos existences. Elles sont entretenues par nos aveuglements, nos surdités, et surtout nos silences.

La violence des jeunes s'exerce surtout sur… les jeunes !

La violence des jeunes est multiforme. Elle va des insultes aux coups, en passant par des bousculades gratuites, des surenchères de moqueries et d'injures, des disqualifications. La pratique de plus en plus fréquente du racket, les servitudes imposées, les obligations et contraintes diverses qui s'exercent à l'intérieur comme à l'extérieur de l'école l'amplifient.

Il est difficile de savoir si les jeunes ne souhaitent pas parler de ces pratiques ni les dramatiser parce qu'elles font partie de l'ordinaire de leur vie, parce qu'ils pensent qu'elles sont sans gravité, ou encore parce qu'ils craignent les représailles ou le rejet de la part du groupe, en vertu du code implicite de ce dernier, auquel ils adhèrent et sont fidèles : « Ça ne regarde pas les adultes, ça reste entre nous, c'est à nous de nous débrouiller avec ça ! » disent-ils à l'occasion.

Certains enfants et adolescents vivent cependant dans un état d'insécurité aiguë, connaissent un malaise profond et du stress, susceptibles de se traduire par des comportements de fuite, un refus de la réalité au profit du monde virtuel, voire des conduites destructives à l'endroit d'un environnement qui leur paraît inacceptable parce que dépourvu d'horizon et de valeurs auxquelles s'identifier. Même si les agressions subies et les agressions commises concernent souvent la même population, s'il y a des différences liées à l'origine sociale et au cadre de vie, nous retrouvons des manifestations de violence à répétition dans tous les milieux et de plus en plus tôt, y compris chez de très jeunes enfants.

Dans les écoles techniques ou professionnelles, qui sont moins valorisées, les agressions sexuelles sont plus nombreuses. À une dévalorisation de l'image de soi semble correspondre une tentative pathétique d'imposer quelque chose de soi, de forcer, de laisser sa marque.

Une violence endémique se répand dans toutes les couches sociales. Elle a pour base la dérision, la disqualification et surtout des relations dominant-dominé induisant des rapports de force sans garde-fou ni balise, et qui échappent aux regards et à l'influence des adultes. Dans les cours des collèges et des lycées, les mots n'ont plus vocation de permettre l'échange, de favoriser la mise en commun, mais ils sont utilisés comme des coups, pour blesser, humilier, rejeter. Au vu de ce contexte, « Nique ta mère » est un minimum, juste une entrée en matière !

Pour beaucoup d'enfants d'aujourd'hui, les tentatives d'échange ne se font pas sur le mode du partage ou de la mise en commun par réciprocité, mais par des affirmations brutales, des disqualifications de l'apport de l'autre, des généralisations aveugles et des commentaires réducteurs qui laissent peu d'espace à des partages de points de vue, à de vraies discussions et à des confrontations mutuelles qui sont les fondements de la communication.

L'adolescence est un âge d'incertitudes et de lucidités terribles au regard duquel nous, les adultes, saisissons les teintes de leurres et de désastre colorant les bribes de liberté de notre monde.

Besoin de reconnaissance et violence chez les adolescents

La haine est souvent de l'amour maltraité. Dans un premier temps, elle semble soulager celui qui l'éprouve, dans un deuxième, elle l'empoisonne et pollue sa vie, dans un troisième, si elle s'est accumulée sans pouvoir se dire, elle risque de prendre la forme d'un ressentiment autodestructeur, voire de se déverser dans des actes de violence, des passages à l'acte qui sont autant de cris pathétiques pour tenter de se faire entendre.

Tout acte de violence n'est pas nécessairement la résultante d'une haine. C'est parfois l'accumulation d'une succession d'injustices, d'humiliations, de trahisons qui débouchent sur l'impuissance, sur le désespoir ou sur la révolte.

Chez certains adolescents viennent s'ajouter l'impression douloureuse, le sentiment oppressant que leur avenir est fermé, bouché, que demain ne sera pas plus juste qu'aujourd'hui, que leur horizon futur est aussi vide que l'espace dans lequel ils survivent au présent. Je pense ici aux jeunes des grandes cités qui ceinturent les métropoles de mon pays et de bien d'autres. Pour beaucoup, tout se passe comme si le rêve ne pouvait pas s'incarner dans un projet, s'inscrire dans une réalisation. Nous le savons, la vie n'est pas un long fleuve tranquille se jetant dans un océan de réussites. Elle est une succession de situations où l'imprévisible surgit dans une réalité qui restera peut-être accessible, vivable, mais qui pourra aussi se dérober du fait d'obstacles infranchissables ; ceux-ci brouilleront la rencontre avec le réel, et renverront à la révolte, à la marginalisation.

Chacun d'entre eux peut traverser des moments difficiles, se heurter à des difficultés, faire face à des incompréhensions – encore lui faut-il apercevoir la possibilité d'un changement, une lueur propre à alimenter le désir de vivre en paix avec soi-même et avec les autres. Sinon, la seule option alternative sera d'affronter les autres pour exister, de générer de la violence contre autrui afin de fuir la violence éprouvée en soi-même et parfois contre soi-même, devenue trop insupportable.

Le respect recherché par beaucoup de jeunes relève surtout d'une demande de reconnaissance. Il est vrai que cette demande est souvent maladroite, excessive dans son expression, disproportionnée dans ses exigences, dérangeante et inquiétante dans ses manifestations les plus banales... Aussi déclenchera-t-elle le plus souvent du rejet, des jugements de valeur insupportables et une non-reconnaissance de la part des adultes. Si tel est le cas, les jeunes, n'obtenant pas la reconnaissance des pères, vont rechercher celle des pairs. Cela, au travers de conduites atypiques, provocatrices, agressives, destructives, trop excessives pour être reçues et entendues. En retournant parfois la violence contre eux-mêmes, ces adolescents-là confirment leur statut d'êtres à part, indomptables, non soumis, ce qui entretient le cycle de l'incompréhension.

Je rappelle que parmi nos besoins relationnels fondamentaux, outre le besoin de se dire, d'être entendu et valorisé, celui d'être reconnu est central.

La violence est le langage de la peur, du désarroi, de l'impuissance, non de la puissance comme on le croit trop souvent.

Faire face à l'agressivité

Évoquons d'abord l'agressivité la plus manifeste, celle qui s'exprime souvent sans retenue : l'*agressivité verbale*. Elle est fréquente quand l'expression de ce qui est ressenti a été longtemps emmurée dans les silences et les non-dits. Il peut arriver que quelqu'un explose devant nous, se mette à hurler, à nous insulter, à nous dévaloriser, ou remette soudain en cause notre comportement, nos paroles, notre façon d'être. Cette violence verbale n'est pas toujours vécue comme une agression par celui qui la reçoit ; elle peut être entendue comme un débordement, un excès compréhensible qui ne le menace pas réellement, même si parfois cet excès le surprend et le chagrine !

Lorsque nous nous sentons agressé, c'est qu'une partie de nous est touchée, déstabilisée, mise en danger ; il peut aussi s'agir de quelque chose de plus ancien, qui nous rend particulièrement vulnérable, telle une blessure qui se trouve ravivée ou une situation inachevée qui refait surface en nous.

Face à un agresseur, il peut être important de faire un pas de côté pour montrer que nous ne voulons pas recevoir de plein fouet son agressivité. Quand cela est possible, nous pouvons aussi inviter l'autre, non pas à dire ce qui s'est passé, mais ce qu'il a ressenti, ce qu'il a éprouvé, ce qui a été touché en lui : « Je vois bien que vous êtes en colère contre moi, surtout contre mon attitude ou ce que j'ai dit. Pouvez-vous me dire en quoi mon comportement vous perturbe autant ? » Si c'est quelqu'un de proche, peut-être pouvons-nous lui demander quelle situation douloureuse est réveillée dans son histoire. Nous pouvons aussi mettre des mots sur ce qui se passe en l'explicitant : « Cela paraît très important pour vous de m'accuser, et même de me menacer et de me disqualifier... » ou « J'ai bien vu que je vous avais irrité en faisant cette marche arrière imprévue ». La confirmation permet de rejoindre l'autre dans ce qu'il ressent intimement. Ce faisant, nous évitons d'avoir une attitude purement réactionnelle, toujours présente en soi et généralement stimulée par la position agressive de l'autre.

En fait, celui qui nous agresse veut surtout être entendu, il réclame justice par rapport à un sentiment d'humiliation, d'impuissance, de trahison, que notre conduite a soudainement éveillé en lui.

L'*agressivité physique* est plus difficile à gérer, car elle est fonction de l'intention (ou de l'absence d'intention) de l'agresseur de nuire, de faire mal, de violenter, autant que de notre peur. Trouver la bonne distance, prendre le risque de dire ce que nous ressentons, inviter l'agresseur à changer de mode d'expression et à retrouver des mots pour exprimer ce qu'il ressent ou ce qu'il a vécu, lui, peut aider... parfois !

Face à une agression, notre taux d'adrénaline augmente et nous place quasi automatiquement en position de défense-fuite ou de défense-agression. Ce n'est pas à proprement parler un choix, plutôt une réaction que notre cerveau reptilien, conditionné à nous dicter le comportement le plus adapté à la survie, nous impose. À ce niveau, le choix est très limité. Entre la contre-agression, la fuite, l'inhibition ou la créativité, qui sont autant de modes d'adaptation face à une situation gênante ou inquiétante, face à une menace plus grave, notre cerveau primitif choisit quasi automatiquement l'agression, la fuite ou l'inhibition ! Pour la créativité il faut davantage de sécurité intérieure !

Il arrive que la rencontre avec certains événements ou personnes soit une excellente occasion pour tempérer les manifestations de notre ego. Soyez attentif à ces événements, à ces personnes, prenez-en soin !

Être confrontée à l'envie, à la jalousie, à la mesquinerie... d'autrui

Cette femme, professeur de français au Québec, m'écrit :

« J'ai du mal à composer avec l'envie, la jalousie, la mesquinerie dans ma vie professionnelle. J'y arrive mieux dans ma vie personnelle, mais quand il s'agit du travail et que cela vient d'étudiants, je me sens démunie et coincée entre eux et mes employeurs.

« Heureusement que ces êtres négatifs et mal avec eux-mêmes ne sont pas la majorité, mais ils font toujours du tort parce qu'ils réussissent très habilement à manipuler et à semer le doute. Ils créent des situations pénibles par leur mauvaise influence sur les autres, rendent mon travail plus difficile à accomplir et me mettent parfois dans l'obligation de devoir justifier inutilement mes actes, mes paroles, voire ce que je suis, face à mon employeur. Les critiques de ce dernier ne concernent alors plus ma compétence professionnelle mais plutôt ma personnalité. Croyez-vous que certaines personnes attisent plus que d'autres ces vilains sentiments ? Je sais que vous avez aussi à vivre de telles situations (sûrement beaucoup plus souvent que moi et pas pour les mêmes raisons) et j'aimerais savoir comment vous réussissez à ne pas être perturbé.

« Ce problème relationnel fait partie de ma vie depuis toujours. Je trouve parfois difficile de me faire accepter telle que je suis. Je suis d'accord pour changer certaines attitudes ou comportements mais non ce que je suis fondamentalement. Je n'en ai pas l'intention, car je sais que je suis foncièrement bonne. Je dois trouver le moyen d'être moins touchée mais, dans ces circonstances, je n'y arrive pas. »

Nous sommes tous, en tout temps et à certaines étapes de notre vie (en période de réussite par exemple !) des surfaces de projection plus ou moins réfléchissantes, sur lesquelles sont susceptibles de venir se jeter à la fois les désirs et les peurs de ceux qui nous entourent. Si nous nous mettons trop en avant, nous offrons plus que d'autres l'occasion d'une telle projection à notre entourage, et prenons ainsi plus de risques de nous voir adresser un ensemble de sentiments ou de perceptions positives ou négatives qui ne nous concernent pas véritablement ! En effet, même si les projections ne sont pas toujours négatives... elles nous décentrent de notre propre perception.

Par ailleurs, j'ai remarqué que lorsque quelqu'un est effacé ou apparaît comme tel, il provoque également des projections. Nous lui attribuons des pensées, des intentions qui ne sont pas toujours les siennes, ou nous interprétons ses comportements, donnons un sens parfois déformé à ses attitudes ou paroles... Paradoxalement, être trop voyant et être effacé semblent provoquer les mêmes effets désagréables et parfois pernicieux.

Pour faire face à de telles situations, je propose la démarche suivante. Dans un premier temps, accepter d'écouter en nous la résonance des paroles, des actes ou des conduites qui nous blessent, pour tenter de comprendre à quoi cela nous renvoie, à quelles blessures anciennes touchant à la disqualification de soi, l'injustice, l'humiliation ou le sentiment d'impuissance cela peut être associé dans notre histoire.

Dans un deuxième temps, nous pourrons restituer sa perception à la personne, en lui indiquant qu'elle lui appartient et que nous ne nous reconnaissons pas en elle.

Si ce problème relationnel fait partie de notre vie depuis toujours, cela indique généralement qu'il existe un point de cristallisation douloureux, un conflit interne entre l'image que nous avons de nous-même et celle que nous donnons.

Dans la lettre mentionnée, il semble que la personne ne soit pas d'accord avec la façon dont elle est perçue comparativement à la manière dont elle se perçoit elle-même. Je sais que le besoin d'être reconnu tel que nous sommes est un de nos besoins fondamentaux, mais pour pouvoir nous faire reconnaître, encore faut-il que nous acceptions de nous montrer tels que nous sommes !

Si le malentendu persiste, c'est qu'une part de nous doit tenter de se faire accepter... en n'osant trop se montrer, voire en se cachant ! Quand cette personne écrit qu'elle se sent foncièrement bonne, cela veut certainement dire que la plupart du temps elle se sent ouverte, bienveillante à l'égard des autres, ne pense pas de mal d'autrui pas plus qu'elle n'envisage de faire le mal... mais comment l'autre peut-il le savoir ?

Par ailleurs, nous envoyons, parfois malgré nous, des signaux négatifs aux personnes qui nous entourent, parce que nous avons soudain l'impression de voir revivre à travers elles des personnes de notre passé. Nos signaux ne s'adressent donc pas à la personne contemporaine, mais à ces gens du passé qui semblent se réactualiser tout à coup devant nous. À partir d'un signe minuscule ou insignifiant, nous pouvons ainsi développer des sentiments négatifs, des jugements de valeur qui nous surprennent, nous indignent, voire nous blessent sans que nous en comprenions le sens, car ce mécanisme est en général inconscient. Ainsi chaque rencontre contient-elle le risque de nous entraîner à naviguer entre plusieurs moments ou états de notre vie, qui peuvent toutefois être autant de révélateurs de nos possibles, si nous acceptons de les entendre.

Le chemin est long pour tenter de clarifier et de réconcilier l'image que j'ai de moi, l'image que je voudrais que les autres aient de moi, l'image qu'ils ont de moi et l'image qu'ils voudraient que j'aie de moi...

Il peut m'arriver de décevoir ou de stimuler, malgré moi, chez l'autre, des perceptions négatives. C'est parfois le prix à payer pour avoir osé me montrer tel que je suis, c'est-à-dire, parfois, trop différent et donc inquiétant.

Les pseudo-engagements

Le quotidien d'une vie de couple, les relations avec des proches, voire la pratique professionnelle sont l'occasion de nombreux pseudo-engagements propres à déclencher des malaises, des tensions, de la rancœur, et parfois même de la violence chez l'un des protagonistes quand ce dernier découvre que les engagements pris ne sont pas tenus.

S'engager librement ne peut se faire qu'à partir d'une capacité pleine et entière de faire des choix. Et choisir une direction, c'est renoncer aux autres. Je ne peux m'engager réellement quand je ne peux choisir, soit parce que je suis dépendant, c'est-à-dire soumis à une force extérieure, par exemple à une drogue ou à l'influence de quelqu'un, soit parce que je ne suis pas détaché d'un précédent engagement, soit enfin parce que je suis emprisonné dans la dynamique du tout ou rien. Dans ce dernier cas, plutôt que de se priver de quelque chose, certains, croyant pouvoir obtenir *tout,* refusent ce qu'ils considèrent comme trop peu et se tournent vers ce qui leur apparaît comme *un plus* quitte à trahir sans état d'âme les engagements pris.

S'engager suppose donc une disponibilité, une ouverture et une autonomie. Ce sont les éléments de base qui permettent de se définir et donc de prendre position face à l'autre. Je ne m'engage pas véritablement lorsque je réponds seulement « Oui » à la demande, au projet ou à la proposition de l'autre ; il faut aussi que je sois capable, en même temps, de dire non à autre chose. Si je ne parviens pas à faire un vrai choix, j'enferme l'autre dans un pseudo-engagement :

« C'est elle qui m'a demandé si je voulais l'épouser, raconte un homme. Jusqu'alors je n'y avais jamais pensé. J'étais bien dans notre relation, mais sans plus. J'ai eu peur de lui faire de la peine en refusant, alors j'ai dit oui. Elle a paru si heureuse que j'ai presque cru que c'était moi qui avais eu l'idée de la demander en mariage. » L'homme qui s'exprime ainsi est marié depuis dix-huit ans mais, de même qu'il n'a pas su se situer réellement pour entrer dans le mariage, il ne peut le faire davantage pour en sortir. Le couple ne marche pas du tout, lui et sa femme sont l'un et l'autre emplis d'insatisfactions et de ressentiment, mais lui attend que ce soit elle qui propose ou demande le divorce…

Les situations plus banales et moins critiques de la vie quotidienne viennent de ce que nous confondons fréquemment le « Oui » marquant un accord ou un ajustement momentané avec le « Oui » traduisant un véritable engagement.

C'est un lundi soir, elle propose : « On pourrait aller au cinéma mercredi, il paraît qu'il y a un nouveau film de Woody Allen », il répond : « D'accord. » Pour elle, c'est acquis. Elle est l'initiatrice du projet, elle peut en rêver et même anticiper le plaisir de la soirée à venir. Et le mercredi soir, elle est tout étonnée de voir son partenaire en pyjama, feuilletant le programme de télévision ou envisageant une soirée au coin du feu… Elle s'irrite et se sent blessée devant ce qu'elle croit être le peu de fiabilité de son partenaire. Elle n'a pas réalisé que le « Oui » du lundi n'exprimait pas un engagement, mais un simple ajustement lié au moment. Si son partenaire était lucide, il lui dirait, en ce mercredi soir : « C'est vrai, je t'ai dit oui lundi soir mais sans y penser vraiment. J'étais fatigué et je ne voulais pas te décevoir ni gâcher notre soirée. En fait, je pensais que nous en reparlerions. »

Vérifions la nature du « Oui » qui nous est adressé !

Il y a un moment de la vie où il faut arrêter de regarder l'avenir dans le rétroviseur, car ce dernier est tourné vers le passé !

Cette culpabilité qui pollue notre existence !

« J'ai été nourrie au biberon de la culpabilité, une source en continu qui alimentait toutes les relations avec ma mère. La culpabilisation entre une mère et sa fille (plus rarement l'inverse) est un poison très puissant... Je n'en suis pas morte, seulement handicapée à vie... » Et cette femme poursuit tout au long d'un dossier de quelque trente pages la liste des violences morales, psychologiques, relationnelles que sa mère semble lui avoir fait subir.

La culpabilisation d'un enfant par un parent (ou un proche), c'est bien connu, doit cependant être diffusée à dose homéopathique, car il faut garder le sujet vivant le plus longtemps possible, de préférence jusqu'à la fin de sa vie, pour continuer à déverser en lui le trop-plein qui vient souvent de loin dans l'histoire du parent. Ne croyez pourtant pas qu'un père ou une mère empoisonne volontairement la vie de son enfant. Cela arrive, on a d'ailleurs donné à cette pratique le nom de syndrome de Münchhausen, mais cette disposition à nourrir sa progéniture de messages toxiques se fait le plus souvent malgré le parent, à son insu. Si sa propre histoire est encombrée de multiples déchets, de conflits non réglés, de situations inachevées, de frustrations, de violences subies, de reliquats d'ac-cusations et de non-dits, il ne peut rien laisser passer d'autre que tout ce mauvais qui a été reçu dans le passé. Sa *tuyauterie relationnelle* est parfois tellement imprégnée que même le bon qui pourrait y circuler à l'occasion a un goût fétide, une saveur de rance, voire de pourri... D'autres fois encore, les canaux relationnels sont tellement bouchés, obstrués, que rien ne passe. Là encore, le parent en voudra à l'enfant, de ne pas savoir le prendre comme il est. Dans tous les cas, comme c'est l'enfant qui révèle la mauvaise qualité de la relation, c'est lui que l'adulte considère comme coupable et c'est à lui qu'il s'en prend. La preuve : la mère ou le père le crie, le hurle, non pas toujours avec des mots, des paroles articulées, mais souvent avec un silence plus épais qu'une chape de plomb, des regards lourds de reproche, de fatigue, de pseudo-compréhension. Le corps de ces adultes en témoigne aussi, chevillé qu'il est par le besoin de contrôle et par sa raideur, qui se déplace d'un bloc, monolithique, clôturé par tous les rejets antérieurs. Des somatisations, justement réparties dans différents organes, des dysfonctionnements corporels devraient avertir l'intéressé, l'inviter à entreprendre quelque chose pour lui-même. Cette sclérose en plaques circonscrite sur une jambe, cette arthrose de la hanche, quelques kystes, voire un cancer ou, pour faire face à la rétention verbale, une constipation chronique et systématique. D'autres fois ce seront des tics : renifler toutes les trente secondes par exemple, ou tousser à l'approche de certains mots. À moins que le canal lacrymal ne soit régulièrement obstrué et enflammé, toutes les larmes retenues, en attente, comprimées depuis des décennies... Car le corps dispose de son propre langage, il parle à notre insu, surtout chez les plus endurcis d'entre nous, il parle courageusement, tenacement, durant des années, pour tenter de se faire entendre, souvent en vain. Ces signes et bien d'autres seront étouffés par quelques médicaments inappropriés – mais terriblement efficaces !

Ainsi certains enfants deviennent-ils les symptômes vivants des blessures cachées, des conflits non réglés, des situations inachevées de la vie et surtout de l'histoire de leurs parents...

Il est risqué de trop se pencher sur un enfant,
c'est le meilleur moyen de tomber ou de recevoir
un coup de pied au derrière !
Mieux vaut se mettre à sa hauteur,
c'est le meilleur moyen de grandir.

Ces rumeurs... blessantes

« Il paraît que le chef de service est homosexuel... », « Le chauffeur du patron est responsable du suicide de sa femme, il n'était jamais chez lui quand elle avait besoin de lui ! », « Savais-tu que le comptable couchait avec la moitié des secrétaires ? », « Les nouveaux voisins, on ne sait pas d'où ils viennent, mais à leur couleur, je vois déjà ce que c'est... »

On vous donne ainsi, sous couvert de confiance, la primeur d'une nouvelle. Mais surtout, on sème un doute, on lance une information qui va donner une certaine image de quelqu'un, lui apposer une étiquette parfois définitive, et certainement polluer votre imaginaire. Les rumeurs sont toujours pernicieuses. Beaucoup seraient désamorcées dès le départ si celui qui les reçoit ne prenait pas l'information sur lui, la laissait à celui qui les véhicule et répondait par exemple : « Oui, j'entends bien que toi tu penses ou tu crois que le chef de service est homosexuel. »

Il serait aussi possible de confronter la personne avec elle-même : « Veux-tu me dire ce que cela touche de savoir que le chef de service est homosexuel ? »

Les rumeurs ont plusieurs fonctions, entre autres : disqualifier, nuire, blesser, colporter une image négative, semer des interrogations pernicieuses ou susciter des déplacements d'enjeux. Et pour ce dernier point beaucoup d'entre elles sont de caractère manipulatoire : « Si l'attention se focalise sur le comptable, elle sera moins centrée sur moi. »

Certaines rumeurs sont *téléguidées* dans un but précis. Celles qui ont circulé dans les années 1950 à Orléans à propos de boutiques tenues par des juifs visaient à la fois à déloger les occupants pour permettre à d'autres commerces d'occuper le terrain dans une rue passante et à ternir l'image des juifs dont on parlait de façon très positive après la Libération.

Une rumeur se développe sur un terrain sensible. Elle vise une cible connue.

Ceux que le succès comble trop rapidement feront l'objet de rumeurs cherchant à les salir, à dévaloriser leur image et à disqualifier leur réussite : « Si elle a été nommée chef de service, au bout de seulement trois ans... c'est qu'elle a dû payer de sa personne... Je ne sais pas si tu vois ce que je veux dire ! »

Une rumeur est un poison. Elle se distille parfois avec beaucoup de sincérité, sans que celui qui l'amplifie ait un objectif précis, sans qu'il ait même toujours conscience de nuire. La perversité banale, au quotidien, est un gaz carbonique particulièrement toxique qui pollue nombre de relations.

Remonter à la source d'une rumeur est souvent impossible. Il faut donc beaucoup de cohérence et de sécurité intérieure pour ne pas se laisser atteindre par une rumeur. Comme on ne peut contrôler l'imaginaire de ceux qui la diffusent, on doit se contenter de se positionner, de s'affirmer, de mieux se définir. Il y a quelques années, la comédienne Isabelle Adjani, à propos de laquelle courait la rumeur qu'elle était atteinte du sida, a pu le faire avec un certain succès, mais elle en fut blessée et meurtrie profondément.

« Impose ta chance, serre ton bonheur et va vers tes risques. À te regarder, ils s'habitueront. »

René CHAR

Insulté à un feu rouge !

Une insulte, même si elle vous est adressée, ne vous concerne pas nécessairement. Celui qui l'énonce tente de dire son insatisfaction, son irritation, sa colère, il a besoin de se soulager. S'il vous traite de « corniaud » ou de « débile profond » quand vous traversez au moment où les feux sont à l'orange, il vous dit par là sa frustration d'être obligé de freiner...

Il est des insultes qui visent à exprimer un ras-le-bol, un état émotionnel négatif ; d'autres, plus orientées, cherchent à blesser, à disqualifier, à atteindre vraiment la personne dans sa sensibilité ou ses valeurs. Dire à son collègue de travail : « Je trouve que ton projet est nul, inintéressant et sans avenir », c'est l'atteindre dans d'autres dimensions que celles mises en jeu sur le plan professionnel.

Pour ce qui est du comportement des automobilistes, il semble que quelque chose de l'ordre de l'agressivité à fleur de peau se déclenche sitôt qu'un homme est au volant ! Toutes les règles sociales de bienséance ou de politesse élémentaires se trouvent, d'un seul coup, oubliées, bannies. Il arrive effectivement que plus vous vous excusez, plus la personne redouble de noms d'oiseaux, comme si elle était stimulée par le pouvoir qu'elle a de vous mettre mal à l'aise ou de vous disqualifier...

Dans un tel contexte, les excuses sont considérées comme une preuve de faiblesse ou de lâcheté, les tentatives d'apaisement comme un refus inacceptable du conflit – l'autre tient tant à *son* conflit ! Il règle peut-être avec vous, piétonne distraite, un conflit qu'il n'a pas osé affronter le matin même avec sa femme, ou avec vous, senior à la retraite, une humiliation mal digérée venue d'un chef de service ou d'un collègue !

Il faut se rappeler que les mots ne sont pas des actes, que si violents soient-ils, ils ne deviennent pas la réalité. Vous n'êtes pas idiote parce que l'autre vous traite d'idiote. Vous n'êtes pas un demeuré parce que l'autre vous traite de débile profond !

Il est possible, le plus souvent, de confirmer : « Oui, vous me voyez comme un idiot, j'ai bien entendu que vous pensez que je suis un demeuré. » La confirmation active consiste à reconnaître à l'autre son point de vue, à laisser chez lui ce qu'il ressent, voire sa colère, sans se laisser polluer !

Dans ces situations l'humour n'est pas recommandé. Un jour, à un homme qui m'avait traité de « pédé », d'« enculé et impuissant », j'avais répliqué que je n'avais pas besoin de connaître ni ses spécialités ni ses difficultés sexuelles... qu'il ferait mieux de parler de tout cela, dans l'intimité, à une personne plus compétente que moi... Notre échange a manqué de se terminer en pugilat !

Un homme qui se montre tel qu'il est,
dans sa façon d'être, de parler, d'écrire
ou d'agir... quelle rareté !

Le compagnonnage professionnel à la dérive

Les exigences terribles du marché (et non de l'économie) pèsent actuellement de façon redoutable et violente sur beaucoup d'entreprises. Le départ à la retraite, dans ces entreprises, est la plupart du temps vécu par l'intéressé avec un grand soulagement, mais en même temps avec regret et colère.

Au bureau ou à l'atelier, celui qui part n'est pas toujours remplacé, et s'il l'est, c'est en général une fois qu'il a quitté l'entreprise et que le poste est libéré. Un jeune ou une personne sans expérience professionnelle directe comble alors le poste qui était tenu jusque-là par un professionnel expérimenté et soucieux de maintenir son niveau de compétence au plus haut degré. Les jeunes qui arrivent, s'ils représentent du sang nouveau, n'ont le plus souvent que peu de connaissance intime du service, du poste de travail, des rouages subtils qui régissent l'équipe.

Une caractéristique de notre époque est que le compagnonnage professionnel traditionnel, qui reposait autrefois sur des valeurs de respect, d'exigence ainsi que d'enthousiasme envers le travail accompli, se trouve réduit à la passation de quelques consignes minimales pour permettre à la machine commerciale de tourner. Il n'existe plus, ou si peu, de transmission de savoirs, de savoir-faire, de *savoir-être,* entre celui qui s'en va et celui qui arrive. Celui qui part emporte avec lui un capital de connaissances, de savoir-faire, d'expériences concrètes qu'il n'a pas eu le temps de transmettre à la nouvelle génération, pas plus qu'il n'a eu le temps de se confronter à elle. Certains travailleurs, au-delà de leurs tâches et de leurs fonctions, sont pourtant la mémoire vivante d'un métier. Et si cette mémoire n'est plus transmise, elle se perdra et sera oubliée, et c'est toute l'âme d'un métier qui disparaîtra.

Combien vont partir, quitter leur emploi avec le sentiment d'un immense gâchis, et l'amertume, le regret que l'entreprise n'ait pas prévu un temps de travail en commun d'échange et de partage ? Un temps qui aurait permis à l'employé d'expérience de sensibiliser le nouveau venu, au-delà du savoir-faire, au savoir-être nécessaire à un *savoir-créer* et un *savoir-produire* de qualité associés à des exigences, à de la rigueur et à de la cohérence ?

Avoir exercé un métier pendant plus d'un tiers de siècle, tenu un poste, avoir été responsable d'une tâche, avoir su intégrer une pratique débouchant sur une philosophie de vie professionnelle, tout cela devrait faire que les instances dirigeantes aient le souci de préserver un tel capital humain !

Aujourd'hui, il est rare, de plus en plus rare, que l'on tienne compte de tous ces aspects dans le monde du travail. On remplace, on jette, on élimine, on *dégraisse,* on licencie, on met en préretraite et la sève vivante d'une entreprise s'écoule, inutilisée, pour parfois se perdre à jamais.

Les visionnaires les plus dangereux sont ceux qui ne voient jamais rien de ceux qui vivent tout proches d'eux.

Tout ce que je hais de par le vaste monde...

Je croyais être animé de peu de haines, j'avais le sentiment, erroné, que j'étais plutôt positif et capable de porter un œil bienveillant sur mes semblables, et sur le vaste monde. Et puis une journaliste du magazine *Marie-Claire* m'a tout récemment interviewé et j'ai découvert que beaucoup de haines et de détestations multiples m'habitaient. Cela m'a étonné, amusé et, tout de même, un peu inquiété.

Comme j'y réfléchissais, j'ai compris que mes pensées, mon cœur, et même d'autres parties de ma personne, abritent deux grandes sortes de haines.

Tout d'abord *les grandes haines lyriques, idéalistes,* qui habitent mon histoire depuis toujours, me semble-t-il :

- la haine des violeurs et de tous ceux qui maltraitent l'enfance ;
- la haine des bourreaux, des sadiques ;
- la haine des hommes politiques corrompus ;
- la haine des pervers qui tirent du plaisir de la souffrance d'autrui ;
- la haine des enseignants incompétents, obtus, imbus de leurs connaissances au point qu'ils sont sourds à tout ce qui pourrait être écoute, accueil, disponibilité ou reconnaissance d'un savoir ou d'une valeur différents des leurs ;
- la haine aussi des enseignants sadiques (haine qui vient de loin dans mon enfance !).

Et puis il existe toutes les petites haines tenaces, qui à la fois dynamisent mon existence mais sont *énergétivores* au sens où elles consomment, une énergie considérable en me plongant dans un état d'indignation quasi permanent. Ainsi :

• Je hais les toilettes sales.

• Je déteste les crottes de chiens sur les trottoirs des villes ou dans les sentiers fleuris.

• Je hais les papiers gras laissés par les touristes aux abords des chemins que j'aime, en Luberon et ailleurs.

• Je trouve les œillets sinistres et bêtes.

• Je hais la mauvaise foi et surtout ceux qui ne tiennent pas leurs engagements.

• Je hais ceux qui abîment les livres que je leur prête.

• Je hais les mauvais couchers de soleil. J'aime quand le soleil tombe, d'un seul coup vers l'autre côté du monde...

• Je hais les metteurs en scène qui sévissent au Festival d'Avignon depuis quelques années. Ils se masturbent en public, en s'appuyant sur un ego dithyrambique cautionnant des mises en scène abominablement ennuyeuses, tout cela au détriment de notre bonne volonté !

• Je hais les compagnies d'aviation qui nous transforment en bétail parqué, compté, estampillé dans d'immenses bétaillères que l'on appelle un *vol long courrier* !

• Ah ! je hais les camionneurs qui font la grève en barrant les routes, qui me prennent en otage et limitent ma liberté de circuler... au moment où j'en ai le plus besoin !

• Je hais le chien du voisin qui aboie sans arrêt, mais je devrais peut-être haïr plutôt le voisin !

J'en arrive parfois à haïr mon impuissance à changer le monde, à ne pouvoir faire passer ce qui me tient le plus à cœur : qu'on enseigne un jour la communication non violente à l'école...

Je sais aussi que je me hais beaucoup, quand je hais trop... les autres !

Ma grand-mère disait que « la haine n'est que de l'amour blessé ou trahi ». Je ne savais pas que tant d'amours blessées ou trahies m'habitaient encore !

Il y a ceux qui travaillent pour ceux qui sont en vacances...

Afin que les vacances se déroulent harmonieusement et paisiblement pour tous ceux qui les prennent, encore faut-il que l'intendance soit assurée. Aussi, chaque année, dans mon pays, des dizaines de milliers de personnes, jeunes et moins jeunes, n'auront pas de vacances pour contribuer au plaisir et à la détente de ceux qui en prennent.

Bonne humeur et gentillesse sont des qualités appréciées. Mais il arrive parfois que les maladresses, les exigences, l'inconscience de ceux qui sont en vacances mettent à rude épreuve la sensibilité des serveurs, bousculent ou blessent la disponibilité des hôteliers, soient une agression à la bonne volonté des plagistes et à l'enthousiasme des animateurs de loisirs, entament fortement la patience des caissières du supermarché qui borde la plage ou dessert le camping, ou découragent l'amabilité du boulanger qui parfois n'a plus de pain parce qu'il n'avait pas anticipé une arrivée si massive de touristes...

Dans mon village de Provence, chaque jour envahi par des milliers de voitures et de pullmans, médiatisé par la résidence secondaire ou principale de la maîtresse d'un président de la République ou la présence d'une star, les tensions s'accumulent parfois et rendent explosif tel coin du marché ou du mail à l'heure de l'apéritif... Des noms d'oiseaux viennent émailler des échanges qui devraient être plus courtois sous le soleil ou dans la langueur d'un soir d'été...

Ceux qui travaillent en vacances ont parfois le sentiment de faire des journées doubles. À leur temps de travail s'ajoutent les exigences et les demandes imprévues (toujours urgentes) de tous ceux qui sont en vacances !

Dans certains services hospitaliers, qui se trouvent à des endroits stratégiques de la route des vacances particulièrement meurtriers qui devraient conduire les vacanciers vers les plaisirs de la mer, tout le personnel est consigné aux mois de juillet et août afin d'assurer la sécurité et la prise en charge médicale de ceux qui passeront (car souvent trop pressés) le reste de leurs vacances… sur un lit d'hôpital.

J'adresse ici un petit clin d'œil amical à tous ceux qui travaillent et qui se dévouent, souvent avec beaucoup de générosité, pour favoriser la réussite des vacances de ceux qui en prennent.

« Je n'ai jamais pris de vacances de ma vie, ce n'est pas à quatre-vingt-douze ans que je vais commencer, je tiendrai jusqu'au bout… » ai-je entendu dire par le vieux monsieur qui me vend, depuis des années, au marché, les meilleures et les plus belles pommes que j'aie jamais mangées de ma vie.

Ceux qui n'ont pas de vacances

Les vacances ne sont pas un phénomène universel, loin s'en faut...

Beaucoup de gens, de par le monde, n'ont pas l'opportunité d'en prendre. Dans nos pays où règnent le confort et une prétendue abondance, nombreux sont ceux qui ne peuvent pas aller en vacances – tous ceux qui ne peuvent partir et s'extraire de leur quotidien car ils sont englués dans la survie ; et ceux qui doivent se contenter d'aspirer à moins d'injustice, de contraintes et de violences pour eux-mêmes ou leur famille ; ceux qui n'ont pas les moyens de s'offrir ce plus, qui ont trop d'incertitudes face à demain ou qui ont fait d'autres choix, ont d'autres priorités.

Tous ceux pour qui le mot *vacances* est synonyme de frustrations, d'envies, de regrets, ceux-là ne changent pas de rythme, ne font pas de projets parce qu'ils n'ont pas eu la possibilité d'économiser ne serait-ce que du temps pour se le donner et se l'offrir à eux seuls. Car c'est cela aussi les vacances, cette chance de pouvoir s'offrir du temps à soi, rien que pour soi, un temps qui ne dépend pas de la décision d'autrui !

Ceux qui ne partent pas en vacances accumulent plus de fatigue, voient plus d'usure s'inscrire dans leur corps, génèrent peut-être plus d'amertume et de ressentiment, mais aussi de rêves. Certains trouvent en effet les moyens de créer des bulles d'évasion, de se relier à des univers virtuels pour alimenter un temps hors du temps de la réalité, ou encore anticiper le futur : « Quand je prendrai ma retraite... »

Ma mère a connu ses premières vacances à soixante-quatre ans. Jusque-là, elle avait travaillé tous les jours, dimanche compris, ne sachant faire que cela. L'essentiel du temps de sa vie fut consommé par d'autres...

Et même quand elle aurait eu la possibilité de partir, de prendre justement un peu de temps pour elle, elle nous proposait à mon frère et à moi de garder nos enfants « pour que vous puissiez partir en vacances ». Et j'ai encore dans l'oreille cette phrase, cent fois entendue : « Mais partez donc en vacances, vous le méritez, vous en avez plus besoin que moi. » Elle devait penser que le travail intellectuel, *travailler avec sa tête,* comme elle disait, était plus fatigant que le travail manuel ! Travailler avec la tête représentait pour elle d'obscures menaces, des dangers pour la santé mentale, qu'il fallait prévenir ou éloigner en prenant des vacances.

Aujourd'hui encore, je garde une certaine réticence, une prudence, une ambivalence même à l'égard des vacances, comme si je n'y avais pas réellement droit...

Allons, quelques efforts encore, pour mieux les vivre, et je crois que sur la fin de ma vie, ce sera bon !

S'il en est qui doutent d'eux-mêmes, d'autres n'éprouvent pas l'ombre d'une inquiétude sur leur propre valeur. Ainsi Arthur Rubinstein qui affirmait : « Cent pianistes jouent mieux que moi. Mais je suis le plus grand. C'est injuste, mais c'est comme ça ! »

Hommes et femmes

Un homme ne verrait-il d'une femme que le désir qu'il en a ?

Se quitter le matin, se retrouver le soir

Deux moments clés rythment la vie d'un couple et d'une famille. Les instants qui précèdent la séparation du matin, juste avant de partir au travail ou à l'école, quand chacun se prépare, s'agite, bouscule les autres et parfois s'irrite de ne pas trouver sa clé de voiture, son cartable, son imper... Et les retrouvailles du soir, quand chacun rentre du travail plus ou moins fatigué, absorbé par des soucis ou des problèmes non résolus à son entreprise, ou au lycée.

Nous n'accordons pas assez d'attention à ces moments-là. Nous le devrions pourtant, si nous voulons nous dégager des pollutions et des malentendus provoqués par la séparation matinale, et nous préparer à nous retrouver avec bonheur, entiers et vivants, le soir venu.

Pour certains, la séparation du matin, même s'ils savent qu'ils retrouveront leurs proches en fin de journée ou au bout de quelques heures, est chargée de malaise, voire d'angoisse, car elle les renvoie à des séparations et à des pertes plus anciennes, plus archaïques, qui ont été mal vécues. Ce sont ceux-là qui vous disent au revoir à quatre reprises au moins ! Ceux-là qui s'accrochent et vous retiennent encore un peu, ce qui vous irrite car ils risquent de vous mettre vraiment en retard, tandis qu'eux ne voient dans votre empressement à partir que la confirmation de ce que vous ne tenez pas à eux ! Alors ils vous demandent pour la cinquième fois : « Tu penseras à moi, tu appelleras, tu n'oublieras pas de me faire un signe dans la journée ? ! »

Prendre le temps de se séparer, en étant réellement présent et non déjà, par anticipation, dans les embouteillages, me semble important et nécessaire pour la qualité de la relation de couple. Cela nous permettra, la journée durant, de rester habité par la présence bienveillante de l'autre en nous.

Le soir, au retour, prendre le temps de nous retrouver, de poser notre serviette, nos sacs, de libérer nos mains et notre tête pour rencontrer l'autre, celui (ou celle) avec lequel nous allons passer la soirée et partager l'intimité de la nuit, me paraît tout aussi essentiel. Il suffit parfois de peu : enlever notre manteau, nous laver les mains ou prendre une douche pour nous laver du *pas bon* du monde extérieur qui s'est déposé en nous et que nous avons engrangé malgré nous. Cela nous rend disponible à l'accueil de l'autre, à la rencontre.

La qualité d'une soirée, celle d'un abandon amoureux, dépend beaucoup de la façon dont on se sera quittés et de la manière dont on se sera retrouvés. Parce que nous n'aurons pas été attentifs, prévenants ou disponibles à ces deux moments clés, nous risquons de saboter, d'une part une grande partie de notre disponibilité pour la journée à venir, et d'autre part la possibilité d'un échange ou d'un partage joyeux, à deux, durant la soirée qui suivra.

Prenons soin de bien quitter ceux que nous aimons, et accordons-nous le temps nécessaire pour les retrouver.

Le seul enjeu réel d'une relation proche est d'en sortir embelli et de pouvoir dire quelque chose comme : « J'ai donné et j'ai reçu, je peux donc garder en moi le meilleur de cette relation. »

Le féminin en nous, les hommes, le masculin en elles, les femmes

La plupart d'entre nous avons pris conscience qu'il existe une part de féminin dans l'homme et une part de masculin dans la femme. La cohabitation ne se fait pas toujours dans la bonne entente ! Parfois, les deux parties s'harmonisent, d'autres fois elles s'affrontent. Dans l'esprit de certains hommes, le féminin est associé à la vulnérabilité, à une sensibilité plus importante aux émotions, à une plus grande ouverture à la tendresse. Mais nombre d'entre eux confondent sensibilité et sensiblerie, tendresse et faiblesse, abandon et laisser-aller, ce qui les conduit à minimiser leur part de féminin, à la rejeter, voire à la nier. Ainsi combattent-ils les élans de tendresse et les soupirs d'abandon avec beaucoup d'acharnement. Les qualificatifs qu'ils utilisent montrent bien tous les a priori qu'ils entretiennent à propos du féminin : « Je ne suis pas une lopette ! », « Je vais leur montrer que j'en ai, moi... » Des croyances sont fortement ancrées dans l'imaginaire de certains : « Un homme qui pleure n'est pas un homme », « Les émotions, il faut les maîtriser ou les cacher ».

Il en est de même pour une partie des femmes, qui tendent à rejeter le masculin qu'elles portent en elles parce qu'il est synonyme de trop de virilité, d'affirmation machiste ou d'insensibilité.

Pourtant, reconnaître et accueillir sa partie dominante tout en se réconciliant avec le pôle opposé qui vit en chacun de nous semble aujourd'hui de plus en plus acceptable et même souhaitable. Le plus étonnant est que les femmes manifestent une attirance de plus en plus grande pour la féminitude qui s'exprime chez... de plus en plus d'hommes ! Féminitude plus affirmée qui permet à ces derniers de lâcher prise quant à leurs outrances masculines, souvent liées aux rôles qu'ils doivent endosser tant sur le plan familial que social et professionnel.

Si chacun (homme ou femme) pouvait accepter ses deux polarités, cela contribuerait à améliorer son propre équilibre ainsi que sa relation aux autres. Favoriser la cohabitation avec les pôles opposés de la personnalité de l'autre est toujours un enrichissement, surtout quand le masculin de l'un peut s'entendre et coopérer avec le masculin de l'autre, et que le féminin de l'un peut s'accorder avec le féminin de l'autre !

J'ai mis longtemps à accepter le féminin en moi. J'y suis parvenu grâce à la rencontre avec la partie masculine d'une femme qui m'était proche. Cette transformation a été bénéfique, me semble-t-il, pour chacun de nous, à ce moment-là de notre relation. Liberté d'être, partage plus profond et plénitude, attitudes réactionnelles moins nombreuses et davantage de dialogue dans les échanges intimes nous ont alors permis de mieux nous accorder...

À la rencontre subtile de ton être, je vais au plus profond de moi. Quel cadeau, mon amour !

Les femmes « tout terrain »

Dans l'univers des familles les mères font beaucoup de choses. Surtout celles qui exercent une profession à l'extérieur, qui ont ainsi des journées triples : vie familiale chargée, notamment si elles ont plusieurs enfants, vie professionnelle bien remplie et vie personnelle et conjugale difficile, souvent sur le fil du rasoir, voire à la dérive. Malgré cela, certaines se sentent obligées d'avoir l'œil à tout, de tout faire : « Sans moi, je ne sais pas ce qu'ils deviendraient ! » *Ils,* ce sont *tous* ces autres pour lesquels elles perçoivent, anticipent, réparent, préparent, assurent le suivi d'un quotidien aux multiples facettes – en un mot, pensent à tout.

À l'adresse de leurs enfants : « J'ai mis dans ton cartable ton argent pour la sortie scolaire, mais vérifie que j'ai mis le bon montant, que je ne me suis pas trompée. J'ai aussi ciré tes chaussures et je t'ai préparé tes affaires de sport. Ah ! je n'ai pas oublié ton médicament qui est dans la poche intérieure de ton manteau. » Et bien d'autres choses encore ! Elles sont si attentives, si vigilantes aux désirs et aux besoins de leur entourage qu'elles oublient de vivre pour elles-mêmes.

À l'intention du mari, des proches : « Je t'ai repassé trois chemises car je ne savais pas laquelle tu souhaiterais mettre. Et j'ai pris un rendez-vous pour toi chez le dentiste. Je t'ai laissé un mot à l'intérieur de ta trousse de toilette pour te rappeler d'appeler ta mère, c'est son anniversaire après-demain et tu sais combien c'est important pour elle. »

Malgré tout ce qu'elles font avec célérité, avec une compétence et un dévouement extraordinaires, elles doutent quand même à la fois de leur « savoir-faire » et de leur « savoir-être » : « Est-ce que j'ai bien fait ? Sera-t-il content ? Peut-être que je n'aurais pas dû apporter son costume au nettoyage, qu'il aurait voulu le mettre ? Ah ! j'aurais dû téléphoner pour vérifier si les horaires du club de judo étaient bien ceux que j'avais notés. »

Ces femmes font beaucoup, elles vivifient l'atmosphère de la maison par leur attention, et cependant elles sont peu satisfaites d'elles-mêmes. Peut-être pourraient-elles s'interroger : quelles dettes ont-elles contractées ? envers qui ? et pour servir quelle image d'elles-mêmes ? À qui se sentent-elles symboliquement tenues de rembourser quelque chose pour s'obliger à tant de travail pour les autres, à tant de sacrifices vis-à-vis de leurs besoins personnels ? Avec qui sont-elles en rivalité pour vouloir toujours faire et mieux faire ? Quelle image d'elle-même nourrissent-elles, avec autant d'acharnement ? Quelles injonctions ont-elles reçues pour se dévouer et s'oublier ainsi ?

Certains enjeux sont bien sûr subtils et cachés. Une telle énergie dépensée dans le ménage et l'organisation de toute une maisonnée est nécessairement nourrie par des forces obscures qui trouvent la plupart du temps leur source dans l'enfance. Peut-être, au final, au travers de cet acharnement à faire pour les autres, certaines envoient-elles à leur entourage une demande cachée : « Après tout ce que je fais pour vous tous, j'espère que vous ne m'abandonnerez jamais », ou « Après tout ce que j'ai fait aujourd'hui, vous n'avez pas le droit de me demander quoi que ce soit de plus ! ». Nous pouvons pressentir là un non-dit autour de certains refus dans la relation sexuelle. Exploitation ménagère et sexualité ne font pas toujours bon ménage.

On ne naît pas femme, on le devient mais il n'est pas toujours possible de le rester !

« J'ai choisi de vivre seule... »

« À cinquante ans j'ai décidé de quitter mon mari et de vivre seule. Je ne voulais plus vivre dans la dépendance de ses désirs, ni être sous sa coupe. Je découvrais enfin que j'étais assez grande pour oser ma vie. » Nous avons là le témoignage d'une femme qui a choisi la solitude car elle y voit un mode d'existence moins contraignant que celui d'une vie en couple.

De plus en plus de femmes, semble-t-il, préfèrent l'aventure de la liberté individuelle aux risques d'une cohabitation qui se révèle quelquefois trop frustrante, voire aliénante pour elles. D'autres, par contre, déjà seules, découvrent qu'il est moins facile de vivre la solitude à cinquante-cinq ans qu'à trente-cinq ans. Comme si de nouveaux besoins émergeaient, comme si l'âge révélait plus d'incertitudes et éveillait un besoin de sécurité intime plus grand, le besoin d'une présence proche et bienveillante, à demeure.

Aujourd'hui, quelque 18 millions de Français, soit 10 millions de femmes et 8 millions d'hommes, vivent seuls. Pour cause de célibat choisi ou imposé, pour cause de divorce ou de veuvage, ces personnes vivent, pour l'essentiel de leurs relations, avec... elles-mêmes ! Certaines ont des regrets : « J'ai peur de devenir égoïste, j'éprouve un sentiment très fort d'inutilité, comme si je ne servais plus à rien. » D'autres s'investissent dans des activités associatives : clubs de lecture, de marche ou de danse, pour partager avec leurs semblables le meilleur d'elles-mêmes.

Paradoxalement, celui qui vit seul peut consacrer plus de temps à autrui et s'engager dans des actions humanitaires, lutter contre l'injustice, la faim dans le monde, œuvrer à résoudre des problèmes de santé ou de prévention sociale. Et il peut trouver dans cet engagement la possibilité de s'aimer, de se respecter tout en donnant un sens à sa vie.

La pire des solitudes n'est pas d'être seul, c'est de s'ennuyer en sa propre compagnie. Quand la solitude est imposée après une rupture, un décès, elle s'accompagne souvent d'un sentiment d'incomplétude et de manque. Mais quand la personne a pu se réconcilier avec elle-même, dépasser la blessure narcissique laissée par un sentiment d'abandon ou de trahison, elle peut commencer à apprendre à cohabiter avec elle-même et trouver de l'agrément à vivre en sa propre compagnie à temps plein, tel un *partenaire dynamique* pour l'homme ou la femme qu'il ou qu'elle est devenue.

De plus en plus de personnes seules, me semble-t-il, acceptent de l'être dans un mode de vie qu'elles ont créé à leur convenance et qui leur permet de se respecter à temps plein.

Souffrir le martyre, seul, semble parfois préférable à souffrir deux martyres... à deux.

Un célibataire est invité !

Si vous vivez dans un milieu un peu huppé ou *sélect* et que vous êtes invité à un repas, la maîtresse de maison aura à cœur de vous trouver un partenaire du sexe opposé pour équilibrer la table et vous donner l'occasion d'avoir un interlocuteur de l'autre sexe. Et même si vos hôtes ne sont pas très formalistes, ils savent qu'inviter un ou une célibataire n'est pas la même chose qu'inviter quelqu'un de récemment divorcé, par exemple. Une femme divorcée fait un peu peur. Elle se présente ou est perçue comme libre et indépendante. Si, deux ans après la séparation, elle vit toujours seule, c'est qu'elle est vraiment libre et suffisamment indépendante. Donc potentiellement attirante pour les hommes présents et dangereuse ou menaçante pour les femmes... de ces hommes.

Aussi, insensiblement, au fil du temps, les hommes seuls, et surtout les femmes seules, ne sont-ils plus invités que par d'autres célibataires. On leur prépare un dîner à la bonne franquette, un petit repas sympa, une soirée *branchée,* mais fini les soirées chez les couples d'amis où l'on était reçu, entouré, recherché.

Une amie me racontait qu'elle s'était inventé un amant grand voyageur international, ce qui expliquait son absence, à lui, et sa solitude, à elle. Cette fiction rassurait les hôtesses : en relation avec un autre homme, cette amie ne risquait pas de séduire le mari, ou ne serait pas tentée de défaire un couple *sans défense.*

Pour les repas ou les soirées familiales, il semble que les hommes seuls, j'ignore pourquoi, représentent une menace moins grande ! Il serait intéressant de savoir la raison de cette croyance !

Par contre, si vous êtes la personne qui invite et que vous êtes seul, il vous faudra la plupart du temps trouver un *ténor,* une tête d'affiche pour stimuler vos invités à venir : « Si vous êtes libre vendredi soir, je vous invite, il y aura un de mes amis qui revient de... » – là, il vous faut trouver le lieu magique qui focalisera l'attention... Leningrad, Tahiti, la Chine du Nord... l'Antarctique ! De toute façon, ce doit être quelqu'un qui doit avoir fait ou vu quelque chose d'exceptionnel ou d'atypique. S'il s'agit d'un auteur, vous risquerez quelque mise en garde : « Il nous parlera de son dernier livre, vous verrez, il est passionnant, mais attention, ne le contredisez pas trop, il supporte mal les critiques et je ne voudrais pas que la soirée soit gâchée... »

Il n'est pas toujours facile de continuer une vie sociale, quand on est seul après avoir été deux !

« Je ne suis pas toujours certain qu'une vie simple et tranquille m'aurait convenu, mais ça ne m'empêche pas de rêver. » Byron, mon frère, mon ami, écrivait cela voilà plus d'un siècle.

Leur souffrance – les hommes la taisent, les femmes en parlent

Il existe des différences manifestes entre les hommes et les femmes, d'autres sont moins apparentes mais tout aussi importantes. C'est ainsi que les hommes ont du mal à exprimer leurs émotions, ils éprouvent de la difficulté à parler de ce qu'ils ressentent et vivent intimement. Ils préfèrent donc s'en tenir à des généralités, faire des discours, ou parler des autres plutôt que d'eux-mêmes. Autrement dit, ils s'expriment davantage avec leur tête qu'avec leur cœur, de même qu'ils supportent mal ce qui se vit au niveau plus émotionnel.

Pour les femmes, il semble que ce soit l'inverse : elles n'hésitent pas à exprimer leurs émotions et leurs sentiments. Elles préfèrent ne pas garder en elles trop longtemps ce qui ne va pas, ce qui les gêne ou les interroge. Aussi, quand elles souffrent, quand elles sont mal à l'aise ou en difficulté, n'hésitent-elles pas à se faire aider, à rechercher quelqu'un à qui parler pour être entendues !

Ce décalage entre l'expression des hommes et celle des femmes a d'innombrables conséquences sur la vie amoureuse et la vie de couple, mais également sur l'éducation des enfants. Dans ce dernier cadre, les interventions des pères sont plus ponctuelles, plus réactionnelles, alors que celles des mères mettent le temps à profit, s'inscrivent dans la continuité et ont peut-être, pour cette raison, un impact plus profond.

Depuis quelques années cependant, il faut le souligner, les hommes apprennent à parler d'eux-mêmes, à partager le plus intime, le plus difficile. Ils prennent ainsi le risque de se dévoiler et d'accéder à leur vulnérabilité. Peut-on dire qu'ils découvrent leur féminitude ? En contrepoint, ils acceptent mieux de se faire aider, d'entreprendre une psychothérapie, de consulter, d'envisager un travail sur soi et surtout de prendre un peu de temps pour écouter le petit enfant qui, blessé ou étonné, les habite encore et les invite à se chercher.

C'est heureux pour les hommes ! Une telle attitude les rapproche du féminin qui est en eux et qui mérite lui aussi d'être entendu et reconnu !

Certains mots nous mettent en état de grâce,
Des mots qui nous permettent
de retrouver la verticalité,
Des mots qui nous font respirer
et nous rendent plus beaux.

Leur sexualité – les hommes s'en vantent, les femmes sont plus discrètes...

C'est une idée couramment admise, mais qui me semble de plus en plus erronée.

Les hommes qui parlent de leurs exploits, de leurs performances ou qui détaillent leurs pratiques sexuelles me paraissent plutôt rares aujourd'hui. Par contre, de plus en plus de femmes parlent entre elles avec humour, tendresse, et parfois même avec quelque cruauté des manques, des habitudes, des particularités érotiques de leurs partenaires actuels ou passés.

Mon point de vue est que la personne qui dévoile les détails de sa vie sexuelle à un tiers (à l'exception d'un thérapeute qu'elle paie pour l'écouter), ou dans un groupe d'amis, a une relation insatisfaisante, frustrante ou pénible. Une vie sexuelle réussie, qui comble chacun des partenaires, reste sous la protection d'une intimité protégée qui n'appartient qu'aux deux personnes concernées. Elle se manifeste extérieurement par une qualité d'échange, des attentions et mille petits signes qui circulent entre les deux êtres et révèlent justement qu'il se passe quelque chose entre eux... dont tous les autres sont exclus !

Un homme ou une femme qui se sent obligé de parler de son intimité sexuelle, sur le ton de l'anecdote, de la dérision ou de l'exploit, n'est pas encore entré, à mon avis, dans l'*intime de l'intimité*. Il arrive, bien sûr, que les femmes s'ouvrent, entre elles, à des confidences, parlent de leur vie ou de leurs pratiques sexuelles, mais c'est généralement sur le ton de l'interrogation, du doute, et au fil d'une recherche personnelle, la plupart du temps pleine de pudeur, et qui s'exprime de diverses manières : « Tu as du plaisir à chaque fois ? Parce que moi, il y a des fois où ça ne marche pas… », « Au début je n'aimais pas embrasser son sexe, aujourd'hui j'adore, je le trouve beau. Jamais je n'aurais cru que je puisse aimer cela ! », « Moi j'étais persuadée que c'était à lui de me donner du plaisir, alors j'attendais ! Et puis un matin j'ai découvert que c'était à moi de m'accorder du plaisir, de m'autoriser à en avoir et de lui en offrir ensuite à lui… Depuis, c'est la fête chaque fois… ou presque ! »

Dans ce domaine les femmes partagent, s'informent, s'éduquent mutuellement. Au contraire, les hommes n'apprennent rien ou très peu les uns des autres, c'est pour cela qu'ils ont beaucoup à découvrir.

Ce sont les corps dans leur abandon
et leur désir, non les mots,
qui disent la véritable promesse de l'amour.

Saint Valentin... faites des amoureux !

Il paraît que Valentin, ce prêtre du IIIe siècle qui fut martyrisé à Rome, est le patron des amoureux. Il fut emprisonné pour avoir marié deux amants malgré l'interdit de l'empereur Claude II, dit le Cruel. Celui-ci, ayant beaucoup de difficultés à trouver des soldats pour ses multiples campagnes militaires, avait interdit les mariages. Plein de sagacité, il avait en effet remarqué que les hommes mariés ne faisaient pas de bons soldats ! La légende rapporte que Valentin fit ensuite retrouver la vue à Julia, la fille de son geôlier. Et qu'après ce miracle toute la famille de ce dernier se convertit à la foi chrétienne. Devant le refus de Valentin de renier son Dieu, l'empereur Claude II le condamna à mort. Valentin fut décapité sur la voie Flaminienne, tout près de Rome, le 14 février 268. On ajoute que Julia, la miraculée, fit planter un amandier sur sa tombe. Cet arbre est devenu aujourd'hui le symbole de l'amour et de l'amitié. Il fleurit en Provence, au mois de février.

Il me semble que les amoureux ont besoin d'un saint patron : car si devenir amoureux ou *être en amour* reste encore quelque chose de possible, être réciproquement amoureux se révèle de plus en plus rare.

Aimer, se sentir en résonance, en harmonie avec un être qui réponde, s'engage, se situe sur une même longueur d'onde ou de sensibilité que soi, ne semble pas facile. La culture de consommation dans laquelle nous vivons (j'allais écrire « nous vivotons » !) semble y être pour quelque chose. Nous avons de plus en plus l'air de *consommer* l'amour au gré d'une foultitude de rencontres, comme s'il s'agissait d'une denrée banale.

Quant à la Saint-Valentin, *fête des amoureux,* elle a été largement récupérée par la société marchande. Et le 14 février est devenu une occasion de plus d'offrir ou de recevoir un objet, une fleur ou un présent matériel, plutôt qu'un moment propice pour dire son affection ou son attachement, donner une preuve de sa fidélité, témoigner de l'unicité de son sentiment ou de sa relation.

Je rêve d'une fête de l'amour où le *valentinage* deviendrait synonyme d'ouverture à l'amour. Une fête qui réunirait ceux qui se sentent une capacité d'aimer, c'est-à-dire qui s'aiment suffisamment pour ne pas dépendre de leur besoin d'être aimés et peuvent offrir, au-delà du sentiment, une présence, un engagement, une liberté d'être suffisamment consistants pour stimuler la générosité, l'abandon et la confiance de l'autre. Saint Valentin, *faites des amoureux* ! Si vous en avez le pouvoir, suscitez chez les femmes et les hommes cette appétence à l'ouverture, à la rencontre, à la découverte, pour s'accorder, cœur à cœur, non seulement à la fête des corps, mais aussi à celle des émotions, des sentiments et de l'engagement mutuel !

Une longue période de fiançailles précédait autrefois le mariage. Le valentinage ne pourrait-il aujourd'hui désigner à la fois le temps indéterminé qui précède les fiançailles, et le temps amoureux qu'il convient d'entretenir tout au long du mariage ? Cet espace fait d'interrogations et de recherches, d'approches, de fuites et d'errances, où se déposent des germes d'amour, où s'apprivoisent des sentiments, où s'initient des regards et des gestes nouveaux – un espace vieux comme le monde mais qui reste chaque fois à réinventer.

À t'aimer, te voir, te toucher, te respirer, à simplement te rêver, la vie me monte à la tête.

Relation de rencontre et rencontre d'une relation

« Je suis pleine de gratitude envers la Vie pour les moments riches qu'elle m'offre. Les rencontres qui la traversent en font partie. Ainsi, la rencontre que j'ai faite dernièrement avec un homme rare. J'apprécie toute la richesse, tout le plaisir, tout le rêve dont cette rencontre est porteuse. J'apprécie tout ce que cela me donne comme possibilités de me découvrir, de m'épanouir... et je ne suis pas déçue.

« Pour moi, une rencontre est un moment dans lequel j'arrive en étant ouverte à *tous les possibles*... La possibilité de découvrir des émotions auxquelles je ne m'attendais pas, la possibilité d'éprouver un sentiment nouveau, la possibilité de laisser naître un désir. Parfois réapparaît le besoin d'entrer dans une relation plus *continue* avec la personne que je découvre, non pour *m'engager* ni pour *mettre en commun nos vies ou un lieu de vie,* mais pour me donner la possibilité de me découvrir plus, de me connaître, d'explorer, d'inventer...

« Pour moi, *rencontrer* quelqu'un c'est prendre le risque de renouveler la rencontre si elle a été positive et avancer vers l'immensité de l'inconnu. Comment peut-on rencontrer vraiment l'autre si on se met d'avance des limites ?

« J'ai conscience de mon désir de continuité dans un au-delà de la rencontre, de mon désir de m'engager avec la totalité de moi-même dans une relation. Je sais que ces désirs m'appartiennent et je prends soin de ne pas envahir l'autre avec des demandes ou des attentes trop pressantes, qui pourraient être pesantes pour lui. Tout dernièrement, mon ami m'a écrit pour me dire qu'il n'attendait pas la même chose que moi d'une relation. Lui veut rester dans la rencontre, sans engagement, sans projection sur l'avenir. J'ai tenu à lui exprimer ma différence.

« J'ai eu besoin aussi de lui dire comment je le *ressentais,* même si cela est délicat, difficile, périlleux car il n'aime pas que l'on pense ou que l'on parle de lui... J'ai ressenti de sa part une nécessité de vivre les relations personnelles comme des *visites* : des temps de rencontres riches, qui vous nourrissent suffisamment pour que vous vous sentiez ensuite bien entre les rencontres. Je dis *visites,* en reliant prudemment son mode de relation à la relation pleine et riche, mais en pointillés, qu'il semble avoir eue avec sa mère lorsque celle-ci, atteinte d'une maladie grave, a dû vivre éloignée de lui durant six ans.

« Je pense que l'on peut vivre des relations autrement qu'en pointillés sans se sentir enfermé, et tout en continuant à se respecter soi-même... Qu'en pensez-vous ? »

Je partage et je rejoins totalement le point de vue de cette femme qui m'écrit avec la confiance inouïe de ceux qui savent qu'ils seront entendus. Il faut à la fois beaucoup de liberté en soi et une grande sécurité intérieure pour vivre des relations de rencontre qui ne proposent rien d'autre au départ que le plaisir d'être ensemble. Cela se gâte parfois, quand des sentiments s'en mêlent, quand se réveille le rêve d'une acceptation inconditionnelle, d'un partage total, d'un engagement pour baliser l'avenir. En matière de relations intimes, il n'y a pas de modèles, pas de références, il n'y a que des expériences heureuses ou malheureuses. La littérature ignore ou feint d'ignorer que de telles rencontres fondées sur un vécu au présent, sur le seul partage de l'instant, existent, sont possibles. Il appartient à chacun de les découvrir et de tenter de les vivre dans le dépassement de soi qu'elles supposent.

Il est des rencontres qui s'inventent au jour le jour, pour transformer chaque instant en parcelle d'éternité.

Aimer sans perdre la raison...

« Plus je vieillis plus je me sens jeune », me disait cette amie à l'aube de ce printemps. « Bien sûr je sens mon corps se modifier, vieillir, dans le sens où je me sens moins tonique. Active, dynamique, je le suis et même plus que jamais. En fait, j'aurais besoin de journées de soixante-douze heures pour épuiser quelques-uns de mes possibles, pour être totalement ce que je suis, pour réaliser tous mes désirs ou projets... »

J'apprécie beaucoup la clairvoyance, la lucidité de cette personne, et je crois que j'ai percé en partie le mystère de sa jeunesse réelle, trouvé le moteur de sa vitalité quand, à plus de soixante ans, elle manifeste un incroyable enthousiasme pour la vie.

Elle est aimante, non pas seulement amoureuse, mais *en amour* avec un homme qu'elle connaît depuis des années et qui ne semble pas, lui, être à son égard sur le même registre. Non qu'il ne l'aime pas ou qu'il se laisse aimer, mais il est engagé au loin dans des actions humanitaires qui le mobilisent à temps complet.

Pour cette femme, aimer constitue un état de complétude qui ne laisse aucune place ni au manque, à la douleur ou au regret, ni à l'absence, à la peur de la rupture ou d'un oubli de la part de l'autre. Elle semble aimer, elle aime, avec une telle foi, une telle intensité, que la présence de cet amour en elle est consistante, palpable, visible. « J'ai un tel bonheur à aimer que je suis comblée. Tout ce qui me vient de lui en plus est cadeau… Mon amour m'habite à plein temps », dit-elle avec une grande simplicité.

Et ceux qui la connaissent, quand elle dit « mon amour », entendent bien qu'il ne s'agit pas là de l'objet de son amour, cet homme qui vit au loin, mais bien de ses sentiments rassemblés en une entité distincte avec laquelle elle dialogue, échange, rit, danse, chante ou pleure. Le *nourrissement* de cet amour ne vient pas de l'autre, mais d'une énergie suscitée, développée par la seule présence de l'amour au plus profond de son être. Nous pouvons ainsi imaginer en elle toute une alchimie puissante de vie, produite par les souvenirs de ce qu'elle a vécu, la trace de la présence de l'autre, les vibrations intérieures liées à celui qu'elle aime, la chaleur, la force de ses désirs. Et que les attentes, les aspirations de cette femme soient comblées ou non, cela ne semble diminuer en rien son propre engagement : « Ce n'est pas envers lui que je me sens le plus engagée, même si je suis prête à tout lui donner, c'est envers mon amour. Et je ne vis pas cet amour en termes d'obligations, de manques, de devoirs ou de contraintes, mais dans la pleine acceptation de sa présence en moi. Dans la reconnaissance, la gratitude que j'éprouve envers mes sentiments, la parole de mon cœur, les murmures de mes sens, la vibration de mes désirs… »

Je ne sais comment il conviendrait de nommer un tel amour, peut-être tout simplement *aimance*.

« L'amour, ça te serre le cœur comme un étau et ça te le déchire, crac… Après ça saigne, ça saigne toute une vie », disait Raymond Queneau. Pas toujours quand même !

L'étrange séduction de l'anormalité

J'appelle anormalité tout ce qui se situe en dehors des normes habituellement acceptées, connues et, la plupart du temps, nécessaires à la vie sociale. Nos magazines préférés, la radio, la télévision font chaque jour abondamment état de faits divers (« dépassant l'imagination », comme on se plaît à le souligner) dont certains devraient nous interroger à plusieurs titres.

Ces faits divers devraient d'abord nous questionner non pas sur l'élément qui les a déclenchés, mais sur la nature profonde, l'origine de certains comportements : comment tel individu a-t-il pu torturer, sadiser, violer, tuer avec autant d'acharnement ? D'où tel autre tient-il son habileté à profiter des contradictions ou des lacunes du système judiciaire pour récidiver ?

De tels faits devraient aussi nous interroger sur les attitudes de la société qui oscille entre laxisme et punition, entre mise à l'écart et protection, entre compréhension et fermeté.

Ils devraient enfin nous interpeller quand ils concernent le comportement de certaines personnes manifestement très attirées par la personnalité atypique de celui qui a commis des actes d'une violence et d'une perversité inouïes. Je découvre ainsi, en lisant *Le Soir,* grand quotidien belge, que Marc Dutroux, accusé d'avoir violé, torturé, tué plusieurs enfants et emmuré vivantes deux jeunes filles qu'on a retrouvées mortes, que ce personnage de cauchemar a tout un *fan-club* qui lui envoie gâteries, cadeaux et argent pour améliorer son ordinaire à la prison où il est incarcéré, en attendant son jugement. Très sollicité, il fait l'objet de déclarations d'amour, de propositions de mariage et de maternages divers !

Un autre meurtrier, qui a tué sa femme, ses deux enfants et ses deux parents en l'espace de deux jours, suscite aussi beaucoup d'intérêt chez des femmes, qui l'assurent de leur amour et de leur soutien matériel.

Je me sens démuni. Je ne sais à quoi attribuer cet intérêt pour l'anormalité. Je le trouve malsain, comme le goût de certains pour l'étrange, l'inacceptable, l'innommable.

J'entends bien que derrière toutes les horreurs commises, il y a une femme, un homme, le plus souvent un être de chair et de rêve, qui a été un enfant avec une histoire, qui aspire à être entendu, compris, aimé malgré tout ce qu'il a pu faire, malgré ce qu'il a pu commettre de répréhensible ou d'horrible.

Ce qui m'interroge, c'est la dimension sensuelle, sexuelle voire érotique qui sous-tend les sollicitations, les pressions exercées, l'insistance suspecte pour pouvoir rencontrer, toucher, prendre en charge celui qui a posé des actes défiant l'humanitude...

« Même à ses contradictions il faut savoir imposer une limite. »
Philippe Roth

Des hommes qui pleurent

Homme politique très engagé, il fut le maire d'une ville importante, député, il occupa diverses fonctions clés, mais au bout de quelques années il semble qu'il se soit laissé contaminer par les toxines du pouvoir au point de s'engager dans quelques malversations dont la justice fut saisie. Ainsi dut-il s'enfuir en Argentine pour échapper aux sanctions prises à son encontre. Mais le mal du pays le saisit et il rentra en France pour se constituer prisonnier. Dès son retour il fut condamné à quatre ans de prison, dont deux avec sursis pour abus de biens sociaux et complicité de faux en écriture.

À sa sortie de prison, il écrivit un livre[1]. Dès les premières pages, il nous parle de ces longues heures passées en cellule, où, renvoyés à leur solitude, les hommes ne peuvent empêcher la tristesse de les assaillir et de faire progressivement s'effondrer le mur de leurs défenses psychologiques. L'homme le plus robuste, confronté à ce moment de vérité où il est envahi par une tristesse noire qui l'empêche même de rêver, où son cœur est recouvert d'une émotion qui l'étouffe, se sent alors jeté à terre… « Ils ont tous pleuré, au moins une fois », écrit l'auteur.

Seuls le plus souvent, quelquefois (plus rarement) en public, mais toujours dans un abandon pathétique qui laisse remonter à la surface tout le désarroi d'une vie. Ils pleurent sur eux-mêmes, autour de ce sentiment ténu et tenace d'avoir laissé passer quelque chose d'essentiel, avant, dans

1. Jean-Michel Boucheron, *Carnets de prison*, Paris, éditions Arléa, 2001.

leurs vies d'hommes libres, au moment où des choix étaient possibles.

Qu'est-ce qui les rend si fragiles, ces intermédiaires qui ont joué de leur pouvoir politique, ces caïds de la fausse facture, du chantage, des combines financières et des pots de vin qui ont entouré (trop souvent) les opérations immobilières et les grands travaux (parfois inutiles) qu'ils ont encouragés, eux qui étaient indifférents, ou se sont montrés impitoyables envers les problèmes et les soucis des autres ?

En prison, ils vont vivre l'équivalent d'une révolution intime s'accompagnant du goût amer des rêves blessés et les confrontant à l'absurdité implacable de leur situation. Cela s'appelle un retour sur soi, une *re-visitation* de sa vie. Ces hommes la mènent en faisant des temps d'arrêt à chaque croisement de la route de leur passé où une alternative s'est présentée, où ils auraient pu intervenir et faire un autre choix... Cet autre choix qui, justement, n'a pas été fait.

Quelquefois aussi, ces hommes pleurent avec la rage au ventre, la violence tétanisée au bout des mains, la haine au cœur contre tous les autres, contre la société, la justice, l'administration pénitentiaire. Mais ils savent, tout au fond d'eux-mêmes, qu'ils sont surtout en colère contre cette part d'eux-mêmes qui n'a su résister aux facilités du pouvoir, à l'illusion de la puissance, aux dérives de la facilité.

Les hommes qui pleurent ne sont pas tous sur le chemin de la rédemption, beaucoup, beaucoup de travail sera encore à faire pour qu'ils puissent se réconcilier avec eux-mêmes. Si pleurer c'est en quelque sorte se laver de l'intérieur, il en faut plus pour être propre à nouveau. Cela dépendra de tout le travail de conscientisation et de réconciliation avec soi-même qui sera à l'œuvre par la suite...

La part secrète des possibles, qui navigue en chacun, n'est pas toujours accordée aux choix de vie manifestés et multiples qui nous habitent.

Les hommes battus existent !

Bien sûr, ils sont moins nombreux, et de loin, que les femmes battues. Pourtant, les chiffres étonnent et paraissent gonflés : entre 200 000 et 400 000 en France chaque année ! Les hommes cachent mieux cette situation que les femmes, car ils n'osent pas le dire. Au-delà de l'humiliation d'être violentés par une femme qu'ils aiment, à laquelle ils ne veulent pas faire de mal et qu'ils ne songent pas à quitter, ils ont honte d'eux-mêmes, et surtout de leur épouse.

Ils restent dans une double croyance : celle que s'ils sont battus, c'est peut-être leur faute, parce qu'ils ont déçu ou qu'ils ne se montrent pas assez prévenants, et celle que l'autre va les comprendre, prendre conscience de la violence de son comportement et, à partir de là, changer. C'est ce que ces hommes espèrent.

Voici le témoignage qu'un homme battu m'a adressé récemment : « Depuis vingt-six ans que nous sommes mariés, j'ai toujours caché cela. Je vous écris sous un faux nom, surtout ne me répondez pas, car je crains que ma femme ne découvre que je me suis confié à quelqu'un. Je me libère, ce faisant, d'un fardeau. Le dire me fait du bien. Le paradoxe de tout cela, c'est que ma femme se considère comme une victime. Elle me tape dessus, en criant qu'elle regrette de m'avoir épousé, que j'ai gâché sa vie, que sans moi, elle se serait construit une autre existence. Elle me fait ainsi payer, je le crois profondément, son propre choix et sa propre faiblesse de ne pouvoir me quitter. C'est surtout quand je ne suis pas de son avis qu'elle explose et devient violente. Elle est capable de tous les excès, de casser des objets auxquels je tiens, de déchirer mes vêtements et de me frapper, chaque fois qu'elle le peut, quand je suis là. Devant elle je me sens faible, car je l'aime : je n'ose ni me défendre, ni me soustraire aux coups... »

Je rapporte ce témoignage pour montrer qu'au-delà des apparences, existent des souffrances secrètes, qu'au-delà du rapport de force physique, qui n'est généralement pas favorable à la femme, certaines femmes sont capables de violence. Il ne s'agit pas ici d'une violence qui répond à une violence subie, mais d'une violence exprimée pour punir, dévaloriser, blesser physiquement et moralement l'autre. Une violence qui cherche à faire la preuve de quelque chose. La femme semble dire : « M'aimeras-tu encore si je suis insupportable et méchante ? »

On peut aussi se demander qui cette femme frappe vraiment. Quelle dette, quelle réparation fait-elle payer à cet homme qui accepte, lui, de subir ce qui lui est imposé et surtout de rester dans une relation où il ne peut se respecter ?

La question de la violence que chacun porte en soi et qui s'exprime parfois par des coups reste une interrogation centrale pour tous ceux qui s'intéressent aux relations humaines et croient en l'harmonie et en une possible réciprocité entre les êtres, dans le partage du meilleur de soi et de l'autre.

Ce n'est ni avec des regrets ni avec du ressentiment ou de la nostalgie que l'on peut panser ses blessures.

Les meurtres psychologiques

Il existe des meurtres psychologiques, mais bien qu'ils détruisent moralement la personne, ils demeurent la plupart du temps impunis.

Ainsi, une femme qui se sent bafouée par le départ de son mari avec une autre peut utiliser ses enfants en accusant son mari d'attouchements ou d'abus sexuels. La femme accuse, le mari nie, les enfants sont déchirés, la justice tranche parfois. Mais quelle que soit l'issue, les dégâts sont immenses. Si le père est blanchi de l'accusation, on dit qu'il ne s'est rien passé ! Chacun repart, soi-disant libre ! Personne ne s'inquiète des conséquences ! Cependant, il y a eu abus. Inciter un enfant à accuser injustement un parent est terrible. L'utiliser comme une arme pour blesser son ancien conjoint ou éliminer celui-ci de la relation parentale est un meurtre psychologique. Il s'agit d'une forme de maltraitance grave, qui laisse des séquelles profondes chez l'homme, chez les enfants, et qui confronte la mère à sa propre folie destructrice.

J'ai rencontré certains de ces hommes. Leur témoignage est pathétique et leur vie reste un enfer pendant des années après les événements : « J'avais le sentiment de devenir fou de rage, je voulais détruire cette femme. Je ne pouvais admettre que ma fille crû vraiment ce qu'elle disait devant l'assistante sociale, devant le juge… J'étais déchiré entre la tentation de hurler, de frapper et celle d'essayer de comprendre, avec un tout petit espoir : que la vérité éclaterait, qu'ils n'allaient pas me croire capable de ça, de seulement penser que je pouvais abuser de mes propres enfants ! La vérité a fini par éclater, indiqua cet homme, mais quelque chose avait durablement détruit ma vie ! »

Un autre d'ajouter : « Depuis la fin de cette histoire, ma fille se sent coupable. Elle ne sait plus quoi faire pour se faire pardonner. C'est insupportable, comme un acide qui continue ses dégâts et taraude notre relation. » Ces situations extrêmes, mais de plus en plus fréquentes (les avocats et les juges commencent à en témoigner), traduisent une inégalité entre l'homme et la femme, qui ne fait l'objet d'aucun ajustement. Tout se passe comme si la mère pouvait accuser impunément. Son unique risque est que *ça ne marche pas...* !

Il faut reconnaître que le parent accusateur a souvent lui-même été victime d'abus dans son enfance. Sa hantise est que son enfant connaisse le même sort. Dans ces circonstances, la mère ne ment pas toujours délibérément, son attitude ne relève pas d'une volonté de nuire mais plutôt d'un déplacement inconscient de son angoisse sur son enfant et, par contrecoup, sur son ancien conjoint : elle tente de régler avec cet homme-là ce qu'elle n'a pu régler, enfant, avec son père.

Il faut aussi souligner que certaines mères se réveillent, sortent de l'aveuglement et découvrent un jour l'insupportable, l'irréparable d'une relation incestueuse réelle entre leur mari et leur enfant, et qu'elles se débattent alors entre culpabilité et désespoir...

Mais même si les mères qui accusent sont souvent de bonne foi, elles devraient demeurer attentives, respectueuses et vigilantes, car il y a des mots qui tuent !

Si le silence des mots réveille la violence des maux, la violence des mots n'évite pas celle des maux.

« Ton père vient encore me visiter... »

Cette femme de quarante-huit ans a été extrêmement surprise lorsque sa mère de quatre-vingt-deux ans lui a confié, au cours d'un séjour de vacances en sa compagnie : « Tu sais, malgré son âge, ton père vient encore me visiter de temps en temps. » Cette femme ajouta : « J'étais stupéfaite, j'imaginais que mes parents, qui faisaient chambre à part depuis plusieurs années, n'avaient plus aucune activité sexuelle entre eux. La confidence de ma mère et surtout sa liberté à me le dire de façon aussi pudique m'ont fait du bien. Savoir cela, c'est comme si elle m'avait rassurée sur le devenir de ma propre vie sexuelle. »

De nombreux couples âgés ont une vie sexuelle réduite, par manque d'appétence, disparition du désir, ou encore par pudeur face aux altérations du corps. D'autres, sur ce plan, poursuivent des échanges et des partages réguliers jusqu'à un âge avancé. La vie sexuelle est présente en chacun, sous des formes différentes, jusqu'au terme de la vie. Ce qui est défaillant parfois, c'est le désir. Certains hommes, après quelques *pannes,* se découragent et renoncent. Leur partenaire, par pudeur ou compassion, n'ose insister. Ainsi s'installe un ralentissement, puis très vite, des absences et des carences dans la rencontre et la fête des corps.

Peut-être faudrait-il rappeler que la vie sexuelle peut ne pas s'enfermer ou être limitée aux organes génitaux, mais qu'elle peut se vivre et s'épanouir sur bien d'autres registres. Le corps est un continent aux ressources immenses. Certains couples, dépassant leurs inhibitions, acceptent d'innover, d'inventer des gestes et des jeux sexuels, des approches différentes pour aller vers des découvertes inattendues. Notre corps est notre compagnon le plus fidèle et ses ressources sont infinies quand nous acceptons de le respecter avec ses limites et ses possibles. La rencontre sexuelle est un partage à deux qui peut devenir, à l'occasion, un feu d'artifice pour chacun.

Yvan Audouard, qui fut pendant quarante-cinq ans l'un des chroniqueurs les plus célèbres du *Canard Enchaîné,* avec qui j'échangeais sur le sujet, m'a rappelé en souriant : « Il y a deux grandes dépressions dans la vie d'un homme : la première, c'est quand pour la première fois il n'y a pas de... deuxième fois. La seconde, la plus grave, c'est quand pour la deuxième fois, il n'y a pas eu de... première fois ! »

Souhaitons à tous les hommes d'aller au-delà de ces deux... dépressions, qui peuvent n'être que passagères !

Vieillir est vraiment ennuyeux, mais c'est le seul moyen que nous ayons trouvé pour faire durer la vie – le plus longtemps possible...

Amours de vacances

Le temps des vacances semble propice à l'éclosion d'amours légères, porteuses de plaisirs fugitifs ou plus durables. Amours qui ne sont pas toujours au pluriel, mais qui s'inscrivent dans un espace hors du temps qui leur donne une fragilité, une spécificité unique. Je ne veux pas parler ici de la *drague* que j'ai déjà évoquée, mais de l'émoi amoureux, éveillé, stimulé par la présence d'une passante, la douceur de certains soirs, l'alanguissement de certains après-midi entre sable, ciel et eau...

Le temps des vacances est un temps de rencontres amoureuses. Si certaines amours dites *de vacances* se révèlent éphémères, ne durent qu'un été, il en est d'autres qui s'inscriront plus durablement, soit dans la réalité sociale au travers d'une relation de couple, soit dans l'intimité du cœur, en laissant une trace profonde joyeuse ou nostalgique.

En vacances nous avons tendance à proposer, à montrer le bon côté de notre personne, une sorte d'image de bien-être, de gaieté ou d'anticonformisme. La présence d'amis, d'un groupe, le support d'une activité pratiquée en commun sont autant d'éléments favorisant la rencontre réelle que d'écrans à la personnalité profonde qui restera à découvrir en dehors des vacances !

Les amours de vacances se cherchent et se découvrent dans le plaisir, la fantaisie, une certaine liberté d'être... Elles auront à se construire, si elles se poursuivent, en prise directe avec une réalité parfois moins ensoleillée, plus terre à terre. Et à se confronter à des enjeux plus contraignants, à une désidéalisation de l'autre ou au renoncement à un rêve de vie éclos et porté durant le temps d'un été.

Au-delà de la rencontre, qui peut être éblouissante, émerveillée et pleine d'abandon, peuvent se créer des attachements, des attentes mutuelles ou non, susceptibles de s'inscrire dans un rêve de durée.

Dans le temps rond et lumineux des premières rencontres germent et s'engrangent les printemps à venir.

Et nos enfants...

Les enfants sont notre part d'éternité qu'il nous appartient de cultiver à dose homéopathique, je veux dire par là sans abus ni laxisme.

Nos enfants, nous les aimons, mais il nous arrive de les détester… parfois !

En quelques décennies quelque chose d'important semble s'être modifié dans l'inconscient des parents vis-à-vis de leurs enfants. Autrefois, les enfants étaient considérés comme un don du ciel, et le plus souvent comme une richesse. Plus on en avait, mieux c'était, car ils pouvaient contribuer à la survie, à l'entretien ou à l'agrandissement du patrimoine.

Actuellement, un enfant coûte plus de 100 000 euros sur une période de vingt ans ! L'équivalent d'une résidence secondaire ! Je crois que cela n'est pas sans conséquence sur la nature ambivalente et souvent conflictuelle des relations que les parents ont aujourd'hui avec leurs enfants. Nous les aimons, nous leur donnons beaucoup – mais en même temps, nombre de parents attendent symboliquement une *restitution* (je mets le terme en italiques…) de leur mise de fonds. Mise de fonds affective « Je t'ai donné beaucoup d'amour », mise de fonds relationnelle « Je me suis sacrifié pour toi, j'ai passé l'essentiel de mon temps à m'occuper de toi », mise de fonds matérielle « J'ai tout fait pour toi », mise de fonds financière « Avec tout ce que tu nous as coûté, on aurait pu avoir une vie tranquille, sans problèmes ».

Énoncer les choses ainsi peut choquer. Pourtant, tout se passe comme si les parents attendaient inconsciemment, au travers de la réussite scolaire, sociale, sportive de leurs enfants une rentabilisation visible de leur investissement !

Ils attendent que leurs enfants non seulement travaillent à « temps plein » comme écoliers, mais aussi qu'ils réussissent et obtiennent des résultats ; qu'ils remboursent en quelque sorte, par leur application, l'investissement qui a été fait sur leur avenir ! Parallèlement, on demande de moins en moins aux enfants de participer aux tâches ménagères et aux petits actes de la vie quotidienne pour soulager l'un ou l'autre des parents, car l'exigence d'une réussite scolaire et plus tard professionnelle est au cœur même de la préoccupation des adultes.

L'ambivalence des parents les entraîne, me semble-t-il, à des conduites paradoxales. Ainsi peuvent-ils être amenés à combler les désirs de leurs enfants avant même que ceux-ci ne les énoncent, alors qu'ils oublient par ailleurs de répondre aux besoins élémentaires de sécurité, de présence, de cohérence et de continuité qu'éprouvent les enfants dans les soins et le soutien qui leur sont prodigués. Ce faisant, les parents entretiennent, d'une certaine façon, la dépendance des enfants à leur égard, certains enfants restant trop longtemps dans l'illusion que tout leur est dû sans contrepartie, sans limitation dans le temps et l'espace. Tout se passe comme si, en réponse à la pression qui s'exerce sur eux, les enfants mettaient en place des mécanismes de fuite, de résistance, d'assistanat ou de victimisation qui enferment les parents dans encore plus d'apport, de soutien, de prise en charge…

Il serait important que les parents prennent clairement conscience de leur ambivalence et s'en dégagent, ainsi que des effets contradictoires qu'elle produit, car elle empoisonne en profondeur et durablement la relation qu'ils ont avec leurs enfants.

Selon le principe de Bertil il faut d'abord donner et ensuite laisser prendre, à défaut de quoi nous ne permettons pas à l'autre de trouver et de développer par lui-même ses propres ressources.

Quels messages transmettons-nous, malgré nous, à nos enfants ?

Comme parents, il nous arrive de menacer nos enfants, de brandir au-dessus de leur tête un châtiment, une punition, l'annonce d'une catastrophe : « Si tu ne travailles pas mieux en classe, je te mets en pension », « Si tu n'es pas sage, je te renvoie à ton père, il saura te dresser, lui ! », « Si tu fais toujours autant de fautes en français, jamais tu n'auras ton bac ! ».

Mais le plus souvent, soit nous leur transmettons des désirs impérieux tels que « Je voudrais que tu aimes jouer du piano », soit nous leur insufflons des peurs qui traduisent notre propre désarroi et nos angoisses : « Attention, tu vas te faire écraser ! », « Si tu ne te méfies pas, tu vas avoir mal au ventre », « Tu vas encore te couper un doigt, laisse donc ce couteau tranquille », « Arrête de bousculer ta sœur, tu ne connais pas ta force, tu vas encore lui faire mal ! ».

Les questions que se posent beaucoup de parents tournent autour de ce dilemme : « Comment puis-je intervenir auprès de mon enfant pour l'empêcher de faire n'importe quoi, sans le bloquer ou le traumatiser pour autant, et en me donnant toutes les chances d'obtenir un résultat ? » Je crois que la meilleure façon est d'intervenir de manière personnalisée, c'est-à-dire de parler à l'enfant de ce que nous ressentons, de nos sentiments, de notre expérience vécue, sans tenter de le culpabiliser ou de le rendre responsable de nos états d'âme : « Je me sens démuni face à tes résultats scolaires. Il m'arrive parfois de songer à chercher une pension où te placer... Je dis cela quand mon anxiété est trop grande... » Nous pouvons aussi lui faire part de nos interrogations : « Je ne suis que ta mère. Je sens bien qu'il manque la présence, la parole, l'intervention d'un homme. Je me demande si tu ne serais pas mieux en étant plus souvent avec ton père », ou l'informer plutôt que de lui transmettre nos peurs : « Ce chocolat est très chaud », « Je préfère que tu traverses la rue au passage piétons », « La lame de ce couteau me paraît très coupante ».

Nous devrions aussi choisir d'exprimer nos désirs plutôt que de nous centrer sur les peurs qu'ils suscitent : « Quand je te dis que j'ai peur que tu redoubles, je pense surtout à mon désir que tu passes dans la classe supérieure », ou « Quand je dis que j'ai peur de la drogue, j'essaie surtout de te dire mon désir que tu n'en prennes pas ».

Tout dialogue avec eux devrait s'appuyer sur nos désirs plutôt que sur nos peurs, sans toutefois confondre un désir *vers* l'autre (plutôt stimulant) et un désir *sur* l'autre (plutôt aliénant !).

Peut-être nous faudrait-il vingt vies pour accomplir une vie digne de ce nom, au lieu de l'ornière inconfortable tracée entre nos peurs et nos désirs !

Nous adressons parfois des messages pervers...

« Marion, je t'ai appris des dizaines de fois à ne pas mélanger le blanc et la couleur dans la machine à laver... Tu n'entends jamais rien ! », « Françoise ! décidément tu ne t'améliores pas, tu as toujours un caractère de chien... », « Jeannot, je t'ai demandé cent fois de ranger tes affaires, je ne suis quand même pas ta bonne ! » Et ceci se répète à peu près trois cents fois par mois ! Cette mère rouspète en ramassant tout ce qui traîne dans l'appartement ou la maison : le manteau, les chaussures, l'écharpe, le cartable, pour les ranger à leur place. Trente ans plus tard, Jeannot est devenu Jean et sa femme lui dit d'un ton excédé, mais déjà résigné : « Mais enfin Jean, je ne suis pas ta bonne quand même, tu pourrais faire un effort, ce n'est pas difficile de ranger tes affaires en rentrant, regarde tout le temps que tu perds à chercher ce qui te manque ! ». Et dix ans plus tard, la femme du même Jean, devenue mère à son tour, d'un petit Éric, sera surprise de s'entendre répéter : « Éric, je t'ai demandé cent fois de ne pas laisser traîner tes affaires, tu pourrais quand même faire un petit effort ! »

Le cycle peut se poursuivre ainsi sur plusieurs générations et entraîner des répétitions qui structureront une bonne partie des relations futures entre hommes et femmes à venir ! Les mères, face à leurs fils, sont à la fois trop puissantes (intrusives, envahissantes, contrôlantes) et trop soumises à leurs désirs car elles surévaluent et surprotègent souvent ces mêmes fils.

« Maman, je veux une glace.

— Non, tu en as déjà eu une.

— Maman, une autre glace !

— Je t'ai déjà dit non.

— Maman, une glace...

— Arrête de m'embêter, tu sais bien que l'on mange dans un quart d'heure.

— Maman...

— Ça suffit, tu m'agaces à la fin !

— Maman, juste une !

— Bon, d'accord mais c'est la dernière ! »

Cette petite séquence, réaliste, illustre comment, chez beaucoup d'hommes, s'inscrit la croyance selon laquelle le désir est tout-puissant, et qu'il suffit d'insister pour rallier l'autre à sa demande ! Nous retrouvons cette dynamique dans la rencontre sexuelle. Tel homme, ne supportant pas l'absence de désir de sa partenaire, tente d'imposer son propre désir et de la stimuler malgré ses réticences, persuadé que son propre désir suffit à éveiller celui de l'autre. Il s'agit le plus souvent de l'un de ces ex-enfants que je viens de décrire, qui, ayant vu sa mère céder si souvent à ses demandes, est convaincu que par la seule puissance de son désir, il parviendra à soumettre sa compagne ou son environnement à ce qu'il souhaite.

Les systèmes relationnels implicites qui circulent entre mères et fils, surtout quand ils ne sont pas freinés ou temporisés par la présence d'un père, vont conditionner et régir la plupart des relations entre hommes et femmes. Mais bien sûr, je parle des autres... Ce n'est certainement pas le cas (j'aimerais en être sûr) des hommes (rares !) qui me lisent aujourd'hui...

Dans l'amour, nous découvrons souvent le petit enfant qui nous habite, nous rencontrons aussi celui qui vit en l'autre. Cela alimente beaucoup de relations maternantes et... trop infantilisantes.

Parents d'élèves, une activité à plein temps !

« Parents d'élèves » est une catégorie de parents très répandue de nos jours, et cependant relativement récente. Ma mère, brave femme simple, dont le désir le plus constant a été « de maintenir ses enfants aux études pour qu'ils aient une place dans la société, pour qu'ils deviennent quelqu'un », n'a jamais été parent d'élève. Après ma première inscription à l'école maternelle, elle n'a, à ma connaissance, jamais mis les pieds dans l'une ou l'autre école que nous fréquentions mon frère et moi. Elle rencontrait l'instituteur chez le boucher ou le boulanger, le saluait poliment. Ni l'un ni l'autre n'aurait commis l'impolitesse, l'une de parler de l'un de ses fils, l'autre de l'un de ses élèves. Chacun, à cette époque, aurait pu dire : « Restons à notre place, on ne fait pas le même travail... À chacun son métier, les cochons sont bien gardés ! »

Aujourd'hui, la réussite scolaire étant planifiée – n'entend-on pas dire que « 80 % des enfants doivent aller jusqu'au bac » –, les parents sont mobilisés très tôt et doivent s'investir dans le travail scolaire de leurs enfants. On prétend les consulter, on leur demande leur avis, on s'attend qu'ils participent à la réussite de leur progéniture, mais on les sollicite dans des conditions si infantilisantes que les réunions dites de parents d'élèves tiennent souvent de la caricature ; elles illustrent ce que j'appelle la pseudo-démocratie. Fait amusant mais significatif : on fait asseoir des adultes sur les sièges occupés quelques heures avant par leurs enfants, sièges sur lesquels ils ont d'ailleurs beaucoup de mal à placer leurs jambes, pendant que le corps enseignant, lui, est confortablement installé sur l'estrade et des sièges pour adultes !

Les enseignants attendent beaucoup des parents, ils sollicitent leur concours, souhaitent leur soutien, exigent d'eux vigilance, fermeté, collaboration. Mais ils se montrent souvent pleins de reproches, de critiques, de jugements de valeur à propos de ce qu'ils considèrent comme un manque d'autorité, du laisser-aller ou de l'inconsistance de la part des parents.

Les parents d'élèves, quant à eux, sont parfois remplis de préventions, d'accusations et de reproches vis-à-vis des enseignants d'aujourd'hui. Selon eux, ces derniers ne savent pas se faire respecter, ne demandent pas assez (ou trop) de devoirs, laissent tout faire dans leurs classes...

Les malentendus sont fréquents, chroniques, sous-tendus par l'espoir que l'année suivante, en changeant de classe ou d'établissement, les uns trouveront, c'est sûr, des parents prêts à collaborer et compréhensifs, les autres, c'est certain, des enseignants compétents et pleins d'autorité.

Je n'irais pas jusqu'à dire que malgré les parents... les enfants arrivent à s'en sortir plutôt bien, mais je n'hésiterais pas à confirmer que j'ai beaucoup grandi avec les miens !

« Je suis racketté »

« Je suis racketté depuis le début de l'année scolaire. Je dois verser au grand frère d'un plus grand que moi cinq euros par semaine, la totalité de mon argent de poche. Et même si les enseignants de mon collège ont lancé l'opération Racket et Mat en nous incitant à parler, moi je ne peux rien dire. Autour de mon école, le racket est partout. Il y a des petits, en sixième, qui versent un euro tous les lundis ou qui donnent leur paire de tennis, leurs cahiers tout neufs. La semaine où mes parents n'avaient pas eu assez de monnaie pour me donner mon argent de poche, j'ai volé vingt euros à ma grand-mère en passant la voir avant de partir au collège... »

Cet enfant de treize ans, qui m'écrit sans indiquer ni son nom ni son adresse, s'exprime à propos d'une situation qui lui paraît sans issue pour l'instant. Sa dernière phrase laisse cependant un peu d'espoir : « Quand je serai plus grand, je saurai me défendre ! »

Il ne sait pas, semble-t-il, que contre la violence du racket, il n'y a qu'une seule issue : sortir du silence. Sortir du silence ne veut pas dire accuser ou dénoncer : cela, beaucoup d'enfants et d'adolescents ne le supportent pas. Cela veut dire affirmer, publiquement, en pleine classe : « Je ne veux plus payer, je ne veux pas commencer ma vie en étant exploité, pressuré. Même si je suis dans un rapport de force qui ne m'est pas favorable. »

L'opération Racket et Mat, développée dans quelques collèges, est en général conduite par un policier et un enseignant.

Ces derniers projettent un film vidéo pour que s'engage la discussion sur l'attitude à adopter face aux exigences, aux menaces ou à la violence liées au racket. S'ensuivent une discussion, des échanges et parfois la proposition de jouer une pièce de théâtre tirée d'une nouvelle, qui traite du racket et de la violence endémique régnant à l'école. Le rôle du professeur sera interprété par un élève. Les parents seront invités à la représentation. La démarche consiste à briser la loi du silence, à modifier les rapports de force entre le rackетté et le racketteur, à confronter ce dernier avec la loi. L'opération bute généralement quand il s'agit de dénoncer, de mettre fin à l'influence des auteurs de tels agissements : « Je ne veux pas cafarder », « Je ne veux pas être une balance », « Je ne veux pas être du côté des flics », se défendent les jeunes.

Le racket fait partie d'un tissu de violences, d'un climat propre à un environnement donné. S'y ajoutent, entre autres, le développement grandissant de l'incommunication entre enfants et adultes, la pression exercée pour donner la priorité à la consommation et, beaucoup plus graves, les viols collectifs ou individuels. « À quoi ça sert d'en parler ! De toute façon les adultes ne comprennent pas », « Le fric, y a que ça qui compte, quand t'en as pas, t'es rien ».

On ne se bat plus, comme à l'époque de ma jeunesse, pour avoir la paix. On l'achète, on la vend, on la troque contre une sécurité provisoire et précaire...

Un jour, le courage, plus courageux que
l'habitude, décide de frapper
à la porte de la peur :
« Qui est là ? demande la peur.
C'est le courage, répond le courage.
Entrez ! » dit la peur.
Le courage ouvre la porte,
derrière il n'y a personne...

« Toi, tu grattes l'amitié ! »

Les enfants sont parfois terribles et sans pitié, quelquefois même terrifiants... avec les autres enfants. En début d'année scolaire, il leur arrive de s'affubler les uns les autres de surnoms, d'étiquettes ou de qualificatifs qui peuvent les suivre tout au long de leur parcours scolaire. Mon patronyme a été l'occasion de nombreuses tentations de déformations, « sale-mec » étant la moins originale, ou « salo-mais... » avec des points de suspension permettant d'imaginer n'importe quoi et faisant bien rire ceux qui y pensaient ! « Rase-motte » qualifiait l'un dont la taille était un peu juste, « blaireau » celui qui était au courant de tout, « tue-mouche » un autre qui sentait fort l'ail. « Puceau », « fils de bourge », ou « trou-du-cul » étaient autant d'autres noms susceptibles de devenir, pour celui qui les portait, une étiquette durable.

Un jour, debout dans le coin du préau où se tenaient les caïds et les petits chefs, j'ai entendu cette phrase terrible qui fit monter de l'eau dans les yeux de celui à qui elle était destinée : « Oh toi, tu grattes l'amitié ! » Cela voulait dire tu mendies, tu grattes à la porte de chacun pour te faire un copain, pour récolter un peu d'amitié. Cette phrase était terrifiante parce qu'elle interdisait aux autres, sous peine de passer pour des moins que rien, la possibilité d'ouvrir la porte, de s'intéresser, d'envisager de donner leur amitié à celui qui *grattait* et qui avait tant besoin d'attention, de présence ! Celui qui grattait l'amitié était voué à la solitude, à la marginalisation. Tel un paria, il devait rester à la périphérie de tout jeu ou de toute discussion. Quand il s'approchait de l'un ou de l'autre, celui-ci s'éloignait, l'ignorait volontairement. Quand il se dirigeait vers un groupe qui discutait, un mur de dos des plus opaques, des plus fermés, l'empêchait d'entrer dans l'échange. Quand il offrait une confiserie, une part de son goûter, celui qui la prenait la reniflait, puis jetait ostensiblement le cadeau comme s'il était sans valeur et sans intérêt. Personne dans la cour de récréation ne l'aurait ramassé.

Je ne sais ce qu'est devenu celui qui avait tant besoin de l'amitié, de l'acceptation, de l'accueil des autres. Je peux espérer qu'il ne s'est pas trop fait « marcher sur le ventre » pour l'obtenir par la suite, ou qu'il ne s'est pas blindé et enfermé dans une forteresse d'indifférence ou des conduites d'autoprivation.

Je me désintéresse de celui qui a lancé : « Oh ! toi, tu grattes l'amitié ! » Son destin de faiseur de surnoms et de *défaiseur* de vies lui appartient. Peut-être est-il très entouré d'amis aussi profonds que lui – entendons profonds au sens de creux !

Il faut un obstacle nouveau pour un savoir nouveau. Veille périodiquement à élever de nouveaux obstacles afin d'exercer ton intelligence à inventer de nouvelles parades.

Les taggeurs – des Petit Poucet modernes ?

Depuis deux décennies, ils fleurissent partout : en ville, à la campagne, dans les cités, dans les villages. Ils désolent les uns, ravissent les autres. Ils courent le long des autoroutes, s'élèvent parfois très haut sur les façades aveugles des immeubles, au gré des toits amicaux à même d'accueillir ces équilibristes, ces forcenés de la bombe à peinture que sont les taggeurs.

Les tags sont semblables à des cris qui disent l'impatience, la révolte, le défi, l'affirmation d'un territoire, la confirmation d'un exploit. Mais un tag, c'est aussi une manifestation cruelle qui saccage l'harmonie assoupie de vieilles pierres, qui défigure la devanture ancienne d'un marchand d'antiquités ou la vitrine trop neuve d'un salon de coiffure, qui détruit l'équilibre d'une façade.

Avec son tag, le jeune propose sa signature, voire l'impose quand le tag fait toute la longueur d'un mur, d'un pont, d'un aqueduc. Fresque moderne où chaque espace coloré exprime un besoin d'affirmation, de reconnaissance et d'anti ou de non-conformisme. Les tags sont un art risqué (grimper le plus haut possible, dans les endroits les plus imprévus), un art coûteux (les bombes de peinture sont chères), méticuleux (il faut du soin pour organiser tout un décor, le déroulement d'une fresque…), et leurs débordements parfois intempestifs demandent une attention vigilante.

Le taggeur, pour des enjeux connus de lui seul, œuvre en solitaire. Il a tout au plus besoin d'un ou de deux assistants faisant le guet. Il laisse sa marque, impérieuse, sorte d'éjaculation à répétition dans laquelle il décharge des tensions. Il est prolifique, un peu trop répétitif, quasi inépuisable partout où il trouve un espace.

Celui-là signait PYB. Seuls les initiés et son père qui l'avaient vu s'entraîner avec des crayons de couleur pour construire et décliner, en des sortes de calligraphies compliquées, ces trois lettres labyrinthiques, savaient qu'il s'agissait de Pierre-Yves B... Les parents de Pierre-Yves étaient séparés depuis quelque temps. Pierre-Yves vivait chez sa mère, mais ne manquait aucun week-end, aucun jour de vacances, réglementairement partagés, pour aller en visite chez son père. C'est ce dernier qui remarqua, un soir, toujours sur le même côté du trottoir, le logo PYB.

Le premier tag commençait à quelques mètres de l'arrêt du bus conduisant chez la mère de Pierre-Yves, le dernier à quelques centimètres de l'immeuble de son père. Petits cailloux blancs déposés par un Petit Poucet moderne, pour maintenir un lien, indiquer une direction, protéger, peut-être, un espoir de réconciliation entre ses parents ! Un tag qui disait son désir, sa colère, son impuissance...

« Écrire, c'est parler aux yeux. »
Aphorisme chinois

Sitting Bull

Ce chef indien très célèbre fut l'un de mes héros préférés durant toute mon enfance. À un âge où je ne savais pas encore qu'il était non seulement un guerrier et un chef redouté, mais aussi un *homme-médecine,* un des grands sages de la nation Sioux, j'aimais cet homme pour la rigueur et la cohérence de ses actes.

Sitting Bull disait que l'éducation d'un enfant indien devait reposer sur cinq valeurs à transmettre et à honorer : la bravoure, le courage, la sagesse, le respect de la nature et la loyauté.

Dans la culture judéo-chrétienne qui fut la mienne, les dix commandements de l'Ancien Testament et quelques préceptes tirés des Évangiles formaient la base des valeurs que parents et éducateurs, durant des générations, tentèrent de transmettre aux enfants. Aujourd'hui se produit un effritement, un émiettement, allant parfois jusqu'au rejet de la plupart des valeurs morales et religieuses qui, soit sont méconnues, soit paraissent dépassées et inutiles. Cela n'empêche pas les enfants d'être toujours à la recherche de valeurs et de références car ils en ont besoin pour vivre et grandir, qu'ils les adoptent ou s'y opposent, voire les transgressent. Or, la carence familiale et sociale est telle, qu'ils sont tentés de s'approprier les valeurs et les codes de sous-groupes tels ceux du clan ou du « caïd » de leur quartier, ou ceux qu'offrent la télévision et ses héros du moment...

De fait, pour les adolescents, il devient de plus en plus rare de pouvoir s'identifier aux valeurs incarnées par les adultes de leur entourage : elles leur paraissent peu fiables et sans cohérence, surtout lorsqu'ils comparent les paroles et les actions de ces adultes. Comment transmettre des valeurs aussi essentielles et vitales que la tolérance, le respect de la vie et de la nature, la compassion, la solidarité, le prix de la parole donnée, la recherche de la vérité quand dans le monde qui nous entoure ces valeurs ne sont pas respectées, voire sont bafouées ?

Une valeur ne peut se transmettre que si elle s'incarne dans la réalité qui nous entoure, nous semblons la découvrir avec étonnement, quand elle est vivifiée par une mise en pratique au quotidien. Peut-être serait-il aujourd'hui souhaitable de revoir et d'actualiser les dix grands commandements ou de les compléter par quelques autres. Des personnalités l'ont fait dans les *Écrits de l'image*, à l'occasion du passage au troisième millénaire. Je me permets de les rappeler : « Tu ne tueras pas en mon nom, l'enfant tu respecteras, tu ne diffameras pas, l'autre tu respecteras, la mémoire tu transmettras, la science tu ne détourneras pas, l'équilibre tu retrouveras, les poisons tu refuseras, l'injustice tu combattras, responsable tu seras. »

Entre les valeurs transmises à un enfant indien voilà un siècle et demi et celles qu'il serait souhaitable de transmettre aux enfants d'aujourd'hui existent toutes sortes de discordances propres à un monde qui se cherche.

« On n'est rien, mais c'est
sur ce rien que tout se bâtit. »
Yvan AMAR

Deux jeunes se sont tués en voiture…

Ils étaient cinq, deux devant, trois derrière. Serrés, mais heureux d'être ensemble. Ils rentraient du bal. Ils avaient dansé, beaucoup, dragué aussi, « bu pas mal mais pas trop », purent affirmer ceux qui survécurent. Ils étaient fatigués et désireux de rentrer chez eux le plus tôt possible pour se reposer, dormir. Il était quatre heures du matin et déjà dimanche. Endormissement au volant, inattention due à un micro sommeil, légèreté ou faute de conduite, je ne le sais, l'enquête n'a rien pu mettre en évidence.

Quand la voiture quitta la route, ils riaient encore, croyant à un jeu nouveau. Deux sont morts : le conducteur, âgé de dix-huit ans, le passager de droite, de dix-sept ans. Les autres, sans aucune blessure, sont tétanisés, incrédules, perdus. Ils sont sur la photo du journal quelques minutes après l'accident.

La mort brutale d'un ami, celle d'un proche nous fait soudain prendre conscience de la fragilité de la vie. Une vie n'est pas seulement vulnérable, elle peut aussi être brisée et s'avérer irréparable à jamais. C'est d'ailleurs cette fragilité de l'existence qui la rend précieuse et recherchée au moment où elle se dérobe. La vie mérite d'être protégée, honorée, respectée. Elle mérite d'être vécue à temps plein, *à pleine vie,* avec enthousiasme, tendresse et amour.

Il nous arrive souvent de la bafouer, de la maltraiter, de ne pas lui donner toutes les occasions d'être belle, paisible et pleine de tous ses possibles. Nous la croyons inépuisable, increvable, incassable, et quand nous sommes jeunes, nous l'imaginons éternelle, disponible pour toujours et d'une patience infinie devant nos maltraitances, nos errances, nos excès.

Si chacun d'entre nous peut prendre conscience de tout cela, chacun ne devrait-il pas s'engager vis-à-vis de la parcelle de vie qui lui a été donnée en cadeau au moment de sa conception ? Cette parcelle de vie qui a été nourrie, soignée, entretenue par ses parents et qu'il lui appartient de prendre en charge, de magnifier, de vivifier au long de sa vie d'adulte. Être adulte, c'est peut-être cela : accepter pleinement de prendre sa vie en charge, et ne la confier à d'autres qu'*a minima,* mais pour l'essentiel ne se fier qu'au meilleur de soi-même.

Il me semble que le sens profond de notre passage sur terre consiste non seulement à préserver la vie que nous avons reçue en dépôt, mais aussi à l'agrandir et à l'embellir pour laisser à l'univers plus de vie qu'il ne nous en a donné au moment même de notre conception.

Vivre est un plaisir qu'il n'est pas nécessaire de maltraiter à temps plein !

L'inceste ne doit pas être prescriptible

Je lis dans le quotidien *Libération* (quel beau nom c'est, pour un journal publiant un article sur l'inceste !) sous la plume de Catherine Perlmutter, que l'inceste présente beaucoup de points communs avec le crime contre l'humanité. Cette avocate accuse notre société de n'avoir pas compris la force, l'ampleur et l'impact dans la durée du processus de destruction que représente envers l'humanitude ce crime contre l'enfant qu'est un inceste. J'adhère à son point de vue. L'inceste devrait être imprescriptible. Cela donnerait tout le temps nécessaire à la reconnaissance de ce qui s'est passé, permettrait d'entendre les blessures qui sont encore présentes, de sortir du silence pour oser une mise en mots à l'adresse d'un proche, de quelqu'un qui écoute. Ce serait la première étape d'une différenciation.

Une seconde étape consisterait à mettre en mots ce qui s'est passé à l'intention du transgresseur, à prendre le risque d'une confrontation, éventuellement soutenue par la médiatisation d'un acte symbolique ou, pourquoi pas si cela est possible, l'ouverture d'une action légale qui puisse amener à reconnaître et à confirmer que ce n'est pas l'enfant qui est coupable, mais bien l'adulte. Qu'il y a bien eu, de la part de ce dernier, un comportement interdit, moralement une faute, pénalement un délit.

Les années ont une durée variable pour chacun. Après un inceste, un enfant perd ses repères. Qu'en est-il du lien parental ? Comment le nommer ? Comment sortir du leurre et ne plus se sentir prisonnier (attaché au sens fort du terme) par le silence sur le père, le grand-père, le familier qui a transgressé ?

L'inceste est une triple histoire, celle d'une transgression du lien parental, celle de la violence, de la déchirure imposée au corps d'un enfant, et celle de la confusion qui se crée entre les membres de la famille et conduit l'enfant à douter de la réalité des faits, l'entraînant à se perdre, à s'égarer entre culpabilité, angoisse et amour.

Devenu adulte, celui ou celle qui a vécu un inceste entretient souvent un processus de destruction en retournant contre lui la violence subie parce qu'il se sent mauvais et coupable de quelque chose qu'il ne comprend pas, dont il sait que « ce n'est pas bien », mais dont il pense trop souvent, bien à tort, que ce doit être sa faute si cela s'est passé ainsi !

L'enfant perd ses références autant du côté du père que de celui de la mère, que celle-ci ait été aveugle, ait toléré l'inceste car elle n'en n'avait pas conscience, ou se soit comportée de manière hyper-protectrice ou fusionnelle dans le refus de regarder en face le comportement de l'homme avec qui elle partage sa vie, en n'ayant pas su mieux différencier son mari du père de son enfant.

L'écoute, l'aide d'un tiers qui n'est pas pris dans la dynamique du clan familial (qu'il serait possible parfois d'appeler *clan de concentration,* tellement les collusions y sont fréquentes) est souvent nécessaire pour permettre à l'enfant ou à l'ex-enfant victime d'inceste (inces-tué) de se réconcilier avec son identité sexuelle. Cette aide peut lui permettre de rétablir des relations plus claires, plus gratifiantes et créatives avec les adultes hommes et femmes de sa vie présente et à venir.

En rendant l'inceste imprescriptible on le replace bien dans le contexte d'un crime contre l'humanitude de l'enfant.

Nous portons les cicatrices de nos blessures. À nous de les honorer car elles disent aussi que nous avons survécu et que cela nous a peut-être rendu plus fort ou plus lucide.

Les suicides d'enfants

Quand un enfant a décidé de mourir, qu'il met fin à ses jours, c'est un véritable choc pour la famille, un séisme pour l'entourage, une interrogation majeure pour chacun de ses proches. Au désespoir, à l'angoisse, à l'incompréhension succèdent la révolte, la colère, la culpabilité de ne pas avoir su entendre ou voir, de ne pas avoir pu prévenir ou anticiper, de n'avoir pu faire quelque chose pour empêcher l'irréparable.

Les errances, les non-dits, les peurs ou les malentendus qui poussent un enfant à se détruire sont mal connus. Une part de mystère, d'opacité subsiste toujours dans un tel acte.

Les enfants fonctionnent, j'aurais envie de dire « survivent », en pensant à certaines situations, grâce à leur imaginaire. Or, il arrive que cet imaginaire, surtout lorsque la réalité apparaît à l'enfant comme inacceptable, invivable, voire menaçante, introduise un immense décalage par rapport à cette réalité.

D'autres enfants, dans le monde adulte ou dans l'univers des camarades qu'ils côtoient, ont pu connaître des humiliations, des violences, des injustices qui ont profondément entamé leur confiance ou détruit leurs rêves, ou qui occultent leur avenir et le rendent inacceptable.

Un rejet de la vie, un négativisme qui ne laisserait aucune place à l'espoir, à l'intérêt de vivre a aussi pu se développer en eux, tel un germe pervers.

Un tel acte, un suicide d'enfant, reste une agression inouïe pour les parents et a des effets quasiment irréparables. Le père et la mère garderont longtemps ouverte une blessure que la vie réactivera régulièrement : au souvenir des gestes de leur enfant, lors d'anniversaires, quand s'imposent la nostalgie du passé et la mémoire du disparu.

Un enfant qui se tue détruit aussi les rêves que ses parents avaient déposés en lui et faits pour lui. Telle cette mère me disant : « J'avais tant rêvé qu'il me donnerait un jour un enfant, une petite fille que j'aurais élevée, pouponnée. » Ou ce père : « J'avais rêvé qu'il accompagnerait ma vieillesse, qu'on pourrait enfin discuter entre hommes, qu'on pourrait voyager ensemble... »

La mort d'un enfant est une injustice dans l'ordre du monde, mais le suicide de son propre enfant est une violence inacceptable infligée à la vie.

Les parents devront donc vivre avec une blessure à vif, jusqu'au moment où ils comprendront, peut-être, que la mort de leur enfant a bien résulté d'une décision que celui-ci avait prise, celle de mettre fin à ses jours, et que cette décision lui appartenait. Alors, ils comprendront peut-être aussi qu'ils ne devraient pas s'attribuer la responsabilité de cette mort en se culpabilisant et, ce faisant, en déposséder leur enfant. La possibilité de faire le deuil de l'enfant qui s'est donné la mort et d'assumer sa position de parent passe par la reconnaissance de la responsabilité de l'enfant : « C'est bien lui, et lui seul qui a mis fin à ses jours... »

Les parents ne devraient pas oublier que la décision de leur enfant était sans doute la seule qu'il ait pu prendre à propos de son existence, en fonction de la liberté qui était sienne à ce moment-là de sa vie.

Je suis persuadé que le sens de notre existence, de notre passage sur la terre, vise à agrandir, à donner plus de vie à la vie, il est donc malvenu de la maltraiter.

Mots d'enfants

Quentin a sept ans. Son petit copain préféré, Aurélien, a du chagrin, car ses parents divorcent. Les deux enfants parlent des changements qui vont surgir dans la vie d'Aurélien. Quentin, outré, dira ce soir-là à ses parents : « Mais qui c'est qui a bien pu inventer la *divorcisation* ? » Puis, très ferme, il ajoute : « Moi, je ne veux pas que vous vous *divorciasez*... Mais je ne veux pas non plus que vous vous battiez pour savoir chez qui j'irai. C'est simple. Moi, je reste avec maman parce qu'elle sait mieux s'occuper de moi le soir et le matin que toi, papa ! Toi, papa, comme tu sais mieux jouer avec moi, je viendrai te voir le dimanche pour que tu ne t'ennuies pas de moi ! » Quentin sait dire clairement et fermement ce qu'il veut et ce qu'il ne veut pas.

Laurence, six ans, dit à sa mamy Marthe : « Mamy, je t'adore !

— Tu veux dire que tu m'aimes, ma chérie !

— Non ! Plus que ça ! Je t'adore, c'est plus grand que je t'aime, c'est, comment te dire ?, c'est mieux que tout l'amour ! »

Yvon, qui écoute ses parents parler de leurs propres parents et qui entend dire que le grand-père était mort à la guerre à trente-cinq ans, s'exclame : « Ils mouraient jeunes, les vieux, avant ! »

Raphaël se promène avec son papa qui l'emmène toujours dans le port admirer les bateaux. Cette fois-là, la visite dure longtemps, le père confie à son fils : « Mon papa aussi m'emmenait voir les bateaux quand j'étais petit. » Et

Raphaël d'interroger : « Et toi aussi tu t'embêtais, sans rien dire, pour lui faire plaisir ? »

Cette mère disait souvent à son fils : « Avec toi, j'ai gagné le gros lot ! » Un jour, passant devant une publicité de la Loterie nationale affichée à la vitrine du bar voisin, l'enfant lit à haute voix : « Ce soir on gagne le gros lot ! » Il demande alors à sa mère : « Dis, maman, c'est ici que tu m'as gagné ? »

Les mots d'enfants émerveillent nos yeux et nos oreilles, caressent notre cœur, distillent un plaisir tendre dans un quotidien qui ne l'est pas toujours. Par leur légèreté joyeuse, ils permettent aux enfants d'apprivoiser quelques-unes des contradictions de leur quotidien. Aussi faut-il les accueillir, les garder pour pouvoir les rappeler quand nos enfants, devenus adultes, auront oublié la créativité merveilleuse qui nous faisait fondre d'émotion quand, avec eux, nous tâtonnions sur les chemins difficiles de la *parentalité*.

Enfant, je voulais bousculer, pousser le temps,
pour qu'il aille plus vite. Plus tard,
j'ai voulu l'agrandir, lui donner plus d'espace,
plus tard encore j'ai souhaité le ralentir,
l'inscrire dans la durée.

Mots d'enfants pour éveiller l'enfant qui sommeille en nous

Nous avons tous en tête des mots d'enfants qui nous ont émus, ravis ou fait sourire, rire et pleurer en même temps... Certains nous ont touchés plus profondément, bouleversés, dérangés, interpellés, parfois irrités. Mais tous, avec la même constance, nous ont ramenés plus près de ce « pays de notre enfance, le seul pays dont nous venons tous ». Ces mots ont la fraîcheur, la candeur d'une journée particulière dont le souvenir demeure. D'autres nous renvoient à la nostalgie et aux regrets d'un temps passé trop vite sur les années d'innocence. « Je veux pas manger du mazout, comme les mouettes de l'*Erika* », dit Julie en rejetant l'infime petit morceau de peau noire d'un poivron grillé. « Maman, si l'avion tombe, est-ce que les nuages vont le retenir ? » s'inquiète Frédéric. « Papa et moi on va se faire couper les cheveux chez le *barbouillé* », annonce, tout fier, Kevin.

Les enfants sont quelquefois plus directs et ne s'embarrassent pas de précautions oratoires : « Maman, c'est trop sale dans cette boucherie, il y a du sang partout, nous ne viendrons plus, hein ? », « Tu as vu le Monsieur, il dit que c'est un parapluie ! Il ne sait pas que ça s'appelle un parasol ? »

Il arrive même que leur logique nous mette en difficulté : « Pourquoi il est noir, le Monsieur... ? Pourquoi tu lui dis pas que c'est pas son pays ici ! Dis, Monsieur, si on te lave... tu deviens plus blanc ? » Et devant la réponse détendue de l'homme noir qui s'esclaffa en riant « Non, mon petit, je suis et je reste un Noir », la réaction enfantine fut spontanée : « Tu vois, Maman, ça tu me l'avais pas dit ! »

Agathe, cinq ans, vient s'asseoir près de sa mère et lui demande : « Dis, Maman, pourquoi quand je fais "Ah", que j'ouvre toute grande ma bouche, je vois une petite cloche qui se balance ?

— Ça s'appelle la luette, ma chérie. »

Agathe part alors en courant et appelle son frère : « Regarde, regarde, j'ai une alouette dans la bouche ! »

Quand les enfants découvrent quelques différences fondamentales entre eux et les autres, le questionnement, même imagé, est impitoyable : « Pourquoi t'es fendue à cet endroit-là ? demande Cédric en montrant, dans la glace de la salle de bains, le sexe de sa mère, qui c'est qui t'a fait mal ? », ou : « Maman, mes graines de vie, quand je fais pipi, je vais toutes les perdre parce qu'elles tombent dans le cabinet ? », ou encore : « Mamy, pourquoi tu te fais vieille ? Fais-toi jeune, sinon on pourra plus jouer ensemble ! », et : « Maman, Maman, je ne veux pas que tu vieillisses... Pour les anniversaires, tu prendras les cadeaux, mais je ne veux plus que tu souffles les bougies, c'est trop triste ! »

D'autres affirmations nous semblent étranges, car nous n'avons pas la clé pour en entendre le sens pourtant incroyablement réaliste : « Moi, quand je serai grande, je serai métro ! » Cette petite fille ne voulait être ni boulot ni dodo...

Les enfants, nous le savons, sont de grands réparateurs des blessures enfouies de leurs ascendants. Clotilde vient vers sa mère en dissimulant quelque chose derrière son dos. « Moi, je sais que, quand tu étais petite, tu n'avais pas de frère, ni de sœur. Alors je t'ai fait une petite sœur pour toi seule, regarde », et elle tend à sa mère une poupée faite de bouts de chiffons, en ajoutant : « Tu sais je l'ai prévenue, je lui ai dit que tu ne serais pas jalouse d'elle, qu'au contraire tu l'aimerais beaucoup ! »

L'amie qui m'a offert quelques-uns de ces mots recueillis auprès de ses enfants m'a fait un beau cadeau. Dans la lettre qui les accompagnait, elle écrivait aussi : « À ces mots d'enfants authentiques, puisés dans mon environnement familial, j'accorde une valeur immense. C'est pour cela que dès la naissance de mon fils, il y a trente ans, puis après celle de ma fille, j'ai voulu en garder la mémoire. Aussi les ai-je notés régulièrement en indiquant la date et en précisant le contexte ainsi que nos réactions sur un petit carnet que j'ai offert à chacun à l'occasion d'un anniversaire significatif (''Le carnet de mes mots !'' disent-ils). Ce fut une belle joie, pour moi de le leur donner, pour eux de le recevoir ! Ah ! leurs visages, leurs sourires, leurs étonnements, leurs éclats de rire ! ''Est-ce possible, maman ? J'ai vraiment dit cela ? Tu es sûre que c'est moi ?'' Du vrai bonheur. De la tendresse belle, toute ronde, toute chaude que nous nous offrons mutuellement… »

C'est pour cela, qu'à mon tour, j'invite tous les futurs papas et mamans ainsi que tous ceux et celles qui deviendront grands-parents, à noter les mots de leurs enfants. Offrez-vous le plaisir d'un joli petit carnet pour chacun d'eux. Gardez ainsi leurs premiers sourires, leurs premiers mots, leurs découvertes. C'est leur histoire, leur rencontre avec quelques-uns des mystères de la vie, leur ouverture aux étonnements de l'existence, leurs premiers pas dans l'univers des mots : « Je veux un zeuf », « Je te m'aide », « Moi, Papa, je te l'aime plus gros qu'un camion », « Non, Maman ne me réveille pas encore, j'ai pas fini mon rêve ! ».

Autant de souvenirs à conserver longtemps, puis à offrir à partir de la vingtième année... C'est du bon, du tout tendre. C'est un vrai cadeau. Pour vous, pour eux et surtout pour les années à venir...

Nous venons tous du pays de notre enfance, un pays dont les frontières bordent notre cœur.

Histoires simples

« Raconte-moi une histoire...
— Une histoire vraie ou une histoire inventée ?
— Une vraie histoire inventée !
— Alors tu veux que je te raconte la vie. »

Adrienne... une vie en attente

Elle avait toujours vécu au ralenti, à petits pas, à petit bruit. Elle économisait au jour le jour, pièce par pièce, sou par sou, elle engrangeait patiemment toutes les frustrations d'une existence de privations, et cela depuis le tout début de sa vie de femme.

Ainsi, en se limitant à la survie et en se privant de toute fantaisie, du *petit plus* qui donne du piment à la vie, de l'imprévisible qui illumine un moment et rend soudain le monde plus joyeux, elle avait traversé trois quarts de siècle.

Adrienne économisait. Non pas pour vivre mieux plus tard. Vivre mieux, elle ne savait pas comment ça pouvait être et elle n'avait pas d'espérance dans cette voie. Elle économisait pour ne pas *manquer* demain. La peur de manquer l'habitait depuis l'enfance. Manquer de quoi ? Elle qui avait si peu de besoins. « De tout », aurait-elle répondu si on lui avait posé la question. Cela aurait voulu dire : manquer de sécurité, de quiétude et peut-être de liberté, en risquant de trop dépendre des autres ! Pour ne pas risquer, un jour futur, de manquer un peu, elle avait eu besoin de se priver de l'essentiel à tout moment, au présent de chaque jour.

Elle est morte au début de la semaine, en une heure, d'un transport au cerveau, dit-on dans le quartier. Son cerveau s'est transporté dans l'au-delà ! Comme toutes ses économies étaient à la Caisse d'Épargne, comme elle n'a pas de descendants, de famille proche, c'est l'État qui va hériter. « Avec tout cet argent mis de côté (beaucoup, pensent les voisins), elle n'aurait manqué de rien. Elle aurait dû en profiter, avant... » Mais avant pour Adrienne c'était déjà trop tôt ! Sans doute, aurait-elle pu essayer, un peu, si elle avait su jouir de ce qu'elle avait. Mais pour ne pas manquer, elle s'est privée de tout.

En fait, *elle s'est privée de tout pour rien.* Si seulement elle avait pu lâcher un peu sa peur de manquer, elle n'aurait pas manqué sa vie. Le plus triste est peut-être cela : non pas sa mort soudaine, mais qu'elle soit passée à côté de sa vie, Adrienne.

La liberté d'être n'exige-t-elle pas que l'on se départie de la peur du manque ?

Se dépouiller de tous ses manques
pour accéder à la liberté d'être.

Amoureux de sa souffrance...

Cet homme me disait combien sa vie avait basculé, dix ans plus tôt, quand sa femme, après quinze ans de mariage, avait pris la décision de « rompre l'alliance ». Je reprends ses termes car ils sont importants pour lui. Il ne m'a pas dit « Elle m'a quitté, elle est partie » ou « Elle est tombée amoureuse d'un autre » mais « Elle a rompu l'alliance ».

Et il ajouta : « Moi j'avais fait alliance avec cette femme contre ma famille qui ne voyait pas ce mariage d'un bon œil. Cette alliance m'engageait pour la vie et je croyais qu'il en était de même pour elle. Chaque jour, depuis, je repense à cette trahison incompréhensible. Il n'y a pas d'instant où je ne m'interroge, poursuivit-il. Pourquoi a-t-elle fait cela ? Je souffre de ne pas comprendre. Je ne souffre pas de son absence, je n'ai jamais imaginé que je pourrais revivre avec elle, même si elle me le demandait. Non, je souffre et c'est insupportable d'être passé à côté de quelque chose d'essentiel. Ne croyez pas, ajouta-t-il, que je pense à elle, je pense surtout à nous, à elle et moi comme un tout. Un tout devenu, depuis son départ, une béance. Je pense à cette faille insondable qu'il y a en moi. »

Et à ce moment-là, après un temps de silence, il prononça cette phrase étonnante : « Je crois que je suis amoureux de ma souffrance. Je lui consacre aujourd'hui l'essentiel de mon temps. Cette souffrance est devenue le sens de ma vie... »

En écoutant cet homme, j'étais bouleversé par la force, la puissance de sa fixation à cet épisode de sa vie conjugale, certes important et douloureux, à ce questionnement répétitif, obsessionnel : « Pourquoi a-t-elle fait cela ? »

Quand nous vivons un événement qui nous bouleverse, l'essentiel n'est pas tant de nous interroger sur le pourquoi de l'acte ou du comportement de l'autre, sur son attitude, mais sur l'impact que cet acte a sur nous, sur le retentissement, dans notre histoire intime, de ce comportement ou de cette attitude.

Il y a toute une déperdition énergétique, une sorte d'hémorragie d'énergie vitale à vouloir comprendre ou s'approprier une explication émanant d'autrui ou le concernant, alors que nous aurions précisément besoin de toutes nos ressources pour affronter ce qui nous arrive et traverser la crise, pour dépasser le choc du cataclysme qui s'est réveillé au plus profond de nous et nous réconcilier avec la part de nous-même qui a été dévastée, blessée.

En nous centrant ainsi sur l'autre, nous faisons l'économie d'une interrogation nécessaire et vitale sur nous-même, qui pourrait nous conduire bien plus loin, c'est-à-dire plus près de notre vérité intime.

Il est relativement facile de faire des erreurs,
mais les répéter et les entretenir
suppose beaucoup de constance
et un entraînement de haut niveau.

Marguerite et la difficulté d'exister...

Marguerite a longtemps été ma voisine du temps où j'habitais en Bourgogne, près de Dijon. Les soirs d'automne, à l'approche de l'hiver, elle éprouvait le besoin de se raconter. Elle vivait seule depuis si longtemps. Aussi inventait-elle des prétextes pour m'attirer chez elle. Elle me téléphonait et, après s'être enquise de ma santé, elle proposait : « Je viens de recevoir un bon petit thé de Russie, cela vous dirait ? » Elle adorait le thé fumé. Ou encore : « La courroie de ma machine à coudre a sauté, si vous aviez le temps de jeter un coup d'œil... » Marguerite n'aimait pas trop demander, mais elle inventait des prétextes pour permettre la rencontre et l'échange. Quand j'arrivais, tout était préparé, le plateau avec les tasses en porcelaine, le sucrier, la théière fumante, les petits gâteaux. Nous buvions lentement, puis, sans crier gare, Marguerite se lançait. Je sentais combien cela avait dû tourner et tourner dans sa tête, quand elle disait : « Ah ! Si vous saviez le nombre de fois que j'ai entendu cette histoire dans la bouche de mes parents. Cela me faisait mal, vous ne pouvez pas imaginer ! J'ai eu beaucoup de peine pour exister. Vous ne pouvez pas savoir tout ce que j'ai enduré, tout le courage qu'il m'a fallu pour ne pas me tuer, disparaître... Ma sœur aînée avait sept ou huit ans quand ma mère a été enceinte de moi ! "Je veux un petit frère", a-t-elle dit, un soir à table. Ma mère a répondu en riant : "Mais bien sûr, tu l'auras ton petit frère." Quand ma mère est partie à la clinique pour l'accouchement, elle a simplement dit à ma sœur, que gardait une voisine : "Je vais chercher le bébé, je ne serai pas longtemps absente.

— Où tu vas le chercher, maman ?

— Au magasin des bébés !"

Alors ma sœur avait couru vers sa chambre, était revenue avec son porte-monnaie et avait donné quelques piécettes à ma mère, qui les avait acceptées ! C'est cela qui me fait mal. Vous vous rendez compte, elle a accepté les pièces de ma sœur, pour acheter un bébé ! Ma sœur a beaucoup insisté : "Tu achètes bien un petit frère, hein ?

— Oui, oui, ne t'inquiète pas."

Et je suis née. Je suis née fille, hélas ! Quand je suis revenue à la maison dans les bras de ma mère (Marguerite ne parle jamais de son père), elle a dit à ma grande sœur stupéfaite et mécontente de voir cette petite fille qui débarquait : "Tu comprends, au magasin des bébés, il n'en restait que deux, un petit garçon tout noir et une petite fille... Alors j'ai pris la petite fille, je ne pouvais pas prendre le bébé noir." Ma sœur a tempêté tout un jour avant de dire : "Mais moi j'aurais préféré le petit garçon même noir, plutôt qu'une sœur ! Tu ne m'as pas écoutée, maman !" »

Marguerite, cette ex-petite fille qui a maintenant près de soixante-dix ans, pleure encore en me racontant le drame de sa venue au monde. La blessure n'est pas refermée, la plaie est là, béante, et les soirs d'automne les souvenirs reviennent et la plaie saigne. Je n'ai pas eu de mal à découvrir que Marguerite était née à la fin d'octobre et que sa sœur avait épousé un Africain...

Quelle est la plus grande douleur,
se dire ou se taire ?

Dialogue pris sur le vif

L'été dernier, en Avignon, installé à une terrasse sur la place de l'Horloge, je rêvais. J'avais en effet du temps, étant arrivé en avance à un rendez-vous qui n'avait rien d'urgent. Est-ce cela qui me rendit disponible pour suivre le dialogue surréaliste qu'entretinrent une dame et le garçon de café ?

« Garçon, s'il vous plaît, pouvez-vous me rendre la monnaie, je m'en vais.

— Mais je vous l'ai rendue, madame !

— Ah bon ! dit la dame calmement. Excusez-moi, c'est parfait, dit-elle en souriant au garçon qui tente de s'excuser. Ne vous inquiétez pas, précise-t-elle, je suis distraite, j'ai la tête ailleurs. »

Le garçon la regarde, il est encore hésitant, elle lui confirme que tout va bien. Il éprouve cependant le besoin d'ajouter : « Je vous assure, je vous ai rendu la monnaie, seize francs sur votre billet de cinquante…

— J'en suis persuadée, dit la dame, ne vous inquiétez pas, tout est bien, je vous crois.

— Non, mais je vous assure », s'accroche le garçon.

Il est jeune, avec un regard bleu, puéril, il semble pour l'instant un peu perdu, son front se plisse, la dame lui sourit. Il insiste : « Regardez bien votre porte-monnaie, Madame. » Il paraît craintif, inquiet, veut convaincre, ne peut, semble-t-il, supporter d'être soupçonné. La dame, pour lui faire plaisir, ouvre son porte-monnaie, tripote quelques pièces, sort quelques billets, puis lui dit : « Pas de problème, j'ai mon compte, je vous crois, c'est tout bon !

— Oh ! Madame, s'exclame-t-il alors, plus agité. Faites attention, ne sortez pas vos billets comme ça ! Il y a des gens mal intentionnés, vous savez !

— Ah bon ! vous croyez ?

— Il y a des gens mauvais, je vous assure, il se passe tant de choses, si vous saviez…

— Moi, je crois que les gens sont naturellement bons, je le crois, je n'ai pas d'inquiétude. »

Puis elle se lève pour partir, toujours souriante. Le garçon l'accompagne quelques pas et dit : « Ça fait rudement du bien d'entendre ça ! Comme je voudrais que ce soit vrai ! » Soudain, il a l'air plus triste ; c'est qu'il croit, au plus profond de lui, que la dame se trompe – une nouvelle fois…

La bonne volonté n'est pas suffisante pour s'entendre et même se comprendre, encore faut-il émettre et recevoir sur la bonne longueur d'onde.

Ma mère et le pain frais

Je connais bien cette habitude, cette pratique de table, fréquente dans les familles qui ont connu la pauvreté : « Il ne faut rien gaspiller, on ne va pas laisser perdre ce reste... Si petit soit-il, on ne jette jamais un bout de pain. » Dans ces mêmes familles, une personne se désignait souvent pour terminer « les restes ». Il restait un bout de fromage : « Donnez-le-moi ! » disait-elle. Et le fromage du jour, plus frais, était mangé par les autres. Je garde toujours en moi quelques-uns de ces réflexes, qui conditionnent encore certains de mes comportements de table ou envers la nourriture. Dans les campagnes de mon enfance circulait ce type de dicton provençal ou languedocien : *Que t'estouffe mais que n'en reste dji,* qui veut dire : « Que cela t'étouffe mais qu'il n'en reste pas ! »

« Il y a un reste de soupe », disait ma mère, la louche en l'air. Personne n'en voulait et cependant la dernière louche, qui ne pouvait être jetée, devait être accueillie par l'un ou l'autre de ceux qui, justement, détournaient la tête ! « Je n'en peux plus, je suis plein ! » s'écriait mon frère. Alors ma mère, suivant son humeur, déposait d'office le restant de soupe dans l'assiette du père qui, plus souvent qu'à son tour, se dévouait pour terminer ce qui restait dans la soupière.

Dans mon milieu, jeter un morceau de pain était impensable, quitter la table en laissant quelque chose au fond du plat ou de l'assiette, inimaginable. Pas de mouvements trop brusques, nous devions même faire honneur aux légumes, avec des gestes attentionnés : « On ne maltraite ni une pomme de terre, ni une tomate et encore moins un oignon ! » Ce n'était pas de l'avarice ou la peur de manquer, c'était du respect. On ne jette pas ce qui est bon, on ne gaspille pas ce qui a coûté ou qui a été fait avec amour. Même attitude pour les couverts en argent : on ne devait pas les utiliser *tous les jours,* uniquement dans les grandes occasions – qui n'arrivaient jamais ou qui étaient rarissimes ! En attendant, on les gardait dans leur présentoir d'origine, pour *en-cas*... Aujourd'hui encore, dans les brocantes de Provence et d'ailleurs, on trouve des ménagères entières, dans leur écrin de velours vert, qui semblent n'avoir jamais servi.

Ce respect quasi sacré de la nourriture a donné lieu à de nombreuses expressions provençales : *Elle poupougne,* pour désigner celle qui trie trop méticuleusement un morceau de viande, en séparant le gras du maigre, les nerfs de la chair plus dense. Ou encore : « On fait l'assiette jolie », pour dire qu'on fait non seulement l'assiette propre, mais qu'on l'essuie, qu'on ne « laisse rien », pour ne rien gaspiller !

Ces habitudes de table et bien d'autres s'inscrivent profondément dans l'imaginaire d'un enfant, elles perdurent et survivent aux changements de situation sociale. Elles témoignent d'une appartenance non seulement à un milieu, mais à un rapport respectueux aux êtres et aux choses du quotidien.

La table est un endroit rêvé pour rêver,
manger lentement, mâcher silencieusement,
le regard perdu vers un océan de nuages.
J'ai voyagé souvent, en partance vers une réalité
plus neuve que celle que je vivais.

Fille et mère

Étaient présents la maîtresse de maison et son mari, quelques amis, ainsi que deux cousines de notre hôte qui étaient de passage, Julie et sa sœur Agathe. Agathe raconte à Julie un événement récent : « Quand papa a été hospitalisé pour ses quatre-vingt-cinq ans, maman est venue quelques jours chez moi et tu sais ce que j'ai découvert ? C'est incroyable, incongru même, j'en suis encore toute troublée ! Figure-toi que je suis entrée par mégarde dans la salle de bains au moment où maman s'habillait. Elle était en petite tenue, elle avait sur elle, c'est fou, des dessous qui sortaient d'une boutique de lingerie, toute une parure, soutien-gorge et petite culotte assortie. Une merveille, une merveille de petite culotte, tout en broderie noire, pas très loin d'un string, à la mode quoi ! Tu te rends compte, et sexy avec ça ! Je n'arrivais pas à le croire ! Je n'ai pu m'empêcher de lui dire : "Maman, à ton âge, je te trouve bien sexy ! » Le plus fort, c'est qu'elle a ri de mon étonnement, elle a même tenu à me montrer d'autres sous-vêtements, dans sa valise, tous plus beaux les uns que les autres… Une vraie lingerie de femme… »

Sur ces derniers mots, Agathe éclate soudain en sanglots. Elle balbutie, blottie contre sa sœur Julie, son aînée : « Tu ne peux pas savoir comme j'étais contente. Je m'étais toujours imaginé maman avec des culottes de vieille, des culottes en coton, style religieuse, tu vois ! Quand je vois de ces sous-vêtements dans les vitrines, je détourne les yeux, j'ai comme une colère en moi, on dirait des langes pour vieux bébé ! Pendant des années j'ai trouvé que maman ne se laissait pas assez aller... Aujourd'hui elle a raison de prendre soin d'elle de cette façon.

— Alors tu as enfin vu maman comme une femme, pleine de féminité...

— Oh oui ! et quelle découverte ! La féminité de ma mère ! Quel bonheur ! À quatre-vingt-trois ans, jamais je n'aurais cru qu'elle ait cette liberté ! Quand j'étais petite, je la trouvais déjà trop vieille. Je ne voulais pas qu'elle vienne me chercher à l'école, j'avais un peu honte d'elle. J'enviais les mères de mes copines qui sentaient bon, qui étaient minces, coquettes. Comme j'aurais voulu découvrir ça avant ! »

Il y a tant de nostalgie dans la voix d'Agathe, tant de regrets dans son intonation... Il y a surtout un vrai regret dans ses yeux, celui de n'avoir pas su découvrir plus tôt la féminité de sa mère. Nous croyons connaître nos proches, mais à l'occasion de retrouvailles nous découvrons la part d'inconnu, de mystère, de fantaisie et de liberté qui existe souvent en chacun d'eux.

L'alchimie des hasards qui n'en sont pas, nous confronte, quand le moment est venu, aux sources mêmes de nos aspirations les plus cachées.

Un autre regard, une autre écoute...

Cette dame, qui m'écoute parler *dans la radio,* comme elle dit, me laisse un long message sur le répondeur. Je le retranscris comme je l'ai entendu ce matin-là : « Dans la cour de mon immeuble, en pleins travaux de réhabilitation, il y a du matériel entreposé, des portes, des vitres, des planches. Vendredi soir, les ouvriers ont laissé par mégarde des plinthes de bois à l'extérieur, et ce lundi matin, la cour est jonchée de débris de bois. Des enfants du quartier ont joué et ont déchiqueté la plupart des plinthes... Il y en a partout. Dès huit heures, ce matin, la vieille femme du premier étage m'attendait, outrée, et s'indignait contre ces « sales gosses qui ne respectent plus rien ». Elle souhaitait que je m'associe à sa plainte et à ses accusations. Je lui ai confirmé que j'entendais bien son indignation...

« Voilà qu'arrive l'équipe des ouvriers. J'avais déjà pu échanger un peu avec eux, lorsqu'ils avaient fait des travaux un peu plus loin dans la cité où se trouve mon travail. À cette époque ils avaient constitué une "Assos" (ils prononcent "l'assoceu"). Association qui a rendu un peu de vie à la cité. Les jeunes s'y retrouvent, y jouent, y apprennent des règles de vie en collectivité, font de la musique, confrontent leurs idées. Cela a réduit la délinquance, a fait chuter la violence. Tous sont contents, y compris les familles, les enseignants, les animateurs, les enfants, et les autorités !

« Les enfants, les ouvriers les connaissent bien et chahutent souvent avec eux. Aujourd'hui ils étaient là, devant le container qui leur sert de vestiaire et de local de rangement.

Je me suis approchée d'eux. En leur disant bonjour et en souriant, je leur ai dit que les plinthes n'avaient pas résisté au week-end... "Hé oui ! m'ont-ils répondu, les enfants d'aujourd'hui, comme on ne leur donne rien à construire, ils détruisent." Et voilà que l'un d'eux s'exclame : "Dites, s'il y en a un qui a envie de s'amuser, il peut s'y mettre ! Je n'arrive pas à ouvrir cette porte ! Les gosses ont dû remplir la serrure de morceaux de bois !" Il rit. Les autres aussi, et je sens de la bienveillance dans leurs rires. Ils étaient là devant ce carnage, calmes, sans ressentiment. Pas de rancœur, pas de hargne, une constatation presque conviviale sur la vitalité des enfants dans le contexte fragile de la cour de HLM. Je voyais un regard dénué de toute agressivité vis-à-vis des enfants de ce quartier peu tranquille. Une écoute sans jugement. C'est ce qui m'a surprise, entre eux et ma voisine – la différence du regard... et le sourire. Cela m'a accompagnée un long moment toute cette journée.

« Je voulais vous transmettre ce petit événement heureux, à vous qui voyez souvent tout ce qui ne va pas... »

C'est vrai que je vois souvent, trop souvent tout ce qui ne va pas ! Je peux moi aussi changer mon regard, je tente de le faire souvent, mais c'est comme si la souffrance des autres me rattrapait, je suis toujours en retard d'une attention que je voudrais plus positive. Grâce au message que cette inconnue a laissé sur mon répondeur, où il est pourtant dit que je souhaite recevoir « des messages courts et clairs » !, je serai à l'avenir plus prudent, c'est-à-dire plus ouvert !

**Ce n'est pas l'espérance qui fait vivre,
mais le désir dont l'espérance n'est
que l'une des formes, la principale !**

Nos vêtements et notre humeur...

Le choix de nos vêtements dépend de notre humeur autant que du temps qu'il fait. De notre humeur et de bien d'autres éléments qui luttent en nous à la recherche d'un équilibre entre cohérence et contradictions. Car il ne faut pas oublier que nous nous habillons et choisissons de nous présenter au monde et aux autres en fonction de plusieurs critères. Un coup d'œil au-dehors et le temps qu'il fait oriente en général notre premier choix. Viennent ensuite les personnes que nous devons rencontrer. Si nous songeons à inviter notre bien-aimé au restaurant, nous choisirons sans doute plus soigneusement notre costume ou notre robe, notre chemise ou notre corsage, ainsi que nos sous-vêtements. Si nous nous apprêtons à rencontrer ses parents, notre choix sera sans doute différent ! Les activités que nous prévoyons avoir seront un autre élément capital dans le choix de notre vêture. Et il y en a bien d'autres... Nous le savons !

L'important réside dans notre *état intérieur,* ce qu'il est convenu d'appeler l'humeur, c'est-à-dire, au fond, le baromètre intime qui fluctue en fonction de ce qui nous habite, de nos émotions du moment ou de sentiments plus profonds. Ce baromètre, s'il est tourné vers le beau, c'est-à-dire s'il témoigne du bien-être, de l'enthousiasme ou de la joyeuseté qui nous animent, nous fera choisir des couleurs et des tissus aux harmonies heureuses. Par contre, si notre baromètre intime est tourné vers l'irritation, le ressentiment ou l'insatisfaction, nos choix vestimentaires s'en trouveront fortement influencés de manière opposée. Je me souviens du jour où je suis allé à un rendez-vous important vis-à-vis duquel j'étais partagé : je voulais et je ne voulais pas ! Quand je suis descendu de ma voiture, j'ai pris conscience de deux choses : j'avais des chaussettes de différentes couleurs et j'avais encore à mes pieds mes... pantoufles d'intérieur. J'avais oublié de me chausser ! C'est dire si j'avais envie de me rendre à ce rendez-vous !

De fait, la façon de s'habiller véhicule de nombreux messages, à connaître par nous-même lorsque nous nous habillons, et à déchiffrer par ceux que nous côtoyons !

Quel beau cadeau que d'apporter
un peu plus de beauté au monde,
Et quel plaisir que d'accueillir la beauté
quand elle se présente à soi,
Ne pourrait-on avoir le souci de faire que chaque
rencontre soit un cadeau de la beauté
à la beauté ?

Le corps a ses odeurs...

Il vous est peut-être arrivé de côtoyer quelqu'un qui sentait mauvais, la transpiration par exemple. Comment le lui dire ? La question centrale est de savoir si la personne qui sent mauvais vous est proche ou non. Si elle fait partie des vôtres, voire si elle est une relation intime, il est toujours possible de dire votre gêne, en parlant de vous : « Je me sens gêné par ton odeur. » Et, pour être conséquent, vous tenir à bonne distance tant que la personne ne fait rien pour atténuer son odeur. La difficulté est que celui qui sent mauvais... ne sent pas son odeur !

Pour l'anecdote, je ne remercierai jamais assez la jeune fille de mes dix-sept ans qui m'a dit un jour en souriant : « Tu sais, c'est possible de se laver les pieds... plus d'une fois par mois ! » Car celui qui est porteur d'une odeur incommodante ne la sent pas toujours. Il est donc important de l'informer. Certains fumeurs sont par exemple absolument inconscients de l'odeur qu'ils dégagent. Odeur qui imprègne non seulement leurs vêtements mais aussi chaque pli de leur peau !

Il faut aussi savoir que certaines personnes ne sont pas prêtes à changer. Satisfaites de leur état, elles n'envisagent nullement de modifier leur comportement ou la situation : « Si tu es gêné, fais quelque chose toi-même ! » Elles peuvent même recevoir votre remarque comme une agression : « Quand j'ai demandé à mon mari de se laver les mains après être allé aux toilettes, il s'est mis en colère, me disant qu'il n'était plus un petit garçon, que je n'étais pas sa mère... Cela reste, depuis des années, un contentieux douloureux entre nous. »

L'odeur est un langage, elle fait partie intégrante de notre personne : « J'aime l'odeur de vanille de ma compagne, elle m'accompagne longtemps, bien après que nous nous sommes quittés. » Une bonne odeur, si elle est trop forte, devient une agression, elle violente nos sens, déclenche des fermetures et même des répulsions. Je pense qu'un certain nombre d'inhibitions ou de blocages sexuels sont liés à des odeurs ressenties comme désagréables et qui, pour cette raison, ont un effet inhibiteur, voire répulsif. Aussi ne devrions-nous pas hésiter à exprimer ce que nous ressentons. Nous n'avons pas besoin d'insister sur la *mauvaise* odeur, mais sur ce qui nous paraît trop fort et nous incommode. De nombreux moyens permettent aujourd'hui de tempérer des odeurs un peu fortes, mais paradoxalement ils sont rejetés, la plupart du temps, par ceux-là mêmes qui en auraient le plus besoin !

Quand il s'agit d'une personne qui nous est étrangère, la meilleure décision à prendre consiste à se tenir à distance et, comme le font certains animaux, à veiller à ne pas se trouver dans le sillon de cette personne ou à proximité d'elle !

Il faut prendre soin de son corps
pour que l'âme s'y sente bien.

Les premières hirondelles

Avez-vous remarqué que de moins en moins d'hirondelles traversent nos paysages, et surtout notre regard ? Dans mon enfance, les hirondelles faisaient partie de mon environnement proche. Familières, elles représentaient, sur le chemin de l'école, un élan et une aisance qui me fascinaient et me désespéraient à la fois tant leur vol évoquait l'inaccessible harmonie d'une liberté absolue.

Cette année, elles sont arrivées d'un coup, surgies d'un trou plus bleu, plus lumineux dans le bleu du ciel, en ce début du mois de mars, et ce matin j'ai pu les voir de plus près. Une petite dizaine, qui ne sont restées que quelques minutes à virevolter, à jouer et à se reposer à l'abri des falaises d'ocre, juste pour me laisser le temps de m'étonner, de m'émerveiller. Juste l'espace d'un sourire, d'un encouragement, car je sais que celles-là ne sont que de passage : elles remontent vers le nord, par des chemins invisibles entre nuages, ciel et terre.

C'étaient des hirondelles de cheminée, effilées, longues comme des martinets, avec une sorte de petit chapeau rouge, et au-dessus du bec une tache rouge. Elles sont précieuses, avec leur beau jabot noir et leur plastron beige. Elles ont une spécialité : elles font des nids carrés. Leurs cousines les hirondelles des fenêtres, avec un beau ventre blanc, ne tarderont pas maintenant... Ce sont elles qui bâtissent les nids ronds, collés au plus près des toits. Plus que quelques jours à attendre : elles vont arriver et s'installer. Je ne sais comment les apprivoiser, j'aimerais tellement qu'elles puissent bâtir un de leurs nids à l'abri des génoises ou d'un auvent de ma maison. Ai-je voulu des génoises pour cela ? Peut-être faut-il que ma maison vieillisse encore un peu, s'ancre dans le sol, se fonde plus dans le paysage pour que les hirondelles acceptent de l'apprivoiser !

Je sais que, chaque année, quelque 30 000 espèces végétales et animales disparaissent de la surface de notre terre. Je ne sais, mais je pressens que chacune, depuis les débuts de la création, avait un rôle à jouer dans l'équilibre des jours. Que chacun de ces insectes, de ces plantes, de ces radicelles, participait à sa façon non seulement à l'épanouissement mais aussi à la *vivance* de la vie, à l'agencement mystérieux d'un ordre dans lequel nous, les humains, avons une place. Une place particulière, mais pas nécessairement toute la place, ni celle que nous avons prise en envahissant l'espace et la place des autres. Avec ce génocide quasi permanent, silencieux, répétitif, nous traçons une route dont la destination nous échappe mais sur le chemin de laquelle nous sommes engagés – la plupart d'entre nous malgré nous.

Tant que l'homme s'attaquait à l'homme, ce n'était pas très grave, mais aujourd'hui, il menace le vivant de la vie, il met en péril l'existence même de Gaïa, la planète-mère qui nous a accueillis, abrités, bercés durant tant de millénaires... Ne serait-il pas temps de nous réveiller, de nous mobiliser, voire de nous battre ?

Une halte au bord d'un champ

De nombreux citoyens vivant dans d'immenses métropoles n'ont pas touché de leurs pieds nus la terre, une parcelle de gazon, ni plongé leurs jambes dans une rivière, depuis... des années, voire des décennies !

Ils marchent sur du macadam, des pavés, ils vivent entourés de ciment ou de béton, se déplacent sur des planchers, isolés des énergies telluriques, coupés du contact avec l'humus, avec ce qui porte et vivifie la vie depuis l'origine des temps.

Peut-être pourraient-ils se lever plus tôt un dimanche ou un samedi, et sortir de la ville, dépasser les banlieues, s'éloigner des zones artisanales et industrielles et partir à la recherche d'un bout de champ, d'un sentier, d'un coin de forêt, et attendre ainsi que l'aurore écarte les voiles de la nuit, que le soleil dissipe la brume, pour voir fondre dans un seul souffle d'air tiède les pétales diaphanes des fleurs de brume. Je les appelle *fleurs de brume* tant elles sont éphémères.

Dans la brume légère de ce matin, juste à la veille du printemps, il y en avait des centaines dans le champ abandonné, près de la petite ruine que je rêve d'acquérir un jour, mais que mon voisin farouchement anti-citadin ne voudra jamais vendre à un *étranger* qui vient du sud-ouest de la France, « Ce n'est pas le midi, ça ! » m'a-t-il lancé à la figure le jour où je lui ai confié que j'étais né sur les bords de la Garonne, fleuve splendide chanté par Nougaro !

Ce matin, je me suis laissé surprendre par ces fleurs de brume surprenantes, incongrues dans le paysage, toutes blanches de perles humides, qui se sont épanouies, en l'espace de quelques heures à la lune descendante, sur les tiges desséchées des chicorées sauvages. Dentelles de rosée écloses dans les derniers frémissements de la nuit, d'abord captées dans les fils de soie des toiles d'araignées, puis agrippées aux herbes séchées par l'hiver, myriades de gouttelettes de brouillard, prises au piège léger de l'imprévisible, par des filaments qui s'envolent et se déposent dans tous les creux... Explosion de beauté délicate, si fragile, si présente. Fleurs irréelles, aux corolles irrégulières d'ombelles claires, chapeautant les tiges brunes qui se coucheront le vent venu.

Dans quelques minutes, le soleil fera miroiter tout cela quelques instants, comme autant de facettes bleutées tintinnabulant silencieusement avec l'éveil du jour.

Ce matin je me suis déchaussé, j'ai posé mes pieds nus dans la mousse de rosée du chemin, j'ai apaisé mes soucis, initié de nouveaux projets de voyage et d'écriture, et soudain décidé d'écrire à l'une de mes filles que je ne lui avais pas assez dit que je l'aimais... durant son enfance, et qu'il était temps de me rattraper !

Dans la rivière du temps prendre le temps de s'immerger, pour donner à l'instant toute son intensité.

Une promenade au cimetière du Montparnasse

Si un jour vous séjournez à Paris, prenez quelques heures de votre temps pour vous arrêter et visiter le cimetière du Montparnasse. Il se trouve dans le 14e arrondissement, tout près de la station de métro Edgar-Quinet, en face de l'éditeur Albin Michel... qui loge là depuis plus d'un siècle, exactement cent trois ans !

Passé l'entrée principale du cimetière, vous trouverez un petit pavillon sur votre gauche. Là, le concierge ou le gardien vous remettra une liste de quelque cent noms. Il s'agit des célébrités du XXe siècle, ou du siècle précédent, qui ont leur dernière demeure en ce lieu.

Suivant votre sensibilité vous irez peut-être sur la tombe du capitaine Dreyfus, ou sur celle, plus récente, de Simone de Beauvoir et Jean-Paul Sartre, réunis à jamais.

Vous découvrirez celle de Charles Baudelaire, enterré avec sa mère et son beau-père. Sur la pierre de cette tombe, vous pourrez ramasser et lire des billets écrits tout récemment, s'ils n'ont pas été emportés par le vent. Certains seront délavés par la pluie, fanés par le soleil, mais je suis sûr que la plupart vous émerveilleront par la richesse de leur style, la fraîcheur de leur poésie, l'enthousiasme et le respect exprimés par des hommes et des femmes d'aujourd'hui à l'intention d'un poète mort il y a près de cent cinquante ans. Oui, des hommes, des femmes déposent ainsi, quasiment tous les jours, des témoignages d'admiration, de reconnaissance, de tendresse et d'amour en hommage à un homme qui a su les toucher, les rejoindre par un vers, une stance, un quatrain : « Ces robustes navires à l'air désœuvré et nostalgique, ne nous disent-ils pas dans une langue muette quand partons-nous vers le bonheur ? »

Un peu plus loin, au centre du cimetière, vous trouverez la tombe de Serge Gainsbourg, entièrement recouverte, certains jours, de tickets de métro sur lesquels vous pourrez lire : « Serge je t'aime », ou « Tu as changé ma vie, tu m'as fait découvrir la beauté », où « Tu m'as ému plus qu'aucun autre homme ».

Vous connaîtrez peut-être l'émotion de découvrir et de vous recueillir sur la tombe du capitaine Dreyfus que j'évoquais, devenu colonel après sa réhabilitation et dont chacun sait aujourd'hui la condamnation injuste. Si vous aimez la musique, ce cimetière est aussi celui de nombreux musiciens, tels Camille Saint-Saëns, Emmanuel Chabrier, également le lieu de repos de pianistes comme Clara Haskil dont vous entendrez peut-être, en prêtant bien l'oreille au-dessus de sa tombe, quelques accords venus de loin. Séjournent même dans ce cimetière, chanté avec beaucoup d'émotion et de tendresse par Georges Brassens, un président du Mexique, Diaz Porfirio, ainsi que Joëlle qui fut la chanteuse du groupe *Il était une fois*, et Henri Langlois qui fonda la Cinémathèque.

Pour ma part, j'aime aller sur la tombe de Jules Hetzel qui édita Jules Verne et sur celle de Maurice Leblanc qui créa Arsène Lupin. Et je passe toujours devant celle de Mireille appelée la « Chansonnière », sans qui la chanson française ne serait pas aussi vivante.

Si vous passez un jour près du cimetière du Montparnasse, n'hésitez pas, faites-vous plaisir, ravivez quelques-uns de vos enthousiasmes en côtoyant un peu de la vie éternelle de ceux qui laissèrent une trace de leur passage sur cette terre, celle de mon pays, qui reste une terre de liberté toujours vivace.

« Je rêve aux étés qui demeurent toujours. »
Arthur RIMBAUD

Les souvenirs, cadeaux de notre enfance

Chacun d'entre nous a, tout au fond de lui, des souvenirs s'apparentant à des cadeaux, joyeux et émouvants, qui ont laissé des traces fécondes dans son existence. Cette amie me rappelait le plaisir qu'elle avait quand son père la prenait sur ses épaules pour de longues promenades dans la campagne. Plaisir et contentement qu'elle retrouvait en elle, toujours aussi vivaces, quand elle voyait son mari jouer avec leur fille. Telle autre de mes connaissances se souvenait d'une longue bronchite au cours de laquelle il avait eu le droit de dormir dans le grand lit de ses parents. « Je garde le souvenir de l'odeur bienfaisante du savon parfumé qu'utilisait ma mère, du soyeux de ses cheveux quand elle me prenait tout contre elle. Je sentais tout l'amour qui circulait entre elle et son mari, le monde était équilibré, rien ne pouvait le faire chavirer et c'était bon pour moi ! »

Pour ma part, j'aimais quand ma mère me lavait dans le jardin avec l'*eau du soleil,* cette eau qu'elle faisait chauffer dès midi, dans le coin le plus ensoleillé de la façade sud de notre maison. Je courais chercher mon maillot de bain rouge et je mettais d'antiques lunettes de plongée pour protéger mes yeux du savon de Marseille, dont elle faisait un usage jugé excessif même par le charbonnier voisin. Celui-ci, le visage noir comme celui d'un Africain, s'arrêtait, s'appuyait au grillage et lui disait en riant de toutes ses dents (brillantes comme sur la publicité très populaire de l'époque « Y'a bon Banania ! ») : « Mais vous allez l'user cet enfant à force de le lessiver comme ça ! » Et ma mère, toujours un peu rougissante quand un homme lui parlait, lui répondait invariablement : « Un amour entretenu ne s'use jamais ! » Affirmation qui n'est pas toujours vraie, j'ai pu le vérifier, mais qu'il est tout de même bon de croire et d'entretenir.

Notre enfance ruisselle de souvenirs uniques et merveilleux qui scintillent dans nos yeux quand nous les partageons, devenus adultes, avec nos proches, surtout avec nos propres enfants. Il en est ainsi des souvenirs heureux des longs jours d'été, interminables, pleins d'étonnement et d'aventures, qui illumineront plus tard les rencontres entre amis. Je me souviens de celui-ci : je trouvais que le lapin gris, tout seul dans sa cage, devait s'ennuyer. J'ai donc tenté de lui donner de la compagnie en le mettant avec la lapine blanche que Maman protégeait de toutes les tentatives de civet de mon père. Ils m'échappèrent tous les deux et disparurent sous le grillage du « jardin des fous ». Ainsi appelions-nous la clinique mystérieuse qui bordait le fond de notre jardin. Si bien que pendant des années, quand nous entendions rire et crier les fous, ce qui n'était pas exceptionnel, nous disions bêtement : « Ils ont mangé du lapin. » Depuis, dans notre famille, dire de quelqu'un qu'il a mangé du lapin signifie vivre un événement heureux !

Aussi quand ma première fille est née, on s'est écrié : « On va manger du lapin ! », au grand étonnement de l'entourage peu préparé à ce genre d'exclamation au sujet d'une naissance attendue...

Un adulte, ce n'est pas un enfant qui a mal tourné, c'est un ex-enfant qui a oublié qu'il l'avait été.

Vieillir, quelle aventure !

Beaucoup d'hommes et de femmes redoutent de vieillir. Ils voient la vieillesse comme une succession d'épreuves, de manques et de marques d'impuissance physique, ou comme un parcours semé de pertes et d'oublis. Il est vrai que la vieillesse peut s'accompagner de séparations et de désolations. Des proches s'éloignent, des amis disparaissent, les distances paraissent plus grandes, plus difficiles à franchir... Je me fatigue plus rapidement, mes énergies sont différentes, mon corps ne suit plus tout à fait, mes désirs s'absentent parfois et mes priorités ne sont plus celles qui m'animaient voilà encore quelques années.

Mais l'âge nous fait aussi découvrir les aménagements qui sont nécessaires à nos rythmes et à nos choix de vie. Certains considèrent la vieillesse comme un port où se poser, une période durant laquelle le temps ralentit, un espace où la vie prend des teintes plus douces, plus alanguies. D'autres la vivent comme un temps gratuit à consommer sans modération, pour réaliser enfin ce qui leur a tant manqué quand ils se laissaient dévorer par... le temps.

Mais il est aussi possible de voir, de vivre et de traverser la vieillesse comme un enrichissement permanent : « Aujourd'hui j'en sais plus qu'hier et moins que demain. » Il est possible de gérer la vie de son âge en s'appuyant non sur l'impatience, l'action ou l'appropriation, mais sur l'étonnement, la saveur de l'instant et le savoir-être au présent : « Aujourd'hui est le premier jour du reste de ma vie », ai-je noté près du miroir devant lequel je me rase tous les matins, pour me rappeler qu'il ne s'agit pas d'*ajouter* des années à la vie mais *de la vie aux années*.

Pendant les quarante premières années de mon existence, j'ai nié la vieillesse. Elle n'existait que chez les autres, elle n'était visible que sur des inconnus. Par contre, je voyais ma mère comme éternelle et moi-même comme un immortel. Je n'aurais jamais eu la cruauté... de mourir avant elle ! Dans mon système de fidélité et de références vitales ce n'était pas possible, c'était inconcevable ! Elle me disait souvent non seulement combien elle m'aimait, mais aussi combien elle croyait en moi, combien j'étais quelqu'un d'important pour elle. Je l'aurais blessée mortellement si j'avais commis l'erreur de disparaître avant elle !

Eh bien ! le temps m'a rattrapé. Quand, pour la première fois de sa vie, vers soixante-six ans, elle est tombée malade, j'ai compris qu'elle était non seulement vulnérable mais aussi mortelle, alors j'ai commencé à vieillir. Au début doucement, tout doucement, puis, me semble-t-il, de plus en plus vite. Avec sa mort il y a quelques années, moi aussi, je suis brusquement devenu mortel ! Aujourd'hui mortel je le suis chaque jour, sans me presser, j'ai tout mon temps... et puis j'ai pris l'habitude de mieux savourer la vie !

J'en suis là pour l'instant.

Chaque cheveu blanc a une histoire...

Je vis dans un village unique...

Si l'on pouvait réduire la population du monde à un village de 100 personnes tout en maintenant les proportions de tous les peuples existants sur la terre, ce village serait ainsi composé :

- 57 Asiatiques ;
- 21 Européens ;
- 14 Américains (Nord, Centre et Sud) ;
- 8 Africains.

Il comprendrait :

- 52 femmes et 48 hommes ;
- 30 Blancs et 70 Non-Blancs ;
- 30 chrétiens et 70 non-chrétiens ;
- 89 hétérosexuels et 11 homosexuels ;
- 6 personnes posséderaient 59 % de la richesse totale et seraient originaires des États-Unis d'Amérique.

Des 100 personnes de ce village :

- 80 vivraient dans des conditions sanitaires déplorables ;
- 70 seraient analphabètes ;
- 50 souffriraient de malnutrition ;
- 1 serait en train de mourir ;
- 1 serait en train de naître ;
- 1 posséderait un ordinateur ;
- 1 (oui, une seule !) aurait un diplôme universitaire.

Si vous considérez le monde de cette manière, si vous l'écoutez avec ce regard, si vous l'entendez avec cette vision nouvelle, le besoin et l'urgence de tolérance, de compréhension et de changement, non seulement dans les conduites au quotidien mais aussi dans les mentalités, s'imposeront à vous comme une évidence majeure.

Si, de surcroît, vous prenez en considération les quelques données qui suivent, vous relativiserez bien des problèmes qui vous paraissent insurmontables et vous oserez peut-être vous engager et devenir à votre tour un agent de changement social.

Si vous vous êtes levé ce matin en bonne santé plutôt que malade, vous avez plus de chance que le million de personnes qui ne verront pas le jour se lever la semaine prochaine.

Si vous n'avez jamais connu le danger d'une bataille, la solitude de l'emprisonnement, l'agonie de la torture, l'étau de la faim, vous êtes en meilleure situation que 500 millions de personnes qui subissent cela sur notre planète.

Si vous pouvez aller dans votre lieu de culte sans peur d'être menacé, torturé ou tué, vous avez plus de chance que trois milliards de personnes.

Si vous avez de la nourriture dans votre frigo, des habits pour vous vêtir, un toit sur votre tête et un endroit pour dormir, vous êtes plus riche que 75 % des habitants de la terre.

Si vous avez de l'argent à la banque, dans votre portefeuille et de la monnaie dans une petite boîte, attendant d'être dépensée, vous faites partie des 8 % les plus privilégiés du monde.

Si vos parents sont encore vivants et toujours mariés (ou encore ensemble), vous êtes une personne réellement rare.

Enfin, si vous lisez ce livre, c'est que vous aurez reçu une double bénédiction : quelqu'un aura pensé à vous, et vous ne faites pas partie des deux milliards de personnes qui ne savent pas lire.

« Travaille, comme si tu n'avais
pas besoin d'argent
Aime, comme si personne ne t'avait
jamais fait souffrir
Danse, comme si personne ne te regardait
Chante, comme si personne ne t'écoutait
Vis, comme si le paradis était sur terre
Ne te contente pas de rêver
à un monde meilleur, commence à le bâtir
Adresse ce message à tes amis
Si tu ne l'envoies pas, il ne se passera rien du tout
Si tu l'envoies quelqu'un pourra sourire,
s'interroger en le lisant, et oser rêver
à un monde meilleur
Et peut-être, pourquoi pas commencer
à changer pour le construire... »
Anonyme contemporain, avec quelques ajouts

Faits de société

Actuellement, 30 000 espèces végétales et animales disparaissent chaque année. Ceci parce que l'homme, qui est un véritable prédateur, ne peut se contenter de se détruire lui-même. Qui plus est, avec la conquête de l'espace son terrain de chasse s'agrandira considérablement…

Les tentations de la pseudo-démocratie : la place à prix unique

Depuis deux ou trois ans de nombreux festivals de musique ou d'art dramatique proposent un nouveau concept : la place à prix unique donnant accès, au spectateur arrivé sur les lieux, à tous les sièges disponibles.

Dans l'intention des promoteurs, cette façon de faire devait représenter un progrès démocratique car elle facilite l'accès égalitaire à la culture, chacun étant mis sur le même plan. Peut-être aussi exige-t-elle moins de temps et de personnel pour placer les gens...

L'expérience vécue rend pourtant cette pratique contestable. La plupart des spectateurs arrivent en effet une bonne heure en avance pour disposer des meilleures places. Ils butent alors sur une première barrière : le parking. Puis ils doivent avancer vers une deuxième barrière : là, on déchire une partie de leur ticket, ce qui leur donne le droit d'entrer dans une sorte d'enclos et d'y être parqués, debout. Devant une troisième barrière, ils sont enfin tenus d'attendre, pressurés par la masse qui augmente et s'impatiente. Chacun est ainsi obligé de rester immobile, voué à une attente incertaine.

J'ai vécu cela cet été et me suis senti mis sur le même plan que si j'étais devenu du bétail. De fait, dans des situations comme celles-là, à défaut d'avoir emporté un bon livre pour passer le temps, et de rester vigilant et lucide, j'éprouve rapidement le sentiment de perdre une partie de ma vie ; je me sens humilié, sans valeur. Je peux, bien sûr, tenter d'entrer en relation avec mes voisins, échanger quelques mots sur des spectacles antérieurs, évoquer le souvenir heureux d'une représentation qui avait tenu de l'état de grâce – mais tous ne sont pas des gens ouverts. À voir la façon dont ils sont tournés vers les gradins qu'ils devinent un peu plus loin – là où se trouve la meilleure place, la leur ! –, je sens plutôt que leur seul souhait est de tuer leur impatience au plus vite. L'attente d'un signal permettant d'être projeté vers une bonne place peut pourtant durer soixante, quatre-vingts minutes. Et quand la barrière se lève enfin, c'est la course folle pour les premiers sièges, avoir une place assise, correcte ou convenable.

Je trouve dégradants ce parcage, cette attente, et la bousculade invraisemblable qui s'ensuit. Toutes les règles élémentaires de courtoisie sont abolies. Chacun se précipite. Les plus rapides, les plus futés réussissent à *squatter* quatre à cinq places pour des amis, des connaissances. Personnellement, j'ai honte de cette violence d'appropriation, au point que le plaisir que je pourrais éprouver à la perspective du spectacle à venir s'en trouve entamé.

Cette pseudo-démocratisation n'est pas un véritable progrès.

Je me promets d'écrire à Bernard Faivre d'Arcier, directeur du Festival d'Avignon, et à quelques autres, pour les inviter à chercher d'autres solutions afin de mieux gérer ce que je trouve quand même être un progrès : la place à prix unique ! Peut-être que celle-ci pourrait être combinée avec un billet numéroté selon l'ordre des places encore disponibles… au moment où nous achetons notre billet ?

Avec quelle habileté j'attaque parfois le meilleur de moi, en moi ! Je n'ai pas toujours éprouvé cette obligation de conscience qui m'habite aujourd'hui et me rend exigeant avec autrui autant qu'avec moi-même.

Fonction publique

Dans ce service public qui emploie quelque 700 personnes, la grande majorité sont des fonctionnaires titulaires, nommés à vie, quasi momifiés dans leur emploi. Bien sûr, ils ont dû réussir des examens, passer des concours, travailler dur, s'incliner devant des mutations obligatoires, et le plus souvent quitter leur région d'origine, leurs amis et leur famille pour s'exiler dans une autre région ou dans un purgatoire de transition – à Paris (l'horreur pour les Provençaux), dans l'Est ou la Lozère (peu appréciés par les gens du Nord), en Bretagne (que ne recherchent ni les Alsaciens ni les Corses !).

« On ne le dit pas assez, il faut savoir souffrir pour être fonctionnaire », m'affirmait avec conviction une inspectrice des impôts. Et voilà qu'aujourd'hui, des vacataires qui avaient accepté d'entrer dans la fonction publique avec ce statut dépourvu de sécurité, et qui y ont œuvré pendant quelques années, vont devenir fonctionnaires et « résorber l'emploi précaire » grâce aux projets gouvernementaux et avec l'appui des syndicats... Et l'on entend dans les couloirs, à la cantine, de bureau à bureau des murmures d'indignation : « Quel scandale ! Ils vont être titulaires, devenir fonctionnaires à part entière, comme nous ! Sans concours, sans examen ! Sans mutation la première année ! Et rester sur place en plus, là où ils sont entrés de leur propre volonté, quand ils n'étaient que vacataires ! »

« C'est normal », clament les uns, « C'est pas juste ! » protestent les autres. « On doit être tous égaux dans l'injustice et les difficultés ! Mais il ne faudra pas s'étonner si après ça le service de l'État ne marche pas bien. La conscience professionnelle c'est tout un état d'esprit... »

Dans la fonction publique, sacrée en France, on appelle cela *l'esprit de corps,* c'est-à-dire une attitude qui exclut du groupe ceux qui n'ont pas eu le même parcours professionnel. De toute évidence le nouveau venu, celui qui est passé par la petite porte, est censé ne pas avoir cet esprit, il n'est qu'intégré, lui. Assimilable à une pièce rapportée, il ne fait pas vraiment partie de la famille ! De toute façon il ne deviendra jamais pleinement un vrai fonctionnaire titulaire dévoué à l'État, à la région, à la commune. Il est et restera une sorte d'étranger, toléré, surveillé, un simple *titularisé*. Il faut comprendre toute la pesanteur d'une culture administrative introduite par Napoléon et vieille de deux siècles pour saisir les subtilités de ces termes et entendre la part de frustration engrangée à la suite de certaines réformes...

J'aime Vialatte et ses aphorismes décapants : « Si l'homme n'est que poussière, c'est dire l'importance du plumeau ! »

Les vendeurs de la FNAC, chaleureux... entre eux !

Je suis un enfant de la FNAC. Combien de samedis n'ai-je pas passés, au cours des années 1960, dans le premier magasin ouvert à Paris, boulevard de Sébastopol ? On se donnait rendez-vous au rayon des microsillons, on posait des tas de questions aux vendeurs. À cette époque, ils savaient tout. Ils aimaient répondre. À partir de nos interrogations enthousiastes, tous les sujets les passionnaient. Dans mon souvenir, ils avaient une disponibilité étonnante, en prise directe avec nos centres d'intérêt. Nous avions le sentiment, mes amis et moi, d'entrer dans un magasin intelligent et sensible. Chaque visite était riche de découvertes, d'étonnements et souvent d'émerveillements.

Il n'en est plus de même aujourd'hui. La FNAC, dans plusieurs domaines, jouit d'un quasi-monopole et cela transparaît dans les tentatives de communication, souvent vouées à l'échec, qu'amorce le client de sa propre initiative. Les vendeurs paraissent plus arrogants, lointains, détachés. Quand vous leur demandez un renseignement, ils consultent aussitôt l'écran de leur ordinateur. Ce geste paraît naturel, l'ordinateur étant leur principal outil de travail. Mais durant la recherche, parfois labyrinthique, aucun contact n'est établi avec le client, aucune parole ou regard n'est échangé, celui-ci doit attendre passivement le diagnostic de la machine. Et la réponse arrive sans même que le vendeur prenne le temps de vous regarder. La tête sur l'écran, il énonce la sentence : « Indisponible. Pas en stock actuellement. Produit non référencé... ». Et déjà le vendeur s'est éloigné ou a repris une discussion avec un collègue qui semble bien plus passionnante que ce qui vous préoccupe !

Je trouve les vendeurs de la FNAC très chaleureux... entre eux. Riant, discutant de façon détendue, ils sont extrêmement sympathiques tant qu'on ne les dérange pas par une demande d'information ou par une interrogation banale sur tel livre, disque compact ou portable.

Dans certains magasins, le rayon informatique semble constituer une exception à tout ce que je viens de dire. Quelques mots clés, tirés d'un jargon très spécifique, agissent comme des sésames – encore faut-il faire partie des initiés qui possèdent ce langage codé et savent l'utiliser à propos ! Celui qui, comme moi, ânonne seulement quelques mots, confond logiciel et disque dur, ou croit que le web est une marque d'ordinateur, celui-là reste à la périphérie des intérêts et de l'attention des vendeurs ! On se débarrasse de lui avec une documentation qui restera de surcroît illisible à tout client néophyte dans ce domaine, puisque les notions de base ne sont pas encore intégrées dans la mémoire de son propre disque dur pas toujours installé à la bonne place !

Je crois que les FNAC ont de beaux jours devant elles, malgré les belles démonstrations d'incommunication qu'elles privilégient. Nous sommes devenus des consommateurs trop dépendants, qui n'ont plus le temps de rêver et donc de partager.

Je le regrette, il me reste des nostalgies tenaces.

Aujourd'hui, on peut communiquer à tout instant sans même se rencontrer... Bientôt il ne sera plus nécessaire de vivre pour exister. Et un jour prochain, ce sera peut-être un clone qui vivra pour moi ma propre existence !

« Mon chef m'en veut ! Que lui ai-je fait ? »

Depuis quelques années on parle de harcèlement moral ou psychologique, voire de terrorisme relationnel dans la vie de couple ou dans l'univers du travail. Quand un employé a le sentiment d'être l'objet d'intentions malveillantes plus ou moins directes, visant à le déstabiliser, à l'affaiblir, ou le conduisant à demander un changement de poste ou même de lieu de travail, il peut vivre cela comme du harcèlement.

Au début, la perception de ce phénomène est diffuse, peu claire. Puis, elle s'impose comme une certitude. La personne éprouve alors le besoin d'en parler, parfois au risque d'agacer, de fatiguer son entourage : « Il m'en veut, il en a après moi, il cherche à me coincer », ou « C'est curieux, quand il a une critique, un reproche à faire, cela tombe toujours sur moi ». Une phrase revient fréquemment : « Je ne comprends pas. Je me demande ce que je lui ai fait pour qu'il agisse comme ça avec moi. »

Cette interrogation restera sans réponse, car celui *qui en veut,* qui harcèle, ne connaît pas toujours lui-même l'enjeu qui sous-tend son propre comportement. Il peut se sentir menacé, dérangé, ou éprouver une inquiétude diffuse et, pour toutes ces raisons, justifier son attitude : « Dès le début je l'ai eu dans le collimateur. Il a une tête qui ne me plaît pas », ou « Je ne suis pas tranquille quand je sais qu'elle est là », ou encore « Je ne sens pas ce type, je suis sûr que dans mon dos, il me sabote ».

L'univers clos, et parfois autistique, de certaines entreprises, se prête au développement en série et en miroir de perceptions relevant du sentiment de persécution.

Pour celui qui a le sentiment d'être l'objet de harcèlement moral, il est souvent difficile de porter une accusation précise de malignité volontaire, d'intentionnalité négative et répétitive. C'est qu'il n'est pas simple de circonscrire chez l'autre l'incompétence relationnelle ou la faute, l'autisme social, voire la dimension paranoïaque ! Le malaise se concentre le plus souvent autour de deux protagonistes qui se sentent mutuellement agressés par le comportement, les demandes, les exigences, la variation des émotions de l'un, et la maladresse, les interrogations, ou la bonne volonté excessive, le besoin de savoir ou de comprendre de l'autre : « Si encore je comprenais ce qu'il veut exactement, j'essaierais de le satisfaire, ça irait mieux ! » pense l'un. « Il n'arrête pas de me casser les pieds avec ses questions sur lui-même et son nombrilisme », s'irrite l'autre. Dans cette dynamique, toute tentative de mise en mots, de clarification ou de dépassement de la situation semble vouée à l'échec. Celui *qui en veut* ne lâche pas sa proie. Si, en plus, il occupe une position hiérarchique, le combat s'avérera rapidement inégal, car c'est toute la structure qui défendra le supérieur…

Il existe actuellement peu d'issues positives à ce type de conflit. En France, une loi vient d'être votée visant à protéger ceux qui sont l'objet de harcèlement moral – encore faut-il que ces derniers puissent en faire la preuve, souvent difficile et douloureuse.

À défaut de cela, la personne harcelée devra trouver la bonne distance vis-à-vis de celui (ou celle) qui le harcèle. Peut-être devra-t-elle aussi apprendre à mieux repérer les phrases clés, les conduites stimulantes, les relances avec lesquelles elle déclenche, sans le savoir, la dominante *perverse* de l'autre…

Lorsqu'on ne peut modifier une situation ou un événement, la seule option alternative est de travailler à transformer le sens qu'elle revêt pour soi.

La religion cathodique...

Il paraît qu'une grande partie des Français (et certainement des Belges, des Suisses, des Québécois), tous âges confondus, passe en moyenne quatre heures et demie par jour devant la télévision... Sans compter que le temps de travail allant diminuant, cette moyenne ne pourra qu'augmenter de façon significative.

Pour certains, le poste est ouvert dès le matin jusqu'à tard le soir, pour d'autres, il l'est de façon plus circonspecte ou ludique. Mais qu'importe, cet *étranger venu du dehors* occupe une grande partie, non seulement de l'espace intime de nombreux couples et familles, mais aussi de l'imaginaire et des fantasmes de beaucoup d'entre nous !

Avec l'arrivée, depuis quelques années, sur toutes les chaînes, de ce qu'il serait possible d'appeler le *marché de l'intimité* – des émissions très suivies reposant sur des témoignages de faits vécus, intimes et rares –, chacun peut avoir l'illusion d'accéder à une connaissance plus profonde de l'humain, de découvrir quelques-uns des mystères de la différence, de s'ouvrir à plus de tolérance ou de participer à une thérapie télévisuelle, à ceci près qu'une telle consommation de *problématiques indirectes* présentées par tous ceux qui se confient à l'animatrice sensible et futée ou au David capable de lutter contre tous les Goliath du monde, lui fait faire l'économie d'une démarche personnelle visant à mieux se connaître. Les témoignages sont vibrants de sincérité, lourds d'émotion, si réels... « Jusqu'à aujourd'hui j'ai bien vécu mon obésité, mais je suis rattrapé par mon poids ;

à 168 kilos j'ai du mal à aller aux toilettes tout seul », « Je suis homosexuelle mais j'ai demandé à un ami homosexuel de me faire un enfant et de me le laisser pour que je puisse l'élever avec ma copine », « Comment puis-je rester avec mon mari qui non seulement me bat tous les jours mais en plus ne veut pas me quitter ? », « De quelle manière ai-je retrouvé celle qui m'a abandonnée à ma naissance et que je n'arrive pas à appeler ma mère ? », « Qui pourrait, comme moi, continuer à travailler dans la même banque, après avoir été l'objet de quatre hold-up en l'espace de deux ans ? », « Je suis pédophile et je n'arrive pas à fixer ma libido sur autre chose que des enfants de quatre à six ans », « J'ai changé de sexe à trente-six ans et maintenant, cinq ans après, je voudrais retrouver mon premier sexe car je voudrais pouvoir porter un enfant dans mon ventre avant qu'il ne soit trop tard », « J'ai retrouvé celui qui m'a violée quand j'étais enfant et j'ai découvert qu'il avait depuis violenté des dizaines d'enfants. Je me sens tellement coupable de ne pas l'avoir dénoncé ».

Ce ne sont que quelques aspects de la misère relationnelle, de la souffrance engrangée par des adultes qui ont été des enfants, des injustices subies au cours de leur jeunesse ou ultérieurement, qui sont ainsi dévoilés et dont l'expression doit certainement les soulager sans pour autant empêcher des répétitions... Sans que soit ouverte, en amont, une interrogation sur le système relationnel que j'appelle S.A.P.P.E (Sourd, Aveugle, Pernicieux, Pervers, Énergétivore), et qui a conditionné l'ensemble des pratiques éducationnelles familiales et scolaires qui sont à l'origine de ces faits, de leur fréquence, de leur répétition. Sans que soit proposée quelque démarche de changement qui permettrait que s'ouvre une communication différente, plus relationnelle, non violente susceptible de limiter voire de surmonter ces situations. Sans que cela permette d'accéder à du sens !

Nous vivons dans une culture où le superflu est devenu si nécessaire que nous sommes condamnés à toujours vivre dans le manque.

Les « bonnes » nouvelles télévisées

Comme tous ceux qui possèdent la télévision, chaque jour, deux ou trois fois par jour si je le souhaite, mais particulièrement le soir, j'ai la possibilité, avec le Journal télévisé, d'accéder, parfois en direct, au déroulement des turpitudes et des vicissitudes qui ont secoué le monde durant les dernières vingt-quatre heures : un enfant de quatre mois a été volé dans la voiture de ses parents laissée quelques instants sans surveillance, la clé de contact dessus ; un homme, refusant le jugement de divorce qui confiait la garde de ses trois enfants à son ex-femme, les enlève et se donne la mort après les avoir tués dans leur sommeil ; un journaliste enlevé par des extrémistes est retrouvé décapité après un mois de vaines tractations ; une jeune femme est lapidée après avoir été convaincue d'adultère ; 12 personnes âgées meurent asphyxiées dans l'incendie d'une maison de retraite ; deux jeunes filles de seize ans servaient de bonnes à tout faire, depuis deux ans, chez des diplomates en poste à Paris, sans avoir de congés, sans recevoir de salaire, séquestrées par leur employeur qui les utilisait comme des esclaves ; des prisonniers se révoltent dans une centrale pour obtenir un minimum de respect ; tout cela sans compter les inondations, les cyclones, les tremblements de terre, les feux de forêts…

J'arrête pour aujourd'hui, j'essaie d'oublier, de rejeter dans l'ombre ces violences, ces guerres, famines, enlèvements, tortures, dénis de justice qui sont le lot d'une journée banale dans différentes parties du monde.

Quand je reçois ainsi ma *dose quotidienne* d'informations, je sens que cela pèse sur moi, me pollue, me dévitalise. Je peux essayer de me libérer en ayant quelques commentaires indignés, de me dérober en ressassant critiques et analyses, de dévier en dénonçant la lâcheté, l'opportunisme, le manque de clairvoyance des gouvernants, des institutions, ou encore me réfugier dans mes utopies habituelles : « Si l'on enseignait la communication relationnelle (oui, celle qui nous relie, nous prolonge, nous amplifie) une communication non violente, à l'école, tout cela n'arriverait pas... »

Mais je peux imaginer, aussi, qu'il serait possible de donner des informations sur tout ce qui se passe de positif dans le monde. Montrer une famille partageant un repas du soir sans conflits, sans dérapages, ni outrances ; un couple qui se parle, échange, partage, un enfant passant une journée dans une école vivante, stimulante pour lui ; un autre aidant un copain en difficulté... Il serait possible de recenser et de mettre en valeur telle décision prise par un État ou un gouvernement, tel aménagement social mis en place par une entreprise, telle concertation envisagée pour dépasser une crise, tel comportement positif, telle réalisation permettant à un projet de voir le jour...

Nous savons mal valoriser, mettre en évidence la dimension positive d'une vie, l'aspect merveilleux d'une existence, la convivialité contenue dans un partage.

Alors, depuis quelque temps, chaque soir, devant ma télévision fermée, j'essaie de trouver, de rassembler, de visualiser tous les événements positifs de ma journée pour inscrire en moi de la vitalité, une trace plus *énergétigène,* et pouvoir alors m'endormir avec le sentiment que la vie vaut quand même la peine d'être vécue.

La violence visible est souvent un langage. Un langage-réponse à la détresse, à la peur, à des humiliations passées ou présentes, qui tente de crier l'insupportable, de dire l'indicible.

Chers animaux familiers

L'amour des bêtes dites domestiques (curieux terme pour nommer un être qui partage notre intimité et qui suscite autant de sentiments forts !) est très répandu. L'amour des chiens, qui s'exprime par une variété inouïe de comportements, semble être un des plus aveugles qui soient. C'est un amour souvent absolu, inconditionnel, parfois possessif, mais toujours chargé de nombreuses qualités et défauts pour le moins ahurissants. Les propriétaires de chiens sont ainsi capables de se jeter dans une bagarre contre un chien 10 fois plus gros et dangereux que le leur pour défendre ce dernier, avec un courage fantastique !

Le plus étonnant est que ces mêmes propriétaires font souvent montre de beaucoup de laxisme (pour ne pas dire de sans-gêne agressif) quand il s'agit d'empêcher leur compagnon préféré de se soulager sur un trottoir ou dans n'importe quel lieu public ! Je considère qu'un tel laisser-aller est un comportement violent, qui agresse le piéton que je suis. Circuler à pied, flâner, musarder est un de mes plaisirs, et je ne veux pas être obligé de marcher les yeux rivés au sol, que ce soit à Paris ou à Lyon, à Toulouse ou à Bordeaux, parce que je crains de mettre mes pieds dans une matière glissante et nauséabonde.

En quoi le propriétaire d'un chien se sentirait-il diminué s'il acceptait de recueillir dans un sac le résultat naturel des soins qu'il a prodigués à son chien ? C'est aussi une façon de le respecter ! Il existe, dans les grandes villes du Québec et dans celles de quelques rares pays européens, des endroits aménagés pour les besoins spécifiques des animaux de compagnie, des distributeurs de sachets en plastique et de gants permettant de ramasser et de déposer dans des poubelles *ad hoc* leur production parfois intempestive ! Malheureusement, beaucoup de maîtres n'osent pas imposer cette petite contrainte à leur animal favori, ni s'obliger à faire quelques pas de plus pour l'inviter à déposer ses besoins dans un endroit plus discret ou prévu à cet effet. À l'intention de ceux-là, certaines villes ont prévu des amendes, mais la plupart des agglomérations sont dépassées par le problème. Je ne sais combien de tonnes d'excréments produisent annuellement les quelque huit millions de chiens qui vivent en France.

Il est certain que bien des nuisances, amplifiées parce qu'elles sont collectives, seraient atténuées par un comportement individuel plus responsable. Je me fais l'effet, disant cela, d'être un infâme adepte du « politiquement correct » !

Garder sa dignité, c'est surtout ne pas offenser la vie dans les petits gestes du quotidien.

Au péage...

Marion, dix-sept ans, la fille d'un de mes proches voisins, a travaillé tout l'été au péage d'une autoroute du sud de la France. Dans sa cabine surélevée, elle encaissait les droits de passage des véhicules, puis libérait la barrière qui permet de poursuivre la route. Travail simple, qui ne demande aucune attention particulière, si ce n'est de ne pas se tromper en rendant la monnaie !

Elle fut très surprise par la variété des réactions, des comportements et des attitudes de différents automobilistes. Il s'agissait d'un petit péage sur l'A51, à la sortie de Manosque, patrie de Giono. Lui n'a pas connu l'autoroute qui défigure par endroits les paysages des collines éternelles de la Haute-Provence – mais l'autoroute facilite malgré tout les échanges et favorise les déplacements dans cette région encore méconnue. Ici, tout est à découvrir si l'on accepte de s'échapper des nationales pour entrer dans la campagne et parcourir les petites routes entre Durance et Montagne de Lurs.

Mais je voudrais revenir à Marion, cette jeune fille qui, à l'occasion de son travail saisonnier, découvrit avec gêne et stupéfaction quelques-uns des aspects les plus pénibles du monde des adultes : « Il y a des gens vraiment gentils, souriants, qui au-delà du *bonjour* m'offrent une petite phrase pleine d'espoir ou d'encouragement. Il y a ceux qui ont le souci de faire l'appoint ou qui me demandent un renseignement et qui semblent soulagés et apaisés par ma réponse, reconnaissants. Mais il y a tous les autres, les hargneux, ceux qui sont pressés, qui klaxonnent et me jettent un regard haineux quand la barrière ne se lève pas assez vite ! Il y a aussi les éternels frustrés qui ne peuvent s'empêcher de me faire remarquer que le péage est une escroquerie, que l'autoroute devrait être gratuite, que l'État ou les sociétés d'autoroute font des milliards de bénéfice sur le dos des contribuables, qu'en Belgique, en Allemagne et même au Québec "les autoroutes sont gratuites, elles !". »

Et puis il y a toute la faune asociale, perverse, que Marion découvre, souvent avec affolement, pétrifiée dans sa guérite de péage. Mais toujours avec stupéfaction et quelquefois avec admiration tant les pratiques sont inventives ! « Il y en a qui roulent carrément sans pantalon, le sexe en l'air ou qui se masturbent en attendant leur monnaie, d'autres qui me font des propositions directes, crachent contre la vitre de la cabine ou se lèvent et tentent de me prendre la main... Quand je suis en service de nuit, je garde près de moi une espèce de bombe à gaz, qu'une copine m'a prêtée. Je ne suis plus en Provence, je suis à Paris ou à Chicago dans une banlieue à risques ! »

Je n'ai pas envie de dire que Marion découvre la vie. Non, elle découvre le comportement de certaines personnes, de certains hommes, surtout, en difficulté d'exister. « Je préfère les femmes, me dit-elle, elles ont mauvais caractère, mais avec elles, c'est plus clair ! »

Je lui laisse ce point de vue.

Si Frédéric Tristan dit vrai, à savoir que « Nous sommes toujours de la taille de l'univers que nous découvrons », partons à la découverte des autres galaxies !

Les touristes sont de retour !

Au cours de l'hiver, ils rêvent, dès le printemps ils anticipent et commencent leurs explorations, au début de l'été, ils arrivent, ils sont là. Ils sont innombrables, ne passent jamais inaperçus et se renouvellent chaque jour, chaque heure dans une sorte de génération spontanée.

Il existe plusieurs variétés de touristes, chacune ayant ses caractéristiques :

L'*homo tractus* se déplace uniquement en voiture, forçant tous les barrages de la civilité. Il veut arriver directement au cœur du village le plus inaccessible sans avoir à descendre de son véhicule. Faire le moins de pas qu'il est possible pour se restaurer, se rafraîchir ou se faire plaisir en admirant une fontaine, le fronton d'une église ou la porte ouvragée d'un hôtel particulier du XVIIe siècle.

L'*homo pédalus* navigue sur les routes secondaires, s'arrête souvent à l'ombre d'un pin ou d'un micocoulier : assis ou debout, il ne quitte pas son vélo des yeux. L'*homo pédalus* parcourt tous les coins et les recoins, il sourit, lève le bras, dit bonjour, n'hésite pas à entrer en relation avec l'indigène que je suis.

L'*homo groupus,* toujours en bande, suit le berger du troupeau muni d'un fanion ou d'un panneau de reconnaissance. Il est souvent coincé entre le dos et le profil de ses congénères. Il voit peu de chose, se contentant du plaisir d'être ensemble et de la certitude de pouvoir dire, de retour au pays natal : « J'ai vu la Provence, ce n'est pas aussi beau qu'on le dit », ou « Nous avons traversé toute la Camargue, et je vous assure, les flamants roses ne sont plus roses, ils sont tout délavés ». Le fait d'être en groupe semble lui donner le droit d'être plus exigeant que les autres, plus critique, ce dont il ne se prive pas !

L'*homo conjugo* voyage avec son ami ou amie de cœur, sa femme ou son mari. Main dans la main, ils gravissent toutes les pentes, escaladent tous les clochers, visitent tous les marchés. Ils engrangent des sensations pour les jours de pluie, ils font provision de plaisirs pour l'hiver. Ils s'appliquent à voir les mêmes choses pour avoir les mêmes souvenirs. Ils se promettent le plus souvent de revenir, de prendre un peu plus de temps pour voir...

L'*homo individualis* me paraît le plus sympathique. Discret, il se fond dans le paysage, épouse les contours de l'habitant moyen, se mêle à la vie du village, discute sur les aménagements à faire. L'*homo individualis* aime à être pris pour un autochtone, il souhaite se fondre dans le paysage et aspire souvent à prendre pied dans le pays.

Les touristes, comme les autochtones vont le découvrir après les vacances, ne font pas que passer : ils laissent des traces. Certaines seront précieuses, en particulier à partir de rencontres, d'échanges et de partages. D'autres, moins positives et relativement visibles : des papiers, des canettes et des restants de sandwiches. Et des traces plus invisibles d'odeurs d'essence et de gasoil, d'huile solaire et de transpiration, ainsi qu'une atmosphère chargée de tensions et de relents d'impatience.

Alors, quand les touristes arrivent, je pars, je leur laisse mon village, je m'en vais faire le touriste ailleurs... C'est pour cela que je les connais bien !

Quand les dieux veulent nous punir,
ils exaucent nos prières.

La fin des vacances

Quand le temps des vacances s'achève, nous sommes parfois animés d'un double mouvement intérieur. Regret, tristesse, frustration de n'avoir pu faire que la moitié ou le dixième de tout ce que nous avions anticipé de vivre, de n'avoir pu saisir à pleins bras qu'une toute petite partie des opportunités de notre séjour, de n'avoir pu goûter ou découvrir que certains moments forts de l'imprévisible qui se présentait à nous... Mais il y a aussi en nous, telle une graine semée, des élans nouveaux, des projets plein la tête pour la reprise, une anticipation de renouveau, de relance par rapport au travail ou au métier...

Nous le savons, les vacances passent toujours trop vite. Elles donnent le sentiment de se terminer avant même d'avoir été commencées. En fin de séjour, se bousculent donc en nous des sentiments contradictoires qui donneront aux vacances une coloration particulière. Comme, le plus souvent, un seul jour de conflits laisse plus de traces en nous que cent jours de paix, si nous ne sommes pas vigilants, nous risquons d'engranger des souvenirs négatifs. Donner une fin heureuse à nos vacances, c'est en grandir et en prolonger le souvenir. Bien sûr, durant les quelques jours qui suivent, resteront le bronzage, la « forme », un dynamisme encourageant, mais qui vont disparaître bien vite. Resteront aussi les photos propres à inscrire une trace et la confirmation de moments privilégiés : ce que nous avons vécu, nous ne l'avons pas seulement rêvé...

Il y aura les soirées de retrouvailles avec ceux qui ont partagé tout ou partie de ces vacances et avec ceux qui étaient restés ou qui sont allés ailleurs. Il y aura tout un suivi à partir des rencontres faites sur une plage, dans un chalet, lors de la descente d'une rivière ou dans un musée de Florence ou de Prague... et parfois même l'inscription en nous de relations fortes et durables, dont certaines marqueront notre vie.

Les vacances ne se terminent pas à la fin d'une location quand nous refermons soigneusement les volets de la maison, ni au retour, quand nous rangeons, jusqu'à l'année suivante, les valises et le petit matériel (épuisettes, palmes, canot, etc.). Elles se prolongent, dans le souvenir, par de nouveaux partages avec ceux que nous aimons, sous forme de rêves et de projets pour... les prochaines vacances.

« Le terme d'une chose se fait commencement d'une autre », disait Léonard de Vinci, mais le commencement d'une chose n'annonce pas toujours sa fin. Tout est en gestation, en création dans l'imprévisible des ressources de la vie.

La pratique abusive de la pensée magique…

La rumeur qui s'est développée lors des inondations du printemps 2001 dans la Somme et la région picarde ne relève pas de la pensée magique mais d'une régression mentale face à l'angoisse. Je rappelle les grandes lignes de cette rumeur : certains habitants de la Somme, devant la montée des eaux (pluviométrie galopante), étaient persuadés que les habitants du Bassin parisien, les *Parisiens* (ethnie peu recommandable, animée de sentiments ambivalents et vivant eux-mêmes sur des nappes phréatiques saturées) s'étaient arrangés pour dévier les eaux dudit Bassin parisien à l'aide d'un canal secret, et les faire se déverser sournoisement dans la Somme et inonder ainsi la Picardie. La persistance, durant plusieurs mois, des inondations autour de la ville d'Amiens ne pouvait pas s'expliquer autrement !

Ce qui relevait de la pensée magique, c'est la croyance que si les Parisiens arrêtaient cette manœuvre anti-civique, le niveau des eaux redescendrait dans la Somme et la Picardie ! La pensée magique s'appuie sur des croyances intimes, fondées sur un système d'explicitations personnelles et qui déterminent un comportement bourré de certitudes totalement irrationnelles ! Ainsi : « Je peux rouler à 180 km/h sans problème, je connais toutes les réactions de ma voiture, au millimètre près », « Je peux boire autant d'alcool que je veux, je ne suis jamais ivre », « Nous, on s'aime tellement qu'on peut faire l'amour sans protection. Je suis sûre que je n'attraperai pas le sida… d'ailleurs, si je devais l'avoir, ce serait déjà arrivé ».

La pensée magique vise à assurer une protection, à mettre un écran entre une conduite et les conséquences prévisibles de cette conduite. Ce faisant, elle tente de nier le sentiment d'impuissance qui pourrait surgir et angoisser : « Je suis persuadé à cent pour cent que ma femme me le dirait, si elle avait une relation extraconjugale, car elle sait que je l'aime. Je suis sûr qu'elle ne me ferait pas ça », « Je suis une bonne épouse, une partenaire dévouée, compréhensive, je ne l'ai jamais empêché de faire quoi que ce soit, je suis sûre qu'il m'aime et qu'il n'ira jamais avec une autre ! ».

Les joueurs, ceux qu'on pourrait appeler les « accros du jeu », pratiquent beaucoup la pensée magique : « Avec mon dernier billet de 500 francs, je suis sûr que je vais regagner tout ce que j'ai perdu au cours de la soirée » ou encore « Le rouge m'a toujours porté chance, mais ce soir, c'est le noir qui sort sans arrêt, alors je mise tout sur le noir ! ». La pensée magique permet de se sentir invincible, intouchable, inaccessible, car elle dresse en soi une barrière de sécurité : « Tous les soirs, je demandais à la Vierge Marie de me dire ce que je devais faire et ne pas faire pour que mes parents ne meurent pas, c'est comme ça que je les ai maintenus en vie. » Une femme qui connaît beaucoup d'échecs dans ses relations amoureuses dira : « Cette fois, c'est le bon, j'en suis sûre : il ne m'a pas demandé de faire l'amour dès le premier soir, je suis sûre que c'est un homme qui me respectera... »

En accordant ainsi la toute-puissance à certaines croyances, nous retardons la rencontre avec la réalité. En fait, croire ainsi en la toute-puissance de la pensée permet d'affronter les situations les plus périlleuses... avec les risques les plus certains. Les adolescents qui s'amusent à traverser un carrefour en mobylette avec les yeux fermés pratiquent la pensée magique. Certains survivent. Non pas grâce à leur pensée, mais parce que aucun automobiliste ni camion n'est passé à cet instant !

La tentation de l'homme d'aujourd'hui est de vouloir se charger des défaillances de Dieu.

« Je consulte une voyante... »

Beaucoup d'adultes de tous les milieux reconnaissent qu'ils fréquentent, consultent une voyante, voire s'en remettent à elle pour prendre quelques-unes des décisions importantes de leur vie (ou qu'ils croient être importantes), être rassurés ou encore confirmés dans certains choix.

L'un de mes amis, dont je n'aurais jamais imaginé qu'il puisse faire confiance à une boule de cristal, m'a confié : « C'est même ma principale confidente... » Il a pris soin de me préciser que ce n'est pas tant la boule de cristal, le marc de café ou les tarots que la qualité de la relation qui s'est établie avec la voyante qu'il apprécie. « D'abord elle me regarde, je me sens vu, je me sens entendu, elle m'écoute, et puis elle est marrante. Je suis chaque fois estomaqué par les associations qu'elle fait entre des petits riens, qui d'un seul coup prennent de l'importance et donnent un sens nouveau à mes actes. Et surtout, elle me regonfle ! Je sors de chez elle revitalisé, plein d'énergie et avec une confiance nouvelle en moi ! »

De nombreuses personnes aspirent aujourd'hui à être comprises et à mieux se comprendre. Notre vie étant planifiée, programmée, enfermée dans une logique très – trop ? – rationnelle, la tentation de fuir dans l'imaginaire surgit : nous recherchons un soutien dans la pensée magique, ou nous fuyons dans le merveilleux afin de tenter de colorer, de dynamiser, et peut-être de modifier notre quotidien.

Nous avons découvert, tout dernièrement en France, qu'un président de la République non seulement consultait, mais se faisait conseiller par une voyante. Je vois dans cette démarche quelque chose de pathétique et d'émouvant à la fois. Il ne doit pas être le seul, chez les grands et les petits de ce monde, à tenter désespérément de se décharger d'un peu de ses responsabilités, d'invoquer les dieux ou les forces cachées qui s'intéressent peut-être à nous et pourraient, le cas échéant, orienter quelques-uns de nos actes... Qui sait ?

Faire appel à des forces occultes pour être guidés dans nos tâtonnements me semble être la contrepartie de l'immense pouvoir que l'homme exerce sur les choses et les êtres. Nous contrôlons l'atome et prévoyons le temps, nous commençons à influencer le développement de la vie humaine, et pourtant nous restons vulnérables et démunis devant notre propre mystère !

Alors, interroger les cartes, la boule de cristal ou faire confiance à une voyante pour nous rassurer traduit d'une certaine façon notre humanitude ! C'est-à-dire nos doutes, nos peurs, mais aussi les élans grâce auxquels nous tentons de contrôler notre vie présente et notre avenir.

René Char nous rappelle que « l'impossible, nous ne l'atteignons pas, mais il nous sert de lanterne ».

Je ne crois pas en la chance...

Je ne crois pas en ce que l'on appelle la chance. Par contre, je crois en la capacité de chacun de s'ouvrir aux mille signaux invisibles qui traversent l'espace pour venir jusqu'à nous, et en la capacité de certains d'oser les recevoir, les accueillir et en faire quelque chose dans leur existence.

Chez de nombreuses personnes, invoquer ou se référer à la chance, aux dieux, au hasard ou à une bonne étoile afin de justifier le fait qu'elles ont vécu un événement bénéfique revient d'une certaine façon à se déresponsabiliser, à ne pas accepter d'être partie prenante de tout ce qui leur arrive. Autrement dit, elles attribuent à une entité extérieure, au hasard (et parfois à la nécessité du hasard !), la responsabilité de ce qui peut leur arriver de positif ou de négatif...

Il me semble que cette attitude relève d'une dépendance à quelque chose qui serait censé échapper à leurs ressources ou à leur libre arbitre. Un événement qui leur est extérieur, arbitraire ou surgissant de l'inconnu et qui les entretient dans la croyance qu'elles ont été choisies, qu'elles sont susceptibles d'être élues, reconnues et dignes de recevoir tel cadeau, de participer à telle activité, de vivre tel miracle ou d'avoir la malchance de subir telle catastrophe.

Dans un échange avec des amis, j'ai entendu l'un d'eux poser cette double question : « Sommes-nous les invités de la vie ? Ou allons-nous accepter d'inviter la vie en nous ? » Pour ma part je choisis de ne pas obéir à cette alternative. La vie nous invite vraisemblablement tous les jours à participer à sa générosité, à oser profiter de son abondance, mais peut-être attend-elle aussi que nous puissions l'inviter, l'accueillir, la protéger, l'aimer avec le meilleur de nous-même afin de la vivifier et de la prolonger tout au long de notre existence dans l'infinitude de l'univers. Quand une de mes filles me demanda un jour « Comment un miracle peut-il arriver ? », je lui ai répondu « Si nous savons l'accueillir ». Je voulais dire par là que si nous sommes ouverts, réceptifs, sensibles aux millions de signaux qui traversent notre existence, nous pouvons alors percevoir et donner du sens à une infinité de messages que nous pourrons intégrer à notre vie.

L'avenir surgit au fil du quotidien sans effort, il se renouvelle à chaque instant. Notre seule responsabilité est de ne pas l'abîmer.

Il faut de tout pour faire un monde...

« Si la rose savait que sa grâce et sa beauté la conduisent tout droit dans un vase, elle serait la première à se trancher la gorge avec sa propre épine. Mais elle l'ignore et c'est dans cette poche d'ombre qu'elle puise la sève de sa survivance... Mon excuse à moi vient de là aussi. »

Yasmina KHADRA

Les gens pressés

Les gens pressés nous pressent, nous compressent, voire nous bousculent sans vergogne. Tout se passe comme s'ils voulaient nous entraîner dans leur rythme, nous faire entrer dans leur système.

Face à eux nous avons toujours l'impression d'être en retard. Forcément, ils sont partis avant d'être... arrivés. La plupart du temps, ils sont d'ailleurs en avance, et quand vous êtes là, ils sont prêts à vous quitter : « Avec mon mari, c'est insupportable, raconte une femme. Quand nous devons aller au théâtre ou à un spectacle, je me fais belle, j'en suis encore à me maquiller, en sous-vêtements, qu'il est à la porte de la salle de bains, les clefs de la voiture à la main, le manteau ou l'imper sur le bras. Il ne dit rien, mais ses yeux furètent partout, à la recherche de ce qui me manque encore. Il serait prêt à m'habiller pour que nous puissions partir plus vite ! Nous arrivons en général avec une heure d'avance, le théâtre est encore fermé. Et là, piétinant dans le froid, il anticipe ce qu'il fera tout de suite après le théâtre ou demain dès son réveil... ».

Les gens pressés semblent ne pas entrer dans la vie mais se tenir à sa périphérie en tentant de toutes leurs forces d'accélérer le cours des circonstances et des événements.

En général, leur seuil de frustration est très bas, la moindre contrariété les fait exploser ou se fermer, quand ils ne boudent pas avec une ostentation manifeste. Dans un état permanent de reproche implicite, ils donnent un goût d'amertume, d'insuffisance ou d'inachevé aux rencontres et aux relations.

La meilleure des planifications, la plus précise des prévisions s'avérera insuffisante face à leurs attentes ou à leur rythme. En fait, celui qui est pressé est un solitaire... de l'intérieur. Son avance vient souvent de ce qu'il a fait le vide autour de lui et en lui, et son agitation est une tentative pathétique pour remplir ce vide.

Les gens pressés arrivent parfois aux portes de la vieillesse avec plusieurs longueurs d'avance sur leur âge et se désolent alors de ne pouvoir freiner le temps, le ralentir. À ce moment-là c'est le temps qui les bouscule et les presse... de partir.

« Je suis sorti du ventre de ma mère avec quinze jours de retard, alors depuis toujours j'essaie de rattraper ce retard en arrivant en avance », disait un joueur d'échecs dans un square, attendant son partenaire habituel qui semblait, lui, être toujours en retard !

Les personnes qui demandent mais ne donnent jamais rien

Je l'ai souvent rappelé, une relation vivante est une relation dans laquelle la demande et le don, l'acceptation et le refus s'équilibrent, car chacun de ces éléments a la même valeur. Si, dans une relation, l'un de ces termes (demander, donner, recevoir, refuser) domine, est hypertrophié, inexistant, ou hypotrophié, cela signifie que la relation est malade. C'est la situation décrite par un de mes correspondants : « L'un demande sans jamais rien donner. » Dans ce cas, celui qui reçoit la demande se trouve confronté à une personne qui le sollicite beaucoup si bien qu'il se sent obligé de répondre soit en donnant, soit en refusant, mais ce faisant, il oblitère ses propres demandes et son besoin de recevoir. De plus, qu'il donne ou qu'il refuse, il peut avoir le sentiment que de toute façon il n'arrivera jamais à satisfaire le puits sans fond que creusent les attentes de l'autre. En ce sens, donner et refuser provoquent autant d'insatisfaction chez celui qui se trouve confronté à une demande démultipliée dans toutes les directions que chez celui qui la fait !

Il existe ainsi des personnes toujours en quête d'attention, en demande de satisfaction, en attente de réponses – au fond, prêtes à capter tout ce que l'autre peut leur offrir ! Comme ceux qui demandent le plus sont souvent ceux qui donnent le moins, l'insatisfaction culmine rapidement !

Paradoxalement, ce type de relation est frustrante pour les deux protagonistes. Celui à qui la demande s'adresse découvre rapidement que ce qu'il donne n'est jamais suffisant ; et quand il est en position de refus, cela le met mal à l'aise. Celui qui demande n'est guère plus heureux car il ne trouve jamais son compte dans les réponses de l'autre, si généreuses soient-elles. Aussi exprime-t-il de nouvelles demandes, qui réclameront de nouveaux soins...

Rééquilibrer ce type de relation à sens unique suppose un important travail sur soi, voire une psychothérapie, car les sources, les origines d'un tel système relationnel, s'il est répétitif, remontent vraisemblablement aux premiers échanges significatifs de la petite enfance avec les parents ou ceux qui les ont remplacés. La personne devra retourner à l'époque du sevrage relationnel, quand le bébé se rend compte que sa maman, qui le comblait jusque-là en permanence, devient une mère qui refuse et frustre. Cela suppose que les parents aient pu remplir de façon dosée, adaptée aux différentes phases du développement de l'enfant, leurs fonctions de maman (plus comblante) et de mère (plus frustrante) et celles de papa (plus proche, rassurant) et de père (plus interdictif) pour lui apprendre à gérer les inévitables frustrations et contraintes de la vie.

Une relation équilibrée, une relation « en santé » est une relation dans laquelle circulent librement et harmonieusement la demande, le don, l'acceptation et le refus, en parts sinon égales du moins sensiblement équivalentes.

**Aimer est une épreuve redoutable,
car elle me renvoie à la capacité d'offrir
et de recevoir, de demander et de refuser, mais
aussi et surtout elle me confronte à la possibilité
de l'autre de demander, de donner,
de recevoir ou de refuser.**

Les volubiles

S'il existe des personnes silencieuses, qu'il faut solliciter à tout propos, à qui il faut presque arracher chaque mot, il en est d'autres qui n'arrêtent pas de parler, qui nous submergent, nous épuisent. Ces personnes sont affligées d'une sorte de diarrhée verbale couramment appelée logorrhée. Certaines d'entre elles nous interpellent sous n'importe quel prétexte, s'approprient la moindre de nos idées pour nous mouliner un discours, nous servir leurs commentaires et nous donner leur avis sans chercher à les partager avec nous, en nous les imposant. D'autres s'épanchent à partir d'un vécu personnel pénible qu'elles tentent de noyer dans leur excès de paroles.

Toutes déroulent ainsi un discours sans fin, avec plus ou moins de cohérence et de logique, auquel elles donnent les prolongements les plus inattendus et les rebondissements les plus pénibles : « Vous allez me dire que j'ai eu tort d'insister, mais quand même je ne pouvais pas laisser passer cela ! Vous savez, je ne veux pas me laisser avoir ! Heureusement que je sais me défendre, sinon combien de fois j'aurais été trompée et d'ailleurs, la fois où je n'ai pas été vigilante, eh bien ! vous ne savez pas ce qui m'est arrivé ? », etc.

Ces personnes qui nous inondent et nous saturent de leurs réflexions n'ont à aucun moment conscience d'un excès, d'un abus de pouvoir, voire une sensibilité minimale qui ressemblerait à de la politesse, à du savoir-vivre... à du respect envers la disponibilité de l'autre. Quant à nous, pris sous les feux de leur abondance, nous sommes écrasé, impuissant et irrité (le plus souvent... contre nous-même) de ne pas oser nous rebeller avec plus de force, de ne pas trouver le moyen de limiter sinon d'arrêter l'avalanche qui nous tombe dessus !

C'est qu'à la moindre tentative de notre part – une remarque ou une excuse pour nous libérer de l'échange à sens unique qui nous est imposé –, elles redoublent de vivacité, renforcent leurs arguments et reviennent à des points de vue énoncés à maintes reprises ! C'est pour l'essentiel une partie de leur angoisse, de leur solitude intérieure ou de leur désarroi devant la vie qu'elles déversent ainsi sur nous. Remplir de mots et de paroles cette béance existentielle semble vital pour elles. Le pathétique de cette situation est qu'elle est sans issue. Elle se répétera, se renouvellera, se multipliera des centaines de fois...

Nous inventerons, bien sûr, de multiples stratégies pour échapper à l'une ou l'autre de ces personnes qui cherchent désespérément non pas une écoute, mais le reflet, l'écho de leur propre parole afin de meubler un immense vide intérieur... avant de trouver la bonne distance salvatrice ! Ou, plus simplement, nous fuirons dès que nous apercevrons leur ombre pointer vers nous...

« Quand je suis avec lui, nous ne sommes jamais ensemble... même présent il est toujours ailleurs ! » disait une femme parlant de son compagnon de vie.

Ces gens qui vous culpabilisent

Les *culpabilisateurs* sont redoutables car ils cherchent avant tout à vous donner mauvaise conscience. Ils ont quatre thèmes préférés, inépuisables sur lesquels ils improvisent avec beaucoup de créativité :

- ce que vous avez dit et que vous n'auriez pas dû dire,
- ce que vous n'avez pas dit et auriez dû dire,
- ce que vous avez fait et n'auriez pas dû faire,
- ce que vous n'avez pas fait et auriez dû faire !

À partir de là, tout leur est bon pour tenter de vous mettre mal à l'aise, vous inférioriser, vous pousser dans vos derniers retranchements puisqu'ils savent évidemment mieux que vous ce que vous auriez dû dire, ou ne pas dire, faire ou ne pas faire !

Les culpabilisateurs sont, en quelque sorte, de *petits pervers* au quotidien. Ils estiment que vous n'avez aucune raison d'être satisfait de vous-même ! Que vous n'avez pas le droit d'être à l'aise, détendu, voire heureux : « Vous êtes heureux, quel comble ! Alors qu'il y a tant de gens malheureux, tant d'injustices et d'atrocités de par le monde ! » Ils ont une grande habileté à percevoir vos points sensibles qu'ils vont toucher afin de vous déstabiliser, voire de vous meurtrir !

Si vous tentez de les interpeller à propos de leur comportement, ils prendront un air fort étonné et se diront scandalisés. Car évidemment, c'est pour votre bien, votre seul intérêt, qu'ils s'autorisent ces remarques. « D'ailleurs si vous le prenez comme ça, c'est que vous êtes encore plus égoïste et plus intolérant que je ne le croyais ! » vous lancent-ils. Ainsi la boucle se referme-t-elle sur vous – une fois de plus ! Votre propre tentative d'affirmation a été récupérée à leur profit.

Certains culpabilisateurs qui sont de vos parents ou de vos proches sont encore plus redoutables. Ils vous enferment dans une image négative de vous-même, au point que vous allez vous mettre à douter de tout, puisque quoi que vous fassiez, ce n'est pas bien ! Et vous voilà en train de prendre le relais, de poursuivre la disqualification jusqu'à vous rendre la vie invivable... à l'égard de vous-même.

La seule issue : vous tenir à la bonne distance, ne pas entretenir de relations trop étroites avec eux afin de vous en protéger, ou leur remettre la responsabilité du point de vue qu'ils ont sur vous et qui, de fait... leur appartient.

« S'il y a seulement de la malchance à n'être pas aimé, il y a du malheur à ne point aimer. »

Albert Camus

Les bourreaux de travail

S'il est une drogue que notre culture accepte avec la plus grande des tolérances, c'est bien celle que les Américains qualifient de *work alcoholism.* Il est ainsi possible de parler d'*alcooliques du travail* ou de *bourreaux de travail.*

Si vous êtes un BDT (un bourreau de travail), vous ramenez inévitablement *des choses urgentes à faire* à la maison, vous envahissez l'espace conjugal ou familial avec vos dossiers, et installez un second bureau dans la chambre à coucher ou la salle de bains ! Pour certains, en effet, travailler, s'occuper continuellement à quelque chose est aussi impératif que respirer ou manger. Incapables de rester sans rien faire, de se laisser aller au farniente, voire au simple repos, ils occupent en tout temps leurs mains, leurs pensées, voire leurs rêves et sont toujours en avance d'un ou deux projets par rapport à ce qu'ils font, ne sachant faire autre chose qu'agir... agir encore. Il y a comme une obligation qui pèse sur eux (et dont ils auront à rechercher l'origine) sous forme d'injonctions, de missions à accomplir, s'ils veulent s'en libérer.

Les partenaires conjugaux, hommes ou femmes, font la plupart du temps contre mauvaise fortune bon cœur : « Oh ! elle ne sait pas s'arrêter, le jour où cela arrivera, c'est qu'elle sera morte ! » ou « Que voulez-vous, il a besoin de ça, travailler est son seul plaisir ! ». Mais attention, pour les bourreaux de travail, une telle activité n'est pas forcément synonyme de plaisir. Une pression, une angoisse semble peser sur eux, qui ne laisse pas d'espace au *ne rien faire.*

Les enjeux sous-jacents à un tel acharnement à s'occuper sont multiples. L'arrière-plan psychologique des bourreaux de travail semble pourtant trahir une angoisse précise : la peur de se faire face à soi-même, de s'écouter et, ce faisant, de devoir se remettre en question ou de se découvrir vulnérable, fragile, mortel... Pour éviter cela, les bourreaux de travail mènent une lutte sans fin.

Cette dépendance au travail, car c'est une réelle dépendance qui ne s'apaise pratiquement jamais, maintient la personne dans un état de fébrilité, d'excitation et de tension qui retentit souvent sur l'entourage. Ce dernier s'en accommode parfois, d'autres fois, il fuit, ou tente de résister... le plus souvent en vain, car les bourreaux de travail font passer leur activité professionnelle ou passionnelle (telle que le bricolage, le potager) avant tout ; ils lui accordent la priorité absolue sur toutes les autres. Aussi est-il non seulement difficile de distraire ces bourreaux de travail, mais aussi et surtout d'établir une relation fiable avec eux.

On gagne à exprimer le besoin plutôt que le manque, car mettre des mots sur un besoin, dire « J'ai soif », invite à y répondre, alors qu'exprimer un manque conduit souvent à s'enfermer dans une plainte : « Il n'y a pas d'eau... »

Les transgresseurs

Il existe au moins deux sortes de transgresseurs : ceux qui transgressent ouvertement et ceux qui agissent de façon masquée ou cachée. Les premiers le font soit pour s'affirmer face à un règlement ou une règle qui leur paraît inutile, ou pour dénoncer un abus, soit par refus d'une contrainte. Certains tentent de justifier leur acte en s'abritant derrière une phrase passe-partout : « J'ai le droit de fumer, j'ai payé ma place », ou « J'ai le droit de laisser jouer mes enfants dans l'escalier, de faire du bruit, je paye mes charges comme tout le monde… ». Les seconds le font pour tirer un bénéfice secondaire, un plaisir immédiat, et surtout une satisfaction importante, celle de ne pas se sentir frustré face à une contrainte, un règlement.

La caractéristique du transgresseur est qu'il ne supporte pas la contrainte. Aussi bataille-t-il sans cesse avec la loi et ferraille-t-il avec l'autorité. Il a le sentiment de ne pas se respecter s'il obéit à une règle. Quel que soit le prix qu'il aura à payer, il cherchera à franchir la limite. Comme son comportement est souvent compulsif, il devra faire face à la réalité qui, à l'occasion, le sanctionnera. La transgression lui sert peut-être à cela : à rechercher la rencontre avec la réalité et ses conséquences, en prenant soin de reculer l'échéance.

Le transgresseur n'est pas au-dessus des lois et des règles comme on pourrait le penser, il est au contraire dépendant d'elles. Pour ma part, je connais quelqu'un qui, au feu rouge, s'avance au maximum, empiétant sur le passage clouté, guignant de l'œil le passage au feu orange dans la rue perpendiculaire à la sienne, pour gagner quelques secondes et démarrer en premier…

Certaines transgressions sont beaucoup plus graves. En particulier les abus sexuels d'enfants commis par un proche, un enseignant ou un prêtre utilisant sa fonction comme un alibi pour imposer ses désirs.

L'inceste avec un père, un frère, un grand-père ou un oncle est aussi une transgression gravissime à plusieurs titres. Outre la violence sexuelle directe que la relation incestueuse impose, celle-ci détruit le lien parental car elle introduit une confusion des rôles sur le long terme. Il en est de même des diverses formes d'inceste, notamment de l'inceste mère-fils, et des incestes homosexuels. L'enfant ne sait plus où se trouve la référence, les balises qui devraient lui permettre de trouver sa position d'être sexué et au sein des générations dans sa propre famille, de même que dans des situations plus imprévisibles.

Quand celui qui transgresse est un pervers, qui prend plaisir au malaise, à la confusion, au désarroi dans lequel il place ceux qui subissent les conséquences de son acte, le confronter à la réalité s'avère très difficile.

Cela dit, les transgresseurs ne sont pas tous des asociaux. Certains considèrent même que l'analyse qu'ils font de certaines situations et leur prise de position peuvent servir de révélateurs en vue d'une modification ou tout au moins d'une évolution de la situation. Ce fut le rôle de révolutionnaires de remettre en cause l'ordre établi au profit de ceux qui détenaient le pouvoir, pour donner ce pouvoir au plus grand nombre. C'était leur intention de départ. Malheureusement, les révolutionnaires d'hier ont souvent du mal à supporter le nouvel ordre d'aujourd'hui si bien que de nouvelles transgressions ne tardent pas à apparaître !

« La révolte, c'est le moment où l'on ressent la honte d'être un homme. »

Gilles DELEUZE

Alcoolique à la relation d'aide...

Peut-on amener une personne qui boit à prendre conscience de son alcoolisme ? La personne qui écrit cela m'adresse dans sa lettre une question centrale à laquelle je n'ai pas de réponse. Je ne peux lui offrir qu'une prise de position personnelle, fondée sur le respect de soi et de l'autre, et qui risque de la décevoir : je crois que ce genre de tentative est voué à l'échec. Ceux qui vivent avec une personne dépendante de l'alcool en sont la preuve flagrante. La question posée laisse croire que l'autre est trop infantile pour ne pas savoir qu'il boit (même quand il le nie !), et qu'il a donc besoin de l'autre pour en prendre conscience. Disant cela, je me garde de confondre le désir d'aider (qui porte sur des moyens) avec le besoin de faire prendre conscience (qui concerne une intention vis-à-vis de l'autre !)...

Je sais que le besoin de faire prendre conscience part toujours d'une bonne intention, surtout si c'est à l'égard de quelqu'un que nous aimons ou qui nous est proche. Bonne intention apparente, mais qui cache souvent un reste d'ITPI (Illusion de Toute-Puissance Infantile). Celle-ci nous laisse en effet croire que nous avons ce pouvoir sur l'autre de lui faire prendre conscience de son problème et donc de faire en sorte qu'il décide d'arrêter de boire !

Je suppose que si vous êtes cette personne, Madame, vous avez dans un premier temps voulu aider et vous avez échoué. Vous avez tout fait, tout essayé, vous avez soutenu, conseillé, reproché, hurlé, accusé de ne pas tenir parole, de cacher, de nier, de recommencer, de mentir, de minimiser... Vous avez certainement proposé une foultitude de solutions, de démarches. Vous vous êtes sans doute découragée, puis vous vous êtes mobilisée et motivée à nouveau. Vous vous êtes certainement promis de renoncer et puis vous avez continué à vouloir. À vouloir pour l'autre qu'il se décide à faire quelque chose pour lui, qu'il change, qu'il réalise... cette prise de conscience tant souhaitée... pour vous !

En fait, si curieux que cela puisse paraître, le problème ne se situe pas seulement chez l'autre... il est aussi chez celui ou celle qui vit et reste (contre vents de fausses promesses et de marées alcoolisées) avec un alcoolique, et qui accepte donc, durant des années, d'être mis d'une certaine façon *en dépendance* par la dépendance de celui qui boit, et ainsi, de ne pas se respecter. En fait, le couple d'un alcoolique comprend toujours deux alcooliques. L'un, dont l'alcoolisme est visible (vin, alcool, etc.) et l'autre, dont l'alcoolisme est plus caché, plus voilé, masqué par le « vouloir aider » ! Celui-ci connaît un *alcoolisme de dépendance* à la dépendance de l'autre. Un alcoolisme qui tourne la tête, envahit tous les sens, monopolise toutes les ressources – qui s'appelle le besoin d'aider à tout prix.

Car celui qui boit est seul pour affronter ce qu'il croit être un soutien (l'alcool, l'euphorie, l'oubli), mais qui est aussi un piège terrible qui le replonge dans l'incohérence, dans la passivité, dans une impuissance querelleuse ou dans une tristesse infinie. Il revient alors aux proches de se respecter en énonçant leur seuil de tolérance : « Je n'ai pas décidé de vivre à trois, toi, ton alcoolisme et moi ! » En refusant de *s'alcooliser à la relation d'aide*. Je sais que je risque de choquer en disant cela de façon aussi brutale. Mais nous n'épousons pas par hasard un alcoolique... Il appartient au partenaire d'un alcoolique de trouver la bonne distance pour maintenir la relation sans la laisser être pervertie par la présence de l'alcool ni collaborer lui-même à la dépendance de l'autre par sa propre dépendance au besoin d'aider.

La lucidité n'a jamais été un garde-fou contre nos fantasmes... les plus fous !

« Mais non, ce n'est rien ! »

Quand, dans une relation proche, l'un exprime ce qu'il ressent, il peut arriver que l'autre tente de le nier ou de le minimiser : « Mais non, arrête de te plaindre pour si peu, tu verras, ça va passer ! »

Je vois un enfant courir, il va déjà à la conquête du monde, trébuche, tombe et revient en pleurant vers ses parents : « Maman, papa, j'ai mal », et l'un des deux répond : « Mais non, ce n'est rien, mon chéri ! » Dans un couple, si l'un dit à l'autre : « Ton copain, je ne le supporte pas, il m'irrite avec ses plaisanteries toujours à double sens », et que l'autre répond : « Mais non, qu'est-ce que tu vas chercher là ? Tu as l'esprit mal tourné. Il fait ça avec tout le monde, tu es vraiment très compliquée... », celui qui parle ne se sent pas entendu, reçu ou compris.

Tout se passe comme si notre perception intérieure, ce que nous ressentons profondément, ne pouvait être entendu par ceux qui nous sont les plus proches ! Or, s'il existe une règle d'hygiène relationnelle qui devrait être respectée, c'est bien celle-ci : *le ressenti,* les sentiments appartiennent à ceux qui les éprouvent, même quand ils apparaissent déplacés, excessifs ou déformés à celui qui les entend. Voilà un des paradoxes le plus douloureux dans les relations intimes : c'est souvent un proche, un parent, un conjoint, un enfant, un ami qui nie ou minimise ce qui nous habite au plus profond. Ainsi, pour celui qui dit : « Oh là, là, je n'ai pas chaud, j'ai un peu froid dans le dos », et qui s'entend répondre « Mais ce n'est pas possible, le thermomètre est à

24° ! », le désespoir n'est pas loin ! J'en suis arrivé à penser que la qualité la plus vitale d'un amour réside dans la capacité à accueillir, sans vouloir la modifier ou la changer, l'expression de ce que ressent celui ou celle que l'on aime. Si ma compagne me dit qu'elle n'aime pas quand je rentre tard à la maison ou quand j'invite un ami à rester pour dîner sans l'avoir prévenue, je dois entendre ce qu'elle éprouve, son irritation ou sa gêne, sans chercher à me justifier ou à penser tout de suite que décidément tout est compliqué avec elle ! Car opposer son propre ressenti à celui de l'autre, quand il est différent, revient à vouloir faire la preuve que ce que nous ressentons, nous, est plus juste, plus pertinent que ce que l'autre ressent.

Accepter la différence, la multiplicité et la diversité des perceptions, des émotions, des sentiments permet de moins maltraiter les relations intimes, et même celles qui le sont moins !

Dire ce que l'on ressent sans en rendre l'autre responsable, car le propre d'un ressenti est qu'il appartient à celui qui le vit.

Les donneurs de leçons

Il vous est certainement arrivé, roulant sur une route départementale, sur une route nationale ou sur une autoroute, d'avoir dans un moment d'inattention roulé trop à gauche ou, par inadvertance, introduit quelques zigzags dans votre conduite, ou freiné intempestivement, faisant ce que l'on appelle une fausse manœuvre, provoquant ainsi, chez le conducteur qui vous suit, différentes manifestations d'irritation. Celles-ci vont en général du coup de klaxon impatient, irrité, à des comportements plus agressifs. Si cela se produit la nuit, le furieux allume ses phares pour vous aveugler, il vous talonne pour vous faire comprendre qu'« il sait conduire, lui ! ».

Vous avez peut-être aussi eu droit aux mimiques colériques de celui qui vous double rageusement avec des gestes et des paroles signifiant que « Vous êtes un débile profond » ou que « Vous feriez mieux de vous faire sodomiser chez les Papous, plutôt que gêner ceux qui savent se comporter comme il faut sur la route ! ».

Souvent, votre inattention ou distraction passagère est perçue par les conducteurs les plus proches comme une manifestation intentionnelle, visant à les gêner ou à les empêcher d'arriver plus vite...

Les plus aimables tentent, pédagogiquement, de vous informer sur la valeur de vos capacités, hurlant tout en roulant à votre hauteur que « Vous avez dû gagner votre permis dans un paquet de lessive ! » ou, si vous êtes une femme que « Vous avez obtenu votre permis avec votre derrière ! ».

Les plus pervers, et par là même les plus dangereux, seront tentés de vous donner une leçon, de vous punir, de vous apprendre à conduire en tentant de vous déstabiliser. Pour ce faire, ils vont se rabattre brusquement, freiner, accélérer, zigzaguer devant vous... Tenter même de vous faire basculer dans le fossé, pour vous convaincre, quand même, à l'avenir, de rester chez vous !

Les donneurs de leçons sont quelquefois des tueurs en puissance, qui vous laissent le cœur battant chevauchant un remblai ou en travers d'un tournant, après la manœuvre salvatrice que vous avez été forcé de faire pour échapper à leur entreprise vertueuse ! La courtoisie, l'affabilité naturelle, la tendresse, l'humour sont des vertus qui disparaissent quasi automatiquement quand on est en voiture. Pour me le rappeler, j'ai longtemps laissé accroché un petit rond en carton au rétroviseur de la mienne, sur lequel sont justement inscrits ces quatre mots : Courtoisie – Sourire – Tendresse – Humour juste pour me les rappeler quand moi aussi j'ai tendance à me transformer en donneur de leçons !

**Il y a tant de possibles auxquels il suffit d'ajouter
un peu de foi, un peu de soleil
et d'étoiles pour les voir fleurir.**

Alerte !

Attention, au-delà d'une mise en garde, ce texte est surtout une invitation à être, dans l'avenir, extrêmement prudent dans vos contacts avec autrui et surtout dans vos relations les plus significatives ou essentielles de votre vie. En effet je crois savoir qu'une épidémie à l'échelle de la planète tente de se propager à partir du syndrome connu sous le nom d'OME (Ouverture au Mieux-Être) : elle se répand dans tous les milieux et atteint plus particulièrement les hommes et les femmes de quarante ans, même si l'on observe une tendance de plus en plus marquée chez des sujets plus jeunes à se laisser facilement contaminer. Pour cette raison, les experts en pessimisme pensent que des milliards de personnes seront gravement atteintes et contaminées dans les années à venir.

Voici quels sont, succinctement présentés, les symptômes récurrents de cette maladie :

• Une tendance irrépressible à se laisser guider par son intuition personnelle, plutôt qu'à agir sous la pression des peurs, des idées reçues, des injonctions de l'entourage ou des conditionnements hérités du passé.

• Un manque total d'intérêt à parler des autres pour les juger ou les disqualifier, s'accompagnant d'une complication qui étonne souvent ceux qui en sont porteurs : une absence complète de dévalorisation de soi-même...

• Le développement subtil d'un amour appelé de bienveillance, de respect et de confiance envers soi-même, qui contamine toutes les parties de l'être et a tendance à s'étendre aux proches.

• Le refus de se laisser entraîner dans l'affrontement ou le conflit à propos de ce qui dérange l'entourage, la perte du désir de vouloir convaincre ou gagner à tout prix et l'apparition simultanée d'un goût immodéré pour la confrontation et le partage.

• Une perte complète de la capacité à se faire du souci, à anticiper le futur comme étant désagréable ou plein de risques (ce symptôme est certainement l'un des plus graves).

• Un plaisir constant et inépuisable à apprécier les choses et les autres tels qu'ils sont ainsi qu'à trouver la bonne distance par rapport à eux afin de ne pas se laisser envahir par leurs préoccupations ou polluer par leur négativisme, ce qui a pour effet de voir disparaître le désir de les changer.

• Un désir intense d'accéder à une meilleure connaissance de soi et donc de se transformer pour développer ses potentiels de santé, de créativité, d'amour et de compassion.

• Une ouverture au sourire, une sensibilité plus aiguë à la bienveillance, à un regard positif, qui procurent un sentiment d'unité et d'harmonie.

• Un besoin quasi compulsif de se relier à la nature, d'établir chaque jour un contact avec un arbre, une plante, une source naturelle d'eau ou un minéral.

• Une ouverture croissante et stimulante permettant de se relier à son histoire familiale et surtout à son enfance pour se réconcilier avec elle et prendre en charge les besoins maltraités de l'enfant que l'on a été.

• La découverte étonnante que derrière toute peur existe un désir et que ce désir nous appartient, même s'il ne se réalise pas toujours.

Une vérité nouvelle est toujours chétive et fragile quand elle doit s'affronter aux dogmes et aux habitudes séculaires.

Conclusion provisoire

Si vous souhaitez ne rien changer à votre existence, continuer de vivre dans la pratique de l'injonction, la dévalorisation, la menace, le chantage, la culpabilisation ou le maintien des rapports dominant-dominé, je vous invite sérieusement à éviter tout contact avec des personnes présentant les symptômes du syndrome OME (Ouverture au Mieux-Être).

Comme cette maladie est très contagieuse, si vous constatez chez vous ou dans votre entourage quelques-uns des signes cliniques décrits aux pages précédentes, sachez que cet état est probablement irréversible. Une de vos difficultés immédiates sera d'apprendre à ne pas vous laisser entraîner par les réactions défensives de votre entourage proche, parfois si déséquilibré et si inquiet devant vos comportements qu'il peut s'y opposer par des pressions affectives, morales ou matérielles, voire vous proposer de faire appel à quelques traitements médicaux classiques visant à faire provisoirement disparaître les symptômes. Mais ces traitements resteront sans effet sur la progression du mal qui apparaît inéluctable.

À notre connaissance aucun vaccin *anti-bien-être* n'existe à ce jour, même si des moyens considérables sont utilisés quotidiennement pour semer le doute, entretenir la violence contre soi-même et envers les autres ainsi que la souffrance et la détresse suscitées par des événements touchant à l'injustice, à la torture, à la guerre, à l'exploitation du plus grand nombre par une minorité – tout cela par le biais du conditionnement télévisuel quasi universel qui constitue lui-même une violence parmi bien d'autres...

Comme la *maladie du bien-être* provoque une disparition quasi totale des trois peurs fondamentales (peur de mourir, peur de manquer, peur de ne pas être aimé) qui semblent être au cœur des croyances de la plupart d'entre nous, vivant dans la société matérialiste moderne qui nous entoure, il est possible que de nouveaux comportements sociaux soient susceptibles d'apparaître. Des troubles graves risquent ainsi de se produire : grèves de l'esprit belliqueux, rassemblements spontanés de gens heureux à seule fin de chanter, de danser, de célébrer les cadeaux de la vie, naissance de groupes de parole, de partage et de guérison, apparition de crises collectives de fou rire, de joyeuseté spontanée et de rencontres-tendresse...

Nous ne pouvons en dire plus pour l'instant, mais si certains se sentent contaminés, nous souhaitons qu'ils acceptent de témoigner autour d'eux de leurs découvertes, de leurs expériences, de façon que tout un chacun puisse l'amplifier et en faire profiter au mieux tous ceux avec qui il est en relation et qui lui font confiance.

Table des matières

VIVRE AVEC LES MIENS

« On peut tout dire de l'amour. Tout ce qu'on en dit est vrai, et le contraire aussi. »

JEAN D'ORMESSON

Le réenchantement du monde...

S'il fut un temps, une époque, où le monde était enchanté, je crois que ce n'est plus le cas aujourd'hui. Les lieux où nous pouvons encore éprouver ce sentiment se raréfient, se stérilisent progressivement et disparaissent sans laisser de traces...

Ne restent alors, pour nous enchanter, que la richesse, la beauté, l'étonnement émerveillé de quelques relations privilégiées, exceptionnelles, à cultiver avec soin, à protéger avec amour, à vivifier avec ferveur.

Nous sommes des êtres de relation. Au cœur même de nos attentes existe le besoin de communiquer, de partager, de nous lier à des personnes significatives, voire de nous confronter. Après avoir quitté le ventre de la femme qui nous a mis au monde, où nous avons vécu neuf mois dans le meilleur des cas, relié au placenta et à un environnement proche qui répondait à toutes nos demandes sans même que nous ayons à les exprimer, nous avons basculé dans l'immensité de l'univers et, ce faisant, rencontré la solitude.

Une solitude habitée, certes, par des proches présents, attentifs, par nos parents, par des frères et des sœurs, par des amis – mais aussi une solitude ouverte à la possibilité de l'abandon, à la cruauté de l'imprévisible, au risque de la perte...

J'ai tenté, au travers des textes qui composent cet ouvrage, de présenter le mouvement de la vie tel qu'il s'articule à la relation à l'autre – un autre unique parfois, un autre miroir souvent, un autre témoin quelquefois, plus rarement et plus délicatement un autre aimé, un autre égaré mais toujours présent en nous – pour rappeler que nos besoins relationnels les plus vitaux sont liés aux réponses de cet autre que nous sommes aussi, chacun... pour un autre.

En couple

Il n'est pas d'expérience de vie plus propre à susciter à la fois l'émerveillement et le désespoir que la vie de couple. Ce qui faisait dire en riant à ma grand-mère que « se marier une fois est souvent une erreur, se marier deux fois est un oubli volontaire – on a oublié que l'on a déjà fait une erreur –, se marier trois fois est toujours de la pure folie... » Mais la plupart d'entre nous ont envie de tenter l'expérience du couple et de la réussir...

Le fragile équilibre de l'amour

Ce que l'on reproche avec le plus de véhémence à l'autre, c'est ce que nous n'avons pas su recevoir de lui.

Il est des rencontres magiques

Il est des rencontres qui surgissent dans notre vie sans prévenir. Il est des rencontres qui ont un caractère magique par la qualité de ce qu'elles révèlent, en nous ou chez l'autre. Il est des rencontres qui nous appellent du plus profond de notre être, du plus lointain de notre histoire. Il est des rencontres qui éclaireront notre parcours de vie d'une lumière plus vive, plus féconde.

Il m'arrive ainsi de rencontrer des personnes, au sens de les découvrir, non à partir de ce qu'elles sont au moment de notre échange, mais dans une sorte d'évidence avec ce qu'elles ont été et ce qu'elles vont devenir. Rencontres qui, à première vue, peuvent sembler trop précoces et paraître se dérouler trop rapidement, mais qui se révéleront cependant essentielles, voire décisives, car elles inscrivent un sens nouveau dans mon existence ou celle de l'autre. Et cela, dans les deux directions opposées que sont l'avenir et le passé.

Pour les rencontres qui se rattachent à l'avenir, tout se passe comme si l'attirance, le contact, se faisait à partir d'une potentialité en devenir chez l'autre ou en moi-même, potentialité qui attendait justement cette rencontre pour se révéler et apparaître au grand soleil de l'existence. Il ne s'agit ni de voyance, ni de prémonition, seulement d'intuition, d'une sensibilité en éveil, aiguisée, d'une anticipation vibratoire qui crée des liens subtils, qui jette des passerelles sur lesquelles circuleront des énergies nouvelles, des forces de changement, des aspirations autres...

Ces rencontres étonnées, porteuses de possibles, sont pleines d'élans, de mouvements imprévisibles, riches d'un potentiel créatif inouï : « J'avais le sentiment que rien de ce qui me concernait n'avait échappé à cette personne que je voyais pour la première fois. Ses premières paroles me confirmèrent que je n'avais rien à lui cacher, qu'elle entendait sans que j'aie besoin de dire, qu'elle écoutait en voyant au plus profond de moi, qu'elle sentait l'essentiel en même temps que je l'éprouvais... »

Dans les rencontres liées au passé, il existe une indicible ferveur à se découvrir dans l'attention, l'écoute, la présence de l'autre. Ces retrouvailles sont si incroyablement confiantes et d'une spontanéité si ouverte qu'elles autorisent les partages les plus fous, les abandons les plus spectaculaires, les élans les plus audacieux...

Tout se passe comme si un savoir intime et très ancien reliait les deux personnes qui se rencontrent aujourd'hui, savoir qui lève toutes les inhibitions : « Dès que je l'ai vu, je me suis sentie autorisée à lui parler, à partager avec lui, ce que je n'avais jamais osé faire avec personne avant. J'avais envie de le prendre dans mes bras en étant persuadée qu'il me recevrait comme si nous nous connaissions depuis toujours... » Les deux personnes semblent se retrouver après plusieurs vies d'absence, et ces retrouvailles paraissent nécessaires. En réalité, c'est la première fois qu'elles se voient vraiment. Je ne crois pas que cette situation relève de vies antérieures. Plutôt d'un accord très ancien, touchant à la dimension archaïque et universelle de l'être, et participant d'un savoir immémorial. Deux vibrations émises il y a fort longtemps, après avoir longuement voyagé, semblent enfin arriver à destination, peuvent se rencontrer et s'unir – telles deux notes qui s'accordent, s'harmonisent pour produire un son unique, nouveau, chargé d'une énergie, d'une dynamique propre à transcender le moment présent, à l'unifier et à le relier à un tout.

Dans ce type de rencontre, de réconciliation spontanée avec le meilleur de soi et de l'autre, les tâtonnements, les apprivoisements, les hésitations n'ont pas lieu d'être. Il n'y a pas d'erreurs d'aiguillage. Une errance se termine donnant le sentiment que la rencontre est juste, nécessaire, inscrite dans une évidence émouvante et sereine à la fois.

Je souhaite à chacun de pouvoir accueillir l'une de ces rencontres si elle fait irruption dans sa vie, et de s'y abandonner de tout son cœur…

Au-delà de l'étonnement, de la surprise, il convient d'accepter de se faire suffisamment confiance pour se lancer dans un tourbillon imprévisible, car il vous accueillera avec tout l'amour que recèle la vie.

Cueillir la délicatesse
avec amour
et la maladresse
avec humour.

Coups de cœur et coup de foudre

Femme ou homme, il arrive que l'on *tombe en amour* à la suite d'un coup de foudre, c'est-à-dire de façon soudaine, tonitruante, éclatante, comme la foudre qui tomberait sur le cœur de l'un ou de l'autre, quelquefois (plus rarement) sur le cœur des deux. Le coup de foudre est à la fois souhaité et craint, car ceux qui l'ont vécu ou traversé, même s'ils en gardent parfois un souvenir extatique, ne s'en sont pas toujours remis !

Il est difficile de définir ce phénomène, car il n'existe pas de modèle du coup de foudre. Celui-ci semble vécu de façon particulière, unique par chaque protagoniste. À ma connaissance, il n'y a pas de définition précise du coup de foudre, mais la littérature nous en offre de nombreux témoignages. Et même si ma grand-mère disait que « dans le coup de foudre, il y a souvent plus de coups... que de foudre ! », cette expérience amoureuse semble faire rêver beaucoup d'hommes et de femmes et suscite de nombreux commentaires.

C'est un des mystères de l'amour : il lui arrive de déclencher une tempête d'émois, de sentiments, voire des comportements inattendus, tant chez l'homme que chez la femme, et cela dès la première rencontre, dès le premier regard. Une attirance forte, instantanée, doublée d'un sentiment profond de confiance, d'abandon, surgira chez l'un à l'égard de l'autre, donnant naissance à un *ressenti* intime, irrépressible, capable de tout envahir, de prendre le dessus sur l'ensemble des autres priorités.

Cela confirme que l'amour est de l'ordre à la fois de la révélation et de la création. Révélation dans le sens où cet amour naissant nous « tombe dessus » (je crois cependant que cela suppose une certaine ouverture, une disponibilité, voire une attente amoureuse), et création dans le sens où il doit ensuite être nourri, entretenu, vivifié par une relation dynamique, bienveillante et respectueuse. Au-delà du coup de foudre et de ses éblouissements, il y aura à construire quelque chose de plus durable. Cela s'appelle une relation d'amour, et peut-être de couple, mais c'est une autre aventure…

La version exceptionnelle, incomparable, magique, de ce que nous appelons coup de foudre, se révèle lorsqu'il y a réciprocité. Quand l'amour surgit au même moment chez l'un et l'autre des protagonistes, il envahit tout l'espace de leurs émotions. Il s'accompagne alors d'un besoin urgentissime de se rencontrer, de se toucher, de partager ce qui est vécu sur tous les plans avec un sentiment de totalité, d'absolu. Car le coup de foudre lève les défenses, supprime les inhibitions, emporte les raisonnements : nous osons des regards, des gestes et des intentions qui nous surprennent et nous transportent.

Même si le coup de foudre, quand il surgit, semble revêtir une apparence identique chez tous, je crois qu'il se développe sur des plans différents chez l'homme et chez la femme. Expliciter le pourquoi de ces différences m'entraînerait trop loin. Je dirai simplement que chez la femme, ce sont les sentiments, les émotions, le rêve, la projection dans un futur qui sont exacerbés, alors que chez l'homme c'est davantage le désir, l'envie de conquérir, de posséder, et surtout de maîtriser, de contrôler qui dominent, même quand il le cache ou le voile par des déclarations grandiloquentes ou époustouflantes de générosité !

Je pense que le coup de foudre, lorsqu'il est là, touche simultanément toutes les instances de la personnalité de celui qui en est atteint : psychologique, physiologique, neurologique. Il est quelque chose de global, qui ne fait pas dans la demi-mesure. Il donne à ceux qui l'éprouvent une énergie incroyable, et souvent un courage et une créativité inattendus. Nous pouvons faire trois cents kilomètres pour voir l'autre quelques minutes. Nous sommes capable de déplacer des montagnes pour aller à sa rencontre, nous savons soudain écrire et déclamer des poèmes sublimes alors que quelques jours auparavant nous étions incapable de rédiger deux lignes. Le coup de foudre nous permet de faire des choses exceptionnelles, inhabituelles voire impossibles en temps ordinaire, parce qu'il nous plonge dans l'effervescence et le bouillonnement de l'amour, nous emporte dans sa *vivance* et, ce faisant, génère en nous des ressources inattendues et souvent inouïes.

Le coup de foudre est toujours, au moins au début, composé d'un mélange détonnant d'imaginaire, de réalité et de projections. Il relève d'une hyper-idéalisation de l'autre (de soi aussi) auquel on prête des qualités hors de l'ordinaire, des ressources inépuisables ainsi que des réponses à toutes nos attentes. Il repose sur l'envie profonde de trouver le partenaire idéal, et aussi, vraisemblablement, sur la réactivation d'images, de sensations, d'affects positifs éprouvés vis-à-vis des personnages significatifs de l'enfance. Il réveille, remet à jour des aspirations anciennes et parfois très archaïques et stimule l'illusion de la toute-puissance infantile : « Personne ne l'aimera comme je l'aime, elle ne peut donc que m'aimer… »

Il y a cependant des risques au coup de foudre, qu'il ne convient ni de minimiser, ni d'exagérer. Ils sont les mêmes que ceux qui accompagnent la transformation de la rencontre amoureuse en relation d'amour, à la différence qu'ils sont démultipliés. Le risque le plus évident, au-delà de l'hyperexcitation, des émois, du bouleversement, de la remise en cause propre aux premiers moments, consiste à découvrir la réalité *humaine* de l'autre : nous réalisons que notre amour, nos désirs sont impuissants à transformer celui-ci dans le sens de nos propres désirs ! Le risque le plus fort consiste à nier ou à rejeter cette réalité, car en réagissant ainsi nous enfermons l'autre dans notre système de références. Dans ce cas, le terrorisme relationnel n'est pas loin : « Mais si tu m'aimais vraiment, tu aurais envie de me voir sans arrêt ! » ; « Tu ne ferais pas passer le tennis ou la voile avant moi ! » ; « Tu aurais envie de faire l'amour quand j'en ai envie... » ; « Tu devrais comprendre que je ne peux pas me passer de toi ». Mais paradoxalement, même ses défauts et ses manques nous feront aimer l'autre encore plus ; reproches et désidéalisation ne feront que nourrir le coup de foudre.

Je souhaite à chacun de connaître le coup de foudre au moins une fois dans sa vie, et d'éprouver l'intensité, l'effervescence, la joyeuseté, la créativité, l'incroyable dynamisme qui accompagnent ce mouvement vers l'autre, cette découverte – et surtout, quand le coup de foudre est partagé, de faire l'expérience de la co-naissance (naître avec) qui surgira et permettra parfois, parfois seulement, d'accéder au meilleur de l'autre à travers le meilleur de soi ainsi révélé et magnifié.

« Regard aimant que le sien,
tant il est vrai qu'il aimante le mien. »
BRIGITTE GRYSON

Quand l'amour est là...

« Je ne sais pas si je l'aime. Il m'a demandée en mariage, mais je ne suis pas sûre de mes sentiments » ; « Nous vivons ensemble depuis quinze ans, mais depuis quelque temps je me demande si je l'aime encore, j'ai l'impression que mes sentiments ne sont plus les mêmes ». Pour celui ou celle qui prétend s'interroger sur ce qu'il ressent réellement, il y a, me semble-t-il, un risque de déni lorsqu'il s'agit de reconnaître que ses sentiments ont changé, qu'ils ont diminué d'intensité, voire qu'ils ont disparu. Quand l'amour est là, plusieurs langages permettent de le dire, de le révéler.

L'amour est tout d'abord un don qui nous est octroyé, afin que nous l'offrions à notre tour. Il a besoin de s'investir dans un être, il n'est pas déposé en nous dans l'attente d'être pris ou offert. Il a d'emblée une direction précise, une cible, qui est l'autre : « Je le regardais me regardant et j'ai vu que c'était lui, que j'étais enfin arrivée » ou « Au milieu de tous ces gens, nous étions au moins une centaine de personnes, je n'ai vu qu'elle. J'ai ensuite passé plusieurs semaines à tenter de la retrouver, quémandant son adresse auprès de toutes mes connaissances. J'étais habité par elle, sa présence était en moi ».

En amour, toute une partie de nous est tournée vers l'autre. Elle semble même ne plus nous appartenir, et cette partie plus chaude, plus ouverte, réchauffe l'autre partie de nous qui éprouve encore plus son incomplétude.

Quand l'amour est là, il est un soleil formant le centre d'un système autour duquel, tels des satellites, tournent des sentiments complémentaires. La ronde de ces sentiments nourrit, vivifie ou inquiète celui qui les éprouve : « Je l'aime, mais est-ce que lui, il m'aime ? » ; « Elle me dit qu'elle m'aime aussi, mais je sens bien que pour elle ce n'est pas pareil… » ; « Je voudrais l'aimer davantage, le rendre plus heureux ».

L'amour, dès qu'il est présent chez l'un, vise à s'agrandir, à se consolider en prenant appui sur l'autre. Il veut peut-être se rassurer ainsi. L'amour cherche le plus souvent son reflet dans l'amour de l'autre, qu'il voudrait susciter, magnifier et parfois même absorber pour se fondre à lui et ne former qu'un seul sentiment.

Ainsi la présence de l'amour se manifeste-t-elle par une foultitude de signes qui sont autant d'encouragements à le vivre à plein temps. Ceux qui doutent d'aimer ne sont plus ou pas encore en amour, ils en sont seulement à la périphérie.

Entre doutes et espérances
s'enracine l'amour.

La bonne distance

Que ce soit dans une relation intime, fonctionnelle, ou plus formelle, il est important de trouver la bonne distance avec l'autre. Et cela sur plusieurs plans.

Il convient d'abord de trouver la bonne distance *physique* : se situer ni trop près ni trop loin. Comme l'illustre cette remarque : « Je n'aime pas du tout ces personnes qui éprouvent le besoin de s'avancer tout près de vous pour vous parler, et vous postillonnent au visage sans avoir conscience qu'elles font intrusion dans votre bulle d'intimité. »

La bonne distance *émotionnelle* est tout aussi essentielle : rester sur le même registre que l'autre pour entendre ce qu'il ressent sans pour autant s'identifier à lui : « Elle me dit qu'elle est en colère contre son père et tout se passe comme si moi aussi je devais être en colère contre lui... J'ai du mal à lui faire comprendre que je ne ressens pas les choses comme elle. »

La bonne distance *écologique* permet de ne pas se laisser polluer ou envahir par des signaux négatifs ou destructeurs venant d'autrui, au besoin en les lui restituant : « J'ai senti que son jugement de valeur ne m'était pas favorable, aussi je lui ai confirmé que c'était son point de vue et que je le lui laissais ! »

La bonne distance liée au *respect de soi* favorise la différenciation d'avec l'autre et nous évite de faire nôtres les injonctions, les croyances ou les désirs de l'autre quand ils ne correspondent pas à nos propres valeurs, croyances ou désirs : « Sitôt dans le lit, mon mari se colle à moi et je me sens souvent dépossédée de mon corps. J'ai le sentiment qu'il se l'approprie sans tenir compte de ce que je ressens à ce moment-là. Alors je me ferme et je m'anesthésie. » La femme qui parle ainsi n'a semble-t-il pas trouvé la bonne distance avec son partenaire. Certains couples parviendront à un équilibre en faisant chambre à part. Ce territoire plus personnalisé leur permettra de respecter des rythmes différents dans leurs besoins et leurs désirs.

Il est d'autant plus important de trouver la bonne distance relationnelle que nous sommes confronté à un questionnement intrusif ou à une tentative de contrôle de la part de l'autre sous prétexte qu'il s'intéresse à nos activités : « J'ai entendu le téléphone sonner tout à l'heure, qui est-ce qui t'appelait ? » ; « Tu m'as dit que tu sortais ce soir, où vas-tu ? ».

Il convient également de trouver la bonne distance vis-à-vis de ceux qui nous assimilent à des sortes de dépotoirs en nous faisant un tableau circonstancié de tout ce qui ne va pas dans leur vie : « Tu ne sais pas ce qui m'arrive ? J'ai découvert que ma femme a un nouvel amant... » Souvent, celui qui se plaint, qui accuse, qui reproche, ou qui se victimise, tente de nous associer à son état en nous faisant entrer dans la confrérie des insatisfaits à temps plein !

Trouver la bonne distance signifie non seulement se protéger de la pollution relationnelle, s'en prémunir, mais aussi se réserver pour des relations plus toniques, plus vivifiantes.

Quand je lui ai dit mon besoin de m'éloigner un peu afin de trouver la bonne distance, il m'a répondu : « Alors nous allons pouvoir nous rapprocher. » C'est ce jour-là que je l'ai quitté dans ma tête. Ensuite j'ai mis cinq ans à le faire...

La bonne distance au sein du couple

Un couple est un champ de forces où se confronteront des mouvements de rapprochement, des forces de cohésion, voire de fusion (comme dans la rencontre sexuelle ou dans le vécu partagé de situations difficiles), mais aussi des forces de mise à distance, voire d'éclatement et de rupture. La rupture survient lorsqu'une intimité commune s'avère impossible à atteindre, ou lorsqu'elle empiète trop sur le besoin d'une intimité personnelle, tenue en réserve. Trouver la bonne distance avec l'autre, c'est d'une part pouvoir partager le maximum d'expériences ensemble, d'autre part pouvoir préserver une liberté d'être qui sauvegarde les aspirations profondes de chacun.

Durant les premiers temps, quand la relation amoureuse se concrétise dans une vie de couple et se déroule sur un territoire commun, avec des engagements financiers mutuels, des projets d'avenir (semblables et différents), les risques de confusion et de heurts sont masqués par un *Nous* bienveillant et omniprésent : « Nous avons décidé de repeindre notre chambre, nous pensons avoir au moins trois enfants » ; « Nous nous sommes mis d'accord pour travailler tous les deux encore cinq ans » ; « Nous aimons la montagne et le ski et nous envisageons d'acheter un chalet d'altitude ». La distance est réduite *a minima*, par le *Nous* et le *On* : « On est partis en vacances aux Antilles, on s'est bien amusés, on a découvert plein de choses passionnantes. » Par la suite, le *besoin* d'une différenciation naît chez l'un ou chez l'autre, ainsi que le besoin de développer une relation plus centrée sur chacun des deux partenaires pris individuellement. Se développe alors l'envie de s'affirmer, de prendre position plus clairement face à l'autre, comme non pas plus éloigné mais plus distinct de lui.

La bonne distance n'est jamais trouvée une fois pour toutes. Elle varie avec les moments de la journée, les périodes de la vie du couple, et surtout l'évolution de chacun. Pour qu'il y ait échange, partage, dialogue, il faut un espace et des mots. Toute relation a en effet besoin d'un espace pour exister, et d'échanges mutuels propres à la vivifier. La meilleure des nourritures, dans une relation proche, est faite de dialogues. Dialogues verbaux (mots) et non verbaux (attentions, regards, gestes) qui s'adressent à la sensibilité, au profond de l'autre. Pour les recevoir et les intégrer (ou les refuser), il faut être à distance ou suffisamment différencié de l'autre.

Faire varier la distance et prendre le risque d'affronter des conflits est quelque chose de sain, de nécessaire à la vie d'un couple. Le conflit ne doit pas être nié ou étouffé, car il est créateur de dynamisme et oblige à faire appel à de nouvelles ressources chez l'un et l'autre des partenaires.

S'entendre ne suppose pas se mettre toujours d'accord, mais pouvoir s'écouter réciproquement et se situer par rapport à ce que l'autre ressent, prendre position en fonction des perceptions différentes de chacun.

Quand Proust parlait des « intermittences du cœur », peut-être voulait-il parler de ce mouvement qui nous fait rechercher, parfois la fusion, d'autres fois la distance.

Nourrir la relation, c'est avant tout la respecter

Je ne peux ignorer que si je nourris les relations importantes de ma vie de messages négatifs visant à blesser ou à mettre l'autre en difficulté, ou si j'accepte sans le filtrer tout ce qui me vient de l'autre, je risque de dévitaliser la relation, voire de détruire l'affection ou l'amour dont elle peut être porteuse.

Lorsque je parle de *respecter* une relation, cela veut dire que j'accepte de la considérer comme une artère vitale dans laquelle circuleront des messages porteurs non seulement de demandes et d'attentes, mais aussi de dons et quelquefois de refus. Cela veut dire aussi que je dispose de la liberté de témoigner de mes croyances, de mes émotions, de ce que je ressens, et que j'accepte qu'il puisse en être de même pour l'autre. Et encore, que je ne laisserai pas qui que ce soit me transformer en « poubelle » de ses problèmes, ni ne m'enfermerai dans un système de communication indirecte dans lequel je n'ai pas de raison d'être. Respecter une relation suppose que je sache éviter de réagir de manière réactionnelle, ce qui parfois me fait répondre (ou fuir) de façon inadéquate, voire m'entraîne à entrer en opposition et à contrer l'autre.

Me respecter dans une relation devrait m'amener à cultiver la discussion, et surtout « l'apposition » (dans laquelle je pose mon point de vue face à celui de l'autre), plutôt que l'opposition (dans laquelle j'oppose mon point de vue à celui de l'autre).

Se respecter mutuellement dans une relation, cela veut dire accepter la différence, reconnaître que l'autre et moi-même n'avons pas vécu les mêmes choses, même si nous étions tous les deux dans la même situation. C'est avoir conscience que nos zones de tolérance et d'intolérance, nos croyances et nos expériences de la vie, de l'amour, de la maladie, du changement et de l'éducation des enfants sont différentes. Et que la vitalité de notre relation est justement liée à notre capacité à mettre en commun nos différences au lieu de les nier ou de les combattre.

Se respecter dans une relation, c'est oser se définir, prendre position, c'est-à-dire s'affirmer devant l'autre (et non contre lui) en lui permettant d'entendre ce qui fait notre unicité autant que ce qui fait notre altérité.

À quels signes reconnaissons-nous que nous nous respectons dans une relation ? Au fait que nous nous sentons congruent, en accord avec nous-même. Alors, il n'y a pas de différence entre ce que nous sentons et disons, entre ce que nous éprouvons et faisons, et peuvent cohabiter deux confiances : la confiance que nous avons en nous-même, et celle que nous pouvons développer en l'autre.

Partir à la rencontre profonde de l'autre,
c'est découvrir, avec le temps, que nous avions
un rendez-vous important avec nous-même.

La « bien-traitance »

Il est fréquent d'entendre parler de maltraitance dans les relations humaines, entre proches, dans un contexte professionnel ou dans des genres de relations plus distantes. Il est alors question de violences verbale, morale ou physique, de messages de disqualification et de dévalorisation, ou de jugements de valeur, qui circulent entre deux êtres et sont révélateurs de la toxicité de leurs échanges… Il est plus rare que l'on fasse référence à la « bien-traitance » d'une relation, à tout ce qui serait bon, nourrissant, stimulant pour le bien-être de chacun des protagonistes lors d'une rencontre, d'un échange, d'un partage. La plupart d'entre nous avons du mal à repérer ce qui alimenterait positivement la relation, à mettre l'accent sur ce qui ferait du bien à chacun, autant qu'à le vivre au quotidien. Nous le faisons plus ou moins intuitivement sans le conscientiser clairement et avec cohérence.

La bien-traitance ne peut reposer uniquement sur de bons sentiments, sur l'amour, la simple intention de ne pas faire de peine, de ne pas heurter ou de ne pas blesser, le seul désir d'apporter du bon, du plaisir ou de l'apaisement. La bien-traitance d'une relation, au-delà de l'intentionnalité, implique des moyens concrets, des attitudes et des comportements suffisamment clairs visant à maintenir vivante, à valoriser et à stimuler la relation dans la durée.

Je ne me situe pas dans la bien-traitance vis-à-vis d'un de mes enfants en difficulté scolaire, si je l'étouffe par mon angoisse qu'il ne réussisse pas, si je le noie dans ma peur qu'il redouble, si je le paralyse par ma colère quand je constate qu'il ne fait pas d'efforts ou que je me sens coupable ou déçu... Si j'accumule injonctions, reproches, culpabilisations, accusations ou ressentiment vis-à-vis de ma bien-aimée quand je suis frustré par ses absences ou par ses refus d'accéder à mes désirs, je n'épouse pas non plus une démarche de bien-traitance, ni vis-à-vis d'elle, ni vis-à-vis de moi.

La bien-traitance d'une relation se joue à deux niveaux :

• Ce que je fais vis-à-vis de moi afin d'être un bon compagnon pour moi-même, et aussi lucide que possible quant à mon propre fonctionnement.

• Ce que je fais vis-à-vis de l'autre, pour lui exprimer mes demandes, lui faire des propositions, le stimuler, cela sans ambiguïté et afin d'alimenter, de protéger, d'accompagner ou de soutenir notre relation.

Je ne peux pas ignorer que si je nourris la relation avec ce que j'appelle le système SAPPE (Système Antirelationnel qui nous rend Sourd à l'autre, Aveugle pour l'essentiel, qui nous entraîne à des relations Pernicieuses voire Perverses, et qui est surtout Énergétivore), basé sur des injonctions, des disqualifications, des dévalorisations, du chantage, des menaces, des culpabilisations ou des rapports dominant/dominé, non seulement je ne suis pas dans la bien-traitance, mais j'entretiens la maltraitance de cette relation.

Si je veille à dédramatiser les situations difficiles et à stimuler, à valoriser, ainsi qu'à agrandir et à amplifier ce qui me vient de l'autre, je consolide la relation, je l'ancre dans plus de confiance et lui assure une plus grande durée de vie.

La tendresse et l'amour sont les seules richesses de ce monde qui croissent lorsqu'elles sont partagées.

Le questionnement conjugal

« Où vas-tu ? » ; « Avec qui sors-tu ? » ; « Qui vient d'appeler ? c'est quelqu'un que je connais ? » ; « Tu ne m'as pas dit avec qui tu allais au cinéma ce soir… » Autant de questions, d'interrogations qui ressemblent beaucoup à des intrusions, voire à des tentatives de contrôle. À la longue, et dans de nombreux cas, elles infantilisent la relation qu'entretiennent deux adultes et pèsent beaucoup sur la dépendance mutuelle.

Il paraît normal à beaucoup de conjoints, hommes et femmes (et je sais que je vais soulever des cris d'horreur, en dénonçant ces comportements !), d'interroger leur partenaire, que ce soit directement ou indirectement, de lui demander des comptes sur son emploi du temps, sur ses fréquentations, sur ce qu'il *a fait en leur absence* ou sur ce qu'il *s'apprête à faire*. Je sais que de telles questions sont présentées comme des marques d'attention, des préoccupations normales : « Je me soucie de toi, ma chérie. » Elles sont considérées comme des signes d'intérêt remplis d'affection et d'amour : « C'est normal que je te demande où tu vas, d'abord pour ne pas m'inquiéter, ensuite pour être avec toi en pensée. Et pour savoir s'il t'arrivait quelque chose, on ne sait jamais… »

Au début de la vie de couple, les informations sont données facilement, partagées naturellement et cela ne fait question ni pour l'un ni pour l'autre. L'échange se fait dans la légèreté, l'insouciance et la joyeuseté. Il se présente comme une évidence. Il s'agit réellement de partager avec l'autre ce que l'on va faire sans lui, dans l'esprit de l'associer à l'activité, à la soirée, au moment où il ne sera pas présent. Durant cette phase, dite de fusion, plus fréquente qu'on ne l'imagine, il paraît normal, souhaitable de tout partager, de *tout se dire*... Et durant cette période où le *Nous* domine, il est rare que le questionnement soit vécu comme gênant ou intrusif.

Au stade suivant (*un Je plus un Je*), quand l'un des deux partenaires tente de mieux se définir, de prendre position, de se différencier de l'autre, quelques réticences plus ou moins voilées commencent à se faire sentir : « Ce soir, je sors avec ma copine. Comme elle ne t'a pas invité, j'y vais seule ! » À cette phase domine encore le besoin d'expliquer, de se justifier pour ne pas blesser l'autre, pour le rassurer et lui éviter de fantasmer sur nos intentions réelles, celles qui seraient *derrière* les intentions avouées. La nécessité de trouver la bonne distance, de sortir de l'amalgame des prétendus centres d'intérêt communs caractérise cette phase. Le couple est appelé à la traverser quand l'un ou/et l'autre découvre que vivre en couple invite à faire l'expérience d'une double intimité : intimité commune et partagée et intimité personnelle et réservée : « Il y a des choses que je fais avec toi mon chéri et des choses que je fais sans toi... Et faire sans toi ne veut pas dire contre toi ! »

Avec la maturation relationnelle, survient le troisième stade. Nous découvrons alors que nous sommes toujours trois dans un échange : l'autre, nous-même et la relation. Surgit alors une interrogation personnelle importante : « Oui, j'ai des activités personnelles, des temps de vie à moi que j'ai besoin de respecter, à propos desquels je n'ai pas de comptes à rendre. » La question évolue : « Est-ce que ce qui est bon pour moi est encore bon pour ma relation de couple ? »

Ma position est qu'il est sain de résister au questionnement de l'autre, de ne pas donner prise à ses angoisses, à ses peurs ou à ses tentatives pour garder le contrôle de la relation. Et pour cela, il importe d'oser se définir comme un adulte responsable de ses actes, un adulte suffisamment lucide et intègre qui n'a pas besoin de rendre des comptes, et suffisamment congruent avec lui-même et avec l'autre pour ne pas poser de questions. C'est le b-a ba d'une relation respectueuse que de ne pas interroger son proche sur ce qu'il vit en dehors de soi ; de le considérer comme suffisamment adulte pour lui accorder la liberté de partager ce qu'il estime appartenir à la relation, et garder pour lui ce qu'il juge appartenir à l'intimité de ses autres relations.

Le chemin sera parfois long pour reconnaître que l'un des membres du couple a pris depuis longtemps le contrôle de la relation, pour réaliser que c'est lui qui fixe, de façon implicite (et parfois de façon explicite, voire tyrannique), ce qui se fait et ne se fait pas, comment on le fait et comment on ne le fait pas, qui propose et qui impose finalement son choix... Quand un tel mode relationnel existe depuis des années, il devient difficile et délicat de le changer. Mais cela est possible d'autant que l'enjeu profond, la viabilité d'un couple, mérite que l'on s'y attarde.

« J'ai renoncé à beaucoup de non-dits
quand j'ai découvert la liberté
de ne pas tout dire... »
MA GRAND-MÈRE

Du couple fusionnel au couple fissionnel

Le couple fusionnel « tout ensemble, toujours ensemble », s'incarnant dans un *Nous* qui englobe les deux individualités, était l'une des formes les plus fréquentes du couple d'autrefois. Cette fusion était souvent aussi l'une des causes principales de l'échec de nombreux couples : l'un des partenaires étouffait sous l'emprise de l'autre ou était entièrement phagocyté par le *Nous* dans lequel, au bout de quelques années, il avait du mal à se reconnaître !

Une autre forme de vie de couple semble se développer aujourd'hui. Il s'agit du couple dit *fissionnel,* plus éclaté, qui est à la fois plus libre mais aussi plus contradictoire, car chacun des partenaires doit apprendre à y vivre, à la fois sans l'autre et avec l'autre. Cette vie de couple est fondée sur le respect de soi et de l'autre, sur l'autonomie, ainsi que sur une bonne distanciation mutuelle qui n'exclut pas la solidarité, le soutien mutuel et l'entraide en cas de moments difficiles. Les partenaires de ces nouveaux couples ne font plus dépendre l'entièreté de leur bonheur de l'autre. Ils choisissent plutôt de bâtir quelque chose de plus stimulant autour du partage des points qu'ils ont en commun (semblances) et de leurs différences (liées à l'altérité).

Les membres du couple ont aussi à se montrer plus créatifs, plus dynamiques dans les propositions qu'ils se font. Dans ce cadre, le besoin d'être seul, qui est aussi reconnu et valorisé, ne correspond pas à un refus de la vie commune. Il vise au contraire à renforcer les moments de vie commune, plus denses : « Quand je suis avec lui, je suis réellement présente, disponible, ouverte à ce que nous avons à vivre ensemble ! Quand je suis ailleurs, je ne suis pas madame Untel, mais entièrement moi-même, ouverte, disponible, pleinement engagée dans ce que je fais avec ceux qui m'entourent. »

« Il y aura un jour des appartements bisexués, composés de trois modules : un territoire féminin, un territoire masculin et un territoire commun », me confiait un ami architecte. Ces personnes font souvent preuve, l'une envers l'autre, d'une liberté respectueuse, fondée sur une confiance mutuelle limitée par des balises claires : ne pas intervenir sur le vécu du partenaire en dehors des rencontres ; ne pas exercer de pression pour tenter de faire entrer l'autre dans son projet de vie ou son propre désir. Pour cela, ces couples font appel à la fiabilité de leur engagement.

Le sentiment amoureux n'en est pas moins présent, même s'il semble moins possessif. Il est davantage tourné vers le respect des possibles de l'autre.

Les couples fissionnels semblent avoir un meilleur équilibre en ce qui concerne les forces de cohésion et les forces d'éclatement qui sont toujours à l'œuvre dans un couple. C'est cet équilibre qui leur donne une dynamique stimulante et vivifiante, susceptible de les faire durer longtemps.

En amour, il est essentiel de se rappeler que la liberté de l'un ne s'arrête pas ou ne commence pas là où finit celle de l'autre, car nous sommes bien plus grands que l'amour que nous portons.

Quel désir se cache derrière la peur d'avoir un enfant ?

S'il existe quelques femmes qui ne souhaitent pas avoir d'enfants, beaucoup d'hommes hésitent à s'engager sur le chemin de la procréation et, au-delà, à assumer une paternité au long cours !

Le plus souvent, c'est la partenaire féminine qui exprime à un moment ou un autre le désir d'avoir un enfant, ainsi que son souhait d'un père présent et actif pour cet enfant : « Nous sommes ensemble depuis cinq ans, nous nous entendons bien, j'ai tenté plusieurs fois d'aborder la question, mais je sens qu'il se dérobe. Il change de sujet, me dit que ce n'est pas le moment de parler de ça, que c'est trop important pour qu'on prenne une décision à la légère. »

Cette demande, cette attente des femmes réveille des peurs, suscite des résistances, provoque des fuites chez certains hommes qui cherchent des échappatoires. Si bien qu'ils ne sont pas bien perçus par leurs compagnes. Quant aux femmes, elles ont du mal à entendre qu'au-delà des arguments utilisés, des alibis présentés (études, travail, indisponibilité, désir de profiter de sa jeunesse), existent des peurs : la peur de ne pas être à la hauteur, celle de s'engager davantage, de perdre sa liberté, d'être contraint dans ses choix de vie, d'être mis de côté ou d'avoir un rival qui prendrait trop de place dans le cœur et le corps de la partenaire devenue génitrice et mère :

« Quand elle m'a dit qu'elle arrêtait la pilule et que je prenais le risque d'être père si nous faisions l'amour sans précaution, surtout dans les périodes où elle était fécondable, j'ai paniqué. Pendant deux mois, je n'ai pu faire l'amour. » Un autre dira : « Au début, je me suis fermé, j'ai pris ça pour du chantage, je ne voulais pas qu'elle m'oblige, mais je sentais bien que c'était à moi de me décider sur l'avenir de notre relation. »

Le désir ardent, vivace chez l'un, le non-désir plus fermé, opaque chez l'autre, d'avoir un enfant débouchera sur des affrontements, avivera des malentendus et réveillera de vieilles blessures. Les enjeux de la procréation renvoient loin dans l'histoire personnelle, autant que dans l'identité sexuelle pas toujours clairement établie chez les deux partenaires : « Quand je lui ai dit que, de toute façon, je ferais un enfant, que je ne pouvais plus attendre, il m'a avoué avoir été pédophile pendant plusieurs années et que cela lui paraissait impensable (« impansable ») d'être père. Nous nous sommes quittés. Quelque temps après j'ai appris qu'il vivait avec un homme plus jeune que lui. »

Pour certaines femmes, avoir, faire un enfant, peut être lié à un besoin de voir confirmé qu'elles sont bien des « femmes », ou être perçu comme une preuve d'amour du partenaire : « S'il me fait l'enfant que je lui demande, c'est la preuve qu'il tient à moi, qu'il m'aime. »

Le désir d'enfant chez l'un et le refus chez l'autre peuvent déboucher sur un conflit de pouvoir très sérieux. Le plus souvent, ce conflit évite à l'homme de commencer un travail de conscientisation sur la nature des engagements réels qu'il aurait à prendre s'il devenait père !

« Il n'existe pas de couple au départ,
il en existe parfois à l'arrivée. »
ROBERT DREYFUSS

Aimer, un don de soi

Certains se demandent aujourd'hui comment le sentiment amoureux, ou l'amour, peut encore apparaître dans leur vie – germer en eux à partir d'un (ou d'une) autre. Comment ce phénomène bouleversant, dont l'emprise peut changer toute une vie, peut-il surgir et les emporter ? À la plupart d'entre nous, il paraît (à tort) plus facile d'être aimant, c'est-à-dire d'offrir de l'amour, que d'être aimé.

Les tentations du hasard, le recours à la chance ou à la bonne fortune sont toujours possibles... La croyance que l'amour va émerger d'une faille soudaine dans la logique aveugle de l'univers pour bondir vers nous existe toujours ! De même, pouvons-nous attendre d'entrevoir une lumière qui nous appelle doucement de l'intérieur dans les yeux d'une personne qui nous est chère.

L'illusion que l'amour surgira d'un mouvement secret du corps à nous seul destiné, ou qu'il naîtra de l'attente si longue dans laquelle nous ne nous savions pas enfermé et qui d'un seul coup se dénoue, nous libère et nous projette, effaré ou émerveillé, vers cet autre si longtemps espéré, peut toujours se réaliser.

L'amour, quand il est là, fait avec nous comme avec tous les autres : il nous donne envie de parler, de rire, d'être heureux sans raison. Il réveille nos rêves, nous pousse à nous émerveiller d'un rien, d'un tout. La seule présence de l'aimé(e) nous agrandit. Tel un caillou que l'on jette dans l'eau faussement tranquille d'un lac et qui laisse autour de lui des milliers de ronds frémissants qui vont s'apaisant, l'amour résonne en nous, nous mobilise, nous inquiète et nous sécurise à la fois. Aux vents des quatre saisons, l'amour fait tourner en son nom tous les moulins de notre cœur. Car ce qui se vit par amour se vit toujours par-delà le bien et le mal.

L'amour, en ce sens, reste un mystère. Il est, me semble-t-il, de l'ordre de la révélation, même si par la suite, il relève de la création permanente. Ceux qu'il habite devront ainsi l'alimenter, le renouveler et le stimuler pour que le mouvement, l'énergie qui les pousse vers l'autre reste vivant, dynamique, créatif. L'amour se révèle à celui qui l'accueille, et le surprend sans prévenir.

Je crois qu'il ne nous est possible d'aimer que lorsque nous avons accepté de nous aimer, lorsque nous sommes dans la plénitude de nous-même et non dans le manque et la demande – quand il nous est possible d'être dans le don, l'offre, le partage. Il nous est possible d'aimer quand nous sommes prêt à recevoir l'autre tel qu'il est. L'amour comporte une part d'inconditionnalité qui nous fait accepter l'imprévisible et l'inattendu, l'inconnu et le risque, l'émerveillement et le doute. Il nous est possible d'aimer quand nous abandonnons nos défenses, quand nous renonçons à la méfiance, quand nous ne nous enfermons pas dans la possessivité.

Aimer se situe bien dans l'ordre du lâcher prise, car il suppose que nous nous laissions habiter, envahir par un sentiment sur lequel nous n'avons aucun contrôle, aucune maîtrise. C'est pour cela que chez certains, l'amour s'accompagne d'angoisses. Celles-ci ne concernent pas la fiabilité de l'autre mais la perte de contrôle, l'acceptation de l'abandon et ce questionnement voué à rester sans réponse : jusqu'où cela me mènera-t-il ?

Dans le même temps, celui qui est aimé peut être réveillé, dynamisé par la découverte et le développement, en lui, d'une créativité insoupçonnée et de possibilités nouvelles. Ce faisant, il peut abandonner des conduites autodestructrices (telles que la prise de drogue, les activités à risque, les tentatives de suicide et même des somatisations à répétition).

Il ne nous est possible d'aimer, c'est-à-dire d'être dans le don d'amour, dans l'amour oblatif centré sur l'autre, que si nous acceptons d'abord de nous aimer et de manifester à notre propre égard de la bienveillance, du respect, une compassion chaleureuse.

L'amour est susceptible de créer une bulle d'intimité et peut-être de protection au milieu de la violence la plus violente. Il est un des antidotes non pas les plus efficaces, mais certainement les plus durables à la violence.

Ce que l'on appelle habituellement amour est en fait constitué par la rencontre de deux vibrations, l'une qui circule chez l'un et va vers l'autre et une autre qui navigue chez le second pour aller vers le premier. L'amour est un phénomène magnifique, l'avez-vous remarqué ? La seule chose qui grandisse au fur et à mesure que nous le dépensons.

Amour et sexualité

Le désir est aujourd'hui en perdition, il faut jouir. Tout de suite, très vite sans attendre l'apparition du désir de l'autre. Nous sommes devenus des consommateurs de plaisir...

Sain d'esprit et de corps

Lors d'une rencontre amoureuse, avant qu'elle ne devienne une relation, il est peu vraisemblable que l'un ou l'autre des protagonistes se pose la question de savoir si son partenaire est sain d'esprit et de corps. Chacun peut cependant avoir le sentiment intime de jouir d'une bonne santé mentale et physique, et découvrir que sa nouvelle rencontre l'expose, l'inhibe, fragilise ses défenses ou exacerbe certains aspects de sa personnalité, en d'autres termes, le déstabilise, le trouble, voire le plonge dans des interrogations multiples propres à susciter son inconfort spirituel et corporel.

Une rencontre amoureuse peut s'accompagner d'une certaine folie, d'un peu d'excès, voire de paradoxes et de mystères dans les conduites et les comportements. Tout cela s'ajoute aux désirs, stimule les découvertes et permet quelquefois d'oser plus... Mais les débuts d'une attirance, d'une passion, s'ils sont porteurs de beaucoup d'émois et de tempêtes intérieures, s'ils irriguent les échanges, provoquent aussi des changements et invitent ainsi à des dépassements et à des remises en cause importantes.

Ce qu'il faut savoir, c'est que la période qui précède un engagement amoureux, de même que celle qui le suit, est fertile en interrogations qui peuvent déstabiliser un équilibre déjà acquis.

Tout d'abord, sur le plan de l'imaginaire et des croyances, nous n'arrivons pas « vierges ». Nous avons des points de vue sur les dimensions affectives, émotionnelles et relationnelles de la relation amoureuse, sur ce que nous croyons que devrait être une rencontre de cette nature.

Nous avons une histoire, des engagements plus ou moins profonds, nous sommes fidèles à des personnes significatives de notre vie passée, et nous entretenons toute une constellation de croyances sur l'amour, sur les femmes et sur les hommes.

Nous sommes porteurs de tout un arrière-plan d'expériences et avons parfois reçu des injonctions dissuasives, des invitations à la méfiance : « Garde-toi des hommes, ils sont doués pour les doubles vies ! » ou « Fais attention, les femmes trop faciles ne sont jamais fidèles... » Celles-ci nous limitent, nous freinent ou, au contraire, nous stimulent et nous poussent à vérifier leur bien-fondé, voire à les transgresser.

Toute rencontre amoureuse est une tentative de rapprochement (ou une collision !) entre deux univers, deux histoires de vie, parfois même entre deux systèmes culturels, voire, il faut bien le dire, entre deux pathologies. Elle est une rencontre entre deux mythologies personnelles. J'appelle « mythologie » l'ensemble des croyances fondées sur un sentiment de certitude irrationnel : la rencontre amoureuse s'apparenterait à un accord spontané s'accompagnant de la disparition quasi surnaturelle des difficultés relationnelles et mû par l'espoir d'une harmonie complète. Selon cette mythologie, la rencontre amoureuse devrait aussi conduire à la réconciliation avec soi-même.

Au début, chacun se voit le plus souvent comme une partie d'un *Nous*, quelquefois trop fusionnel. Ce *Nous* fusionnel s'accompagne de la disparition provisoire des différences, d'un nivellement des aspérités, d'une négation des points de tension. La gêne et les zones d'ombre et de conflit se trouvent ainsi minimisées sans que l'amoureux saisisse ou réalise que le propre des sentiments qui l'animent, quand ils sont partagés, est de faire resurgir des aspects de soi en souffrance, voire en difficulté, de réactiver des situations du passé qui n'ont pas été réglées.

L'intimité, la confiance, l'abandon qui caractérisent l'éveil à l'amour, nous ouvrent, nous libèrent effectivement, mais font remonter à la surface une partie de notre histoire intime, qui va se heurter à l'histoire de l'autre si elle n'est pas accueillie avec suffisamment de tendresse et d'ouverture pour faire l'objet d'un partage, d'une écoute bienveillante qui s'avérera bénéfique.

Ainsi, de malentendus en ajustements, de doutes en confirmations, de témoignages en partages, se crée un espace fragile de rencontre entre deux êtres qui s'aiment et désirent poser les fondations d'une relation qui pourra s'inscrire dans la durée.

Il ne suffit pas de s'aimer pour rester ensemble sur le long terme, encore faut-il se donner les moyens de construire une relation qui aide à apaiser et à cicatriser les blessures de l'enfance.

« Que faites-vous face à des sollicitations sexuelles ? »

Être l'objet d'une attirance, d'un désir peut être agréable ou pénible suivant la situation et la personne qui les exprime ! S'il s'agit de quelqu'un de proche, d'un ami ou d'une connaissance qui jusque-là ne vous manifestait qu'un intérêt ou une attention polie et qui soudain se déclare, cela peut vous déstabiliser, voire vous interroger.

Quels signes, quels changements de votre part l'autorisent à se déclarer ? Qu'avez-vous fait de particulier ? Peut-être croit-il (elle) que votre veuvage vous rend disponible ? Les divorcés, les veuves et les veufs récents peuvent ainsi déclencher des émois nouveaux, des attentes imprévisibles et des fantasmes inattendus dans l'imaginaire des hommes et des femmes de leur entourage.

Quand ces déclarations d'intention, très claires et ciblées, vous sont adressées, vous n'éprouvez pas nécessairement le même désir que celui qui les exprime. Celui-ci, par sa déclaration, peut évidemment éveiller votre intérêt, stimuler votre ouverture, mais il peut aussi vous mettre mal à l'aise, faire intrusion dans votre intimité.

Ma position est que devant une telle situation, il importe de se définir clairement. Il est tout à fait possible de dire, par exemple : « Je suis touché, j'ai entendu votre désir. Mais je ne le partage pas » ou « Je ne suis pas dans la même énergie que vous ». Et si l'on veut s'assurer de ne laisser aucun espoir ou espace au harcèlement, il est toujours possible de déclarer : « Je me sens engagé ailleurs... »

Quand il ne s'agit pas de la drague banale d'un individu esseulé tentant l'aventure, l'expression d'une attirance, d'un désir, peut être émouvante. Elle dénote à tout le moins une grande confiance chez celui qui parle en celui à qui il s'adresse. C'est en quelque sorte un cadeau qu'il lui fait. Mais c'est un cadeau que personne n'est obligé de prendre et auquel nul n'est tenu de répondre !

Pour conclure, je dirai qu'il est possible d'entendre un désir sans le confondre avec sa réalisation ! Nous sommes toujours libre de donner suite ou non à une sollicitation, à une attirance amoureuse, à un désir sexuel. Si nous ne préservons pas cette liberté, nous risquons d'entrer dans le désir de l'autre et de ne pas nous respecter.

La flèche et la cible ont un accord secret.
Faut-il encore que la cible veuille accueillir
la flèche et que celle-ci vise la cible.

« Il me dit qu'il m'aime... chaque fois qu'il me désire ! »

Il n'existe pas de modèle de réussite conjugale, ni de recette pour permettre à une relation amoureuse de durer ; au mieux, de l'espoir et des attentes de la part de chacun des protagonistes. Le respect de quelques balises permet pourtant d'éviter de nombreux malentendus, de s'épargner de souffrir et peut-être de mieux s'entendre et se recevoir.

Il ne suffit pas de dire à l'autre que nous l'aimons pour qu'il se sente aimé. L'amour est un don, une offrande. S'il se manifeste par des demandes, voire des exigences, il sera disqualifié par celui-là même à qui il s'adresse.

Les malentendus profonds dans les relations entre hommes et femmes sont liés à la nature des messages qu'ils ont reçus durant leur enfance, et qui composent ce que j'appelle le « biberon relationnel ». Ce biberon est constitué de l'ensemble des messages que nous ont adressés nos parents, surtout notre mère, et varie en qualité. Vis-à-vis des filles, les messages sont à dominante affective : « J'aime (Je n'aime pas) ce que tu fais. » À l'endroit des garçons, ils sont plutôt de l'ordre du désir : « Je désire que tu t'habilles autrement » ; « Je souhaiterais que tu répondes poliment » ; « Ça me ferait plaisir que tu travailles mieux en classe ». Ainsi, la petite fille, élevée dans l'ordre des sentiments, se définira-t-elle plus tard à partir de *Je t'aime*. Le garçon, élevé dans l'ordre des désirs, aura plutôt tendance à se définir à partir de ses désirs qu'il tentera parfois même d'imposer !

Cette différence est manifeste dans l'intimité des relations amoureuses. Elle dit : « Je t'aime », il répond : « Je te désire, je te veux ». D'où les frustrations et les doutes chez l'un et l'autre. La femme a l'impression d'être aimée non pour elle-même, mais pour ce que l'autre désire d'elle. Et l'homme, qu'il est tenu de payer de ses sentiments le plaisir attendu, qu'il « doit » aimer, qu'aimer est un dû, une obligation pour pouvoir aller plus loin dans l'intimité de l'autre !

J'invite les couples à échanger sur ce malentendu et à parler de ces non-dits qui donnent souvent lieu à des ressentiments et à des accusations diverses, et non seulement polluent la rencontre et ses possibles, mais laissent des traces durables de dévalorisation, de doute et de manque de confiance en chacun.

Quand la violence du désir de l'autre nous égare et nous éloigne du plaisir.

« Ma femme me dit que je ne m'intéresse qu'au sexe ! »

Celui qui témoigne et s'interroge ainsi se sent peut-être coupable à force de s'entendre dire : « Tu ne penses qu'à ça, il n'y a que le sexe qui t'intéresse. » Cette étiquette l'enferme. Il est victime de ce que j'appelle le système SAPPE (Système Antirelationnel qui rend Sourd et Aveugle, entraîne à des relations Pernicieuses voire Perverses, et est très Énergétivore), dont le piège essentiel consiste à parler de l'autre plutôt que de soi.

Les propos cités introduisent mal l'échange et risquent de consolider le malentendu entre les conjoints. L'épouse pourrait plutôt parler d'elle, exprimer ce qu'elle ressent et énoncer plus directement ses propres attentes : « J'ai le sentiment que tu attends beaucoup de la fréquence de nos rapports sexuels. Mais je n'ai pas les mêmes besoins et désirs que toi... Nos rythmes sont différents. » Si elle ne se sentait pas trop menacée par le désir de son conjoint, elle pourrait ajouter : « Je ne désire pas faire l'amour pour l'instant mais nous pouvons nous faire plein de câlins, partager de la tendresse, des jeux sexuels... »

Il se trouve que beaucoup d'hommes attachent une grande importance à la relation sexuelle et cela à de multiples fins :

• faire la preuve de leur virilité ;

• diminuer leur angoisse ;

• s'assurer que leur partenaire les désire encore et encore ;

• vivre l'intimité conjugale qui est une invitation permanente au désir de faire l'amour quand on le peut, surtout lorsque les enfants ne sont pas là : « Je suis ton mari, tu es ma femme, alors où est l'obstacle ? » ; « J'ai envie de toi. Tu me dis que tu m'aimes, je ne comprends pas ton refus. Tu devrais avoir du plaisir à me faire plaisir... ».

L'obstacle principal réside dans le manque de communication à propos des enjeux réels : les attentes de l'un et les refus de l'autre, ainsi que dans la différence des attentes de chacun par rapport à l'autre.

Le désir de l'homme est souvent exacerbé par le refus. Les hommes ne comprennent pas qu'une femme qui prétend les aimer totalement n'ait pas un désir toujours prêt à s'actualiser, ou bien ils imaginent qu'ils sont rejetés à cause de ce qu'ils sont. Ils deviennent alors agressifs, boudent, ou recourent à la culpabilisation : « Si tu m'aimais vraiment, tu aurais envie de faire l'amour ! » Ils oublient trop souvent que la rencontre sexuelle est un aboutissement, qu'elle repose sur un partage relationnel, fait d'apprivoisements, de confiance, de complicité, d'échanges, d'abandon.

Certains paraissent animés par une pulsion qui les fait passer à l'acte sans rechercher l'accord de l'autre, son adhésion, ni même la confirmation de leur désir. Or, le désir ne se commande pas. Il peut être présent, mais parfois aussi endormi, inhibé, quelquefois même absent. Quand il existe et que l'attention mutuelle est suffisante, la rencontre peut être belle, comblante et satisfaisante pour les deux partenaires.

Quand le désir de l'un est seulement au repos ou endormi, il est possible de l'éveiller. Et il arrive que le partenaire qui était réticent soit tout étonné du plaisir qu'il trouve dans cet éveil.

Lorsque la personne est inhibée, le contact est plus difficile. L'absence de désir devient l'enjeu de nombreux contentieux qui restent en suspens dans la relation conjugale (relation tierce, manque de fiabilité du partenaire, violence verbale ou physique, disqualification ou dévalorisation devant des tiers, frustrations par rapport à des promesses non tenues, etc.).

Un désir inhibé demande que soient clarifiés les conflits latents, et levés les malentendus d'une communication déficiente pour permettre l'abandon dans la rencontre.

Le désir qui s'absente et disparaît doit être respecté. Nous n'avons pas de pouvoir dessus. Il relève d'un enjeu qui dépasse la sexualité. Chacun devra réinventer une intimité en recourant à d'autres langages, pour retrouver, s'il le peut, une vie sexuelle et sensuelle riche de possibles. L'un ou l'autre pourra aussi entreprendre une thérapie afin de se mettre à l'écoute des enjeux réels qui sous-tendent l'absence de désir sexuel.

L'espérance éperdue qu'éveille l'amour
nous fait souvent croire, à tort, en la toute-
puissance du sentiment
que nous éprouvons pour l'autre.

« Mon épouse ne veut plus faire l'amour avec moi, pourtant elle prétend m'aimer ! »

Ce constat est important, car il traduit beaucoup de souffrance et d'incompréhension mutuelle chez les deux partenaires.

Le désir reste un mystère. J'aime cette personne et j'éprouve du désir. Les choses allaient bien sur le plan sexuel. Que s'est-il passé pour que quelques années plus tard, l'un constate que le désir s'étiole, s'absente durant de longues périodes, voire disparaît pour ne plus revenir ?

Il faut savoir qu'après une maternité, surtout si la mère allaite son enfant, certaines femmes connaissent une baisse de leur désir sexuel. Elles se sentent sensuellement comblées par leur enfant et aspirent à davantage de tendresse plutôt qu'à des rencontres sexuelles avec leur partenaire. Le plus souvent, le désir revient quelques semaines ou quelques mois plus tard.

Il arrive aussi que le désir disparaisse après quelques années de vie de couple, et ne revienne pas. L'exigence sexuelle est toujours vivante chez l'un, mais elle a fait place à la demande sensuelle chez l'autre : « Je suis bien avec toi, mais te caresser, te sentir me suffit. Je n'ai pas envie de faire l'amour », et le premier de répondre : « Mais moi, j'ai justement envie d'aller plus loin... », ou « Je ne comprends pas, elle dit m'aimer, mais elle n'éprouve plus de désir pour moi ! Moi, je l'aime. J'ai envie de faire l'amour. »

L'attitude de la femme surprend, étonne, blesse le mari ou le partenaire qui, lui, peut éprouver une attirance sexuelle vivace au quotidien, voire plusieurs fois par jour — pourquoi pas ! Or sa partenaire n'a pas le même appétit. Sur cette base se nouent parfois les termes d'un conflit infernal. L'un insiste, veut convaincre, essaie de réveiller le désir de l'autre qu'il croit seulement endormi. L'autre résiste car il ne se sent pas respecté, et peut se bloquer jusqu'à fuir tous les contacts !

D'autres fois, c'est l'homme qui se ferme, se retire, imaginant à tort que puisque sa femme prétend l'aimer elle devrait le désirer ! Certains préfèrent renoncer plutôt que d'avoir à « quémander » : « J'ai l'impression d'être un mendiant de l'amour. Je ne m'aime pas lorsque j'attends un geste, un signe, une invitation de sa part qui ne vient pas... Je reste longtemps éveillé dans le noir, avec l'espoir qu'elle se tourne vers moi. »

Certains ont oublié, ou ne savent pas, que désirs et sentiments se développent sur deux plans différents. On peut aimer et ne pas éprouver de désir, on peut aussi parfois désirer sans aimer.

La perte du désir peut aussi être le symptôme, le reflet de malentendus, de maladresses relationnelles ou d'un conflit larvé et sérieux entre les deux partenaires. Ainsi, cet homme qui a beaucoup insisté pour que sa femme vienne à Paris avec lui. Elle a donc quitté sa région, ses amis. Mais ce faisant, elle s'est sentie coupée de ses racines, dans l'insécurité, et qui plus est, peu comprise par son mari qui s'investissait beaucoup au dehors pour apprivoiser leur nouvelle vie. Progressivement, elle s'est fermée et a refusé de le laisser entrer dans son intimité, une intimité qui avait déjà été violentée par le déménagement...

La perte du désir peut aussi être liée à l'accumulation de ressentiment contre l'autre ou contre soi-même : « Je ne m'accepte plus dans ce que je suis devenue ! Ce n'est pas tant toi que je refuse, que la femme que je suis aujourd'hui ! »

Quand le comportement ou les attitudes de l'homme ont blessé ou plongé sa partenaire dans l'insécurité, quand celle-ci s'en veut d'avoir donné suite à cette relation, voire a le sentiment de s'être laissée entraîner dans le mariage alors qu'elle n'était pas tout à fait d'accord, ni encore prête, les déceptions remontent bientôt à la surface...

Le drame, c'est qu'il est impossible de contrôler son désir : « La ''bandaison'' papa, ça ne se commande pas ! » nous avertissait Georges Brassens voilà déjà bien des années. Je suis sûr qu'il ne pensait pas qu'aux hommes !

L'amour n'est pas une assurance-vie,
il est une aventure porteuse de tous les risques.

« Pourquoi certaines personnes n'aiment-elles pas faire l'amour ? »

On pourrait inverser la question : d'où vient que certaines personnes aiment tellement faire l'amour ? Dans les deux cas, c'est un sujet délicat à aborder, car il est chargé de beaucoup de malentendus, de souffrances et de non-dits, il est porteur d'interdits, d'autoprivation, voire d'exigences cachées éprouvées envers un partenaire qui demeure idéalisé ou inaccessible.

La rencontre sexuelle est le moment où tentent de s'exprimer les divers langages de la communication humaine. La sexualité acceptée ou refusée peut ainsi devenir l'enjeu de divers conflits, auxquels elle peut aussi servir d'alibi, plutôt que l'aboutissement d'un échange qui engage profondément chacun des partenaires. Si nous faisons le tour de quelques-uns des comportements qui sont à l'œuvre dans l'acte d'amour, nous découvrirons que c'est chaque fois un miracle que la rencontre se réalise à la satisfaction de chacun.

Le désir sexuel, c'est-à-dire à la fois l'appel intérieur et le mouvement qui pousse vers l'autre, se manifeste par l'érection chez l'homme et la lubrification chez la femme. Les sensations, les images, les sentiments qui le stimulent chez l'un et l'autre sont différents. Qui plus est, le désir a des racines anciennes que les expériences de la petite enfance et de l'adolescence ont pu vivifier ou au contraire meurtrir. Associé à la confiance, à l'abandon, à l'ouverture, ce désir peut se charger d'énergies positives. Si des interdits, des jugements de valeur, des violences subies s'y rattachent, ces énergies seront négatives et les refus actuels s'apparenteront à une sorte d'autoviolence sans fin.

Le désir a besoin d'une direction, il cherche à se projeter sur un objet choisi, une personne particulière. L'absence de désir chez un membre du couple peut avoir plusieurs raisons :

• Le désir est resté bloqué, fixé à une relation qui n'a pas été réglée, ou à une expérience traumatisante du passé (cas plus fréquent qu'on ne l'imagine) : « Je me suis libérée sexuellement seulement quand mes enfants ont été adultes, c'est-à-dire quand je ne me suis plus sentie responsable de leur survie au quotidien. Cela m'a donné la liberté d'oser être une femme, alors que je m'enfermais dans mon rôle de mère, justement pour me protéger de mes propres désirs. »

• Le désir a été blessé, violenté, trahi par la relation actuelle, vécue comme trop possessive, frustrante, aliénante : « Je ne pouvais avoir de plaisir tant que j'étais vue par mon partenaire comme un objet, comme sa chose. Dépossédée de moi-même je ne parvenais pas à m'abandonner. »

• Le désir s'investit ailleurs, auprès d'une tierce personne : « J'aimais mon mari, mais je sentais que tous mes désirs étaient tournés vers un autre homme, un collègue de travail, avec lequel, pourtant, je n'avais jamais eu de relations sexuelles. »

• Le désir jusque-là plutôt hétérosexuel découvre une nouvelle orientation sexuelle ou se cherche dans cette direction sans que la personne en soit toujours consciente : « Quand ma femme m'a demandé, un soir, si je n'étais pas homosexuel, j'ai eu envie de l'étrangler, tellement cela me paraissait injuste, et puis quelques années plus tard, j'ai découvert que c'était bien mon orientation et mon choix... »

Et puis, se pose la question du plaisir. Le plaisir est une expérience, une création en lui-même, avant tout intime, qui consiste à accéder à l'abandon de ses sens, abandon d'où émergera l'orgasme qu'il s'agit ensuite d'accepter d'offrir et de partager, voire de développer avec l'autre.

Beaucoup pensent, s'imaginent, que le plaisir vient de l'autre. Pour cette raison, ils adoptent une position d'attente plus ou moins passive qui pousse le partenaire à un surplus d'activisme débouchant parfois sur de l'impatience, de l'irritation, voire des violences verbales (grossièretés, disqualifications) ou un harcèlement physique équivalent à un viol : « J'avais le sentiment que mon mari voulait m'imposer le plaisir, m'obliger à en avoir... J'ai mis longtemps à comprendre que mon refus ou mon blocage lui donnait le sentiment d'être impuissant. Ce qu'il ne supportait pas. »

Si certaines personnes n'aiment pas faire l'amour, leur attitude peut être entendue comme une autoprivation par laquelle ces personnes visent à se punir ou à punir l'autre.

Et puis il y a tous ceux qui investissent leur libido dans l'action, la création ou le dévouement envers des plus démunis. Pendant ce temps, ils laissent leur partenaire le plus proche dans la frustration !

En parler ne suffit pas, encore faut-il accepter d'entendre ce qui se joue dans l'absence du désir.

On peut avoir du plaisir,
sans aller jusqu'au plaisir...

Draguer

Je découvre sur le tard, en échangeant avec des amis plus jeunes que moi (et non par moi-même – quoique !), que la drague est une activité en plein essor pouvant s'exercer en tout lieu. Je sais que certains, ou certaines, car l'activité n'est pas réservée aux hommes, s'y adonnent avec beaucoup de constance, de ténacité, voire d'acharnement, non seulement pendant leurs loisirs, mais également au cours de leur activité professionnelle. Bref, en tout lieu, de tout temps, c'est une activité qui requiert, semble-t-il, constance, savoir-faire et pas mal d'inventivité…

Au départ, draguer peut être une tentative pour capter l'attention de l'autre, soit par simple plaisir narcissique, soit par peur et besoin de réassurance, sans qu'un rapprochement plus intime soit envisagé. Mais draguer peut d'emblée aller jusqu'à proposer, parfois imposer, sa présence à un(e) autre dans le but manifeste, parfois clairement énoncé, d'avoir une relation sexuelle.

En week-end, en vacances, le champ d'exploration (j'allais écrire d'« exploitation » !) du dragueur est immense. Tôt le matin en faisant du jogging ou des exercices de maintien, plus nonchalamment mais non moins efficacement en paressant sur la plage, étendu et affublé de lunettes noires et vêtu d'un mini-slip ou d'un bermuda, en se baladant dans les rues, tout contexte est bon quand circulent, tout proches, l'autre, les autres, sujets/

objets de la convoitise du dragueur (ou de la dragueuse !).

Les lieux privilégiés de la drague active, opérationnelle à cent pour cent, semblent néanmoins être bien répertoriés : les discothèques, les bals, les concerts, les manifestations plus ou moins culturelles. Dans les discothèques et les bals, la drague paraît se faire fébrile, insistante parfois, surtout lorsque l'échéance du petit matin approche à grands pas !

La drague peut constituer pour certains une activité à temps plein. J'ai entendu, sur une chaîne de télévision, un dragueur qui s'était spécialisé dans les touristes : les étrangères jeunes et moins jeunes. Il racontait, sans état d'âme, qu'il consacrait tous ses jours de congé à arpenter les Champs-Élysées pour « se brancher ». Il y parvenait avec quelque soixante femmes par jour... Il affirmait recevoir deux ou trois gifles « les jours où ça marche mal », et essuyer nombre de refus. Mais comme il obtenait en moyenne une ou deux réponses positives par jour, il poursuivait : « Je n'ai pas intérêt à arrêter. Je n'ai pas envie de perdre la main ! »

Draguer me semble surtout être une façon de se débarrasser d'un peu de sa solitude et de ses besoins aux dépens de l'autre, voire de lui subtiliser un peu de vie. Mais c'est bien l'autre qui répond et confirme ainsi le dragueur dans son système... Au fond la drague n'existe que lorsque deux dragueurs se rencontrent et que l'un des deux croit qu'il est le seul...

« Il y a parfois, entre un homme et une femme, quelque chose qui ne tient ni de l'amour, ni de la tendresse. Un appel issu d'une douleur, d'une faim qui vient de là : du sexe, seulement du sexe. » Entendu dans un café, justement sur les Champs-Élysées...

Le point G existe-t-il ?

Le point G a fait l'objet d'une telle suspicion et d'une telle ironie caustique chez beaucoup d'hommes, d'une telle méconnaissance dans les milieux scientifiques et d'un tel discrédit de la part d'une grande partie du corps médical que ceux et celles qui l'ont découvert dans leur propre corps ou chez l'autre se gardent de témoigner et vont même jusqu'à nier leur propre expérience ou éluder la question quand elle se présente ou surgit au cours d'un échange.

Lorsqu'on s'est mis à parler du point G, voilà plus d'un quart de siècle, beaucoup de partenaires amoureux ont souhaité le découvrir, ont tenté de l'apprivoiser et de lui donner une existence concrète. Pour ce faire, ils avaient recours à des stimulations manuelles assidues comme le préconisaient alors les sexologues. De fait, le fameux point étant situé sur le plafond du vagin, il paraît difficile de l'atteindre à moins de disposer d'un pénis articulé et directionnel !

Au-delà du plaisir qu'il procure, le point G, quand il est familier aux partenaires, permet de stimuler une glande généreuse qui jaillit comme une source avec une abondance qui séduit, étonne et émerveille les partenaires – et parfois les inquiète quand ils sont débutants et découvrent ce phénomène pour la première fois !

Plus récemment, des chercheurs du service de physiologie de la North Western University ont découvert le point U. Il se situerait dans la zone de l'urètre. Sa fonction favorite consisterait à ouvrir le vagin, mais je n'en sais pas plus car malgré un entraînement intensif je ne l'ai jamais trouvé !

Si mes renseignements sont exacts, il serait aussi possible d'atteindre le point A ou FE (il était dénommé ainsi, sans explication, dans l'article que j'ai lu) sur la paroi supérieure du vagin, un peu en amont du point G. Mais m'étant perdu dans un labyrinthe en allant à sa recherche, je me sens démuni – même si je ne me décourage pas ! C'est Joel Block dans *Secrets of better sex* qui a révélé l'existence de ce dernier point, particulièrement intéressant, semble-t-il, pour les émois qu'il provoque.

L'information ayant trait à cette multiplicité de points d'ouverture sensibles à l'émergence du plaisir devrait à mon humble avis stimuler les hommes, les inviter à être plus à l'écoute du sexe de leur partenaire. S'ils réalisent que la tête chercheuse qui se trouve à l'extrémité de leur pénis a des capacités limitées, ils oseront peut-être faire preuve d'une plus grande liberté d'être en prenant des initiatives inédites. Si je ne craignais d'être trivial, j'ajouterais qu'il leur appartient de mettre la main à la pâte… avec doigté !

Ne vous contentez pas de trouver le point G de la femme que vous aimez, osez explorer avec elle l'alphabet dans son entier.

« Faire l'amour »

Cette expression qui est la plus souvent utilisée pour nommer, identifier la rencontre sexuelle, ne me convient pas. Dans le faire l'amour, il y a surtout, présente et dominante, l'image de l'acte sexuel, de la pénétration. Or, nous savons que la rencontre sexuelle rassemble, dynamise l'ensemble des langages de l'être humain. Langage du corps bien sûr, mais aussi langages de l'imaginaire, des sentiments, du désir, de la confiance, de l'abandon, de l'inconscient, des émotions – tous participent à la mobilisation de l'ensemble des sens pour permettre l'irruption magique, quasi sacrée, du plaisir.

Ce qui caractérise une relation de couple, par rapport aux autres types de relations qui nourrissent une existence – relations amicales, familiales, sociales, professionnelles –, c'est la possibilité permanente et librement acceptée d'une vie sexuelle partagée. Or, la rencontre sexuelle, même quand elle est attendue, espérée, n'est pas toujours désirée ni souhaitée au même moment, car la sensualité de la femme et celle de l'homme présentent des différences.

Les synchronicités dans les approches, les apprivoisements, les rythmes, divergent aussi. Autant de décalages qui provoquent parfois des désaccords. Trop d'impatience, de précipitation, de focalisation sur certaines parties du corps chez l'un, beaucoup d'attentes implicites, un besoin de caresses, de paroles, d'attention à l'ensemble du corps de l'autre.

Les mythologies personnelles, ainsi que je les appelle, c'est-à-dire l'ensemble des croyances qui se sont inscrites en nous durant l'enfance et l'adolescence, entrent aussi en jeu. Je suis d'une génération où la femme n'osait pas, hésitait à montrer qu'elle éprouvait du désir, craignant de passer pour une « femme facile », voire une femme de petite vertu, pour ne pas dire plus. Manifester un désir, esquisser un geste à l'endroit d'un homme, adresser une invitation trop directe, ne se faisait pas. À cela, il faut ajouter les mises en garde, voire les menaces et les interdits édictés par certaines mères exprimant leurs déceptions et ressentiments, qui véhiculaient souvent une image de l'homme assez négative : « Méfie-toi, ne te donne pas, car après ils profitent de toi » ; « Ils te disent qu'ils t'aiment, mais ils ne pensent qu'à ça, et quand ils l'ont eue, ils te laissent, avec tes pleurs ».

Certains hommes croient qu'il leur appartient de prendre l'initiative des préliminaires, d'autres sont persuadés qu'en caressant le clitoris de leur partenaire, ils déclencheront son désir alors que cette partie est parfois si sensible qu'elle s'irrite et se dérobe. Ils provoqueront ainsi l'effet inverse de ce qu'ils recherchent. Par ailleurs, beaucoup d'hommes ont peur de perdre leur érection, qu'elle ne dure pas suffisamment longtemps, aussi visent-ils un seul but : la pénétration, sans toujours se soucier de savoir si leur partenaire éprouve elle aussi du désir et surtout, si elle est prête à les accueillir.

Les gestes de l'amour ne s'inscrivent pas de la même façon dans le corps de l'un et de l'autre. Pour l'un c'est une ouverture, un accueil, une acceptation. Pour l'autre il s'agit trop souvent d'intrusion, de « prendre » (ou d'avoir) du plaisir, ou de dominer, ce qui n'équivaut pas toujours à un plaisir quand il s'agit de la simple décharge de tensions.

Dans les témoignages que je reçois, j'entends que beaucoup d'hommes et de femmes confondent éjaculation et orgasme. Combien d'hommes qui éjaculent sans problème seraient surpris de découvrir qu'ils n'ont jamais eu d'orgasme, et découvrent avec effarement et émerveillement tout un pan de leur sexualité quand ils acceptent de lâcher prise, de donner libre cours à leurs émois, d'autoriser leur corps à participer joyeusement à la relation sexuelle. Cela est possible à tout âge.

Réduire le faire l'amour à une relation sexuelle est trop frustrant. Aussi est-ce une invitation ouverte que je fais à tous ceux qui liront ce texte : interrogez-vous, mais surtout acceptez d'échanger, de partager afin de limiter le non-dit qui entoure la vie sexuelle.

Peut-être que faire l'amour revient à « fabriquer » de l'amour, à mettre encore plus... d'amour en circulation dans l'univers !

La rencontre sexuelle est un échange quand elle est accomplie dans la plénitude d'un accord, quand elle va plus loin que la rencontre des désirs et permet d'accéder au divin qui est en soi.

Faut-il faire l'amour en silence ?

Quand je dors à l'hôtel, il m'arrive d'entendre dans les chambres voisines des gémissements et des cris que j'imagine de plaisir, car les quelques échos assourdis qui me parviennent et le rythme des ébats qu'ils ponctuent semblent refléter la joie, l'abandon et un grand bien-être.

Et je dois le dire à mon grand étonnement, ce sont toujours des voix de femmes qui se manifestent. Je n'ai jamais entendu (j'ose le dire, hors les miens) des cris d'homme ! Sont-ils plus retenus, plus intériorisés, plus interdits, je ne le sais. Je remercie ces femmes qui osent, car elles me donnent aussi à moi-même l'autorisation d'oser, ce que je n'ai pas su faire pendant longtemps au début de ma vie d'homme. Oser montrer le plaisir avec la totalité de son corps suppose plus de liberté d'être que je n'avais pu l'imaginer au début de ma vie amoureuse. Quel cheminement...

J'ai reçu cette semaine la lettre d'une femme, accompagnée d'un billet que lui ont adressé des proches voisins. « Merci de bien vouloir faire l'amour sans hurler à 3 h 10 du matin. En silence cela peut aussi être très bien », disait le billet. Un couple dérangé dans sa propre intimité au point de se manifester à son tour, mais pas par le même moyen. Je note que ces voisins ont noté scrupuleusement l'heure et je m'interroge sur l'identité de l'auteur du billet : est-ce l'homme, la femme, le couple ?

La lettre de la dame, qui accompagnait le billet, se lit comme suit : « Voici ce que j'ai trouvé ce matin dans ma boîte aux lettres. Vous connaissez la place des femmes dans leurs rapports aux autres, va-t-on continuer à les bâillonner ? Mes voisins sont de jeunes mariés (silencieux il est vrai !) qui ont choisi de vivre en immeuble. Celui-ci est à l'arrière de ma maison, faisant écran à une voie ferrée où les trains circulent aussi de nuit. Sont-ils moins dérangés par les trains que par mes cris ? Je ne sais que leur répondre. Comment leur dire les bienfaits de la libération de la voix quand on ne l'a pas vécue ? Préfèrent-ils entendre les trains qui passent ou le bruit de l'amour ! ? Bien à vous, comme vous dites quand vous répondez à vos lecteurs, oui, bien à vous... »

Je réponds à ma correspondante. Ce que je sais aujourd'hui, c'est que l'amour a besoin d'intimité et que la fête des corps suppose un environnement bienveillant. Oser tout, bien sûr, mais dans la douceur d'une intimité qui ne se répand pas. Quand une rencontre est précieuse, il ne s'agit pas de la cacher, mais de la protéger. De la protéger de l'irruption des jugements et des commentaires qui émanent justement des autres, de préserver l'espace et le temps de ce moment partagé, pour en confirmer la valeur et le caractère précieux.

Faire l'amour suppose un espace d'intimité d'autant plus préservé que cette rencontre s'accomplit dans le don et l'abandon, dans le plaisir et la confiance mutuelle.

La découverte de l'autre sexe

Découvrir l'autre sexe et sa différence, c'est entrer dans l'un des mystères les plus complexes de la vie. Toute découverte en ce domaine ne relève ni d'un savoir acquis ou transmis, mais d'une expérience unique pour chacun et qui est de l'ordre de la révélation.

Je pense à cette petite fille de trois ans qui, voyant pour la première fois sa mère laver le sexe de son petit frère, lui retient la main et lui dit gravement : « Tu sais, ce n'est pas la peine de laver ce truc, de toute façon il va tomber, comme le mien ! » Et au petit garçon de cinq ans que je fus, curieux de savoir « ce qu'il y a vraiment » sous les jupes des filles, qui s'écria, déçu devant le ventre tout rond d'une fillette : « Mais tu n'as rien ! » Je vis alors une larme couler lentement le long de sa joue et sa bouche se crisper... Que je voudrais tellement, tellement pouvoir me rattraper tant je me sens coupable, encore aujourd'hui, d'avoir blessé cette petite fille !

Certains de nos grands-parents n'ont jamais vu le sexe de leur conjoint. Ils se couchaient vêtus de longues chemises de nuit, éteignaient la lumière, et la rencontre se faisait avec l'aide de l'obscurité et du silence par des tâtonnements de moins en moins maladroits, du moins je l'espère !

Découvrir la différence des sexes, ce n'est pas seulement regarder ou toucher, c'est aussi écouter et entendre comment l'autre vit son sexe, ce que ce dernier représente de honte ou de fierté, de gêne ou de plaisir, de peur ou de désir.

Beaucoup d'hommes sont persuadés qu'il suffit de caresser le clitoris de leur partenaire pour éveiller le désir chez elle. Certains ignorent, ou ne veulent pas entendre, que cette partie du sexe féminin est parfois si sensible, comme électrique, que la stimuler provoque blocage, douleur, voire anesthésie, c'est-à-dire l'inverse de ce qu'ils souhaitent.

Le sexe des hommes est fragile, il est habité, plus souvent que les hommes eux-mêmes en ont conscience, par des peurs : peur de perdre l'érection, peur de ne pas avoir d'autre érection (face à l'attente de l'autre), peur de ne pas être à la hauteur (de leurs propres fantasmes), peur de faire mal, d'être maladroit, d'être rejeté (avec le risque d'être jugé comme n'étant pas un « bon coup », pour reprendre une expression assez courante chez les femmes d'aujourd'hui !)...

La découverte du sexe, qui n'est pas *opposé,* comme on le dit familièrement, mais *complémentaire,* est un long apprivoisement. C'est un chemin parsemé d'étonnements, d'enthousiasmes et de plaisirs, mais aussi de malentendus, de malaises, d'incompréhensions.

Peut-être pourrions-nous apprendre à définir ce qui est vital pour nous, afin de ne pas laisser croire à l'autre qu'il sait mieux que nous ce qui est bon ou moins bon en ce qui nous concerne. La relation sexuelle est un creuset où devraient se rencontrer tous les langages d'une communication pleine et vivante et surtout toujours en devenir, jamais achevée.

Quand l'amour est une fête sacrée
des corps coule le miel de l'orgasme.

Le viol conjugal

C'est souvent un sujet tabou ou d'étonnement scandalisé pour les hommes qui ne voient pas matière à interrogation et qui se fâchent quand on met en cause la maladresse, la tyrannie, voire la violence de leur désir : « Mais enfin, faire l'amour quand on en a envie, c'est normal ! C'est ma femme ! Si on ne peut plus baiser avec sa femme ! »

Le viol conjugal est aussi un sujet tabou pour les femmes. Celles-ci en ont honte et pensent parfois qu'accepter ce type de maltraitance leur évite de subir des violences physiques ou psychologiques plus graves qui leur paraîtraient encore plus difficiles à vivre.

Le viol conjugal, dans sa définition la plus simple, consiste en des relations sexuelles imposées sans le consentement du partenaire ou par la contrainte physique, psychologique ou morale. En France, il a été reconnu comme punissable par la loi du 22 décembre 1989.

Dans l'intimité de certains couples, il reste cependant très fréquent. Quelque 25 % des femmes mariées, dit-on, subissent ou « acceptent » des relations sexuelles imposées par leur conjoint. La banalisation de ce type d'abus a pour origine non seulement des rapports de force opaques et faussés entre hommes et femmes, mais aussi un conditionnement lié à des modèles culturels véhiculés et imposés par l'éducation, la publicité, les films.

La prédominance et la persistance des modalités qui caractérisent le mode antirelationnel des échanges dans notre société se trouvent à la base de ce type de violence. Trop souvent, nous engageons des rapports et avons des conduites fondés sur des injonctions, des dévalorisations, de la culpabilisation, parfois même du chantage et des menaces. L'issue en est des relations ambivalentes et des rapports de force de type dominant/dominé. Tant que la famille, l'école et la société entretiendront de telles modalités relationnelles, les rapports dominant/dominé perdureront et seront même perçus par certains comme légitimes.

Fondés sur la manipulation et le mensonge au détriment de l'affirmation et de la confrontation qui sont, eux, à la base de la mutualité, de l'alternance des influences, du respect de l'autre et de soi, marqués tantôt par la soumission tantôt par l'opposition, ces rapports confirment à certains le bien-fondé de la violence qu'ils imposent sans état d'âme. Dans une relation intime, celui qui impose sa sexualité à l'autre comme étant naturelle tente paradoxalement de la justifier en faisant appel à ses propres sentiments : « C'est normal, je t'aime » ou aux sentiments de l'autre : « Si tu m'aimes, tu dois avoir envie », faisant ainsi un amalgame complaisant, et toujours à leur profit, entre sentiment et relation.

À trop se sentir bafoué, le corps parfois se révolte. Il utilise alors le seul langage qui lui permette de se faire entendre, le langage des maux... en payant parfois un prix fort : une maladie grave ou durable.

L'amour dans tous ses états

J'ai entendu, dans un train, deux hommes qui bavardaient de leurs amours. Et l'un disait à l'autre : « Cette femme-là je l'aime à la folie, elle serait mon idéal si elle était différente ! »

Le marchand de rose

Il fréquente les mêmes restaurants que moi, pas pour les mêmes motifs bien sûr ! Il connaît bien les garçons et les maîtres d'hôtel, ceux qui l'acceptent, ceux qui échangent un mot, ceux qui le tolèrent et ceux qui le rejettent, voire le chassent d'un coup de torchon plus ou moins discret... Il a préparé avec soin ses roses, chacune dans un emballage de cellophane. Il s'adresse en priorité aux hommes accompagnés, guignant de l'œil la femme, sollicitant son soutien, un mouvement d'intérêt qui stimulerait l'homme à lui offrir une rose.

Le plus souvent, le regard des hommes effleure le marchand sans le voir. Un mouvement de tête négatif indique que la rose est inopportune dans l'état de la relation, qu'elle dérange l'échange, parasite ce qui se passe entre les deux convives. Combien de conditions favorables faut-il pour qu'un homme en train de dîner et de parler offre une rose à une femme, que celle-ci l'accueille et que la rose parvienne jusqu'à un vase ? Si toutefois elle n'a pas été oubliée dans un taxi ou sur la table du restaurant !

J'imagine parfois la vie du marchand de roses. Il prévoit de traverser quelque trente à soixante restaurants durant la soirée afin de pouvoir affronter ses dépenses courantes, son loyer, et tout ce qu'il doit acheter pour manger à sa faim. Il doit lui arriver de se retrouver à minuit ou à une heure du matin avec un bouquet de quinze à vingt roses invendues, qu'il devra mettre dans sa baignoire ou dans une cuvette afin de les maintenir fraîches et présentables jusqu'au lendemain...

Le chemin parcouru par une rose pour honorer son destin, être un signe d'amour ou d'attention affectueuse, est périlleux, labyrinthique et plein d'imprévus ! Acheter, prendre, offrir une rose, c'est accueillir un peu d'espérance, c'est faire place à un peu plus de vie l'espace d'un instant.

Je me souviens du jour où ce fut Elle qui m'offrit une rose. Nous venions d'avoir un échange un peu vif et je commençais, selon mon habitude (à cette époque-là), à me replier, à me refermer et donc à gâcher notre soirée. En ce temps-là, j'étais un spécialiste de l'autosabotage et de l'autoprivation. Quand justement elle prit une rose au marchand qui passait, elle écrivit sur un morceau de nappe ces quelques mots : « Il arrive parfois aux épines d'avoir des roses ! » Elle m'offrit le tout et elle éclata de rire en voyant mon air perplexe, m'embrassa en me disant : « J'aimerais être aimée même quand je sors mes épines ! » Aujourd'hui encore, quand je reçois ou que j'offre des roses, je songe à cette rose-là... Oui, il arrive parfois aux épines d'avoir des roses.

Où ai-je lu
que nos joies passées
nous unissent à l'infini ?

Tomber enceinte en étant vierge, est-ce possible ?

Une telle question peut en surprendre plus d'un ! Oui, c'est possible, et cela arrive dans certaines circonstances. Je ne parlerai pas de l'Immaculée Conception, mais d'un phénomène qui, tout en étant rare, est cependant réel. Je connais au moins quatre femmes auxquelles cette aventure est arrivée. Dans chaque cas, même si les intentions et les comportements étaient très différents, les circonstances, par contre, ont été très semblables.

Il faut tout d'abord savoir que l'hymen ne se présente pas comme une porte fermée, comme un voile de chair homogène, mais plutôt comme une sorte de diaphragme, semblable à celui des appareils photo d'autrefois : une spirale concentrique, mobile et poreuse.

Un des couples auxquels je pense, formé de deux catholiques pratiquants, s'était promis et avait pris l'engagement de ne pas avoir de relations sexuelles avant le mariage. Ils avaient tenu bon, mais une soirée d'été, après s'être baignés, nus, après quelques caresses timides et quelques emportements passionnés, l'homme avait éjaculé sur le ventre de sa fiancée. Seulement cela, sans pénétration aucune, et la jeune femme s'était retrouvée enceinte quelques semaines après. Des années plus tard, elle disait encore sa colère et sa détermination : « J'ai tenu bon, contre l'avis de mes parents qui n'ont jamais cru que j'étais encore vierge, pour me marier en blanc. Même si ma grossesse se voyait, je savais ce que j'avais vécu et je voulais me respecter. »

Les quelques témoignages que j'ai pu recueillir rapportent tous des incidents semblables. Pas de pénétration, seulement des jeux, une approche passionnée, des caresses très stimulantes et une éjaculation impétueuse, trop proche des organes génitaux de la femme.

L'hymen n'étant jamais complètement obturé, il présente une porosité suffisante pour laisser d'une part s'écouler le sang des règles et d'autre part entrer les spermatozoïdes – ces microscopiques intrus... De plus, ceux-ci semblent méconnaître la loi de la pesanteur. Ils sont apparemment fascinés, attirés par des forces ascensionnelles qui les conduisent jusqu'à un endroit bienveillant, l'utérus féminin où ils seront accueillis et choyés.

Et je sais pour ma part que la passion amoureuse est capable d'accomplir bien d'autres miracles !

Les miracles existent, même
s'ils ne sont pas nombreux.
Ils allègent l'existence
par leur présence inespérée.

« Ma meilleure amie me trouve séductrice ! »

La question de la séduction est complexe, car elle met en jeu deux dynamiques relationnelles qui sont en opposition :

• La dynamique de celui qui aspire à attirer l'attention, voire à capter l'intérêt, l'affection ou le désir de l'autre.

• La dynamique de celui qui est attiré et qui n'ose pas toujours le reconnaître, ou qui sent que cette attirance va le bousculer. Dans ce dernier cas, traiter l'autre de séducteur ou de séductrice est une défense visant à justifier son propre repli et son besoin de protection : c'est l'autre qui est dangereux, puisque séducteur.

Ceux qui sont perçus comme des séducteurs ont souvent besoin d'une reconnaissance qu'ils demandent implicitement. Ils émettent des signaux de disponibilité ou d'attente qui sont interprétés soit comme une invite, soit comme dérangeants par celui qui les reçoit. Mais ils sont fréquemment habités par un manque de confiance en eux-mêmes, qui gêne ainsi ceux qu'ils rencontrent.

Pour ma part, je crois que l'on appelle à tort séducteur ou séductrice celui, celle qui touche par ses attentions, par l'intérêt qu'il porte à l'autre, par la familiarité et la liberté de ses propos. Or, il me semble qu'en traitant l'autre de séducteur nous nous déresponsabilisons. Nous nous comportons comme si nous étions une malheureuse victime, démunie devant l'emprise du dit séducteur auquel nous attribuons la toute-puissance de nous rendre vulnérable, de déclencher malgré nous notre attirance, notre désir et l'abandon de notre sens critique.

Je ne connais que des personnes qui parfois sont séduisantes (et d'autres fois ne le sont pas) et des personnes qui sont « séductibles », c'est-à-dire sensibles à l'attirance de l'autre. Ces dernières (dont je fais partie) sont la catégorie la plus nombreuse. Elles envoient des signaux qui peuvent troubler ou gêner s'ils sont entendus comme des invites. Et j'estime que si ces personnes « séductibles » acceptent d'être séduites, elles sont responsables de leurs propres émois. Celle (ou celui) qui se contente d'affirmer que « c'est la faute de l'autre », ou qu'il n'a pas eu de chance puisqu'il est « tombé sur un séducteur », ne grandira pas beaucoup.

Si votre meilleure amie vous trouve séductrice, peut-être a-t-elle perçu chez vous ce qui lui fait défaut : une liberté d'être, une aisance dans les contacts et les échanges qui peuvent déclencher deux mouvements opposés chez les hommes, mais qui sont toujours source de malentendus : le désir de prendre votre aisance et votre liberté pour une invitation, et la peur d'être perturbés par l'attirance qu'ils éprouvent pour vous ! Dans les deux cas, il n'est pas facile de gérer la situation, ni pour celle qui est perçue comme une séductrice, ni pour celui qui est étiqueté comme un séducteur.

« Cours après moi que je t'attrape ! »
relève d'une vieille pratique amoureuse.

Un couple… à trois

Je connais, dans mon entourage immédiat, au moins cinq couples, composés de deux femmes et d'un homme ou de deux hommes et d'une femme, qui vivent ensemble depuis des années et semblent s'équilibrer mutuellement ainsi... À la fois discrètement et ouvertement aux yeux de leurs proches, ils partagent un mode de vie qui paraît inacceptable à la plupart d'entre nous.

Comme j'ai eu l'occasion d'échanger avec chacun des protagonistes, je vais tenter de rapporter quelques-unes de leurs remarques. « Nous vivons à trois depuis douze ans et je pense que cela va durer, car notre entente affective est forte », dit l'une des femmes. Je me hasarde, en butant sur les mots : « Et la sexualité ? Comment cela se passe-t-il ?

— Normalement, c'est nous, les femmes, qui choisissons.

— Vous choisissez quoi ?

— De passer la nuit ensemble avec ou pas ! C'est formidable de pouvoir choisir sans se sentir jalouse. » Cette fois-là, je ne suis pas allé plus loin dans le détail de la vie intime de ce couple à trois, et par la suite je n'en ai pas appris beaucoup plus, sinon qu'ils paraissaient satisfaits les uns des autres autant que d'eux-mêmes, ce qui est déjà beaucoup !

Dans une autre de ces associations triangulaires, c'est l'homme qui m'a affirmé : « Dans un couple à trois, il faut trois relations sinon ça ne marche pas.

— Comment cela, trois relations ?

— Une relation entre l'homme et chacune des femmes et une relation entre les femmes. Nous pouvons ainsi nous appuyer, compter sur la disponibilité de l'un ou de l'autre et en même temps disposer pour nous-même d'un temps et d'un espace sans les autres. »

C'est la grande liberté qui circulait et la tendresse qui existait entre ces hommes et ces femmes qui, paradoxalement, m'ont le plus touché dans ces différents témoignages. J'y ai entendu plusieurs constantes : une liberté fondée sur la non-possessivité, sur la légèreté, la joyeuseté et le respect, ainsi qu'une tendresse qui dépassait le registre de la sexualité.

Dans un des premiers films de Coline Serreau, *Pourquoi pas !*, Sami Frey vit une relation à trois : deux hommes et une femme. Cette relation est bousculée par l'arrivée d'un quatrième personnage, une femme, qui ne supporte pas de partager quand elle découvre la nature des relations de son ami avec les deux autres... Le film, un peu trop provocateur pour l'époque, avait suscité beaucoup d'interrogations et de curiosité, et peut-être un peu d'angoisse, chez certains à l'idée qu'il soit possible de partager son amour entre plusieurs partenaires.

Peut-être ce film et la réalité de certaines relations d'aujourd'hui nous rappellent-ils qu'il n'y a pas de modèle en amour, seulement des découvertes et des étonnements à vivre.

**En amour il ne suffit pas d'oser,
encore faut-il savoir faire vivre et cohabiter
des univers intimes différents et parfois
aux antipodes les uns des autres.**

Sincère, mais avec qui ?

Être sincère est une aspiration profonde chez beaucoup plus de gens qu'on ne le pense. Cela est peu étonnant si nous pensons aux faux-semblants, aux mensonges, aux trahisons qui nous entourent.

La difficulté réside dans la personne à qui cette sincérité s'adresse. Cet homme est sincère quand il dit à la femme avec laquelle il entretient une relation tierce depuis deux ans : « Je t'aime et c'est avec toi que je voudrais vivre. » Il est tout aussi sincère avec lui-même quand il se dit : « Je ne sais pas comment je peux quitter ma femme, je vis avec elle depuis quinze ans, nous avons deux enfants. Je ne l'aime plus, mais je suis attaché à elle. » Tel autre est persuadé qu'il est sincère quand, après une déception ou un conflit, il prétend ne rien éprouver : « Tout va bien, ce n'est pas grave », dit-il. Il est peut-être anesthésié depuis si longtemps qu'il ne ressent plus rien.

Sincérité ne veut pas dire, comme on le croit souvent, tout dire à l'autre, pas plus que ne pas lui mentir. Car le plus souvent c'est soi-même que l'on trompe plus que l'autre. « Ce que je ne supporte pas, c'est qu'il ne me dise pas la vérité », dit une femme. Mais de quelle vérité s'agit-il ? De celle qu'elle veut entendre ou de celle qu'elle ne peut pas entendre ?

Être sincère signifie d'abord oser tout se dire à soi-même. Cela révèle que nous recherchons l'harmonie et la cohérence entre ce que nous pensons et ce que nous disons, entre ce que nous éprouvons et ce que nous faisons. Au fond, nous sommes d'une habileté inouïe pour nous leurrer et inventer des prétextes tout à fait réalistes et ayant l'apparence de l'évidence afin de nous abuser nous-même avec une sincérité des plus sincères !

Nous pouvons aussi pratiquer la *self-deception* décrite par Edgar Morin : ce processus mensonger que nous déployons quand toute une part de nous-même nous ment, nous dupe, nous fait oublier ce qui nous gêne, et met en relief ce qui nous plaît. Être sincère avec soi-même est donc difficile quand il s'agit de se confronter à son intimité et plus encore aux zones d'ombres qui nous habitent parfois. L'image que nous avons besoin d'avoir de nous-même fait aussi obstacle à nos tentatives de sincérité. Nous tenons tellement à cette image qu'elle est souvent à l'origine de nombre de mensonges et de jeux pervers : nous ne voulons pas la flétrir, l'abîmer, voire simplement la remettre en cause. Nous pouvons donc être sincère et cependant continuer de nous tromper.

Quant à la sincérité dans un couple, elle repose sur deux piliers : l'intimité commune et partagée, et l'intimité personnelle, tenue en réserve. Nous qualifions parfois celle-ci de « jardin secret » ou de « respect de soi ».

Je suis sincère quand je te dis « Je t'aime »
et ne sais pas encore que je ne t'aime plus,
car il me faudra beaucoup de temps
pour oser me l'avouer.

Je voudrais que tu combles mes besoins

Dans l'important courrier que je reçois, il est fréquemment question des besoins que l'on demande à la vie ou aux autres de combler ou qu'on doit entendre parce qu'ils sont importants et vitaux. Se développe ainsi une sorte d'impérialisme du besoin qui s'impose non seulement à ceux qui les éprouvent, ce qui est tout à fait justifié, mais aussi aux proches et aux moins proches, ce qui l'est moins. Surtout lorsque ceux-ci se sentent mis en demeure de faire quelque chose, de ne pas rester passifs, de « répondre » !

« Je me sens prise en otage chaque fois qu'il me demande d'agir pour lui. Je croyais avoir épousé un adulte, justement capable de répondre à ses propres besoins sans me les imposer ! Et je découvre un homme perdu, plaintif, un petit garçon agressif parfois quand je refuse de répondre aux attentes qu'il a à mon égard. » Ou : « Il m'arrive de redouter l'arrivée du week-end tellement je sais que dès le samedi matin, avant même que j'ouvre les yeux, je serai investi par ma femme de tant de demandes que je regretterai aussitôt de ne plus être au bureau ou ailleurs. »

Dans de nombreuses relations intimes, l'autre se voit ainsi implicitement confier la mission de combler les besoins multiples de son partenaire, qui ne s'épuisent jamais. Besoin d'être écouté, reconnu, compris, aimé. Besoin de voir l'autre plus souvent, d'avoir avec lui des rencontres plus profondes. Besoin de partager, d'échanger. Besoin d'un plus grand respect. « Tu me manques. J'ai besoin que tu sois là plus souvent, que tu me dises "Je t'aime" » ; « Je voudrais que tu ne me coupes pas la parole en public, et sortir plus souvent avec toi ». La liste est longue : que tu me fasses un enfant, que tu n'aimes que moi, que tu sois moins pressé en faisant l'amour, que tu me dises des mots gentils... Besoin de présence ou de distance, besoins exprimés ou tus, criés silencieusement ou révélés par des actes manqués, des passages à l'acte parasitaires, mais toujours portés par l'espoir, tourné vers l'autre, d'une écoute, d'une attention ou d'une réponse.

Il est certain que chacun de ces besoins porte en lui-même sa justification. La plupart n'ont rien d'excessif et sont l'expression de la vitalité (ou de l'inquiétude, de la frustration) de celui qui les éprouve. Nous savons que le propre d'un besoin, quand il n'est pas confondu avec un désir, est qu'il demande satisfaction et apaisement. À défaut de quoi se développent des besoins secondaires qui, tels des parasites, peuvent envahir l'espace d'une relation et la polluer gravement... Alors que faire ? Peut-être oser dire : « Je ne t'ai pas épousé pour répondre à tes besoins, mais pour grandir avec toi, accéder à plus de maturité, de liberté partagée. » Ou encore prendre position et signifier ses limites, ses attentes et ses zones d'intolérance. Cela est possible quand un échange réciproque existe. Et peut-être aussi que celui qui exprime un besoin avec autant de constance et d'intensité pourrait se demander ce qu'il demande véritablement au-delà de l'attente qu'il exprime...

« Il est difficile de discuter de recettes de cuisine avec des anthropophages. »

JEAN-PAUL VERNANT

Le conflit entre désir et besoin

Nous sommes souvent confronté, au plus profond de nous-même, à un dilemme qu'il n'est pas facile de résoudre : nous désirons faire quelque chose mais nous sentons que cela ne correspond pas à notre besoin profond. Cette dualité peut porter sur des enjeux bénins : « J'ai envie de sortir, de profiter avec des amis sans regarder passer les heures, et en même temps, j'ai besoin de me retrouver seul, de lire ou de récupérer quelques heures de sommeil nécessaires. » Les enjeux peuvent être plus complexes : « J'avais le désir d'entrer dans cette relation amoureuse que me proposait cette amie, retrouvée après tant d'années, mais je pressentais que cela risquait de me perturber, de me replonger dans une dépendance que je ne souhaitais pas. Mon désir du moment ne correspondait pas à mon besoin de me respecter en restant fidèle à ma compagne. »

Il me semble que dans le très beau film de Clint Eastwood, *Sur la route de Madison*, l'héroïne, interprétée par Meryl Streep, vit ce dilemme : malgré son désir pour l'homme qui vient d'entrer dans sa vie, elle respecte son besoin d'être fidèle à une certaine image d'elle-même, en restant au foyer. J'ai cru comprendre que son choix ne reposait pas sur sa fidélité à son mari, mais plutôt sur sa fidélité à elle-même, sur la reconnaissance profonde de la femme qu'elle était.

Le désir est un générateur d'énergie extraordinaire, c'est pour cela qu'il l'emporte le plus souvent sur le besoin, dont la dynamique est plus statique, ce qui ne veut pas dire passive. Il ne m'appartient pas ici de dire ce qu'il est préférable de satisfaire, désir ou besoin. Cela dépend des équilibres, des engagements qui sont à l'œuvre à une période donnée de la vie, des tempêtes et des plages de calme de notre existence.

L'histoire que voici illustre bien le dilemme entre désir et besoin : « J'avais vraiment le désir de faire ce voyage en Inde. J'en rêvais depuis des années et j'avais commencé à passer du désir au projet en bloquant une période de deux mois, en rassemblant mes économies, en contactant un ashram où je souhaitais m'arrêter pour faire un peu de travail sur moi, quand, quelques semaines avant mon départ, un de mes fils m'interpella profondément par des comportements autodestructeurs. J'ai donc modifié mon projet, je l'ai aménagé pour respecter à la fois mon désir de faire ce voyage et mon besoin d'assumer mon rôle de père, de ne pas me dérober dans un moment où j'avais le sentiment que mon enfant avait besoin de moi : j'ai proposé à mon fils de l'emmener. Je lui ai précisé que ce voyage était important pour moi, et que je souhaitais le vivre en m'impliquant profondément. Et je l'ai invité à vivre ce qui lui paraîtrait bon pour lui dans cette expérience. Ce voyage fut très bénéfique pour l'un comme pour l'autre. Nous nous sommes rencontrés comme jamais nous n'aurions pu le faire, et chacun d'entre nous a pu faire un chemin vers plus d'intériorité, plus de respect envers lui-même... Cela reste entre nous comme une complicité, un partage inoubliable. »

Il n'est pas toujours possible de concilier désir et besoin, mais nous pouvons au moins rester au plus près de nos besoins.

Ces relations si délicates, si difficiles avec nos parents

Qui n'a pas éprouvé, arrivé à l'âge adulte, engagé dans la vie, devenu responsable, autonome et peut-être parent à son tour, la difficulté de se faire entendre par ses propres parents, de se sentir reconnu par eux ou simplement de pouvoir dialoguer en réciprocité avec eux ? À nous, enfants à présent adultes, les relations avec nos géniteurs paraissent parfois d'une incroyable complexité.

Que ce soit lors d'une visite chez eux ou lorsqu'ils viennent nous voir, d'un repas pourtant envisagé avec joie, d'une conversation téléphonique, la moindre tentative d'échange, le plus petit essai de partage dérape le plus souvent et se termine en reproches ou en accusations, fait remonter à la surface des situations douloureuses du passé, et surtout, nous donne le sentiment amer que si nous ne répondons pas à leurs attentes ou à leurs désirs, nous ne valons rien, nous risquons d'être rejeté, de perdre leur amour. Tout se passe comme s'il était quasiment impossible d'avoir avec eux une relation simple dans laquelle serait prise en compte la possibilité de se dire et d'être entendu, de développer des points de vue ou des idées différentes des leurs, de présenter un projet ou de témoigner d'un engagement ou d'une relation sans soulever des objections, des commentaires négatifs, des jugements de valeurs, voire des interdits...

Malgré (ou à cause) des sentiments d'amour très forts qui nous unissent à nos parents, la relation qu'ils nous proposent vise le plus souvent à marquer leur emprise, à garder le contrôle, à s'assurer de notre attachement (et donc de notre dépendance), par le biais des quelques points de fixation qui ponctuent nos différences devenues des différends...

Voici quelques-uns de ces points :

• Les questions d'argent : « Je veux bien te prêter cet argent, quoique je puisse en avoir besoin, mais à condition que cette maison que tu envisages d'acheter soit dans une copropriété. »

• La trajectoire professionnelle : « J'apprends par ton frère que tu changes de métier sans nous prévenir, alors que nous nous sommes sacrifiés pour te payer de longues études. Tout cela n'aura donc servi à rien ! »

• L'engagement politique : « Ainsi, tu votes à gauche maintenant ! Et depuis quand ? »

• Le choix amoureux : « Je ne comprends pas comment tu peux vivre avec cette femme. Décidément elle a pris la première place dans ton cœur, elle est devenue plus importante que nous ! »

• L'éducation des enfants : « La prochaine fois que tu envoies tes enfants chez nous, pendant que tu vas en

Grèce, je t'avertis, je n'accepterai pas qu'ils lisent des romans policiers à leur âge ! »

• Le besoin de rappeler le lien : « Pourquoi tu ne t'es pas arrêté, dimanche dernier ? Tu n'as même pas cinq minutes pour nous maintenant. Ta sœur est venue, elle ! »

Ces remarques sont autant de fixations visant à cristalliser des demandes qui sont en fait des exigences déguisées et conduisent à l'affrontement. Or, ce dernier ne peut malheureusement pas aboutir à une vraie confrontation qui permettrait à chacun d'échanger plus souplement, de discuter et éventuellement de mieux se comprendre, à cause des tentatives de culpabilisation.

La culpabilisation est l'arme absolue des parents, surtout quand ils prennent de l'âge. Elle vise à nous rendre, nous leurs enfants, responsables de ce qu'ils ressentent, de leurs émotions, de leurs peurs et surtout de leurs insatisfactions. Les accusations commencent par une phrase banale : « Je t'ai appelé trois fois au téléphone cette semaine, tu n'es donc jamais chez toi quand on a besoin de toi ! » Autant de pointes qui stimulent et font resurgir les blessures de l'enfance, et qui nous font adopter des positions défensives, réactionnelles...

Après chacune de ces escarmouches, nous prenons des décisions irrévocables, celle de leur dire une fois pour toutes leurs quatre vérités, de ne plus les revoir, de ne pas rester au-delà de vingt minutes, de ne plus accepter d'aide de leur part (« Si tu as besoin d'argent, tu sais que tu peux compter sur nous... »), de nous libérer de notre propre attachement, compassion ou asservissement. Promesses faites à nous-même que nous ne pouvons tenir, car malgré les « pollutions » de la relation, notre attachement (ou notre dette) reste grand à leur égard et nous recommençons à accepter ce qui n'est pas loin de l'inacceptable.

Ma grand-mère disait qu'il y a un âge qui n'est jamais décrit dans les manuels de psychologie : l'âge où un enfant accepte de laisser grandir ses parents tout seuls !

S'en tenir au présent quand le futur est impossible...

Elle m'écrit. Elle m'écrit pour me dire à la fois son espérance et son chagrin. Lettre lancée dans l'espace ouvert d'une écoute envisageable ou lettre-libération, qu'importe. Celui ou celle qui écrit a besoin non seulement de se dire mais de se dépasser, d'aller au-delà de lui-même. Il réclame attention, écoute, acceptation inconditionnelle de ce qu'il vit, pour aller vers un espace de lui-même où il peut se retrouver.

Elle savait que son fils aimait les hommes, elle vient de découvrir, incrédule puis révoltée, qu'il a le sida : « En ce moment, j'ai tout froid à l'intérieur de moi, des frissons désolés me traversent, mais les retrouvailles avec lui sont gaies. C'est incroyable, mais je ris avec lui. Nos échanges et partages sont si joyeux, si vivants, tels que je n'en avais plus vécus depuis ses cinq ans. Cela fait un tiers de siècle que je m'étais coupée de lui, peut-être trop respectueuse de son indépendance, ou qu'il s'était éloigné de moi, sa mère. Ce n'est pas un enfant que je retrouve mais un homme, un homme fragilisé mais encore solide, avec un appétit de vivre que je ne lui ai jamais connu. C'est moi maintenant qui ne sais pas m'en tenir au présent, qui n'arrive pas à vivre l'instant, sans cesse habitée par ce besoin inquiet de toujours anticiper un avenir que je sens terrible, que je perçois comme dangereux et menaçant.

Alors que c'est lui qui a besoin de soutien, c'est moi qui voudrais être secourue… Je suis touchée bien au-delà de tout ce que je peux dire. Un renversement de vie, alors que j'avais enfin conquis ma liberté, que les difficultés matérielles s'aplanissaient, que je commençais à vivre vraiment pour moi, comme une femme à part entière, et voici que je redeviens mère, maman, à temps plein, totalement engagée dans la survie de mon fils, de mon petit… »

Cette mère ajoute au bas de sa lettre, comme dans un cri : « Je l'aime à en avoir le cœur qui éclate. » Et cela me renvoie à une autre lettre qu'une amie m'avait adressée à la même époque : « Sans père, sans frère, je ne connaissais des hommes que le mystère et la tentation. Puis vint mon fils… » Cela réveille aussi des échos en moi sur la responsabilité que j'éprouve vis-à-vis de mes enfants, adultes quadragénaires autonomes et engagés dans la vie, mais vis-à-vis desquels je reste en état de veille, malgré tout l'apparent détachement que je montre.

S'en tenir au présent, surtout quand il est bon à vivre, n'est pas toujours possible. Nous sommes des êtres porteurs d'une histoire dont l'écheveau n'est jamais complètement dévidé et dont de nombreux fils nous tirent souvent vers le passé, mais nous sommes aussi des rêveurs, des bâtisseurs d'avenir qui voulons mettre le futur au service de nos désirs, surtout quand celui-ci se dérobe ou que l'horizon laisse apparaître des zones d'ombre et se fait menaçant. Nous avons ainsi à naviguer au plus près de l'instant, dans un présent au présent.

Quel que soit son âge ou le nôtre, notre enfant reste un enfant tout au fond de notre cœur – n'est-ce pas la meilleure des places pour un enfant ?

L'amour, ce mal-aimé...

Depuis quelques décennies, j'ai l'intuition que l'amour est mal aimé, qu'il est maltraité et même violenté par nombre d'amoureux, autrement dit d'humains, comme vous et moi. Tout se passe comme si les forces du mal et de la violence avaient pris l'avantage sur les forces du bien et du bon. Il me semble aussi que l'on donne à l'amour une mission impossible : restaurer tous les manques, réparer toutes les blessures, combler toutes les insuffisances et faire oublier les difficultés inévitables d'un quotidien qui se construit au jour le jour, au travers d'échecs et de réussites. Je sais qu'en affirmant cela, je vais certainement étonner, irriter ceux qui ont de l'amour une vision idyllique et romanesque, que je vais peut-être renforcer des résistances chez ceux qui pensent que l'amour est quelque chose de plus simple, de moins compliqué que tout ce que je vais décrire dans les lignes qui suivent.

Je crois tout d'abord qu'il convient d'éviter de confondre l'amour avec ses avatars, les pseudo-amours que nous proposent certains, et ainsi apprendre à se respecter. Se respecter en amour, c'est déjà accepter de s'aimer, non d'un amour narcissique, égocentrique ou nombriliste, mais d'un amour bienveillant, qui a confiance en ses ressources et connaît ses limites. Ce qui permet de mieux accepter l'autre avec ses différences et de le respecter aussi.

Quand je dis « amour de l'autre », je veux parler du don d'amour, c'est-à-dire de l'amour oblatif tourné vers l'autre. Non pas de l'amour que nous demandons à autrui, ni de celui que nous tentons de lui imposer et dont nous voudrions qu'il s'émerveille et soit comblé d'en être l'objet – voire qu'il nous en soit reconnaissant ! Ni enfin de celui que nous espérons recevoir en réponse au nôtre, par réciprocité : « Puisque je t'aime, tu dois m'aimer ! »

Le don d'amour que j'évoque ici me semble être de plus en plus rare. J'écrivais que pour aimer, pour donner de l'amour, il ne suffit pas d'en avoir reçu, encore faut-il accepter de s'aimer. Cela signifie-t-il que les hommes et les femmes d'aujourd'hui ne s'aiment pas suffisamment ? Je serais tenté de le croire... Quand on est trop dans la dépendance et la survie, à la recherche d'un équilibre précaire, il est difficile de s'aimer, d'engranger suffisamment de bonnes choses pour avoir la possibilité d'offrir le meilleur de soi au meilleur de l'autre. C'est ce qui se passe aujourd'hui chez beaucoup de jeunes. Les apparences d'un confort matériel, technologique, fondé sur la consommation, masquent difficilement les angoisses, les interrogations et les souffrances du plus grand nombre. Tout n'est pas perdu bien sûr, tout n'est pas aussi catastrophique que mon propos peut le laisser entrevoir, pour peu que nous acceptions d'apprendre à aimer. Car l'amour est un ensemble de sentiments complexes qui restent dominés par l'irrationnel, l'imprévisible, l'émerveillement et la créativité, mais aussi par la souffrance, l'errance et la désespérance.

Voici quelques points de repère pour se retrouver dans le maquis complexe des sentiments amoureux. Au tout début d'une vie amoureuse, nous rencontrons le plus souvent (et cela est difficilement avouable et même acceptable, mais cela se passe ainsi) ce que j'appelle les pseudo-amours. Pour aider à les reconnaître, je vais donner à chacun un qualificatif :

- Amours fondées sur le besoin : Je lui dis « Je t'aime, mais cela veut surtout dire « Aime-moi ! Aime-moi ! ».
- Amours fondées sur la peur : Je lui crie « Je t'aime », mais cela veut dire « Ne me quitte pas ! Ne me quitte pas ! ».
- Amours fondées sur le manque : Je lui murmure « Je t'aime », mais cela veut dire « Tu dois m'aimer comme ma mère aurait dû m'aimer » ou « comme mon premier amour, celui qui m'a déçue, n'a su m'aimer ! ».
- Amours fondées sur la consommation : J'aime surtout l'amour que l'autre éprouve pour moi. Je me laisse aimer.
- Amours de remplacement : Je donne à l'aimé(e) l'amour que j'aurais voulu donner à un(e) autre qui m'a quitté ou que j'ai perdu(e)...
- Amours-écrans : ceux-ci masquent notre impuissance à aimer. Nous disons « Je t'aime », mais nous savons que l'amour est absent de nos sentiments.

Il existe encore bien d'autres pseudo-amours que chacun reconnaîtra en lui et autour de lui. Heureusement, des amours bien réels, vivaces et vivifiants sont aussi possibles. Mais pour atteindre un amour porteur d'amour, un amour de désir, un amour oblatif, un amour dans lequel nous ne sommes pas dans la demande aveugle ou le leurre, mais dans le don, il nous faudra grandir – je n'ose dire mûrir... Et pour cela il nous faudra apprendre, parfois dans la souffrance et le désarroi, à devenir autonome sur le plan affectif, développer notre capacité à nous unir, nous engager et envisager un projet de vie à deux, nous projeter dans une création commune... et songer peut-être à donner la vie pour que notre amour s'inscrive dans la durée et dans cette part d'éternité qu'on appelle un enfant.

Au travers de ces quelques balises j'ai tenté de montrer, d'une part qu'il est important de nous interroger sur la qualité de l'amour que nous proposons et recevons, et d'autre part de nous donner les moyens de rendre l'amour viable dans la durée. Ceci en acceptant de nous interroger sur notre capacité à nourrir notre amour par une relation de qualité dans laquelle chacun aura le sentiment de croître et de se respecter.

J'espère n'avoir découragé personne, ni ceux qui aiment ni ceux qui sont aimés, et avoir été entendu par tous ceux qui souhaitent accueillir et magnifier la rencontre amoureuse et la prolonger jusqu'au cœur de la vie.

Qui s'assied au fond d'un puits
pour regarder le ciel,
le trouve trop petit.

Éloge de la femme

« Je remercie non seulement le créateur et le mystère de la création – l'incroyable complexité que représente la rencontre d'un spermatozoïde et d'un ovule, mais aussi l'extraordinaire bienveillance de la vie qui, dans ses combinaisons infinies, m'a donné le sexe qui est le mien. Il m'est délicieux d'être femme, et même si cela n'a pas été toujours facile dans mon histoire, j'ose depuis quelque temps l'affirmer et en témoigner avec plus de liberté et de plaisir. Je m'en régale du matin au soir au point que, si cela m'était possible, je choisirais ce sexe dans ma vie future. Cette reconnaissance tardive de mon identité sexuelle, la rencontre vraie avec d'autres femmes, mes semblables, mes sœurs, mes doubles multiples, m'a ouverte au meilleur de moi-même. » Cette femme signe sa lettre *Femme-feu âme*.

Elle se raconte ainsi dans un courrier printanier. Je l'imagine légère et grave, primesautière et sérieuse, infatigablement vivante de 7 h le matin jusqu'à tard le soir… Je la remercie surtout pour cette liberté d'être qui rend précieuse une rencontre, même épistolaire et anonyme.

J'ai une admiration inépuisable pour les femmes, et même si les hommes s'en irritent parfois, je veux pouvoir continuer à en témoigner. Ce que je ressens est lié à la reconnaissance que j'éprouve à leur égard. Je leur suis reconnaissant de m'avoir mis au monde, élevé, donné confiance en moi quand tant de doutes me tenaillaient, de m'avoir offert le regard nécessaire pour dépasser l'apparence des choses, de m'avoir soutenu, voire dérangé, pour me permettre de conférer un sens nouveau aux évidences faciles et d'accueillir avec confiance ce que l'existence a d'imprévisible.

Je leur suis reconnaissant de m'avoir initié non seulement à l'amour, mais à la profondeur des sentiments amoureux. Et reconnaissant pour m'avoir permis de devenir père, de transmettre la vie et d'accompagner au fil des années ce cadeau de la vie que sont nos enfants. Que serais-je devenu sans eux ? Un être inachevé, tenaillé au ventre par la peur de grandir, un barbare civilisé hyperactif lancé à la conquête de quelques biens dérisoires, cherchant à s'approprier les idées des autres au lieu de découvrir combien il est plus riche et stimulant d'inventer ses propres mots...

Reconnaissant aussi pour les rencontres, les émotions, les élans et surtout les désirs qu'elles éveillent comme autant d'étoiles et de balises sur les chemins de mes attentes comme de mes offrandes, car ce sont souvent les mêmes.

Même s'il m'est arrivé quelquefois, avec une infinie nostalgie, de regretter de ne pas être né femme, le fait de reconnaître et de laisser vivre plus pleinement la part de féminitude qui m'habite me comble suffisamment pour que j'accepte de vivre pleinement ma vie d'homme.

Pour moi, la vraie misère est de ne pas être aimé d'une femme.

Difficultés et insatisfactions

La vie est pleine de miracles, mais certains jours – l'avez-vous remarqué ? –, les citrouilles restent des citrouilles.

Les violences douces du harcèlement amoureux

Dans certaines relations amoureuses tout se passe comme si le plaisir de la rencontre, le fait de s'abandonner à l'instant présent, les bienfaits du partage n'étaient pas suffisants. Comme s'il fallait en plus, non pas construire l'avenir, mais prévenir son éclatement, voire sa disparition, le contrôler pour mieux en disposer, quitte à prendre paradoxalement le risque de maltraiter le présent et de meurtrir la relation.

Ainsi en est-il du harcèlement amoureux. Dans une relation, il emprunte généralement deux directions. En amont, il donne lieu à un questionnement intrusif, avide de savoir : « Qu'est-ce que tu as vécu avant moi ? » ; « Jusqu'où as-tu été ? » ; « Que t'a-t-il (elle) apporté ? ». Dans les moments les plus inattendus apparaîtront ou resurgiront les démons de la comparaison, de l'attention intrusive, de l'imaginaire avide d'en savoir plus sur cette partie de la vie de l'autre où nous n'avions pas encore de place. Le besoin se fait impérieux d'effacer toute trace du passé, de se substituer à l'ancien compagnon (ou compagne), de brouiller les souvenirs.

En aval, le questionnement se fera câlin. Il suit généralement les moments d'abandon, la fête des corps. Il n'en sera pas moins intrusif pour autant : « Dis-moi sincèrement, qu'est-ce que je représente pour toi ? » ; « Est-ce que tu tiens vraiment à moi ? » ; « Est-ce que tu m'aimes vraiment ? ». Si l'autre se risquait à répondre « Tu deviens quelqu'un de pénible et de difficile à supporter, dont les questions me blessent », peut-être une régulation se ferait-elle. Peut-être le partenaire comprendrait-il qu'une relation amoureuse ne se nourrit pas d'inquiétudes, pas plus que de certitudes, mais d'offrandes suffisamment libres, ouvertes, pour inscrire chez l'autre le goût de la rencontre présente. Et ceci, sans comparaison avec le passé, sans anticipation ni projection dans un futur qui avance de toute façon vers l'inconnu et comporte une part d'imprévisible qui ne peut se négocier à l'avance.

À trop vouloir se protéger des risques de l'abandon, de la perte, du désamour ou du désintérêt possible de l'autre, c'est toute la relation amoureuse que l'on met en danger : « Mon amour était semblable à une poignée de sable que je tenais serrée dans ma main. Plus je serrais, plus il s'écoulait entre mes doigts impuissants. Plus je tentais de contrôler l'amour de mon amie, plus je la perdais... C'est ainsi qu'elle m'a quitté, impuissante à me faire comprendre combien mes comportements m'éloignaient d'elle... Moi qui ne rêvais que de la garder ! »

Combien de partenaires anxieux, contrôlants, possessifs déclencheront-ils ainsi ce qu'ils redoutent le plus : la fuite, le départ de l'aimé(e) ?

Quand le côté miraculeux d'une rencontre
n'est pas entamé par la peur d'une séparation,
chacun se doit de remercier l'autre
de la liberté intérieure qu'il lui offre.

Je t'aime « encore », « fort », « beaucoup »...

« Dans le ''Je t'aime beaucoup'', c'est le ''beaucoup'' qui est de trop », disait ma grand-mère, grande connaisseuse des errances de l'amour humain. Une offrande d'amour devrait se suffire d'un « Je t'aime » tout court – cela, même s'il est toujours difficile pour l'aimé(e) de savoir avec une certitude absolue ce que l'autre éprouve réellement quand il se dit aimant. C'est une des incertitudes inépuisables de l'amour.

Beaucoup vont s'écrier : « Moi, je sais qu'il m'aime. Je suis sûre que notre amour durera toute la vie » ou « Je sens qu'elle m'aime et que c'est pour toujours ! ». Mais dans ces affirmations, qui s'apparentent à des certitudes, se mêlent ce qui est de l'ordre du ressenti intime éprouvé à l'égard de l'autre, et le sentiment qu'on lui porte.

Le ressenti, lui, peut être fondé sur un ensemble de signes ayant valeur de preuves pour celui qui les reçoit ou les interprète comme tels. « Je sais qu'elle (il) m'aime » n'est cependant qu'une croyance, nourrie soit par une mythologie personnelle, soit par un ensemble de messages verbaux et infraverbaux, de conduites, d'attentions, de marques d'intérêt et de manifestations intimes à partir desquels l'aimé transforme sa croyance en certitude absolue : « Je suis sûr(e) qu'elle m'aime. » Pour lui donner plus de poids, l'ancrer profondément en lui, en faire une conviction inébranlable, l'aimé ajoute parfois : « Et je sais que moi, de toute façon, je l'aimerai toujours ! »

Une déclaration d'amour, nous le savons, peut se décliner de différentes manières qui n'ont pas le même sens, ni ne recouvrent les mêmes enjeux. Celui qui déclare « Tu sais, je t'aime aussi » entend-il réellement ce qu'il dit ? Cela peut se comprendre comme : « Tu es dans mon cœur, tu as une place (peut-être privilégiée) parmi d'autres. »

Le « Je n'aime que toi », qui contient une négation, vise paradoxalement à rassurer. Il peut s'entendre comme : « Tu n'as aucune crainte à avoir, je te privilégie entre tous (tes). » Cela suffira-t-il à rassurer et à combler les attentes de l'autre ? Je ne le crois pas.

Le « Je t'aime encore » contient les prémisses d'une incertitude inquiétante. Quant au « Je t'aime fort », il peut être une tentative de confirmation adressée à l'autre, mais aussi à soi-même... Le « Je t'aime beaucoup », pour revenir à lui, me paraît quelque peu restrictif. Il semble donner « beaucoup » alors qu'il limite et retient ce qui est peut-être l'essentiel : la part d'inconditionnalité recherchée dans tout amour. Le fameux « Je t'aimerai toujours » me semble être la projection abusive d'un désir d'infini sur un avenir limité par tout ce que la vie a d'imprévisible...

Ainsi, de déclarations d'amour en déclarations d'amour, nous découvrons progressivement que le fait d'aimer et de se sentir aimé présente un risque inévitable : nul ne sait à l'avance la durée de vie d'un amour – même si la déclaration d'amour, par son intensité et son actualité, régénère l'espoir et semble prolonger le présent dans l'avenir. Les déclarations qui précèdent visent à contenir, à masquer la somme d'inquiétudes qui accompagne tout sentiment amoureux.

En aimant, nous entretenons une immense espérance : être aimé inconditionnellement par l'autre. Nous acceptons même de ne jamais en avoir la preuve absolue, seulement la croyance – ce qui n'est pas si mal ! Quand on peut avoir cette croyance et la garder...

C'est non seulement dans les déclarations de l'autre, mais aussi dans ses comportements que nous découvrons qu'aimer et être aimé(e) ne reposent pas sur les mêmes prémisses, et ne portent pas sur les mêmes attentes.

Quand je dis « Je t'aime », je suis dans l'ordre des sentiments, les miens, ceux qui m'habitent, m'agitent, me perturbent, me dynamisent, m'enflamment ou me désespèrent et me consument ! Un « Je t'aime » qui m'est adressé me plonge dans l'ordre du ressenti, celui que j'éprouve lorsque j'entends ces mots, perçois leur tonalité, vibre à leur densité pour peu qu'ils soient énoncés à mon intention et concernent ma personne.

Le décalage subtil entre sentiment et ressenti contient tout l'espace qui sépare les doutes des espérances, les croyances des certitudes, les semblances des différences. Et c'est avec tout cela, croyances et incertitudes, confiance et doutes que nous devons apprendre à vivre la relation amoureuse.

S'il est toujours difficile de parler d'amour avec des affamés de l'amour, il est encore plus douloureux d'en parler avec ceux qui ont été déçus par lui.

J'aime même si je ne me sens pas aimée...

J'écrivais tout récemment à une amie pour lui demander sur quelle planète elle vivait ses amours, sachant qu'elle avait commencé, voilà quelques mois, une nouvelle relation amoureuse qui semblait importante pour elle. Sa réponse m'a paru si belle, si pleine d'humanitude, que je ne peux m'empêcher de vous l'offrir.

« Votre questionnement demande une réponse un peu nuancée et il se trouve que j'ai envie de vous répondre, sans doute pour mettre plus de clarté en moi. En premier lieu j'apprécie beaucoup de vivre seule. La solitude habitée par mes songes et par de multiples projets de vie et d'écriture me convient. D'autant qu'elle est entrecoupée de rencontres et de partages avec des amis proches et chers.

« Dans la relation avec l'homme que j'aime, je me sens bien, jusqu'à un certain point sensible que je m'efforce de ne pas triturer pour ne pas me faire souffrir. Je déteste souffrir, j'ai déjà donné beaucoup en ce domaine, mais je pense qu'aujourd'hui je ne suis plus douée pour cela, et qu'en plus j'ai quelques velléités pour le bonheur ! Donc, suivant certains de vos conseils, je cultive ce qui est bon, j'entretiens ce que cette relation a de savoureux et de bienveillant. Je n'avais jamais connu cela auparavant, et je m'en repais autant que je le peux.

« Ce que j'apprécie tout particulièrement avec cet homme, c'est le respect mutuel total, la simplicité de nos accords et de nos partages, l'intensité de nos rencontres, l'harmonie de nos échanges. J'ai réalisé combien il avait éveillé en moi de bonté, de créativité, combien sa présence ouvrait en moi des possibilités inespérées jusqu'alors.

« Je me nourris et m'agrandis à la chaleur de cet amour que je ressens si fort pour lui. Ce qui est susceptible de me faire souffrir est que cet homme est veuf. Il venait d'épouser, deux ans auparavant, une femme qu'il chérissait... Je trouve beau et magnifique qu'il ait pu vivre un amour aussi exceptionnel. En même temps, quand j'écoute ce que j'éprouve intérieurement et profondément, je sens bien, à travers ce qu'il me dit de lui et de son immense chagrin, que ce n'est pas moi qu'il aime, mais l'écoute que je lui offre, mon abandon et la liberté étonnante que j'ai avec lui. Je le vois, je le sens, je l'éprouve à chaque rencontre, et quand je le lui dis, il ne répond rien, parce qu'évidemment, il n'y a rien à répondre...

« Voilà où en est mon bel amour. Mais je le vivrai quand même tel qu'il est, jusqu'au bout de sa course, jusqu'à ce qu'il n'y ait plus de flammes, d'énergie, d'élan ou de rêves. J'écris cela avec quelques inquiétudes sur le devenir de cet amour, parce qu'à l'instant même, j'aimerais qu'il soit éternel.

« Il n'y a pas de chemins balisés pour se faire aimer, sinon être présent, totalement présent, entier, dans le don absolu. Il n'y a pas de recette sinon celle de pouvoir continuer à s'aimer soi-même, de pouvoir faire cohabiter harmonieusement l'amour de l'autre avec un amour de soi qui reste vivant. Je pense m'aimer suffisamment pour rester un bon compagnon en ma propre compagnie, pour ne pas maltraiter mes qualités qui sont innombrables (je ris en écrivant cela !). Pour finir je trouve que la vie est belle et je me souhaite de la voir toujours ainsi quoi qu'il arrive. À ce moment même, je ressens beaucoup de bonheur à pouvoir vous écrire tout cela, et je vous l'envoie tel quel, brillant, lumineux de cette chaleur qui m'habite. »

Ainsi, il est possible de continuer à se respecter en aimant sans se sentir aimé, en étant dans le don d'amour quand celui-ci est reçu et amplifié par la présence, l'écoute, l'ouverture de l'autre. De poursuivre une relation dans laquelle l'un est dans l'ordre du ressenti et l'autre dans celui des sentiments. En sachant que celui qui aime sera seul à nourrir, à alimenter son amour, qu'il devra puiser dans ses propres ressources pour offrir le meilleur de lui-même à l'aimé.

Vivre un amour gratuit donne une force inouïe. Gratuit dans le sens où il ne quémande pas la réciprocité, où il accepte que les sentiments de l'autre soient encore dans les limbes ou ailleurs... Quelle maturité affective faut-il pour vivre tout cela en accord avec soi-même !

Au lieu de dire « Je t'aime », à tonalité possessive, ne pourrait-on dire « Tu es aimé », bien plus généreux ?

« Il adore la télé, moi pas du tout ! »

La télévision est rarement l'occasion d'un moment de rapprochement intellectuel ou affectif dans un couple, même quand les deux conjoints partagent le même canapé !

Il y a les boulimiques de la télé, les *zappeurs* acharnés ; il y a les gourmets, les sélectifs et les *aficionados* d'émissions-cultes, et puis il y a ceux qui résistent. Ceux qui ne souhaitent pas introduire un tiers étranger, un ennemi dans l'intimité de leur vie de couple. Les choses se compliquent quand l'un adore et l'autre pas !

Les optimistes disent : « Il est mieux devant sa télé que dehors au café ou à traîner je ne sais où ! » Les pessimistes sont plus perplexes : « Mais je me demande ce que tu trouves de bien dans ce genre d'émission et ces films idiots, c'est toujours la même histoire... » Les missionnaires, eux, veulent convaincre : « Il y a mieux à faire qu'à regarder la télé ! » ; « Ce serait quand même plus intéressant de sortir, d'aller au cinéma, au théâtre, chez des amis... ». Quant aux résistants, ils se défaussent : « Chaque fois qu'il voulait regarder la télé pendant les repas, j'allais dîner au restaurant... » Une femme m'a dit : « Toutes les fois qu'il passait plus de huit heures devant sa télé pendant le week-end, je déposais

100 francs dans une cagnotte pour alimenter un projet de week-end à Venise – mais attention... pour moi seule ! » Enfin, il y a les violents. J'en connais quelques-uns : « J'ai commencé par une mise en garde : je ne souhaite pas de télé dans ma vie, si un poste arrive ici, je le vends dès le lendemain. J'ai ainsi vendu cinq postes avant qu'il ne me quitte ! Cela m'a fait réaliser que je ne faisais pas le poids, qu'il préférait se distraire avec des images qu'au contact réel de ma présence ! »

La télévision, c'est le moins que l'on puisse dire, ne favorise pas les échanges, elle introduit un tiers, pollue l'intimité, sabote les tentatives de dialogue. Elle masque souvent l'appauvrissement d'une relation, dont la vacuité, la stérilité risqueraient d'apparaître à un moment ou à un autre et pourraient déstabiliser le couple.

Quand l'un adore et que l'autre n'aime pas du tout, il leur faudra chercher ailleurs, mais ensemble, un espace d'échange et de partage où chacun pourra rejoindre l'autre dans ses affinités et son imaginaire.

L'intimité ne doit pas être confondue avec la proximité physique. Elle réside surtout dans l'abandon et la liberté d'être qui existent entre deux personnes.

Les risques de l'amour... sont surtout ceux d'une relation insatisfaisante

S'il y a des bonheurs, des étonnements, des éblouissements, des émerveillements à aimer, il y a aussi des risques, voire des impasses. Beaucoup d'obstacles et de malentendus devront être dépassés, pour pouvoir construire une relation amoureuse dans la durée. Outre l'écueil le plus évident, celui du désamour (car nul ne sait à l'avance la durée de vie d'un amour !), aller à la découverte de la réalité multiple de l'autre, qui nous paraît si proche, est toujours un risque, qui nous surprend, nous émerveille parfois, nous inquiète souvent et que nous ne maîtrisons pas toujours.

Dans un couple, nous pouvons aimer et nous sentir aimé dans la réciprocité, éprouver de la complétude dans nos sentiments et cependant nous proposer, mutuellement ou séparément, une relation qui va se révéler au quotidien pesante, aliénante, voire destructrice, car vivre dans l'intimité d'un être réveille à la fois ses anciennes blessures et les nôtres.

Beaucoup d'amoureux préfèrent ignorer qu'ils sont comme chacun d'entre nous animés d'un fond de composantes pathologiques, qu'il serait possible de reconnaître et d'accepter comme des traits de caractère un peu forts, ou comme une pathologie sans danger tant qu'il n'y a pas de débordements. Ces pathologies « normales » alimentent et dynamisent notre personnalité.

Nous avons tous des points de fixation, des ancrages marqués, des aveuglements, des trous noirs qui, du fait même de la proximité impliquée par la relation intime, vont être stimulés, se réveiller et parfois même donner lieu à des réactions inappropriées, des implosions (cataclysme interne) ou des explosions (manifestations excessives envers l'autre) qui surprennent, choquent ou blessent celui qui en est l'objet.

Si l'amour diffuse beaucoup d'énergie, s'il accroît notre tolérance, s'il élargit notre sensibilité et stimule notre dévouement et notre compassion, il peut aussi nous laisser très démunis face à des conduites et à des comportements qui étonnent à la fois celui qui les produit et celui qui les subit : « Ce jour-là, je lui ai demandé gentiment d'arrêter de tondre la pelouse, pour savourer le silence de la fin d'après-midi, l'invitant à reprendre le lendemain : et voici que sans arrêter le moteur de la tondeuse, il la projeta violemment contre le mur du jardin, arracha la vieille veste qu'il utilisait pour jardiner et sortit dans la rue sans un mot. Il rentra quelques heures plus tard, sans prononcer un mot, refusant de répondre. Il s'installa dans la chambre d'amis. Depuis ce jour-là, il dort seul, refuse d'échanger sur quoi que ce soit... Nous sommes séparés par un immense mur de silence, de violences muettes qui se sont réveillées, ce dimanche après-midi, alors que je lui demandais simplement d'arrêter de tondre la pelouse. Cela peut paraître fou ou débile, mais je découvre que je ne connais rien de cet homme avec qui je vis depuis dix ans ! »

Nous entendons bien que ce récit recouvre certainement des non-dits, et concerne des enjeux autrement plus importants que la tonte de la pelouse. Après avoir tenté en vain différentes stratégies pour renouer avec son mari, cette femme reste persuadée que son amour vaincra les silences et les refus, que ses attentions, le dévouement, la tendresse qu'elle s'apprête à manifester sans relâche, sans se décourager, finiront par modifier le comportement de son mari, le « feront redevenir comme avant »...

Pour ma part j'en doute. Car la réaction de cet homme illustre l'un des risques les plus surprenants de l'amour : l'accumulation de déceptions, de frustrations, de malentendus inhérents à la vie commune, réveille des pathologies latentes chez l'un qui sont souvent stimulées par les composantes pathologiques de l'autre, et que l'amour ne permet pas de dépasser car elles sont trop anciennes et profondes. En ce sens, il ne suffit pas d'avoir su nourrir et vivifier l'amour et la relation à l'autre, par une communication et une mise en commun dynamique, créative ou bienveillante de ce que nous vivions, pour éviter les dérives de chacun – ces dérives sont toujours possibles... Et quand deux « pathologies » antagonistes sont amenées à se confronter, la relation est fortement menacée... et chacun des protagonistes se trouvera démuni et impuissant, désespéré et angoissé, s'il n'envisage pas un travail sur lui.

Entre la rage suscitée par l'espoir que l'autre, tous les autres, vont changer, évoluer, et la certitude aveuglante que tout est joué bien avant la rencontre, nous avons à naviguer avec constance au plus près du meilleur de nous-même.

« Tu préfères tes copains ! »

C'est souvent une femme qui adresse ce reproche à son mari ou à son compagnon de vie : « Tu préfères tes copains à ma compagnie, à ta famille ! » ; « Pour toi les autres comptent plus que moi... ». L'homme peut réagir de la même manière : « Je vois bien que je t'intéresse moins que ta copine Noémie. Avec elle tu ris tout le temps, et surtout, tu n'es jamais pressée ! »

Dans certains couples, la relation la plus significative n'est pas forcément celle qui est montrée, celle qui lie à l'époux. Des passions et des relations fortement ancrées existent parfois avant le mariage, et elles risquent d'entrer en concurrence avec la relation conjugale. Untel est un passionné de voile, de montagne ou de golf et subordonne tous ses autres engagements à son sport favori. Tel ami intime (ou amie) reçoit les confidences en priorité, passant avant le conjoint : « Tu as besoin de moi, ne t'inquiète pas, je passe un manteau et j'arrive ! »

Il arrive aussi qu'un animal occupe la première place dans les soins, l'attention, la présence du partenaire. Un ami me disait : « Je ne viens qu'en troisième position dans les amours de ma compagne : en premier, son cheval, en deuxième, son chien, et puis moi ! » Il ajouta en riant : « Il est vrai que j'ai beaucoup moins besoin de soins et d'attentions qu'eux ! »

Quand l'accusation est lancée, « Tu préfères tes copains ! », celui qui accuse se met sur le même plan que l'activité ou les amis qui accaparent son conjoint, comme s'il s'agissait de choses comparables. Or, il n'a pas à se comparer ainsi car la voile, le golf ou le copain d'enfance relèvent d'autres types d'investissements relationnels, et sont la plupart du temps cloisonnés chez celui qui les vit. Ce dernier pourrait ainsi dire : « Quand je suis sur mon bateau, je ne t'enlève rien, c'est un aspect de moi qui n'existe que là. Quand je reviens vers toi, je reviens souvent avec quelque chose de plus, qui n'existerait pas si je n'étais pas parti en mer quelques jours ! » La femme pourrait également soutenir : « Quand je suis avec ma copine, c'est toute une partie de moi qui vit et qui n'existerait pas sans elle. Je ne te prive de rien, au contraire, quand je reviens vers toi, je suis plus entière, plus moi-même. » Chacun pourrait découvrir qu'il est gagnant par rapport à une activité tierce qui semble beaucoup mobiliser son partenaire, car elle le dynamise aussi, mais à condition qu'il ne la combatte pas ou ne rivalise pas directement avec elle !

Mais tout ceci ne résiste pas quand l'un des partenaires doute de lui, est anxieux et possessif. Dans ce cas, il fera la guerre aux amis, aux passions, à tout ce qu'il ressentira comme un obstacle, une rivalité. Il entretiendra ainsi des conflits et, paradoxalement, poussera encore plus son conjoint vers ce qu'il redoute : sa passion pour la voile, la montagne, ses amis – ce qui créera une distance encore plus grande entre eux !

À l'aimé, certains présentent leur souffrance et leur mal-être comme une preuve d'amour.

« Mon mari confond amour et appropriation »

La lettre de cette femme commence par un cri de révolte et se poursuit par un appel pressant à l'intention de l'homme qu'elle aime. Il ne sait pas encore qu'il risque de la perdre s'il ne change pas de comportement et d'attitude, s'il n'accepte pas de faire *un travail sur lui,* pour mieux entendre l'angoisse et la panique qui le mobilisent dès que sa femme exprime un désir différent du sien ; s'il ne peut accepter la différenciation, la *défusion* quand elle fait un projet qui lui est propre ou introduit une distance.

« Au début de notre relation, c'était merveilleux, écrit-elle. Je me sentais désirée, recherchée, protégée et la fusion qu'il me proposait me paraissait un idéal de vie. Ne faire qu'un avec lui, me fondre à ses attentes pour le remercier de toutes ses attentions. Faire tout ensemble, passer tout mon temps libre avec lui, dans un nous indifférencié, tout cela me convenait tout à fait. C'est avec l'arrivée de mon deuxième enfant que j'ai commencé à trouver notre relation plus pesante, plus crispante... Totalement investie par eux, je ressentais les demandes de mon mari comme excessives, voire injustes. Je n'avais plus aucun espace pour moi. Occupée à répondre, à combler les désirs de tout mon entourage, j'avais le sentiment que mes propres désirs n'avaient aucune valeur, se dévitalisaient, n'existaient plus.

« Quand j'ai exprimé le simple souhait de sortir seule un soir, j'ai eu l'impression de déclencher une tempête... Ce qui m'a le plus blessée c'est la réaction disqualifiante et infantilisante de mon mari : "Alors je ne te suffis plus, tu ne m'aimes plus ?" Comme si en allant au cinéma seule ou avec une copine, je le trompais !

« Je ne savais comment lui dire que mes sentiments étaient restés intacts, aussi forts, aussi amoureux qu'au début, et qu'ils lui étaient toujours adressés. Je ne savais pas exprimer clairement que ma tentative pour me retrouver moi-même n'avait pas à voir avec l'amour que je lui portais, mais avec notre mode de relation qui était devenu mortifère et qui se délitait inexorablement. Ce qui était en jeu entre nous n'était pas d'aimer plus ou moins, mais concernait le modèle qu'il me proposait, que j'avais accepté jusqu'alors mais remettais en cause à présent. Ce modèle ne correspondait plus à mes attentes, à mes besoins, à mes aspirations profondes.

« J'aurais voulu pouvoir lui faire entendre qu'il fallait rééquilibrer notre relation en ménageant des temps de vie en commun et des temps de vie personnelle. Que j'avais le sentiment, en quelques années de vie commune, de m'être infantilisée, d'avoir perdu toute autonomie et la capacité de prendre des décisions pour moi seule.

« Mais à l'inverse de ce que je souhaitais, un processus pervers se mit en place entre nous. Face à mon souhait de disposer d'espaces de temps à moi, mon mari redoubla d'attentions, de propositions, de projets. Il tenta même d'exercer un contrôle de plus en plus serré sur mes activités, voire sur mes pensées et mes sentiments. Cela fut pénible, humiliant. Il surveillait mes allées et venues, cherchant des preuves de ce qu'il imaginait, estimant que si je n'étais pas disponible pour l'une ou l'autre de ses propositions, c'est que je l'aimais moins, que je n'étais plus la même… Je n'étais plus "sa chose" et cela lui paraissait insupportable, inacceptable. Je pourrais résumer son leitmotiv : "Redeviens comme avant, reviens dans la fusion, ne te différencie pas de moi, reste semblable à l'image que j'ai de toi…"

« Je ne sais comment l'aider tout en me respectant. Comment lui faire prendre conscience qu'il est l'artisan principal de son malaise et, sinon d'une séparation immédiate, d'une cassure que je sens inévitable si ses comportements actuels persistent. Je vis comme douloureuse et injuste pour moi ce qu'est devenue notre relation, car elle ne correspond plus à mon choix de vie. Je sens que ma prise de distance à l'intérieur du couple est vitale et nécessaire si je veux sauvegarder mon intégrité, au point que je me sens prête à perdre mon mari, même si cela me fait peur, s'il n'accepte pas mon changement. »

Je me contente d'apporter le témoignage de cette lettre, en songeant qu'un jour, il y a très longtemps, à un moment de notre relation conjugale, mon épouse aurait pu l'écrire… Je peux dire aussi que cette situation reflète une des crises existentielles les plus vitales dans la vie d'un couple : le difficile passage du *Un* que forment deux êtres unis dans un Nous fusionnel très fermé, au *Deux* composé de deux Je appelés à former une composition à trois termes : l'autre, soi, et la relation.

« Aimer, c'est prendre soin de la solitude de l'autre, sans jamais prétendre la combler ni même la connaître. »

CHRISTIAN BOBIN

À propos du « biberon relationnel »

Comme enfant surtout, puis plus tard comme adulte, outre les nourritures matérielles, nous avons besoin et nous recevons des nourritures affectives et relationnelles. Pour cette raison, nous devons apprendre à « digérer » à la fois les marques d'amour et les attentions mais aussi les commentaires, les remarques, les jugements de valeur qui nous sont adressés par les personnes significatives de notre entourage. Ces mots, ces phrases s'apparentent à des messages qui s'inscrivent plus ou moins profondément et durablement en nous, suivant le stade de développement où nous en sommes, et l'accueil que nous leur réservons en fonction de notre sensibilité du moment.

J'appelle « biberon relationnel » l'ensemble des messages reçus qui marquent, d'une part la relation à notre imaginaire, et d'autre part l'ensemble de notre relation au monde. Le biberon relationnel rempli par nos parents contient des messages d'une étonnante variété, ou au contraire centrés autour de quelques énoncés répétitifs dont le contenu sera plus ou moins digeste, absorbé ou rejeté. En voici quelques exemples :

• Messages de mise en garde, de méfiance : « Méfie-toi des hommes, ils ne pensent qu'à ça ! » ; « On ne peut faire confiance à l'amour d'une femme, ce sont celles qui t'aiment qui vont te trahir en premier ! » ; « Avec les étrangers, méfiance, méfiance, on ne sait jamais ce qu'ils ont dans la tête, ni comment ils ont été élevés ».

• Messages de valorisation : « Toi, tu iras loin, intelligent et têtu comme tu es ! » ; « On peut lui faire confiance, quand il a donné sa parole, c'est pour toujours ».

• Messages s'apparentant à des jugements : « C'est bien le fils de son père, quand il a commencé quelque chose, il ne le termine jamais ! » ; « Si tu continues comme ça, tu te retrouveras enceinte sans même le savoir... » ; « Il faut qu'il ait toujours raison, il ne supporte pas d'avoir tort. Ils sont tous comme ça dans la famille de mon mari ».

Ainsi, chacun de nous sera-t-il marqué, parfois même conditionné, par la qualité positive ou négative du contenu de son biberon relationnel. Les enfants qui reçoivent des messages différents ou ambigus de la part de leurs parents peuvent réagir par le refus, le rejet ou la révolte. Certains se soumettront, d'autres les intégreront et en tireront profit.

Certaines contradictions produites par des discordances dans ces messages pèseront lourd, plus tard, dans les relations entre hommes et femmes.

Un bon communicateur est surtout un passeur d'émotions, de liberté, de rires et de larmes. Il est aussi un transmetteur de rêves, un stimulateur d'interrogations.

Résister au harcèlement moral et s'opposer au terrorisme relationnel

Quand nous sommes l'objet d'un harcèlement moral tel qu'en a parlé M.-F. Hirigoyen, la plupart d'entre nous sommes démunis. Le harcèlement moral au travail peut se définir comme toute action (geste, parole, attitude, comportement) qui porte atteinte, par sa répétition ou sa gravité, à la dignité, à l'intégrité psychique ou physique de la personne qui en est la cible.

Le harcèlement moral ne sévit pas que dans le monde du travail : il peut s'exercer dans l'univers conjugal, familial, dans les rapports de voisinage. Dans ce dernier cas, il ne doit pas être confondu avec des nuisances matérielles repérables : tel voisin qui vous insulte verbalement, fait du bruit, vide ses détritus par-dessus votre haie ou gare sa voiture devant votre garage.

Dans un cas de harcèlement moral, il est non seulement difficile de faire face seul, mais aussi de faire évoluer la situation. La violence est souvent indirecte, de caractère pervers, et déclenche des réactions excessives chez celui qui en est l'objet.

Pour s'en défendre, la personne peut minimiser la gravité de la situation, s'anesthésier même. Mais cela l'obligera à dépenser encore plus d'énergie pour faire face à ses engagements, si bien qu'au bout de quelques mois, les résistances de son organisme seront épuisées. Elle se retrouve alors en plein désarroi. La personne qui fait l'objet d'un harcèlement moral a le sentiment que quoi qu'elle fasse, elle a tort, que quoi qu'elle dise, elle est coupable. Peuvent suivre des états dépressifs, qui risquent de conduire au repli sur soi, à une solitude insupportable, voire au suicide.

Chez les sujets plus impulsifs, la compensation s'exprimera sur un mode davantage réactionnel ou caractériel, voire par des passages à l'acte : explosion à propos d'une broutille, crises de nerfs en public, esclandre, violence envers l'agresseur, cela sans que la personne puisse toujours dire clairement comment elle a été agressée.

Ce qu'il faut dire, c'est que le harcèlement moral a fondamentalement le même moteur que le harcèlement sexuel : il vise à humilier l'autre, à le diminuer, voire à l'asservir et à le nier comme sujet.

L'intervention d'un tiers en position d'autorité sera le plus souvent nécessaire pour limiter ou mettre fin au harcèlement moral. Un soutien collectif, un mouvement de solidarité visant à libérer la personne de son isolement sera parfois très apprécié.

Sur le plan personnel, trouver la bonne distance afin de ne plus accorder d'importance aux paroles et aux insinuations de l'agresseur exige une vigilance de tous les instants. L'humour ne suffit pas pour relativiser la malveillance et les méfaits des pervers. Qui plus est, il nous fait souvent défaut quand nous nous retrouvons seul. Une telle situation nous obligera à puiser dans nos ressources profondes.

À trop trahir ses rêves,
c'est la vie qu'on assassine.

On ne peut changer l'autre, mais on peut changer sa relation à l'autre !

Dans les relations proches, intimes, de couple ou familiales, comme dans les relations sociales et professionnelles, nous avons souvent la tentation de changer l'autre. Cela ne s'exprime pas à la manière d'une demande, mais le plus souvent sous forme de reproches : « Tu devrais m'écouter plus souvent, tu n'es jamais là quand j'ai besoin de toi. Si tu étais plus présent à la maison, les enfants ne feraient pas de bêtises dans la rue. »

Ce désir de changer l'autre est ce qui s'impose à nous quand quelque chose ne va pas. Quand l'autre nous irrite, nous gêne, ne nous satisfait plus : « Il (elle) n'a qu'à changer, comme ça tout irait mieux ! », pensons-nous. Nous avons ainsi tendance à croire que les choses seraient plus simples ou plus faciles si l'autre... n'était pas ce qu'il est ! Qui plus est, s'il changeait, nous n'aurions pas à le faire ! En fait, nous cherchons ainsi à faire l'économie de notre propre changement. Mais cette façon de procéder nous coûte cher, nous demande beaucoup d'énergie et surtout ne modifie nullement la situation qui perdure, donnant lieu aux mêmes plaintes, aux mêmes malaises. Par ailleurs, même si l'autre s'adapte pour nous faire plaisir ou diminuer la tension relationnelle, il est vraisemblable qu'il reprendra rapidement ses anciens modes de comportement.

Nous pourrions par contre changer notre relation à l'autre et dire : « Là où autrefois, je te critiquais, je peux aujourd'hui, sans t'adresser de reproches ni t'accuser, te faire part de ce que je ressens et de ce que je pense, t'exprimer mon point de vue » ou « J'ai appris à parler de moi, de ce que je vis, plutôt que de t'en vouloir d'être ce que tu es », ou encore « C'est à moi de me donner les moyens de me faire entendre si tu ne réponds pas positivement à mes attentes ».

Rappelons-nous que nous sommes toujours trois dans un échange : chacun des partenaires et la relation – une relation que je symbolise quant à moi par une écharpe reliant plus ou moins souplement deux êtres. Habituellement, nous tentons d'influencer l'autre, oubliant que nous pouvons modifier au moins deux choses importantes en ce qui nous concerne : arrêter de critiquer l'autre, de l'accuser, voire de l'attaquer, c'est-à-dire de le mettre sans cesse en cause, et oser dire ce que nous éprouvons et vivons dans une situation donnée en témoignant de notre vécu, de nos émotions, de notre sensibilité, c'est-à-dire accepter de nous exprimer et de nous mettre en cause devant l'autre.

**L'enjeu de toute relation
n'est pas seulement de se comprendre,
mais surtout de faire cohabiter
des différences.**

Vers la séparation

Les contretemps sont des attentes bercées de trop d'impatience.

Les doutes en amour

Ils font partie de toute vie amoureuse. À l'ombre des émerveillements, au plus proche des éblouissements partagés, au cœur même de l'amour, ils sont là, présents, discrets ou plus voyants, exprimés ou tus dans l'agitation ou le silence qu'impose la souffrance ou le désarroi causé par l'incompréhension. Ils prennent souvent la forme d'un questionnement intime à propos de l'autre : « S'il m'aimait vraiment, se comporterait-il (elle) comme cela ? »

Le doute d'amour surgit sans prévenir. Il peut être balbutié avec timidité ou pudeur, mais il peut aussi envahir rapidement tout l'espace de notre cœur, et toutes les strates de notre être et de notre vie. En ce cas, il peut déboucher sur une rupture. Quand l'amour se mue en souffrance, il nous déstabilise et nous plonge dans les interrogations les plus pernicieuses. La veille encore tout était possible, l'avenir immense et sans interrogations. L'amour était là immuable, présent, lumineux, et quelques instants ou quelques jours plus tard, l'aimé nous dit : « C'est fini » ou, pire, « Je pars ». Bientôt, il n'est plus là, il est parti.

Si nous adoptons une position de victime (il peut nous arriver de nous y complaire), l'enfer risque de commencer. Le doute devient chagrin, se transforme en désespoir, en colère, en accusations adressées à l'autre ou en disqualifications de soi.

Les doutes, comme les chagrins d'amour, ont de nombreux visages et surtout de multiples façons de se révéler. Ils peuvent commencer par une inquiétude, une interrogation nouvelle qui surgit et nous taraude : « M'aime-t-elle toujours ? » ; « Suis-je l'homme (la femme) de sa vie ? » ; « Il me semble qu'il (elle) a changé ces derniers temps ! ». Les doutes peuvent aussi s'installer à la suite d'une déception, d'une désidéalisation de l'autre produite par la confrontation avec la réalité de la vie au quotidien. Quand la réalité blesse notre imaginaire et mine, dévitalise et parfois même assassine nos rêves, le chagrin d'amour, qui succédera aux doutes, n'est pas loin !

La dynamique de Barbe-Bleue
peut s'énoncer ainsi :
Je cherche désespérément à voir
ce que je ne veux pas savoir, mais
je veux savoir ce que je ne peux voir.

Les chagrins d'amour…

Ils surgissent sans prévenir. Ils envahissent soudain tout l'espace de notre cœur. Bien sûr, il y a les petits et les grands chagrins d'amour. Les petits sont semblables à des courants d'air qui aèrent la relation, la dynamisent parfois. Petits cailloux blancs sur le fil étroit d'une rencontre, ils sont capables, quand ils ne sont pas dévastateurs, de nourrir, de stimuler, de maintenir la *vivance* de l'amour. Tels la pluie ou les nuages qui cachent le soleil, ils s'évaporeront à l'occasion d'un échange, d'un geste, d'un regard plus tendre… Jalons éphémères, dans les errances d'une relation qui se cherche.

Mais il existe aussi des chagrins plus incisifs qui éclatent quand la réalité de l'un blesse l'imaginaire de l'autre. Souvent, nous inventons notre amour bien avant de le rencontrer. De fait, nous avons tous une représentation de ce que devrait être l'amour. Représentation à laquelle nous tenons… beaucoup. Et la relation, si elle s'établit, va confronter notre représentation à la réalité de l'autre, nos attentes et nos sentiments à ceux de l'aimé(e).

Les chagrins de l'amour ont de multiples langages pour se dire et se taire. Mais le chagrin le plus violent, le plus terrible vient de la désertion de l'amour. L'amour était là, ensoleillé et généreux, et un matin, il n'est plus là. Le gris et le froid, le mesquin et le vide nous habitent.

Chagrin violent aussi quand l'aimé(e), qui était jusqu'à présent tout proche, s'absente, quand il est ailleurs, déjà loin. Quand il ne donne plus vie aux signes de vie. Alors un pincement au cœur, un fil invisible nous serre à la gorge, nous rappelle la fragilité de l'amour, l'inconstance du sentiment... La veille encore nous riions ensemble, nos lèvres esquissaient des projets, nos mains se cherchaient et aujourd'hui ressemblait à toujours. Et quelques instants plus tard, dans un aujourd'hui catastrophe, l'autre nous dit : « C'est fini, je ne t'aime plus. Je pars, je te quitte. Je n'ai plus rien à faire avec toi. »

Nous transformer en victime éperdue, blessée à mort, ou en revendicateur, voire en accusateur ou en juge, est une possibilité. Nous en appelons alors à la sincérité de nos sentiments, à notre fidélité : « Après tout ce que j'ai fait pour toi... » nous arrive-t-il de dire. Nous pouvons rappeler les engagements pris et nous enfermer dans le ressentiment et la rancœur. Nous pouvons aussi surmonter notre incrédulité et notre incompréhension, et proposer écoute et assistance à celui qui nous quitte afin qu'il le fasse sans se sentir coupable... Mais le chagrin nous rattrapera vite et nous meurtrira le cœur et le ventre. Nous pouvons enfin, tel un animal blessé, fuir et nous perdre dans la solitude.

Mais nous pouvons aussi nous responsabiliser et, tout en honorant nos sentiments, même si l'autre s'est détourné de nous, accepter de renoncer à la relation qui nous paraissait si vitale, et la transformer en souvenir vivifiant jusqu'aux soirs de l'oubli.

J'aime que tu me refuses ce que je t'offre...
quand ce n'est pas bon pour toi.

« Je ne veux pas que tu me quittes, je ne pourrai pas vivre sans toi ! »

La personne qui tient de tels propos tente en général de retenir, de peser sur la décision de celle (ou de celui) qui envisage de mettre un terme à la relation, de rompre la liaison ou la vie de couple.

Prétendant « ne pouvoir se passer de l'autre » et se disant dépendante de sa présence, elle risque de se comporter comme un redoutable tyran voulant dicter à l'autre les comportements et les conduites qui lui conviennent et le phagocyter en s'appropriant une partie de ses ressources vitales. Ainsi, certains conjoints non seulement s'attachent, mais attachent l'autre pour qu'il réponde à leurs besoins, désirs et attentes : « Si tu n'étais pas là, je ne sais pas ce que je deviendrais, heureusement que je t'ai. » Nous allons voir que ce type de relation fondé sur l'avoir a quelque chose de terrorisant pour celui qui en est l'objet.

Commencer une relation amoureuse par la prémisse « Je ne peux pas vivre sans toi » peut être perçu comme une magnifique déclaration d'amour, mais peut aussi s'entendre comme une mainmise sur l'autre. Car c'est faire peser sur l'heureux élu le poids d'une mission redoutable qui se laisserait énoncer comme suit : « Puisque je te rends responsable de ma vie, tu dois à jamais rester lié à moi. »

De cette façon, d'autres conjoints tentent de prendre une assurance sur la pérennité de la relation. Ce qui est redouté, c'est la séparation parce qu'elle est vécue comme un abandon, une trahison, un rejet et donc, dans de nombreux cas, comme une dévalorisation de soi : « S'il (elle) me quitte, c'est que je ne le (la) méritais pas, que je suis nul, que je ne vaux rien… »

Pour certains, et ce sont les plus redoutables, l'éloignement ou la séparation sont ressentis comme une dépossession : « Tu m'appartiens, tu n'as donc pas le droit de partir. » Ceux-là feront une guerre impitoyable à celui qui tente de s'éloigner, de mettre une distance, de desserrer un peu l'étau de la relation fusionnelle, voire de la quitter. Ils ne peuvent pas concevoir une séparation car ils la vivent comme une dépossession intolérable. Pour cette raison, ils iront parfois jusqu'à souhaiter enlever la vie à leur partenaire en se disant : « Comme ça il n'appartiendra à personne d'autre ! »

Si au début d'une relation amoureuse l'autre veut vous laisser croire qu'il a besoin de vous pour vivre, il est urgent de vous éloigner et de trouver la bonne distance, pour ne pas le laisser dans cette illusion et risquer ainsi d'entretenir une relation d'asservissement mutuel !

L'amour fait se rencontrer et se heurter deux plaisirs essentiels mais contraires : le plaisir de s'attacher et le plaisir d'être libre.

L'attachement et ses excès

Certaines histoires d'amour commencent par de l'amour et se terminent par de l'attachement, ce qui n'est pas tout à fait la même chose : l'amour est de l'ordre des sentiments, l'attachement caractérise la relation.

Mais je veux parler ici d'une autre forme d'attachement qui peut s'avérer particulièrement pénible pour les deux protagonistes tant elle peut devenir pesante, oppressante même. Pour la comprendre, il faut avant tout dépasser la confusion que nous faisons souvent quand nous pensons à la personne qui s'attache – de qui parlons-nous : d'un partenaire qui dépend de l'autre au sens où il a *besoin* de lui, de sa présence et de son attention de manière quasi constante ? Ou d'un partenaire qui est naturellement attaché par amour, mais qui se sent progressivement contraint et envahi par l'attachement excessif de l'autre ? Et qui risque donc de se sentir attaché, au sens de séquestré…

Le problème est que le langage courant nous offre la même expression pour désigner l'une et l'autre situation : *celui qui est attaché* et *celui qui attache*. Or, il existe bien un *attachant* au sens actif de celui qui « attache l'autre », qui s'arrange pour lier la vie de l'autre à la sienne, et un *attaché* au sens de celui qui, au-delà de son amour, « se sent lié » par les demandes du premier, prisonnier en quelque sorte.

Tout au début d'une relation affective ou amoureuse, celui dont l'ego est important peut se sentir flatté de voir combien sa compagne (son compagnon) *tient à lui,* et avoir le sentiment d'être essentiel, vital, pour son partenaire. Mais par la suite, devenu l'objet (et non le sujet) d'un tel attachement qui lui paraît de plus en plus excessif, il peut en éprouver un malaise, une sensation de contrainte, voire d'étouffement. Qui plus est, il risque de devoir faire face à des réactions de l'autre qui seront de plus en plus difficiles à gérer, lorsque lui-même tentera de trouver la bonne distance. J'entendais récemment une femme témoigner de ce qu'elle vit dans une situation conjugale : « Depuis qu'il est à la retraite, mon mari ne me quitte plus d'un pas. Il me suit partout, y compris quand je pars étendre du linge dans le jardin. Il ne m'aide pas pour autant. Il est là, me regardant, attendant que j'aie fini, pour revenir s'asseoir dans la maison, tout près de moi. Tout cela m'asphyxie, je ne le supporte plus. Il me dit qu'il tient à moi. Il fait plus que tenir, il s'accroche ! » C'est toute la différence entre l'amour offert et l'amour exigé.

Trouver la bonne distance pour celui qui se sent attaché consistera non seulement à se protéger et à se prémunir de la pollution relationnelle imposée par celui qui tente de l'attacher, mais aussi à ne pas se laisser entraîner dans la culpabilisation que ce dernier n'hésitera pas à utiliser. Ce sera aussi se réserver un espace et un temps pour des relations plus toniques, plus vivaces et plus vivifiantes, afin justement de sauvegarder la relation principale qui autrement risque d'être en danger !

Faites en sorte que votre amour-fusion,
au sens d'embrasement et non de symbiose,
signifie profusion et non confusion.

Courage, fuyons...

Les femmes s'en plaignent, s'en offusquent, et même s'en trouvent profondément blessées, quand elles découvrent l'incertitude, la vacuité ou la fragilité de la position de l'autre.

Quand elles sont amoureuses, au-delà d'une relation de rencontre, elles souhaitent le plus souvent une relation de continuité dans la durée. Certains hommes (beaucoup, d'après une rumeur féminine), mis en demeure de s'engager, se dérobent, éludent ou fuient. Ils fuient parfois sans un mot, sans un signe. Les plus courageux laissent un message sur le répondeur ou une lettre très courte qui se résume à quelques mots évasifs : « Je ne peux plus continuer avec toi, ne cherche pas à me revoir, ne m'appelle pas, c'est fini entre nous. » Certains éprouvent le besoin de se justifier : « Je t'aime mais j'ai compris que nous n'étions pas faits l'un pour l'autre, aussi je préfère te quitter », ou « Je ne veux pas te faire souffrir, c'est mieux comme ça... », ou encore « Je ne me sens pas prêt pour une vie de couple, je suis bien avec toi, mais seulement quand on se voit (ils pourraient ajouter – à dose homéopathique !) ».

Au-delà de la rencontre amoureuse et d'un partage de plaisir, beaucoup de femmes anticipent l'avenir et souhaitent inscrire une relation qui leur paraît bonne dans la durée. Cela signifie, avec un projet de vie en commun, un partage de territoire, la projection envisageable, sur l'avenir, d'un bonheur à deux tel que la construction éventuelle d'une famille avec un premier enfant...

Si leurs sentiments sont là, présents et s'ils sont perçus par l'autre, si elles se sentent suffisamment désengagées d'une relation ou d'un amour passé, si elles apprécient la disponibilité de leur partenaire actuel, et surtout si les rencontres se passent bien avec leur nouveau compagnon, alors elles veulent prolonger ce bon, s'appuyer dessus pour le renforcer, l'étoffer par une relation qui aille au-delà de la rencontre. Pour cette raison, elles attendent une prise de position, une affirmation ou un engagement plus clair de la part de l'autre.

Il semble que pour beaucoup d'hommes la dynamique soit différente. Il y a ceux qui, fraîchement « libérés » d'une relation conjugale ou de compagnonnage, veulent « respirer », ne pas s'engager trop vite, ceux qui sont surtout habités par la peur de « se faire avoir », qui refusent de se sentir à nouveau enfermés, contraints, et qui veulent en rester au stade de la rencontre légère, avec des projets à court terme, sans autre rêve pour l'avenir que d'être bien dans l'instant.

Il y a aussi ceux qui restent accrochés à la mère de leurs enfants, dont ils sont séparés mais qui reste importante pour eux. Ils entretiennent l'espoir qu'elle pourrait revenir sur sa décision, surtout si c'est elle qui a demandé le divorce ou la séparation.

Il y a enfin les esthètes, les gourmets, qui pensent qu'une, ce n'est pas assez quand on peut « en avoir » plusieurs, qui préfèrent se laisser aimer, qui goûtent au plaisir (nouveau) d'être recherchés, désirés, attendus et qui ne sont pas sûrs qu'une vie en couple plus structurée prolongera longtemps cet état qui leur paraît idyllique !

La persistance, chez beaucoup d'hommes, de mécanismes de fuite s'accompagnant souvent du refus d'affronter une clarification, de la peur de « se faire récupérer », ou simplement d'avoir à s'exprimer, à énoncer leurs sentiments réels, sitôt que leur compagne leur adresse une demande plus précise, reste tout de même étonnante. Les expressions les plus courantes sont traversées d'ambivalence : « Je t'aime, mais... » ; « Je tiens à toi, mais... » ; « J'ai envie de vivre avec toi, mais... ».

Certains éprouvent aussi de la difficulté à oser reconnaître et dire qu'ils ne sont pas toujours dans l'ordre des sentiments amoureux mais dans celui d'un ressenti à l'égard de l'autre, agréable, bienveillant, fait de plaisir, de confiance et d'abandon, et que cela leur suffit !

Le décalage entre le registre des sentiments (dominant chez les femmes) et celui du ressenti immédiat (plutôt privilégié par les hommes) illustre la difficulté d'un engagement recherché par les femmes mais fui par les hommes, et l'incapacité fréquente de ces derniers à construire une relation durable… dans la mutualité.

Certains hommes ont au ventre une peur violente et terrifiante d'être aimés. Ils se répètent sans cesse que « pour ne pas souffrir dans une relation amoureuse, il faut être celui qui aime le moins » !

« Que puis-je faire avec un homme qui ne sait pas faire de choix ? »

Dans la question de la femme qui m'interpelle ainsi, j'entends surtout qu'il s'agit d'un homme pris entre deux relations ou différents centres d'intérêt ; qui se sent bien dans une relation de rencontre mais ne veut pas s'engager, car il ne veut pas faire le choix d'une relation stable, de longue durée, supposant à la fois engagement affectif et engagement de vie.

De fait, il existe des hommes (mais aussi des femmes) qui ne peuvent pas faire de choix amoureux. Différentes raisons les en empêchent :

• Le doute, l'incertitude : « Est-ce bien cette femme que j'aime ? Et si je me trompais ? Si demain je rencontrais la femme de ma vie, il sera trop tard... »

• La peur de l'attachement, de devenir dépendant : « Je ne veux pas avoir mal si un jour elle me quitte. Une femme à laquelle je tenais m'a fait le coup lorsque j'avais vingt-six ans ! »

• Le narcissisme et l'égocentrisme : « Pourquoi me laisser "avoir" par une, si je peux en "avoir" plusieurs ! »

• Un autre engagement ailleurs : certains hommes, parallèlement à une nouvelle relation, ont une relation principale qui reste profondément significative.

• L'absence de sentiment amoureux : l'homme se sent bien avec cette femme (niveau du ressenti), mais n'éprouve pas d'amour pour elle (niveau des sentiments) : « Je recherche sa présence parce que je me sens à l'aise et en confiance avec elle, mais je ne suis pas amoureux. »

La femme qui me pose la question s'interroge en fait sur l'autre plutôt que sur elle-même : « Pourquoi mon amant ne fait-il pas le choix de vivre avec moi, alors qu'il me dit qu'il tient à moi, qu'il a du plaisir, que je suis importante pour lui ? » Ce faisant, elle risque de faire une impasse sur sa propre position : « Qu'est-ce qui fait que je reste dans une relation qui ne me satisfait pas ? dans laquelle je sens que mon partenaire ne s'engage pas réellement ? Est-ce que j'espère que mon amour, mes attentions, ma disponibilité finiront par le convaincre de se lier plus durablement à moi ? » Se posera pour cette femme la question des bénéfices secondaires qu'offre malgré tout la relation qui lui impose par ailleurs des frustrations, voire lui donne le sentiment d'un échec permanent.

Et que dire d'une femme qui reste dans une relation laissée en suspens parce qu'elle espère le changement… de l'autre ? C'est comme si elle disait aux yeux de tout son entourage : « N'est-ce pas que je suis une femme fidèle, dévouée, extraordinaire de rester avec quelqu'un qui ne m'aime pas suffisamment pour me choisir ? »

Tout amour navigue au plus près entre dépendance et attachement, au plus loin entre liberté et solitude.

L'infidélité

L'infidélité est souvent confondue avec l'adultère, c'est-à-dire avec le fait d'avoir une relation sexuelle tierce alors que l'on est déjà engagé dans une relation amoureuse principale ou de couple. Mais l'infidélité du cœur qui laisse croire à l'autre que nous l'aimons alors que nous nous sentons investi dans un autre amour est parfois plus violente que l'infidélité des corps ou le passage à l'acte sexuel.

L'infidélité a de multiples visages : accident de parcours, transgression passagère que traduit l'expression « perdre la tête », compensation pour un choix qui se révèle erroné ou un engagement pas assez mûr, expression d'une désunion profonde existant entre deux êtres. La base de l'infidélité me semble d'abord consister en un déplacement de l'attention. Jusqu'alors focalisée sur l'autre, celle-ci se trouve ramenée sur soi au bénéfice d'une polarisation plus narcissique.

L'infidélité a ainsi souvent sa source dans la désunion intérieure même si elle peut surgir à l'occasion d'un conflit avec l'autre, d'une déception. L'infidélité à soi-même, à un projet de vie, à des valeurs, est alors à l'arrière-plan de l'infidélité à l'autre. Dans ce cas, l'infidèle a, d'une certaine façon, perdu son unité. Il est en plein divorce intérieur, il est séparé de ce qui lui donnait jusqu'alors une cohérence. À l'extrême, il serait possible de dire qu'il n'y a pas d'infidélité quand on reste fidèle à soi-même.

L'infidélité de l'un des partenaires est le plus souvent vécue comme un échec personnel par rapport à l'autre : « Je n'ai pas su le retenir » ; « C'est à cause de moi qu'il s'est intéressé à une autre ». Dans ce cas, l'infidélité est non seulement l'expression d'une défaite, mais elle est aussi la confirmation que la cohabitation de la fidélité à l'autre et de la fidélité à soi-même s'avère impossible.

Quand fidélité à l'autre et fidélité à soi peuvent cohabiter de façon harmonieuse, s'amplifier et se nourrir réciproquement, il n'y a pas de place pour l'infidélité. Mais oser dire : « Je ne peux pas continuer à rester engagé avec toi, car cela serait me trahir moi-même » semble très difficile. Aussi l'infidélité s'enferme-t-elle dans des silences, des non-dits, des mensonges. À l'occasion, elle aboutit à une double vie qui, lorsqu'elle est découverte, blesse celui qui se sent trompé ou trahi, et déstabilise aussi profondément celui qui s'est servi de ce dernier comme d'un alibi.

Mais si nous acceptons d'entendre au-delà des apparences, nous découvrirons que nous sommes plus souvent trompé par nous-même que par autrui.

« La seule chose que je regrette,
c'est d'être moi-même. »
WOODY ALLEN

« J'ai aimé mon mari... je ne l'aime plus »

« J'ai aimé mon mari, mais malgré tous mes efforts, je sens que je ne peux plus l'aimer. Je n'arrive pas à comprendre comment j'en suis arrivée là », ai-je entendu tout dernièrement. La découverte du désamour, du malheur de ne plus aimer, surgit dans notre vie comme une catastrophe semblable à un tremblement de terre. Dans la vie, comme en littérature, il est plus souvent question de la souffrance de ne plus être aimé que de celle de ne plus aimer.

Nous sommes en amour, nous aimons quelqu'un passionnément, nous sommes porté, habité, ensoleillé durant plusieurs années par cet amour, et un jour, un réveil brutal, auquel nous ne sommes aucunement préparé, nous tire de notre état. Nous découvrons en nous-même, dans notre cœur, que nous n'aimons plus. Nous ne sommes plus animé ou émerveillé par l'amour. À la place s'ouvre un vide, un trou, un manque, une immense béance.

Ceux et celles qui ont vécu cela connaissent ce sentiment de désespérance, de nostalgie, parfois de regret qui envahit alors tout l'espace intérieur. Le monde autour de nous, la vie, les petites choses du quotidien n'ont plus le même goût, ni les mêmes couleurs ou la même odeur.

Nous sommes moins vivant, moins dynamique. Il faudra parfois longtemps pour sortir de la grisaille, de l'état de « mal-être », voire du non-être qui caractérise le fait de ne plus aimer l'autre, cet autre que nous avons pourtant aimé, parfois durant de longues années.

Il faut savoir que l'on ne peut pas dicter aux sentiments d'exister ou de ne pas exister. Les sentiments sont indépendants de la volonté. Cette pensée de Pascal si souvent évoquée : *Le cœur a ses raisons que la raison ne connaît point* se rapporte en général à l'éclosion imprévue d'un amour, plus rarement à sa disparition. Celui qui n'aime plus celle qu'il a aimée se sent coupable, incomplet, démuni, vide, dévitalisé. Il voudrait parfois aimer encore, pour faire plaisir à l'autre, pour diminuer sa souffrance, pour pouvoir tenir ses engagements, pour faire face à ses tempêtes, mais quand l'amour a disparu… il n'est plus là. Absorbé par les fissures de la relation, évaporé dans la banalité de la routine, laminé aussi par des malentendus, des maladresses, ou simplement éteint comme la flamme d'un feu qui se transforme en braises puis en cendres froides, cet amour, il y a quelque temps encore si vivant, cet amour est mort. Nul ne sait à l'avance la durée de vie d'un amour, et nous sommes impuissant, parfois désespéré et nostalgique face à la disparition d'un amour qui nous a porté vers l'autre pendant si longtemps.

Quand la nostalgie nous mord le cœur, c'est que le souvenir est encore plein d'espoir.

La préparation d'une séparation...

Aussi curieux que cela puisse paraître, les périodes de vacances marquent parfois le début de la fin d'une période de maturation – comme l'aboutissement d'une gestation. Des prises de conscience souterraines se sont faites, des conscientisations se sont ébauchées, une mobilisation énergétique invisible s'est produite, voire un véritable réveil provoqué par le changement de rythme. Ils ont mené à la sortie du leurre qui est souvent l'aboutissement d'une longue évolution et vont inviter soit à une *re-visitation* des choix de vie, soit à une rupture, à une séparation d'avec un mode de vie vécu comme insatisfaisant.

Le renoncement à une relation, le désengagement par rapport à une fidélité qui paraît caduque, la nécessité d'un respect de soi plus grand, peuvent ainsi « maturer » pendant tout un été et conduire à des prises de décisions... décisives ! En ce sens, beaucoup de divorces et de séparations semblent mûrir à l'occasion des vacances et déboucher sur des choix qui surprendront parfois l'entourage proche, voire le compagnon de vie lui-même : « On était enfin ensemble, on s'était beaucoup détendus, amusés. Il y avait une sorte de gaieté que je n'avais pas connue depuis des années. Il y avait moins de conflits entre nous, elle semblait d'accord avec tout, elle me disait même qu'elle m'aimait... et quinze jours après, elle m'annonçait qu'elle me quittait ! Je n'avais rien vu venir ! »

Oui, il y avait moins de conflits. C'est que l'un déjà avait renoncé, avait lâché prise, ce qui donnait l'impression d'une détente apparente, d'un mieux-être, d'un espoir. Et voilà qu'il annonce son intention de quitter le domicile conjugal ou de louer un appartement, de prendre du recul ou de se mettre à distance pour réfléchir et se retrouver. « Faire le point sans toi », dit-il ! Tout cela va se faire avec un mélange de sentiments complexes : soulagement, inquiétude, ambivalence parfois, valse-hésitation. Vont se mêler des sentiments parasitaires d'échec ou de libération, de culpabilité ou de soulagement qui donneront plus tard à ces vacances-là un goût particulier, une odeur, des couleurs propres à les faire s'inscrire dans les souvenirs avec beaucoup de précision.

La gestation d'une séparation remonte souvent à loin. Après avoir traversé les strates de notre imaginaire, de nos peurs, de nos désirs de renaissance, elle va éclore et se traduire par ce que beaucoup ressentent comme l'équivalent d'une opération chirurgicale...

Le désamour est un dissolvant qui commence à agir quand la perspective de la rencontre autrefois désirée se transforme non pas en espérance et en projet de vie, mais en tristesse, en un désespoir dénué de rêve...

Vivre une séparation sans se détruire

Quand, dans un couple, l'un annonce à l'autre qu'il ne souhaite plus vivre avec lui, cela déclenche le plus souvent chez ce dernier un cataclysme ou l'équivalent d'un tremblement de terre.

Toute séparation non choisie ou imposée réveille des blessures très archaïques, rouvre des cicatrices, renvoie à des situations douloureuses, à la peur d'être abandonné, au sentiment de ne rien valoir : « S'il me quitte, c'est que je ne vaux rien. » Les pertes et les séparations font aussi craindre d'être laissé seul, sans amour : « Si elle part, c'est que je ne mérite pas d'être aimé... » Toute séparation non désirée violente l'image de soi, perturbe la confiance en soi, diminue l'amour que l'on se porte.

Dans une première phase, celui ou celle qui est quitté se pose sans cesse des questions à propos de l'autre : « Pourquoi fait-il cela ? Qu'est-ce que je lui ai fait ? Il a certainement trouvé quelqu'un de plus intéressant. » La perspective d'une séparation non souhaitée est vécue comme une violence, une injustice, elle paraît incompréhensible à celui qui la considère comme un mauvais coup du sort.

Il faut cependant se rappeler que celui qui part le fait pour lui. On renonce à une relation à cause de son propre ressenti, de son malaise et pour faire de nouveaux choix de vie. La décision de quitter sa femme ou son mari ne se fait jamais sur un coup de tête : elle est le résultat d'un conflit intrapersonnel, d'une crise intense, qui ne voit d'issue que dans un changement... ou bien dans la fuite.

Durant la phase active de la séparation, les discussions concernant les modalités de la garde des enfants, le partage des biens, la recherche d'un nouveau lieu de vie, font remonter à la surface beaucoup de frustrations, du ressentiment, voire des envies de faire mal, de blesser celui ou celle qui nous quitte et que nous aimons parfois encore. C'est à ce moment-là qu'apparaissent les livres de comptes affectifs cachés, sur lesquels sont soigneusement notés, sur une page « Tout ce que l'on a fait pour l'autre », et sur l'autre page « Tout ce que l'autre n'a pas fait pour nous »...

Il est parfois souhaitable de demander à être accompagné, de recourir à un soutien psychologique pour parvenir à faire le deuil de la personne qui nous quitte, pour renoncer aux rêves de vie que l'on avait construits ensemble, pour protéger (et ne pas maltraiter) les sentiments forts qui subsistent encore... chez celui qui est quitté !

Se séparer équivaut parfois à une nouvelle naissance.

Le plus terrible, dans une séparation,
est de ne plus pouvoir rêver ensemble.

Conclusion provisoire

Il ne faut jamais conclure sur un regret, seulement sur un espoir.

Le génie de la lampe...

Il fait soleil, le temps est doux, la vie oscille entre été et automne, un homme dans la maturité de son âge est en train de marcher le long du Rhône, et soudain il trébuche sur une vieille lampe toute rouillée... Dans un premier temps il est tenté de donner un coup de pied dedans et de marquer un but entre deux bornes, mais il se fait la remarque qu'il n'est pas Zidane et se baisse pour la ramasser. Après l'avoir examinée, il se rappelle soudain un très vieux souvenir, un conte de son enfance. Avec un pan de son blouson, il frotte la lampe et, comme prévu, un génie en sort. Un génie qui n'a pas l'air ravi du tout et qui lui dit avant même qu'il n'ait le temps de s'étonner de cette apparition incroyable : « OK ! OK ! tu es content ? Tu m'as libéré de la lampe et patati et patata... Mais tu sais, comme c'est la quatrième fois ce mois-ci je commence à en avoir ras le bol. Je vais te le dire sans fioritures, je ne supporte plus ceux qui veulent m'aider sans avoir jamais rien compris à un miracle ! Tu peux donc oublier les trois vœux habituels, car je ne t'en accorde qu'un. Un seul vœu, tu entends, et ce sera tout. Alors réfléchis bien. »

L'homme s'assoit sur un banc accueillant, le dos au mistral, la tête face au ciel bleu, et pense longuement... Au bout d'un moment, il se décide et demande : « J'ai toujours rêvé d'un voyage à Tahiti, mais j'ai peur de l'avion et j'ai le mal de mer. Pouvez-vous me construire un pont jusqu'à Tahiti afin que je puisse m'y rendre en voiture avec ma femme et mes enfants ? Je pense même emmener mon chien, cela ne lui fera pas de mal de voir un coin du paradis. Voilà mon vœu ! »

Le génie baisse la tête, ne dit rien pendant quelques secondes, puis éclate de rire : « Toi alors ! tu ne doutes de rien. Ton vœu est impossible à réaliser ! Pense à tout ce qu'il faudrait utiliser pour soutenir un tel pont, au béton que les ouvriers devront couler, aux tonnes d'acier et aux centaines de milliers de bras qu'il faudrait y faire travailler, à toutes les autorisations qu'il conviendrait de demander aux uns et aux autres... Non, demande-moi autre chose. Ce vœu-là est irréalisable ! »

L'homme change de position, se met face au mistral, le dos au soleil, essuie ses lunettes, se remet à réfléchir. Au bout de quelques minutes il exprime un nouveau vœu : « J'ai été marié et j'ai divorcé quatre fois. Mes femmes m'ont toujours dit que je ne m'intéressais pas à elles et que j'étais insensible, que je ne savais pas leur parler et encore moins les écouter. Alors je désire... comprendre les femmes... savoir ce qu'elles ressentent et ce qu'elles pensent lorsqu'elles sont silencieuses... savoir pourquoi elles pleurent, ce qu'elles veulent vraiment dire lorsqu'elles disent non, et surtout je veux pouvoir les rendre heureuses, ne plus en faire souffrir aucune ! »

Le génie, devenu de plus en plus soucieux au fur et à mesure qu'il écoutait l'homme, demande alors : « Le pont vers Tahiti, tu le voudrais avec deux ou quatre voies ? »

Il est des désirs qui doivent rester à l'état de désir...

Et en famille

Passer d'un couple à une famille, de deux à trois ou plus, est comparable à un changement de planète. Tout est à revoir, à réajuster, à réinventer : le territoire, l'intimité, les partages, les rythmes de vie, les centres d'intérêt, le temps. Surgissent surtout des sentiments, des sensations nouvelles qui nous confrontent à notre propre enfance.

Le difficile métier de parent

C'est curieux, il arrive parfois que malgré les parents, les enfants ne s'en sortent… pas si mal !

Ouverture d'esprit ou pseudo-liberté ?

Certains parents, sous prétexte d'ouverture d'esprit ou de libéralisme, demandent à l'enfant, en toutes circonstances, s'il est d'accord pour faire ceci ou cela : « Tu veux aller au lit ? » ; « Es-tu d'accord pour faire tes devoirs ? » ; « Qu'est-ce que tu veux manger à midi ? » ; « Est-ce que tu veux bien éteindre la télévision ? ». Posant ces questions, les parents donnent à l'enfant une mission difficile, devant laquelle il se sent démuni. Choisir entre plusieurs désirs suppose en effet un Moi développé et une personnalité déjà construite. Placer l'enfant devant « fais ce que tu veux » revient souvent à le confronter à une alternative angoissante. Il est important que les parents donnent des repères, signifient ou rappellent la loi, ce qui se fait ou ne se fait pas, plutôt que de laisser croire à leur enfant qu'il sait, lui, ce qu'il peut faire ou ne pas faire. Ce faisant, ils lui permettent de s'opposer, de tenter de contourner les contraintes ou de transgresser les interdits, donc de mesurer ses ressources et ses limites.

Il est donc essentiel de signifier les interdits à l'enfant : « Non, je ne te laisserai pas manger une autre tablette de chocolat » ; « Je t'ai demandé d'éteindre la télé et puisque tu ne veux pas le faire, je peux le faire moi-même ». Poser des limites, adresser des demandes claires ou proposer une alternative qui favorise le choix est préférable à une pseudo-liberté. Placer l'enfant face à la réalité, le confronter au jeu complexe des ajustements nécessaires entre ses désirs et ses besoins, entre ses demandes, ses attentes et les possibilités de réponses positives ou négatives de l'entourage, fait partie de la construction de sa personnalité et contribue au développement de son adaptation à la réalité.

La plupart des jeunes enfants vivent avec l'illusion que le monde tourne autour de leur personne, que maman, papa ou l'entourage proche sont une source de plaisirs inépuisables. Il n'est pas sain de les laisser dans cette illusion. Il me paraît important de les mettre devant des choix limités et non pas illimités pour les aider à prendre une décision cohérente, qui tienne compte des ressources de l'entourage.

Ne pas leur offrir de repères ou de limites, ne peut qu'augmenter le désarroi ou l'angoisse des enfants, et par là même les pousser à la violence et à l'autoviolence. Ce qui arrive trop fréquemment aujourd'hui, quand les parents ont oublié qu'ils sont là pour répondre aux besoins de l'enfant et non à ses désirs !

J'ai attendu longtemps que la vie me prenne par la main pour m'enseigner que mes désirs ne sont pas tout-puissants, mais qu'en me confrontant à la réalité je pouvais en transformer quelques-uns en projets.

« Si je l'écoutais, il ne mangerait que des nouilles ou des frites ! »

Comment apprendre à nos enfants à manger sinon de tout (comme c'était le cas dans mon enfance), du moins à manger de façon équilibrée ? Qui dit équilibre, dit nourriture variée. Or, beaucoup d'enfants d'aujourd'hui ont des goûts alimentaires très limités. Certains ont même des fixations… tenaces.

Fixations *négatives* : les plus connues portent en général sur les épinards, les lentilles, les légumes verts. Elles s'accompagnent de commentaires divers tels que « Beurk, c'est dégueulasse ! » ou « C'est mou, c'est pas bon… ».

Fixations *positives* : les plus répandues portent sur les frites, les chips, les nouilles et les sucreries sous toutes leurs formes : « Maman, tu as fait des nouilles ? Tu sais que j'adore ça ! »

Peut-être importe-t-il de rappeler (encore et encore) que les parents sont là pour répondre aux besoins des enfants, et pas nécessairement à tous leurs désirs ! Parmi les besoins alimentaires des enfants, signalons les laitages, les féculents et les fruits, aliments souvent peu appréciés ou boudés par eux, au mieux, avalés du bout des lèvres.

Je ne considère pas, malgré l'affirmation contraire des enfants, que leur incroyable consommation de ce que je serais tenté d'appeler des *cochonneries* et qui fait leur ravissement réponde à un besoin : tous ces *chocos,* biscuits fourrés, sucettes, friandises dont ils ont la bouche pleine à longueur de journée provoquent une altération des envies, une anesthésie du goût face aux saveurs nouvelles, une saturation ou plus simplement une absence d'appétit qui devient manifeste lorsqu'il est l'heure de passer à table.

Savez-vous que la majorité des plats, dans beaucoup de cantines scolaires, finissent à la poubelle ? Les enfants picorent sur le plateau, avalent le dessert avant la viande ou le poisson, font des mélanges invraisemblables. Leur estomac semble blindé, inoxydable, à toute épreuve, mais quelle épreuve pour lui !

Il nous appartient à nous, les adultes, de réconcilier les enfants avec une nourriture plus conviviale, plus proche de leurs besoins, sans nous laisser entraîner par leurs désirs, éventuellement avec quelque fermeté et surtout beaucoup de cohérence face à leurs demandes, surtout quand elles deviennent des exigences.

Certains savent mieux ce qu'ils ne veulent pas que ce qu'ils veulent. Ils ont donc tendance à aller vers ce qu'ils connaissent le mieux : ce qu'ils ne veulent pas...

« Les enfants de mes voisins ne sont pas éduqués »

Vivre en appartements collectifs ou dans un grand immeuble, c'est affronter le risque d'une pollution visuelle, auditive, relationnelle, parfois morale, par le voisinage, qui peut prendre des proportions inouïes à certains moments de la journée, surtout quand il y a de nombreux enfants. « Les enfants de mes voisins sont totalement *inéduqués,* ai-je entendu tout récemment, ils ont le droit de tout faire, ils ne font face à aucun interdit… » Quand j'ai voulu en savoir plus, j'ai appris qu'ils jouaient et criaient dans les escaliers, qu'ils ne disaient jamais bonjour, qu'ils bloquaient l'ascenseur et qu'ils faisaient de la musique disco ou s'exerçaient au rap dans leur chambre. J'ai aussi découvert que « ce n'est pas tout » : ils n'hésitent pas à appeler leurs copains d'un étage à l'autre, à trafiquer des mobylettes « qui font un bruit infernal » et ils ont squatté la moitié des caves de l'immeuble « pour y faire je ne sais quoi, mais sûrement pas le meilleur, avec ces histoires de sexe et de drogue qu'on entend partout… »

Les enfants d'aujourd'hui font peur aux adultes. Autrefois, ils suscitaient, outre de l'intérêt, des marques d'attention, voire des préoccupations, à l'occasion ils inquiétaient, mais sans plus. Aujourd'hui, ils représentent une menace diffuse, latente. J'ai demandé à mon interlocutrice si elle avait tenté d'ouvrir le dialogue : leur demander leur prénom, peut-être même leur proposer de l'aider à monter son sac de provisions ou de lui rendre un petit service en faisant une course, pourquoi pas les inviter à venir manger un morceau de cake... « Jamais ! m'a-t-elle répondu. Tant qu'ils ne changent pas, tant qu'ils continuent à se comporter en sauvages, je ne vais pas m'abaisser devant eux à faire les premiers pas... »

Faire le premier pas, c'est parfois simplement sourire, dire bonjour, adresser aux jeunes un compliment sur leur vélocité et leur habileté à faire du skate ou à descendre les escaliers de la cave en vélo. Qu'ils ne soient pas éduqués ne devrait pas nous empêcher d'ouvrir une brèche en initiant, nous-même, des comportements différents.

Il ne s'agit pas d'amener les enfants à épouser nos valeurs en critiquant ou en rejetant leur mode de vie, mais de les rejoindre dans leur monde, d'apprivoiser leur univers et, ce faisant, de leur permettre de découvrir une autre façon d'être, une autre façon d'exister, parallèle à la leur et qui est là, toute proche.

Il faut oser et prendre le risque d'ouvrir le dialogue, de nouer une relation, pour leur permettre d'utiliser autrement leurs ressources et leur potentiel de créativité. Notre propre éducation a trop souvent des visées impérialistes que les enfants perçoivent très vite. Si nous renonçons à ces visées, un terreau d'entente se constituera peut-être.

« Celui qui m'apprivoise ne sait pas le risque qu'il prend ! » ai-je entendu dans une file d'attente, au cinéma.

Écouter au-delà des questions

Les enfants (certains adultes aussi) posent beaucoup de questions : « Maman, quand est-ce qu'on mange ? » ; « Papa, c'est vrai que les hommes politiques sont des menteurs ? » ; « Est-ce qu'on va chez grand-père dimanche prochain ? » ; « Mais c'est avec quoi exactement qu'on peut faire l'amour ? ».

Nous, les adultes, croyons le plus souvent qu'il suffit de répondre à la question, de donner une information, de clarifier un point, d'expliquer... pour être quittes. Ce faisant, nous risquons de passer à côté d'un échange réel, plus important que le bon sens de notre réponse. Derrière toute question, il existe une interrogation plus centrale. Autrement dit, dans un questionnement, la vraie question est masquée par la première interrogation qui joue le rôle d'amorce, de test. Derrière : « Dis maman, est-ce que tu aimeras toujours papa ? », il y a peut-être : « Est-ce que vous allez divorcer comme les parents de mon copain François ? » Il y a peut-être aussi : « Est-ce que tu crois que tu pourras continuer à m'aimer, même si je grandis et que je suis désobéissant ? » si l'enfant, ce matin-là, a entendu sa mère dire à la voisine : « Moi je les aime surtout quand ils sont petits, quand ils sont encore obéissants ! »

La première question n'est souvent qu'un préliminaire, une tentative de l'enfant pour vérifier s'il peut vraiment parler de ce qui l'habite, le préoccupe ou le tiraille. Il s'assure ainsi de la disponibilité de son interlocuteur, par rapport à l'importance (à l'inouï) de ce qu'il va dire. Pour cette raison, je pense qu'avant de répondre à sa question, il convient de l'inviter à parler davantage : « Oui, tu peux m'en dire un peu plus. Quand tu me demandes si on va chez grand-père dimanche prochain, que veux-tu me dire ? » À ce moment-là, mis en confiance, l'enfant peut exprimer sa véritable demande, par exemple : « C'est l'anniversaire de Noémie, ma nouvelle copine, dimanche prochain et je suis invité. Moi je préférerais aller plutôt chez elle que chez grand-père ! »

Le questionnement des enfants (et de beaucoup d'adultes) n'est souvent que l'amorce d'un échange plus vital qu'il nous serait possible d'entendre, si... nous ne répondions pas trop vite, ce que nous avons tendance à faire lorsque nous croyons détenir la bonne réponse ! Si votre épouse vous pose la question : « Crois-tu qu'il soit possible d'aimer deux hommes en même temps ? », ne répondez pas trop vite, essayez d'entendre la vraie question... Vous entendrez peut-être qu'en la circonstance, votre réponse n'a pas beaucoup d'importance, qu'il vaudrait mieux échanger avec elle que de répondre !

Cette fillette de sept ans en dit des choses lorsqu'elle raconte qu'elle aimerait être grande « pour permettre à ma maman d'être petite et aussi à papa d'être grand, parce qu'il en a bien besoin, comme ça je pourrais discuter avec lui ! »

Que transmettre à nos enfants ?

Tout le monde l'affirme, les sociologues le constatent, les politiciens s'en désolent, les parents s'en étonnent : notre monde est en perte de valeurs morales. Nous n'osons plus proposer de modèles, offrir des références ou nous battre concrètement pour défendre une éthique de vie.

J'ai lu récemment, dans un article relativement optimiste, que quelques valeurs simples subsistaient encore. Je peux même les faire miennes, car elles correspondent à ce que je suis :

- respect de l'autre et de soi ;
- autonomie ;
- ouverture au monde ;
- tolérance et justice.

Quelles que soient les valeurs que nous avons reçues au cours de notre éducation ou celles que nous avons découvertes à l'âge adulte, il nous appartient de témoigner de celles qui nous engagent et d'en laisser une trace au travers de nos comportements. Les valeurs morales, sociales, sont des balises nécessaires dans un monde dont l'évolution s'accélère. Le monde d'aujourd'hui est vulnérable, plein de risques – et nous voulons continuer de croire que l'humanité a la même capacité qu'autrefois à le gérer ! Je ne le crois plus.

L'humanité est faite d'un ensemble d'êtres semblables mais animés de mouvements contradictoires, à la fois porteurs de forces de vie et de pulsions destructrices. Celles-ci se font de plus en plus redoutables. Ma grand-mère disait : « Un seul jour de guerre laisse plus de traces dans le paysage qu'un siècle de paix ! »

Quand je songe aux valeurs que j'ai transmises ou que j'ai voulu transmettre à mes enfants, je retrouve les références et les points de repère qui guident ma vie :

- exigence d'une justice plus juste ;
- protection de la beauté ;
- capacité de compassion, ouverte non seulement à mes proches mais à ceux que j'aurais la tentation de juger ou de rejeter ;
- devoir de vigilance, pour ne pas me laisser abuser par le conditionnement subtil des mass media ou me laisser entraîner par des idéologies trop coupées du réel ;
- devoir de conscientisation afin d'accéder au sens de mes conduites et de mes comportements ;
- nécessité d'un travail sur moi-même, non seulement pour nettoyer ma « tuyauterie relationnelle », mais aussi pour pouvoir me réconcilier avec mon histoire personnelle et familiale.

Je veille à inscrire, à actualiser et à vivifier chacune de ces valeurs dans ma vie quotidienne... Mais il arrive parfois que ma vigilance soit en défaut, que je me laisse surprendre et même déloger de mes valeurs par l'aspect imprévisible d'une situation ou d'un événement. Cela me renvoie à ma propre cohérence et vulnérabilité – j'ai envie de dire à mon humanitude.

J'imagine que pourrait se développer une industrie du beau. Plus la beauté prendrait de place, moins il en resterait pour la barbarie et la souffrance.

« J'ai l'impression d'en faire trop »

Cela est vrai pour la plupart d'entre nous. Quand nous sommes parents, nous faisons beaucoup pour nos enfants. Parfois même, nous faisons beaucoup trop.

Que ce soit par rapport à une image que nous avons de nous-même, image de parent idéal qui nous oblige à donner, ou que ce soit à cause d'un malaise personnel ou parce que nous nous sentons coupable de travailler à l'extérieur et de n'être pas assez présent à la maison, au retour de l'école, pour accueillir nos enfants, les câliner, les soutenir, nous avons tendance à les entourer de précautions inutiles et pesantes, à dérouler le tapis rouge « pour qu'il ne leur arrive rien ». Bref, nous les envahissons par des soins inutiles, nous les saturons. Ils nous le disent parfois : « Papa, lâche-moi un peu les baskets, je vais y arriver tout seul ! » ; « Maman, arrête d'être toujours derrière moi pour savoir ce que je fais... » ; « Cessez de vous inquiéter de ce que je pense ou ne pense pas quand je suis silencieux ou songeur ! »

Souvent, nous les infantilisons en agissant à leur place, risquant ainsi de les maintenir dans la dépendance : « J'ai rangé ta chambre, j'ai préparé ton cartable, j'ai vidé ton sac de sport et j'ai mis du linge propre au pied de ton lit pour que tu te changes… et fais attention, j'ai mis ton argent de poche sur la table de nuit ! »

Je propose à ces parents-là d'en faire moins *pour* leurs enfants, beaucoup moins, et d'en faire plus *avec* eux : « Quand tu mettras ton linge sale à la corbeille, je te proposerai des vêtements et un tee-shirt propre » ; « Je veux bien t'aider à ranger ta chambre quand tu seras disponible », « J'aimerais discuter avec toi de ce projet de vacances »…

Faire *avec* les enfants permet de miser sur leurs ressources et les aide à développer des potentialités inexploitées tout en développant une relation de réciprocité.

De cette façon, nous les aidons à diminuer le décalage entre leurs attentes et la réalité, nous les confortons dans leurs ressources et aussi dans ce qu'ils peuvent ou non attendre vis-à-vis du monde extérieur.

Dans un bus, une petite fille chuchotait à sa maman : « C'est vrai que si je ne suis pas sage, je deviendrai en fer ? »

Besoin ou désir ?

Comme j'insiste, dans plusieurs de mes écrits, sur le fait que les parents sont là pour répondre aux besoins des enfants, du moins jusqu'à un certain âge, mais pas nécessairement à tous leurs désirs, on me demande souvent comment différencier un besoin d'un désir.

Un besoin répond à une nécessité de survie. Pour cette raison, il exige une réponse positive. Le propre d'un besoin, est qu'il doit être satisfait à plus ou moins brève échéance : « J'ai besoin de faire pipi, je peux me retenir un peu, mais à un moment donné je devrai aller aux toilettes », ou « J'ai besoin d'être reconnu, valorisé. Je vais tenter d'attirer l'attention, y compris en faisant des bêtises, et je vais peut-être découvrir, douloureusement, que je ne déclenche de l'intérêt... que dans ces circonstances ! ».

Le désir, par contre, est lié à la fois au manque et au plaisir. Il est recherche d'une diminution de l'insatisfaction, de la tension, de la frustration provoquées par le manque. Il doit donc être reconnu, entendu et parfois même valorisé. Mais en fait, le désir a surtout besoin d'être entendu. Contrairement à ce que beaucoup de personnes croient, il n'a pas besoin d'être systématiquement satisfait. Certains désirs resteront à l'état de désirs et dynamiseront beaucoup la créativité de celui qui en est porteur.

Bien sûr, certains désirs réclament, parfois avec violence, d'être comblés et satisfaits. Les enfants et les adolescents d'aujourd'hui, que j'appelle « les enfants du désir », ont été élevés, tous milieux confondus, par des parents qui ont satisfait par faiblesse, par crainte de traumatiser ou par identification, presque tous leurs désirs. Ce faisant, les parents ont paradoxalement oublié quelques-uns des besoins essentiels des enfants : besoins de présence, de suivi, de sécurité et de stabilité relationnelle.

Ceux qui me suivent dans mes ouvrages savent combien j'invite les adultes et les parents à prendre plus clairement position, avec davantage de rigueur et en mettant des limites, pour ne pas combler tous les désirs de leurs enfants et risquer de transformer ces derniers en consommateurs avides, voire en éternels frustrés et en revendicateurs agressifs quand la réalité ne répond pas à leurs attentes. C'est à mon avis une des origines de la violence et de l'autoviolence actuelle qui sévissent chez les jeunes : cette difficulté à vivre paisiblement la rencontre avec les contraintes qu'impose la réalité. Au lieu de cela, les jeunes vivent la rencontre comme une agression à laquelle ils répondent par de la violence. Avec les enfants, comme avec soi-même, mieux différencier besoin et désir requiert une vigilance et une cohérence sans faille au quotidien.

« Maman, quand j'ai envie de quelque chose et que mon cerveau dit non, qui c'est (qui sait) qui a raison ? C'est mon envie ou mon cerveau ? » demande Quentin, cinq ans.

Deux besoins fondamentaux : le besoin d'affirmation et le besoin d'approbation

Devenir adulte, c'est en quelque sorte prendre le risque de s'affirmer. Cela signifie être capable de prendre position, d'énoncer un point de vue personnel, de faire des choix en relation directe avec ses valeurs, ses croyances ou sa dynamique personnelle.

Mais la capacité de s'affirmer est souvent contrariée par un autre besoin infantile très archaïque au sens où il nous renvoie à une période clé de notre enfance : quand l'approbation, l'accord et le soutien des personnes significatives de notre entourage étaient au cœur de nos préoccupations.

Au cours de son développement, l'enfant qui se construit a besoin du regard et de l'approbation des personnes significatives de son environnement. La bienveillance d'un geste, d'une parole structurante de la part d'un proche sera à la base de la confiance en soi que l'enfant développera et qu'il verra ainsi se fortifier. À défaut d'une telle attention, la confiance en soi de l'enfant diminuera et s'abîmera dans le doute.

Si nous avons peu confiance en nous-même, si nous sommes peu sûr de nous, notre besoin de recevoir l'approbation de ceux qui nous entourent entrera en conflit avec notre besoin d'affirmation et parfois même le niera. Ainsi peut-il nous arriver de ne pas être capable de prendre des décisions, de ne pouvoir faire des choix, tant nous redoutons la réaction de notre entourage, tant nous avons peur d'être jugé, rejeté, voire de ne plus être aimé pour peu que nous disions ou fassions quelque chose qui déplaise, qui ne corresponde pas aux attentes des autres.

C'est pourquoi nous restons souvent en retrait de nous-même, dans l'incertitude et le doute, animé par la peur de témoigner d'une position personnelle. Ce faisant, trop attentif à l'approbation de l'autre, nous nous installons dans une dépendance implicite. Qui plus est, en laissant des peurs paralysantes, des croyances caduques ou des interdits dont les enjeux sont depuis longtemps dépassés prendre le dessus, nous risquons de nous enfermer dans des limites très étroites et de vivre dans un système d'autoprivation particulièrement frustrant.

Nous affirmer suppose que nous renoncions à l'approbation d'autrui, quitte, parfois, à oser faire de la peine à nos proches, nous démarquer de leurs croyances, refuser de nous laisser entraîner par leurs peurs, en faisant montre d'idées, de comportements ou d'attitudes différents des leurs.

D'une certaine façon, devenir adulte signifie que le besoin d'affirmation a pris le pas sur le besoin d'approbation.

Communiquer ne signifie pas autre chose
qu'entrer dans le cœur d'un autre.
C'est la plus belle façon de vivre une relation.

La construction du désir

Marie est une jeune femme de trente-cinq ans, elle me parle de sa fille Chloé qui a douze ans.

« Tout dernièrement, ma fille m'a demandé : ''Maman, c'est quoi le désir ?'' Je n'ai pas su très bien lui répondre : j'ai tenté de lui dire que c'était comme une envie, une attirance, le besoin de l'autre, d'un objet, la réalisation d'un rêve... Vous voyez, j'ai mélangé tout de suite désir et besoin. Puis j'ai demandé à ma fille : ''Et toi, tu as des désirs ?''

« — Non, jamais, je ne désire rien. (Et puis, après un temps de silence) On souffre trop quand on a des désirs qui ne se réalisent pas...

« J'ai ainsi entendu que ma fille confondait le désir et sa réalisation. J'ai tenté de lui expliquer qu'il est beau, important, vital d'avoir des désirs dans de nombreux domaines, mais que beaucoup de désirs ne sont pas destinés à se réaliser, qu'ils resteront à l'état de désir... Que c'est beau de garder en soi un désir à l'état de désir... Chloé s'est jetée dans mes bras et m'a chuchoté : ''Tu sais, maman, j'ai un désir, un vrai désir ! C'est que toi et papa, vous reveniez ensemble. Tous les autres désirs, que je ne peux pas avoir, c'est rien à côté de ce désir-là !''

« J'ai serré ma fille tout contre moi, j'ai respiré très fort et je lui ai confirmé que c'était un très beau désir qu'elle avait dans son cœur, mais que la réalisation de ce désir ne dépendait pas d'elle. Je lui ai dit que son désir, qui est de nous réunir son père et moi, alors que nous sommes divorcés depuis quatre ans, ne correspondait pas au mien, ni vraisemblablement à celui de son père, qui d'ailleurs va se remarier prochainement. Je lui ai encore dit que puisque son désir était si important pour elle, elle pouvait le symboliser, c'est-à-dire le représenter par un objet, un dessin... Et savez-vous ce qu'elle a fait ? Elle s'est débrouillée pour faire agrandir deux photos, une de son père et l'autre de moi. Immenses photos, grandeur nature, et elle les a affichées sur le mur de sa chambre. Elle nous a placés tout près l'un de l'autre, presque l'un sur l'autre ! "Comme ça tous les matins en me réveillant je vous vois quand même ensemble, c'est chouette !" »

En écoutant Marie, je songeais combien il est important de ne pas laisser croire aux enfants que leurs désirs sont tout-puissants et totalement réalisables. Et en même temps, combien il est essentiel de pouvoir nommer les désirs et d'en prendre soin. Ce concept de *prendre soin* d'un désir, d'un sentiment, d'un rêve, qui fait appel aux possibles de la symbolisation, n'existe pas dans notre culture. Or, il me paraît essentiel aussi d'apprendre à nos enfants à respecter leurs désirs, et à les symboliser surtout lorsqu'ils ne peuvent les réaliser. Leur créativité fera le reste. Je trouve que Chloé a fait preuve d'une créativité riche, qu'elle s'est donné les moyens de donner vie à son propre désir et ainsi de le respecter, même s'il n'est pas réalisable.

Toute la mémoire du désir s'engrange au temps des absences, que ceux qui en sont l'objet soient loin ou inaccessibles.

Dialoguer et... accepter de changer

Échanger et partager ne veut pas dire se mettre d'accord, mais entendre justement nos différences. Ce qui veut dire aussi pouvoir se rapprocher et quand même pouvoir rester soi-même.

« Rien que moi et mon papa ! »

Une famille nombreuse, en France, commence à trois enfants, et c'est vrai qu'il est difficile pour les parents de consacrer du temps, de manifester un intérêt soutenu à chaque enfant de façon équitable, même quand ils ne sont pas très nombreux. Certains enfants, percevant cela, *s'arrangent,* et je souligne ce mot, pour se faire des petits bobos, produire des somatisations grâce auxquels ils captent l'intérêt et l'affection de leurs parents. D'autres y arrivent en faisant des bêtises, en provoquant des incidents, en volant au supermarché ou en suscitant, par des comportements atypiques, des réactions outrancières (mais qui sont bien centrées sur eux !)... de la part de leurs parents.

Chaque enfant a besoin de recevoir une attention privilégiée, que ce soit le soir au moment du coucher, avec un temps de câlins, une histoire, ou à d'autres moments spécifiques de la vie quotidienne, ceux qui précèdent un éloignement temporaire, par exemple.

Père de cinq enfants, j'ai ainsi été confronté par chacun d'eux à des attentes, à des besoins particuliers, très différents. Entre les silences d'une adolescente de quatorze ans qui souhaite que son père s'intéresse vraiment à son exposé sur *Emma Bovary,* et un volcan ambulant de cinq ans monté sur patins à roulettes qui réclame qu'on s'extasie sur ses exploits, il y a tout un univers de différences réclamant des attentions bien spécifiques.

J'ai compris, malheureusement tard dans ma vie de père, que les enfants réclament de notre part un temps *rien que pour eux* ! Un temps où ils disposent de nous, les parents, de manière exclusive ! Durant toute une période, chaque semaine, je m'arrangeais pour leur faire une invitation personnalisée, soit au restaurant, soit au salon de thé, soit pour une promenade à deux. « Rien que moi et mon papa » était devenu leur expression favorite.

Si chaque enfant a besoin de profiter régulièrement de l'attention privilégiée d'un adulte, il a tout autant besoin de pouvoir s'exprimer librement et d'être écouté au sein de la famille. Pour cette raison, nous avions inventé, sur le modèle du bâton de palabre africain et grâce aux conseils d'une amie ethnologue, le bâton de parole. Il s'agissait, dans notre cas, d'une vieille cuillère en bois sur laquelle j'avais sommairement sculpté, sur la face interne, une bouche, et sur la face externe, une oreille. La présentation du bâton de parole pouvait exprimer un triple besoin : parler, écouter ou être écouté. En famille, la convention était la suivante : celui qui voulait parler demandait le bâton de parole et ne pouvait être interrompu tant qu'il l'avait en sa possession. Celui qui le demandait à son tour ne pouvait pas parler de l'autre, mais seulement de lui, de ses idées, de son point de vue, de ce qu'il ressentait.

Le bâton de parole agissait alors comme un régulateur des échanges en favorisant l'expression de chacun.

« Rien que moi et mon papa ! » et le bâton de parole expriment des besoins qui méritent qu'on y réponde... de temps en temps.

Créer un espace en soi
où la rencontre
avec le merveilleux de l'autre
est possible.

Les enfants sortent du silence

Depuis quelques années les enfants osent parler. Ils osent se dire, non seulement pour exprimer leur émerveillement de vivre ou leur enthousiasme pour la vie, mais aussi, plus souvent qu'auparavant, pour crier leur souffrance, donner une bouffée d'oxygène à leur détresse, sortir de la violence du silence qui masque des agressions, des abus sexuels commis par un parent, un proche, un prêtre ou un enseignant.

Il ne se passe pas de semaine, de jour, sans qu'apparaisse à la une des journaux quelque révélation, quelque scandale ou quelque drame : un enfant ou un ex-enfant sort du silence pour accuser, pour mettre en cause un adulte, mais surtout pour se libérer... tenter de soigner une blessure depuis longtemps infectée, de cicatriser un non-dit. Les enfants parlent pour retrouver le respect d'eux-mêmes, pour exister après de nombreuses années de négativisme, de néantisation parfois. Ils parlent pour mettre un terme à une situation inachevée, pour accéder à une reconnaissance et surtout, surtout, pour découvrir le plaisir de vivre sans culpabilité, sans honte, sans peur.

Les enfants qui parlent ne trouvent pas toujours une écoute, un accueil ou une compréhension à la mesure de leurs révélations. Ils prennent parfois des risques énormes : celui de voir rejeter leurs propos, dénier leurs souvenirs, ou celui d'être étouffés, voire récupérés quand ils sont confrontés à la pseudo-compréhension ou au recul de certains adultes. Des adultes affolés par tout ce qu'ils ne veulent ou ne peuvent pas entendre : « Quand j'ai dit que je n'aimais plus le piano parce que le professeur me faisait des choses, ma mère se récria : "Mais qu'est-ce que tu vas encore inventer pour te rendre intéressant ? Le professeur fait ce qu'il a à faire, pour t'apprendre à jouer correctement, d'autant plus que tu n'es pas un enfant facile..." À l'époque, j'ai été obligé de me brûler la main pour m'épargner les leçons et surtout l'humiliation de me faire tripoter ! » racontait cet adulte trente ans plus tard.

Sortir du silence n'est pas suffisant, encore faut-il être entendu, reçu, soutenu. Ce n'est pas tant la dimension légaliste ou une sanction que réclament les enfants, mais le droit d'être crus dans la souffrance qu'ils ont éprouvée face au comportement d'un adulte qui transgressait une des lois les plus élémentaires de l'humanité : le respect et la protection de l'enfance – le droit d'être reconnus dans l'injustice qu'ils ont subie.

Les enfants et les adultes parlent aussi pour protéger des frères et des sœurs, pour alerter leurs propres enfants ou se libérer de la violence d'une répétition qui s'étend parfois sur plusieurs générations. Ils parlent pour se libérer d'un poids trop lourd à porter. Ils parlent pour se réconcilier avec eux-mêmes, pour ouvrir l'avenir à plus de confiance.

Il y a des larmes humides,
celles de la tristesse,
et celles, plus sèches,
de la détresse
qui ne peut se dire.

« Pourquoi ai-je tant de mal à te parler, maman ? »

C'est une jeune fille de quatorze ans qui s'adresse comme suit à sa mère, dans une longue lettre dont je tire l'essentiel.

« J'ai peur de te parler, maman, parce que je sais que je déclenche des tas de peurs en toi chaque fois que je tente de te dire ce qui m'habite. Quand je te parle de mon amoureux, de mes copines qui font l'amour ou qui rêvent de partir à l'étranger, ou encore de faire du théâtre ; quand je te confie que mon copain a des désirs, et que moi je retiens les miens, je déclenche chaque fois des comportements excessifs de ta part. Tu parles, tu parles, tu me noies de mots, de conseils, comme pour évacuer tout le malaise que cela a réveillé en toi. Tu veux tout de suite me prendre en charge. Tu voudrais que je fasse aussitôt quelque chose pour calmer tes angoisses...

« À la moindre sortie un peu tardive, tu évoques enlèvement, viol, drogue, sida... Tu surveilles mon linge intime, vérifies mon cycle et je sais que tu lis aussi mon journal, enfin, mon faux-vrai journal. Celui que je laisse en évidence au fond du tiroir où je sais que tu vas le trouver, dans lequel j'écris des banalités pour te rassurer, t'apaiser.

« Maman, je ne veux plus te mentir ni faire semblant. C'est vrai, je ne suis pas cette fille idéale, sans aucun problème, gentille, soumise et peureuse dont tu rêvais. Je ne sais pas ce que je réactive chez toi, mais je ne veux plus collaborer à cette espèce d'escroquerie dans laquelle je me laisse entraîner malgré moi. Une espèce de contrat implicite d'après lequel je devrais me sentir aimée et acceptée tant que je me moule à tes désirs.

« Maman, je ne veux pas payer le prix de tes peurs... Aussi tu l'as peut-être perçu, actuellement je me tais, je ne partage plus rien avec toi, je m'absente d'une relation vraie. Depuis quelque temps tu redoubles de questions, tu m'agresses, tu m'en veux. Je te fuis pour ne pas te détester encore plus. Et tu ne sais même pas que, ce faisant, je te protège, que je fais tout ça pour toi, pour ne pas augmenter ton angoisse ou ton désarroi...

« Maman, ose me faire confiance en te faisant confiance, c'est urgent. Ta fille, qui t'aime. »

Ainsi, arrive-t-il à tout âge que des enfants prennent sur eux de préserver leur mère ou leur père des effets de la résurgence de leur propre enfance, quand, à leur contact, les blessures anciennes sont réveillées...

Un désert
est un espace d'attente
entre deux oasis.

Silences et messages

Un adulte, c'est-à-dire un enfant devenu grand, peut prendre le risque d'écrire à sa mère pour mettre des mots sur ce qu'il a vécu de douloureux durant son enfance : « Tu ne disais jamais rien de toi, maman, et cependant j'entendais fort ton accablement. Ton silence était si triste que même quand tu souriais, je voyais bien que tu n'étais pas heureuse. Mais ce qui m'a fait le plus violence, maman, c'était ton regard chargé d'angoisse qui se posait sur moi comme une accusation muette... C'est important pour moi de pouvoir te dire cela aujourd'hui sans t'accuser, sans chercher à te culpabiliser, en osant simplement mettre des mots sur ce que j'ai ressenti lorsque j'étais enfant. » Il peut aussi prendre le risque de dire à son père : « Je ne te l'ai jamais dit, mais tu me faisais si peur quand tu criais, quand tu te fâchais pour tout, pour rien, contre maman, contre l'automobiliste qui était devant toi et n'avançait pas assez vite. Et je me détestais de te détester, et je t'en voulais encore plus... »

Comme parent, il n'est pas rare, même si cela nous étonne ou nous choque, que nous recevions un tel retour de la part de l'un de nos enfants à propos de nos aveuglements les concernant. Nous avons le plus souvent le sentiment d'avoir fait beaucoup pour eux. Nous leur avons donné une grande partie de notre temps, consacré bien de nos pensées, et nous avons parfois même sacrifié nos centres d'intérêts, voire des relations, pour pouvoir nous consacrer davantage à leur éducation...

Le plus souvent, nous n'avons pas compris que nous avions fait trop pour eux et pas assez avec eux ! Et quand nous avons tenté de nous ouvrir à plus d'échange avec eux, ce fut souvent au moment où ils s'éloignaient de nous, nous quittaient : à leur tour, ils étaient peu disponibles pour nous entendre...

Nous aurons l'impression d'être l'objet d'une injustice : celle de ne pouvoir leur parler de nous, celle de les perdre au moment où plus de réciprocité pourrait nous rapprocher d'eux. Il en est ainsi parce qu'ils entament une période de vie plus personnelle, plus intime, faite d'ajustements nouveaux.

Ainsi, entre parents et enfants devenus adultes, des malentendus circulent, d'anciennes blessures s'ouvrent à nouveau. Dans tous les cas, il est souhaitable de mettre des paroles sur ce passé douloureux, sans toutefois mettre l'autre en cause... C'est le plus difficile, mais cela est possible. Il suffit que l'enfant parle de ce qu'il ressent : « Je parle à l'homme ou à la femme que tu es aujourd'hui, pourrait-il dire à son parent, mais je m'adresse à l'homme ou à la femme que tu étais quand j'avais dix ans, douze ans, quinze ans... » Et nous, les parents, oserons peut-être leur dire : « Oui, j'ai été cet homme-là, cette femme-là... »

« Si le mot que tu t'apprêtes à prononcer n'est pas plus beau que le silence, ne le prononce pas », nous exhortait Shakespeare. Il y a cependant des mots laids qu'il convient de dire, car ils révèlent l'indicible.

Quand les enfants posent des questions…

Les enfants sont d'infatigables questionneurs. La fraîcheur, la spontanéité et la variété des questions qu'ils posent à leurs parents et aux adultes qui leur sont proches sont des appels à la vie. Ces questions tournent autour de deux thèmes récurrents, qui reviennent sous mille facettes : la mort et l'amour. La mort et son mystère, l'amour et sa fidélité, ses outrances et ses déviances.

La mort renvoie à la fois à la finalité de la vie et à son origine : « C'est vrai papa que tu vas mourir quand tu seras vieux ? » ; « Et quand on est mort, comment on fait pour aller à l'école ? » ; « Grand-mère m'a dit que grand-père était au ciel et qu'il veillait sans arrêt sur nous, mais s'il ne dort pas il va tomber malade alors ! ».

Nous le savons, ce n'est pas tant la question qui importe, ni même la réponse, mais la richesse de l'échange et du partage que la question et la réponse peuvent stimuler entre l'enfant et l'adulte : « Tu sais, papa, le jour où maman mourra, tu n'auras pas besoin d'être triste parce que moi, je pourrai me marier avec toi ! » disait, faussement candide, l'une de mes filles.

Derrière toute question se profilent des interrogations. Le questionnement tente à la fois de masquer et de dévoiler la préoccupation qui est prioritaire, parfois vitale pour l'enfant. Répondre trop vite à la question, c'est risquer de ne pas entendre l'interrogation qui est sous-jacente :

« Maman pourquoi on ne doit pas se montrer tout nu ? » ; « Pourquoi, quand on devient vieux, on a les mains qui tremblent ? » ; « Est-ce que tu crois que si je dis à grand-père qu'il sent trop mauvais, il ne va plus m'aimer ? » ; « Moi je voudrais savoir pourquoi les filles portent des robes et pas les garçons... ».

Les enfants posent des questions pour vérifier quelques-unes de leurs croyances, mais aussi pour établir des passerelles, des ponts entre ce qu'ils voient autour d'eux et les compréhensions parcellaires, et parfois contradictoires, qu'ils en ont : « Est-ce que tu crois que tu m'aimeras toujours ? Parce qu'à l'école ma meilleure copine m'a dit que l'amour ne dure jamais ! » ; « C'est vrai que si on vole on va en prison ? Pourtant l'instituteur nous a dit que pendant la guerre, son papa avait volé des armes aux Allemands, que c'est pour ça qu'il a été décoré et qu'on a donné son nom à une rue... ».

Peut-être faudrait-il, avant de répondre, demander à l'enfant comment lui-même comprend sa question et ce qu'il a envie de dire à travers elle. Par le jeu des questions et des invitations à en dire plus, nous pouvons initier de véritables dialogues. Car un enfant qui pose une question dispose toujours d'un savoir intime, même si ce savoir est limité ou erroné, il sait de quoi il parle quand il prétend ne pas savoir... Il sait à sa façon.

Une de mes filles me disait : « Tu sais, papa, je sais seulement aujourd'hui, à vingt-cinq ans, qu'il y a une énorme différence entre un mec et un homme ! »

Apprivoiser la nudité

Si la nudité est pour certains le plus beau des vêtements, elle est perçue par d'autres comme une gêne, une provocation, voire un outrage.

Certains parents sont persuadés que transformer leur maison ou leur appartement en camp naturiste est une preuve de tolérance et de liberté, favorable au développement et à l'épanouissement de leurs enfants. Il ne s'agit ni d'imposer la nudité, ni d'en tolérer tous les excès. Peut-être faut-il d'abord l'apprivoiser pour soi-même et son entourage.

L'intimité a besoin d'être protégée pour être vécue en toute sécurité et partagée dans le plaisir et la quiétude. La nudité peut être circonstancielle et limitée, ou faire partie d'un mode de vie choisi comme c'est le cas dans certaines familles. Un enfant qui sort tout nu de la salle de bains, à la recherche de son pyjama ou de sa culotte, une maman qui finit de se maquiller en petite tenue, un père qui cherche ses chaussettes ou sa chemise en slip, autant de scènes qui font partie de la vie de beaucoup de familles – mais qu'il n'est pas souhaitable de répéter trop souvent quand les enfants grandissent...

L'âge et les circonstances invitent à poser des balises, à respecter certaines inhibitions, à marquer des étapes, à la fois pour les enfants et pour les adultes.

Je crois que nous savons tous combien les orifices du corps sont des endroits intimes qui ont besoin d'être respectés. Tous les enfants éprouvent de la gêne lors de l'investigation des oreilles, de la bouche, de l'anus ou du sexe. La pudeur, en ce sens, est une réaction de protection contre l'intrusion, intempestive ou imposée, du regard, du geste ou de la proximité d'un autre qui ne respecte pas la distance nécessaire à chacun.

Depuis quelques années, on observe un retour à la pudeur, une protection plus conscientisée du corps, même si, en parallèle, les vêtures sont de plus en plus minimalistes. Mais porter un *string* ou un maillot brésilien sur une plage au milieu de tous n'est pas la même chose que se promener ainsi vêtu au milieu de ses proches ou parmi des amis, dans un espace familier. La nudité trop affichée d'une petite fille de huit ou neuf ans peut réveiller des sentiments troubles et susciter des réactions surprenantes chez des invités ou des proches.

La construction de l'identité passe par l'apprentissage de l'intimité. Il n'est pas nécessaire de proférer des menaces ou des interdits, mais d'avoir, en tant que parents et adultes, une position claire, sans ambiguïté.

Les excès de certaines scènes présentées à la télévision, d'affiches vues dans la rue ou de témoignages rapportés de vacances heurtent parfois violemment les exigences de la vie de famille. Ce sont souvent les mères qui se posent des questions sur les limites de la nudité, et par là, de l'intimité. Le bain avec bébé oui, mais jusqu'à quel âge ? Peut-être pas au-delà d'un an ou deux ? En fait jusqu'au moment où l'enfant commence à jouir d'une certaine autonomie ; quand il a accès à la capacité de se déplacer et de jouer seul dans son bain, il vaut mieux le laisser seul dans la baignoire !

Entre trois et cinq ans, l'enfant éprouve le besoin de montrer son corps, il en est fier, passe par une phase d'exhibitionnisme qui inquiète parfois les parents : « Maman, regarde, regarde comme mon zizi est droit ! » ; « Maman, regarde, la serviette tient toute seule... ». Peut-être sera-t-il souhaitable de confirmer ce petit garçon dans sa virilité naissante, mais il faudra aussi l'inviter à ne dévoiler son corps que dans l'intimité de la chambre.

Certaines petites filles veulent voir comment « papa fait pipi ». D'autres, garçons ou filles, désirent embrasser sur la bouche. Sans doute faudra-t-il leur expliquer que le baiser sur la bouche est réservé aux relations amoureuses, que le bisou de tendresse sur le visage ou dans le cou est réservé aux relations parentales et aux amis proches.

Être bien avec soi passe par le respect d'une intimité protégée et suffisamment assurée pour permettre l'accord intime avec le meilleur de soi-même.

Les idées fortes
ne sont pas acceptables
pour autant...

« Maman, je saigne... »

L'arrivée des règles dans la vie d'une petite fille, d'une jeune fille devrais-je dire, est à la fois un cataclysme et l'équivalent d'une naissance. Même lorsqu'elle est prévenue, informée, sensibilisée, l'arrivée des menstrues, du sang qui coule, rouge et vigoureux, là, entre les jambes, est toujours une surprise pour une fillette qui devient pubère.

Les règles surviennent le plus souvent à un « mauvais » moment, alors que la jeune fille ne les attend pas. Elles « coulent » dans les situations les plus délicates et votre enfant peut se sentir en difficulté, gênée. D'un seul coup, toutes les recommandations préventives sont oubliées. Oublié où se trouve le fameux petit sac préparé par maman, dans lequel il y a du coton, une serviette hygiénique et deux ou trois bricoles prévues pour accueillir l'événement ! Oublié ce qu'il faut faire, dire, oser...

Ça saigne, ça risque de se voir, de tacher la jupe ou le blue-jeans, et surtout, on ne sait pas comment arrêter cela. « Est-ce que ça va continuer longtemps ? » ; « Est-ce que je vais perdre tout mon sang ? » ; « Est-ce que je ne vais pas me trouver mal ? » ; « Est-ce que ça se voit ? ». Sans dramatiser à l'excès, toutes ces pensées affleurent plus ou moins à la conscience de la jeune fille. De vieilles angoisses remontent à la surface : « Et si j'allais me vider, mourir comme ça bêtement dans les toilettes où je me suis enfermée ? Ce fichu papier hygiénique qui n'absorbe rien. J'en ai plein les doigts... »

Parfois votre fille ne dira rien : elle attendra quelques heures, quelques jours pour se familiariser avec son nouveau corps de femme. D'autres fois, elle posera des interdits : « Surtout tu ne dis rien à papa ! » ; « Tu n'en parles pas à mon frère, il va encore se moquer de moi. ». Attente, pudeur, apprivoisement, besoin de garder cet événement dans l'intimité, peur du qu'en-dira-t-on ? Dans certaines cultures, il existe des rituels, on fait une fête pour saluer le passage du monde de l'enfance à celui de l'adulte. Chez nous, ce moment est plus voilé, plus discret. Certaines jeunes filles adoptent des pratiques personnelles comme de mettre des sous-vêtements de couleur au moment des règles, un peu plus de rouge à lèvres, un petit bijou à la fois fantaisiste et discret, telle une réparation...

Cet événement, qui est important, est rarement accueilli dans la joie. Il le pourrait pourtant. Ce serait une façon de saluer un passage, un changement d'état, et de tenter de compenser la vague de tristesse qui parfois l'accompagne.

L'arrivée des règles signifie aussi, d'une certaine façon, quitter un état, se séparer de l'innocence de l'enfance, pour aller vers un devenir encore incertain... de femme.

La tendresse nous permet de naître à l'enfance, mais c'est grâce à l'amour que nous entrons dans la vie adulte.

« J'ai découvert que ma fille est homosexuelle »

C'est une mère qui parle ainsi, éprouvant beaucoup d'émotion, de trouble et de bouleversement intérieur.

« Dans un premier temps, j'ai tenté de nier, de penser que c'était juste une expérience, un entraînement un peu facile, une erreur, voire une provocation vis-à-vis de moi... Puis, devant la position très claire de ma fille me disant qu'elle aimait une femme, la tempête a commencé dans ma tête. Je ne pouvais m'empêcher d'imaginer des images qui me révoltaient. Ce qui dominait, c'était l'idée de relations sexuelles contre nature. Une expression qui remontait de mon enfance : "Ah ! ces deux-là, ils ont des relations sexuelles contre nature !", disait ma mère en parlant de deux garçons-coiffeurs chez lesquels elle allait pourtant se faire coiffer !

« Ma fille a bien senti que j'étais perturbée, blessée, rejetante même. Elle a pris position avec beaucoup de fermeté et de tendresse en m'écrivant une belle lettre où elle disait : "Depuis plusieurs années, j'ai hésité à t'en parler, maman, je pressentais que ce ne serait pas facile pour toi. Jusqu'à maintenant je suis restée très discrète à propos de ma relation amoureuse. Mais mon amie et moi, nous envisageons de vivre ensemble et je ne veux pas avoir à mentir. Je préfère mettre les choses au clair, même si je te déçois, même si je risque de te perdre. Maman, il est important pour moi de me respecter, car j'aimerais te présenter mon amie, si cela te paraît possible de nous recevoir ensemble." »

Cette mère a eu besoin de plusieurs mois de réflexion pour se sentir capable d'accepter de rencontrer sa fille et la compagne de celle-ci. Je voudrais reprendre ici l'essentiel de ce qu'elle a pu dire à la suite de cette première rencontre : « Mon mari avait refusé d'être présent. Il a préféré aller à la pêche ce week-end-là. C'est son système à lui : devant une difficulté à affronter, il fuit. J'ai accueilli ma fille et son amie. Au cours du repas, je n'ai plus vu deux homosexuelles, mais deux femmes qui s'aimaient. J'ai été bouleversée par le respect mutuel qu'elles se témoignaient, leur simplicité et cette liberté inouïe qu'elles avaient l'une envers l'autre dans leurs gestes et leur conduite. Soudain je me suis mise à rire à l'intérieur de moi, en pensant que jamais on ne m'avait traitée d'hétérosexuelle parce que je fréquentais un homme ! Cette rencontre a changé beaucoup de choses en moi… »

Cet exemple montre tout le chemin parcouru par cette mère pour simplement sortir des stéréotypes… Combien, parfois, nous avons besoin, pour grandir, que nos enfants nous délogent de nos certitudes…

Quand l'amour est l'expression
la plus absolue de la liberté,
il est vraiment amour.

« Ai-je le droit de travailler alors que j'ai des enfants ? »

C'est une question qui suscite des avis incroyablement contradictoires. Des études américaines récentes tentent de montrer que les enfants dont les mères travaillent ont un développement cognitif moins bon, en termes d'apprentissages culturels et sociaux, que les enfants des mères au foyer. Une étude suédoise constate l'inverse, à savoir que les enfants placés en garde non parentale, nourrice ou crèche, ont un meilleur développement cognitif et socio-émotionnel que les autres.

Il faut signaler qu'il s'agit d'un double équilibre à trouver : un équilibre personnel à la mère qui doit s'ajuster à ses différents rôles, et un équilibre dans la qualité de l'accueil et les soins que peuvent offrir une nourrice, une nounou, une crèche. Les enfants vont bien quand on s'occupe bien d'eux, que ce soit à l'intérieur où à l'extérieur de la famille. La qualité de l'accueil qui est offerte à l'enfant, la stabilité des humeurs de ceux qui l'entourent, la permanence et la régularité des présences significatives sont plus importantes que leur quantité. Il faut aussi savoir que le facteur déterminant pour le développement de l'enfant qui a atteint quatre ans réside dans son milieu socio-économique, la souplesse de ce milieu et sa capacité de s'adapter pour répondre au mieux aux besoins relationnels de l'enfant.

La question posée : « Ai-je le droit de travailler alors que j'ai des enfants ? », me semble être une fausse question qui dénote le doute chez la femme et la mère. Si le fait de travailler ne réactive pas de conflits anciens, si la femme n'a pas le sentiment d'être exploitée et contrainte dans ses différents rôles d'épouse, de mère, de professionnelle, elle sera capable de gérer chacun de ces engagements et de les équilibrer.

Si une femme qui travaille n'est pas culpabilisée par son entourage ni envahie par ses propres fantasmes personnels de mère au foyer idéale, comprenez dévouée, attentive, disponible en tout temps, alors il est vraisemblable qu'elle saura répondre aux besoins des uns et des autres sans éprouver de conflits majeurs.

Il faut dire aussi qu'une femme s'équilibrera d'autant plus dans ses rôles d'épouse, de mère, de professionnelle, qu'elle recevra des gratifications réelles, des soutiens, des confirmations, de la bienveillance et de l'amour dans chacune de ses sphères d'activité. Surtout si elle se sent réellement soutenue par son partenaire sur le plan de la prise en charge effective et régulière d'une partie des tâches familiales... De ce point de vue, il y a, semble-t-il, du chemin à faire, puisqu'une enquête récente dévoile que la participation des hommes aux différentes tâches ménagères a augmenté en dix ans... d'une minute par jour – environ six heures par an...

À partir d'un certain niveau de soutien,
les craintes peuvent se transformer en courage.
Forcez la dose !

La famille dans tous ses états…

Il n'y a plus de modèle, chacun des parents se doit d'inventer, d'innover, de tâtonner, de s'égarer et cependant de créer à chaque instant un présent acceptable pour maintenir vivant cet équilibre instable et périlleux qu'on appelle une famille.

Vivre dans une famille recomposée

Vivre avec une nouvelle femme, un nouvel homme et, de plus, avec les enfants d'une ou d'un autre, c'est prendre le risque de voir réactiver des situations laissées inachevées dans l'histoire de chacun, et donc d'avoir à affronter divers malentendus et conflits qui se révéleront parfois difficiles à dépasser et le plus souvent très douloureux pour les uns et pour les autres.

Certains hommes qui n'ont pas eu d'enfants font ainsi le grand saut en se mettant en ménage ou en se mariant avec une femme qui a encore à sa charge les enfants qu'elle a eus avec un autre. Ces hommes seront involontairement pris dans une relation de nature parentale, pour laquelle ils n'ont eu aucune préparation et ne disposent d'aucun ancrage. Ils devront affronter, au quotidien, la difficulté de vivre avec des enfants qui ne sont pas les leurs et qui n'ont pas souhaité (dans la plupart des cas) leur présence auprès de leur mère !

La difficulté, pour le nouveau venu, consistera à pouvoir nommer sa nouvelle relation. L'homme et la femme qui se mettent en ménage, qui fondent un couple, peuvent le faire sans difficultés : relation amoureuse, de compagnonnage ou conjugale. Mais l'enfant, par contre, ne peut nommer la relation qu'il a avec l'inconnu qui vit avec sa mère ou avec la nouvelle partenaire de son père. Il n'existe pas de terme particulier pour la désigner, pas plus que de modèle pour la vivre. Cette relation est à inventer.

Beaucoup de questions surgiront quant au *comment faire* en ce qui concerne les contacts, les demandes, les refus, la participation mutuelle au fil de la cohabitation quotidienne. Quel type d'intervention ? Ni trop interventionniste, ni trop laxiste ! Quelles attitudes faut-il adopter ? Quelle tolérance avoir pour un enfant, une adolescente dont vous n'êtes pas le père ou la mère, et qui entre dans votre vie avec sa propre histoire ?

Il y a les petites phrases qui usent et blessent, l'habileté diabolique de certains enfants à déstabiliser l'intrus, à décourager celui qui est vécu comme un ennemi, celui qui cherche à faire sa place, sans compter les comparaisons pleines de piquants avec le père ou la mère d'origine... Les termes de « beau-père » et « belle-mère » ne donnent aucune idée des sentiments réels qui animent chacun des protagonistes et de la nature des relations qu'ils peuvent réellement proposer.

En s'appuyant sur toutes ces interrogations, il est possible avec humour (pas ironie), respect, patience et ténacité de jeter les bases d'une cohabitation sereine. Je propose souvent de choisir un prénom ou un surnom spécifique à l'enfant et au beau-père ou à la belle-mère qui ne sera utilisé que par eux ! Petit clin d'œil à l'unicité de leur relation. Ces prénoms seront comme un ancrage pour tendre une passerelle, poser des bases pour construire un pont qui permettront que circule et se développe ensuite un échange plus personnalisé – mais cela reste, je le rappelle, à inventer et à bâtir au quotidien.

**S'il arrive à l'espoir d'être aléatoire,
l'espérance est certitude,
alors appuyons-nous sur elle !**

Le nouveau copain de maman, la petite amie de papa...

La plupart des enfants, quand ils voient arriver dans leur vie le nouveau partenaire du parent séparé ou divorcé avec lequel ils vivent, considèrent celui-ci comme un intrus et ont des réactions de rejet, de fuite et même d'agressivité envers lui, voire vis-à-vis de leur parent. « Tu préfères recevoir ce type (ou cette femme) plutôt que t'occuper de nous ! Alors on ne te suffit plus ? » Les enfants disent cela avec une très grande habileté pour entretenir la collusion qu'ils souhaiteraient voir encore exister entre l'ancienne relation amoureuse ou de couple de leurs parents et la relation parentale.

Que les parents soient séparés depuis quelques mois ou plusieurs années ne change rien aux positions défensives ou agressives des enfants et à leurs puissantes techniques de sabotage.

Tant qu'ils imaginent que leurs parents pourraient revivre ensemble, les enfants sont capables d'être désagréables, de faire la guerre, d'empoisonner la rencontre ou la relation de compagnonnage qu'amorce le parent avec lequel ils vivent et de miner la nouvelle relation affective, comme ils peuvent, d'ailleurs, lutter contre la nouvelle partenaire de leur père qu'ils ne rencontrent pourtant que deux ou trois fois par mois !

J'ai déjà abordé cette question, qui revient souvent dans les interrogations de ceux qui me lisent : « Comment faire, comment s'y prendre pour que ça marche bien, pour que chacun y trouve son compte ? » Tout d'abord se dire que « ça » ne marche pas tout seul. Il s'agit d'un apprivoisement délicat, souvent douloureux, car les enfants du couple de base, pour tenter de panser, de nier la blessure laissée en eux par la séparation de leurs parents, poussent à la réactivité et le parent qu'ils ont sous la main et son nouveau partenaire. Pour ce faire, ils font montre d'une créativité tous azimuts : « Tu vois, papa, on peut même pas discuter, on ne peut rien dire à ta copine, elle prend tout pour elle. Pour toi, c'est toujours de ma faute si elle est malheureuse quand je suis là ! J'en ai marre, rien ne va plus dans cette baraque depuis qu'elle est arrivée ! »

Les enfants peuvent aussi, avec une sincérité scandaleuse, mettre le parent en accusation et tenter de le culpabiliser : « Ouais, chaque fois que ton copain vient dormir à la maison, il n'y en a que pour lui, moi j'existe plus, tu ne viens même plus nous embrasser le soir comme tu le faisais avant ! On doit raser les murs, se coucher tôt, te laisser toute seule avec lui ! On n'est plus chez nous. Et il est d'un sans-gêne ! Il laisse traîner ses affaires partout, ça pue son odeur dans la salle de bains, on dirait que la maison est toute à lui. En plus, tu le nourris, il ne sait même pas se faire à bouffer… C'est pas une pension pour homme seul ici ! » Tout est bon pour disqualifier l'intrus, l'affaiblir, le déstabiliser, au fond, pour tenter de l'éjecter de sa relation avec maman (ou papa) !

Une fois de plus, il faudra oser mettre des mots, non sur les faits, mais sur ce qui est vécu par chacun. Comme femme, comme homme, oser prendre position : « J'ai choisi cet homme, cette femme. Avec lui, avec elle, j'ai une relation amoureuse, c'est à vous d'inventer ou de trouver la relation que vous pouvez développer avec lui ou elle ! »

Une relation s'appuyant sur deux personnes, il appartiendra au nouveau partenaire de gérer, en se respectant, la façon dont il reçoit ce qui lui arrive. Il sera aussi responsable de ce que lui-même investit dans la relation.

Dans tous les cas, il faut mettre des mots, non sur des sentiments qui n'existent pas toujours, mais sur le vécu, démystifier les systèmes relationnels qui s'enclenchent de façon quasi automatique et qui polluent la moindre tentative de communication.

Au-delà de la patience, il conviendra d'avoir une écoute centrée, une vigilance sensible et une capacité d'humour tendre à toute épreuve.

Il faut être attentif aux cheminements du bonheur parce qu'il ne repasse jamais deux fois au même endroit.

« J'aime pas le monsieur qui vient dormir ! »

Deux couples sur quatre se séparent, et plus de la moitié d'entre eux recréeront de nouvelles relations dans les années qui suivent. Les couples et les familles ainsi reconstitués devront construire et reconstruire des relations où les registres amoureux, parentaux et familiaux se mêleront et s'imbriqueront sans toujours faciliter les rencontres au quotidien !

Sur le plan *amoureux,* un homme et une femme qui éprouvent le besoin d'un rapprochement intime se lancent parfois dans l'aventure de l'amour avec un passé encore trop proche qui n'est pas toujours clarifié ou assaini.

Sur le plan *familial* élargi, avec les belles-familles anciennes et nouvelles, les croisements de liens, les intérêts divergents, les priorités pas toujours bien comprises des uns par rapport aux autres, il se crée tout un enchevêtrement de relations parfois complexes et difficiles à vivre.

Sur le plan *parental,* comment trouver le type d'intervention, la bonne distance, la position vis-à-vis des enfants de l'un ou de l'autre ? Comme c'est souvent la femme qui a la garde des enfants, ceux-ci voient apparaître, d'abord discrètement, puis avec de plus en plus d'assurance, le nouveau partenaire de leur mère. Lorsque les enfants passent le week-end chez leur père, ils sont appelés à découvrir un jour ou l'autre que son « invitée particulière » occupe les lieux avec beaucoup de familiarité ! Trop à leur avis, aussi vont-ils tenter d'éloigner ou de décourager l'intrus(e) en usant de tous les moyens.

Beaucoup d'enfants vivent cela en étant animés par un conflit de fidélité : ils ont le sentiment de trahir leur père en acceptant le nouveau partenaire de leur mère, et pour ne pas trahir celle-ci, ils s'interdisent de faire risette ou de paraître trop familiers avec la nouvelle bien-aimée de leur père. « Je n'aime pas le monsieur qui vient dormir avec maman, il n'a rien à faire ici, c'est pas chez lui » ; « Qui c'est cette femme qui veut nous faire les repas et qui se mêle de nos affaires ? Et puis de quel droit elle s'occupe de moi et de ma sœur, on ne lui a pas demandé d'être là, nous ! ».

Le nouvel arrivant est souvent mal accueilli, mal accepté, voire rejeté, cela durant une période de purgatoire plus ou moins longue – en tout cas, tant que l'enfant espère que ses parents pourraient « s'ils le voulaient bien » vivre à nouveau ensemble. « N'est-ce pas, maman, qu'on pourrait prendre papa avec nous ? D'ailleurs je crois qu'il est d'accord pour revenir... » ; « Si maman revenait avec toi, papa, ta copine, elle pourrait rester chez elle, on serait bien tous les trois ensemble, comme avant ! ».

Certains enfants, en rejetant le monsieur qui vient dormir à la maison, la femme qui partage le lit de papa, tentent de contrôler la vie affective et sexuelle de leur mère ou de leur père. Ils perçoivent l'amant, la nouvelle partenaire, comme un intrus et même parfois comme un rival qui va les déloger de la position de soutien qu'ils assument ou croient (ou désirent) assumer : celle de « petit homme » chez le garçon qui cherche à développer une relation de réciprocité avec sa mère ; celle de « petite femme » chez la fille qui, si elle est trop attachée à son père, aura tendance à traiter la nouvelle amie de celui-ci comme une rivale, voire comme une domestique.

Le type d'interventions éducatives devra aussi être régulé. Pour ce faire, il faudra tenir compte de la réaction des enfants : qu'acceptent-ils et que rejettent-ils ? La difficulté principale réside dans le fait que la nouvelle relation avec les enfants est à inventer au quotidien.

Au début, il n'existe pas de références affectives s'appuyant sur un savant dosage du « faire » et du « être » et surtout du « faire séparément » ! Osez dire : « C'est vrai, je n'ai pas choisi de vivre avec toi, mon choix principal était ta mère (ton père). C'est peut-être la même chose pour toi… » Pour le nouveau venu, prendre le risque de se confronter aux enfants plutôt que de les affronter.

Tout cela suppose évidemment que le conjoint délaissé n'utilise pas ses enfants comme otages ou comme enjeux pour maintenir le conflit avec son ex-conjoint et entretenir ainsi artificiellement une relation qui devrait trouver d'autres supports.

Le présent ne doit dépendre
ni de l'évanescence du passé,
ni de l'incertitude de l'avenir.
Il doit se vivre au présent.

« Ma mère est amoureuse d'un garçon plus jeune que moi, je ne le supporte pas ! »

La personne qui témoigne ainsi semble être un jeune homme. Ce dernier, voyant arriver dans la vie de sa mère un jeune de son âge, plus jeune peut être, le perçoit comme un rival affectif, un intrus. Ce qui se déclenche alors en lui peut se situer à plusieurs niveaux :

• une réactivation de la position œdipienne ou d'une rivalité fraternelle encore active. Celle-ci resurgira avec d'autant plus de force que la situation d'origine n'a pas été réglée ;

• une fidélité au père disparu ou absent, dont l'adolescent se sent garant ;

• la perte de la place privilégiée qu'il occupait auprès de sa mère qui porte à présent son attention sur un autre que lui.

Quoi qu'il en soit, c'est à la mère de prendre position, en ne laissant pas croire à son fils qu'il peut contrôler sa vie amoureuse et sexuelle. Ses choix de vie lui appartiennent et ne relèvent que de sa propre éthique personnelle. Elle aura certainement à s'interroger sur sa nouvelle orientation amoureuse : que représente pour elle un garçon de l'âge de son fils ? Comme d'ailleurs un homme pourrait le faire quand il tombe amoureux d'une très jeune fille...

Ce n'est pas tant la différence d'âge qui est en cause ici que les représentations des uns et des autres, les intolérances latentes mais qui restent vives. Pour un enfant, autant que pour un adulte, il est difficile de se représenter la vie sexuelle de ses parents, en particulier, pour un adolescent, celle de sa mère.

Beaucoup de femmes témoignent que la différence d'âge n'est pas un obstacle, même si au début elles avaient quelques réserves. Il faut aussi avoir à l'esprit qu'une telle relation s'inscrit souvent dans un contexte dynamique qui correspond à un moment particulier de l'histoire d'une femme. Entre une femme qui dit « Je me sentais vieille, moche, dans les yeux des hommes de mon entourage. J'avais besoin de me prouver que je pouvais plaire et être désirée », et une autre qui constate « Ce fut l'équivalent d'un coup de foudre, rien ne m'aurait retenue, rien ne m'aurait empêchée d'aller vers lui », il y a toute la gamme des possibles que l'amour permet de connaître à tout âge !

Il faut peut-être ajouter, même si on ne le croit pas au départ, que dans ces relations passionnées le sentiment de transgression, de briser un interdit, joue un rôle important en ce qu'il impulse un élan puissant propre à alimenter les autres sentiments qui constituent ce que l'on appelle l'amour. Et peut-être aussi accepter qu'une relation avec une différence d'âge très marquée est sans doute plus vulnérable, plus fragile qu'une autre...

Chaque individu a une histoire,
chaque événement plusieurs sources,
chaque rencontre une infinitude de possibles.

Charte de vie relationnelle pour des parents divorcés

Je reçois beaucoup de courrier de femmes et d'hommes séparés, m'interpellant sur leurs difficultés à poursuivre une relation non conflictuelle avec leur ex-conjoint de façon à pouvoir assumer au mieux la poursuite du lien parental, trop souvent malmené par les conséquences affectives, matérielles et psychologiques du divorce. À ceux qui naviguent au plus près entre ressentiments, compromis, tentatives d'accord et conduites réactionnelles aux provocations ou maladresses de l'un ou de l'autre, je dédie cette charte invitant à se rappeler que :

• Le divorce ou la séparation de deux personnes est la rupture du lien conjugal et non celle du lien parental.

• Si l'on se sert des enfants pour donner suite au conflit, entretenir une relation fictive ou tenter de faire pression sur l'autre, c'est que le travail de deuil lié au divorce n'a pas été fait et que cette situation renvoie à des blessures personnelles plus anciennes. Ce travail sur les blessures ne peut se faire au travers d'un conflit ou d'une revendication envers son ex-partenaire, mais seulement à partir d'un travail sur soi, le plus souvent accompagné par un consultant ou un thérapeute.

• Tout membre d'un couple séparé aura à prendre soin d'au moins trois relations :

— La *relation parentale* qui permet de se parler, de communiquer, et oblige parfois à se rencontrer à propos des enfants.

— Pour la femme, la *relation maternelle* : elle devra rester fidèle aux deux grandes fonctions qui lui incombent, mère et maman, sans prendre sur elle de remplacer le père absent, de parler en son nom, de le disqualifier ou de le magnifier.

— Pour l'homme, la *relation paternelle* : il devra quant à lui demeurer fidèle aux deux grandes fonctions qui lui incombent, à savoir être père et papa. S'il ne peut voir ses enfants qu'occasionnellement, il devra éviter de se laisser envahir par la fonction de papa, plus gratifiante et moins frustrante que celle de père. Il est en effet très tentant de se présenter comme un papa *cool*, laxiste et copain, lorsque l'on ne reçoit ses enfants que deux week-ends par mois et durant la moitié des vacances scolaires dans le meilleur des cas !

— Chacun devra enfin, si c'est le cas, baliser plus clairement la *relation intime*, privilégiée, qu'il a avec un nouveau partenaire en évitant de faire jouer à celui-ci le rôle du parent absent... Par ailleurs, cette relation amoureuse (de compagnonnage ou conjugale) ne doit pas être mise sur le même plan que la relation avec les enfants. Dire « Je donne la priorité à mes enfants (ou à mon ami(e) », c'est créer une grande confusion en mettant le nouvel arrivant et les enfants sur les deux plateaux d'une même balance alors que les deux relations ne se situent pas sur le même plan. Il s'agit bien de deux relations différentes.

• Tous les parents, séparés ou non, sont là pour répondre aux besoins des enfants (jusqu'à ce que ces derniers atteignent un certain âge, car ensuite ce sont eux qui y répondent eux-mêmes), mais ils ne sont pas là pour satisfaire tous leurs désirs (ni pour gérer à travers eux leur culpabilité d'avoir mis fin à la relation de couple !).

• Accompagner, soutenir le grandissement, l'épanouissement ou le devenir d'un enfant qui a été conçu par deux adultes aujourd'hui séparés est un engagement pour la vie. Au-delà des besoins de sécurité et de survie, chacun des parents devra aussi entendre et satisfaire d'autres besoins importants, affectifs, relationnels : besoin de se dire, d'être entendu, reconnu et valorisé, besoin d'intimité et d'appartenance.

Il ne s'agit pas pour l'un ou l'autre des ex-conjoints ou ex-partenaires de vie de se servir de cette charte pour faire la leçon à l'autre ou laisser croire que l'un est plus conscient que l'autre de ses devoirs. Il paraît plus important de s'y référer pour soi-même :

• pour la femme, ne pas s'affirmer face aux enfants comme une ex-épouse frustrée, revendicatrice ou accusatrice ;

• pour l'homme, ne pas tenter de saboter, d'envahir ou au contraire de fuir, voire de punir son ex-épouse ou compagne au travers des enfants ;

• pour les deux, ne pas mettre en scène ou entretenir un jeu de pouvoir ou de victimisation en se servant des enfants ;

• pour chacun, apprendre à se situer comme un adulte face à un autre adulte, avec une conscience actuelle, des responsabilités qui lui incombent par rapport à ses enfants et à leur avenir.

Apprendre à se séparer, c'est parfois accepter de se réconcilier avec soi-même et l'image de soi que l'on avait mise de côté en restant trop longtemps dans une relation de couple qui n'était bonne pour aucun des protagonistes.

Trop d'enfants autrefois, trop de parents aujourd'hui !

Dans les familles d'autrefois il n'était pas rare de compter dix, douze, parfois même quinze enfants. Certains étaient attendus, désirés, espérés, d'autres un peu moins. Les aînés, surtout les aînées, jouaient quelquefois un rôle de maman auprès des derniers, les tard venus, et un équilibre affectif plus ou moins satisfaisant se construisait ainsi entre les générations.

Chacun tentait de trouver son content de soins, d'attentions, d'affection et de nouer des relations structurantes et significatives soit avec papa ou maman, soit avec une tante ou une grand-mère, soit encore avec un frère ou une sœur aînée qui acceptait de les accompagner au plus près, de les prendre en charge, de les guider face aux urgences de la vie.

Aujourd'hui, la famille dite *nucléaire,* réduite à un père, une mère et un ou deux enfants, ressemble souvent à un désert relationnel où la pauvreté des échanges domine, où le partage se fait rare et uniforme autour des questions matérielles et banales du quotidien. Avec l'augmentation des divorces, des séparations et la reconstitution, parfois en série, de nouveaux couples, certains enfants se retrouvent avec plus de parents...

qu'ils ne le souhaitent. Bien sûr, les parents d'origine restent le plus souvent privilégiés. Les *pièces rapportées* sont investies très différemment suivant les âges. Le nouveau partenaire d'une mère divorcée ne devient pas nécessairement un père, mais il peut parfois représenter un « papa » plus gratifiant, plus proche, plus valorisant que le père réel.

Une des difficultés des couples reconstitués sera justement de ne pas s'inscrire en priorité dans des rôles de parents. Chacun des partenaires devra d'abord se présenter comme étant le compagnon (la compagne) de la femme (de l'homme) avec laquelle (lequel) il ou elle vit, avant de se situer par rapport aux enfants qui ne sont pas les siens. La « parentification », centrée autour du respect de quelques grandes fonctions (vigilance et cohérence entre ce qui est dit et ce qui est fait, témoignages d'engagements, de valeurs, autour d'une présence réelle et sécurisante, souci d'une clarification possible entre les sentiments et la relation proposée...), demande du temps, du doigté, du respect. La parentification viendra ensuite. Les enfants, après l'épreuve d'un divorce, d'une rupture entre leurs parents d'origine, ont avant tout besoin, dans leur environnement proche, d'adultes qui savent se situer, prendre position, trouver la bonne distance par rapport à eux.

Le peu que j'ai, je l'agrandis en le donnant.
Le peu ou le beaucoup que je donne,
je le valorise en le proposant sans contrepartie.

À la recherche de nos origines

Il y a ceux qui savent, qui sont sûrs que leur papa est bien leur géniteur, et que leur maman les a portés dans leur ventre durant neuf mois dans le meilleur des cas. Ils connaissent sur le bout des doigts les grands faits de la saga familiale : comment, en 1916, grand-père, le père de papa, a cassé son épée de Saint-Cyrien pour ne pas la remettre à un commandant allemand, comment grand-mère, du côté de maman, a été amoureuse d'un aviateur espagnol durant la guerre d'Espagne, comment l'autre grand-père a été obligé de vendre la ferme pour aller travailler à l'usine, ou encore comment le premier amour de maman est mort d'un accident de moto, même que papa ne voudra jamais que l'on fasse de la moto...

Il y a ceux qui doutent, qui s'interrogent en silence : « Est-ce que papa est bien mon papa ? Si c'était mon vrai papa, il ne serait pas aussi méchant et dur avec moi » ; « Est-ce que maman est bien ma mère, est-ce qu'elle ne m'a pas adopté ? Car je sens bien qu'elle ne m'aime pas autant que mon frère ».

Il y a ceux qui savent que leurs parents ne sont pas leurs géniteurs et qui, un jour, veulent savoir d'où ils viennent, qui les a faits. Il y a aussi ceux qui croyaient savoir et qui découvrent, quand ils peuvent enfin l'entendre, qu'ils ne sont pas l'enfant de cet homme, de cette femme qu'ils ont toujours appelés « papa » et « maman » sans difficulté ni interrogation. Ceux-ci se mettent à rassembler, à associer les morceaux d'un puzzle, jusque-là dans le désordre. Ils découvriront peut-être, non leur véritable père ou mère, comme il est parfois habituel de les nommer, mais leur géniteur, leur génitrice, c'est-à-dire une partie de leurs racines. Je crois qu'il faudrait dire plus clairement à ces enfants, parfois devenus adultes, qui partent à la recherche de leurs origines, qui tentent de remonter à la source d'où ils sont issus, que c'est rarement un père ou une mère qu'ils retrouveront, mais seulement celui ou celle qui leur a transmis la vie, même s'il n'a pu les accompagner au-delà. Et tout cela ne se passe pas comme dans les romans de la collection *Harlequin* : maman ne les a pas conçus secrètement avec un prince exilé ou un aristocrate en conflit avec son milieu, mais le plus souvent avec un mécanicien, un apprenti comptable, un boulanger ou un simple matelot. Papa n'est pas le fils naturel d'un banquier, d'un écrivain célèbre ou d'une star de cinéma !

Retrouver son géniteur, sa génitrice, c'est aller à la découverte de son histoire et, ce faisant, se donner la possibilité de trouver un sens à des comportements, à des conduites atypiques ou singulières, qui, semblables à des antennes, cherchaient à capter l'indicible. C'est ainsi qu'en retrouvant, à cinquante ans, mon géniteur, j'ai mieux compris ce qui m'avait poussé, à vingt-trois ans, à faire de la sculpture durant quelques années. J'ai découvert que mon arrière-grand-père paternel était un sculpteur issu d'une lignée de tailleurs de pierre. Se relier à ses origines, c'est accepter la part d'héritage culturel et affectif qui nous a été transmise, héritage que nous aurons à notre tour à transmettre, pour tout ou partie !

Quand le temps est venu de suivre au travers de mille signes la trace qui peut nous conduire à la source de notre histoire...

Quand l'enfant adopté recherche ses parents d'origine...

Dans cette quête, nous pouvons entendre plusieurs choses. Tout d'abord le besoin, j'ai envie de dire le droit légitime de connaître ses origines. Ensuite, le fait qu'un enfant adoptif n'est pas toujours un enfant « adoptant ». Il a été adopté, aimé, souvent pris en charge avec beaucoup de soins, de respect et de cohérence. Mais lui n'a pas nécessairement adopté ses parents de remplacement. Il peut, intérieurement, éprouver un conflit de fidélité, se sentir déchiré entre l'amour qu'il ressent pour ses parents adoptifs et celui qu'il porte à ses géniteurs, même s'il n'a jamais rencontré ces derniers !

Il me paraît important de dire qu'un enfant adopté a peu de chance de retrouver ses « parents ». Je veux dire qu'il retrouvera peut-être ses géniteurs, l'homme qui l'a conçu ou la femme qui l'a porté durant neuf mois dans son ventre. Mais il est peu vraisemblable qu'il retrouve un père, une mère, un papa, une maman, puisque justement, s'il a été adopté, c'est que ses géniteurs n'étaient pas en mesure d'exercer l'une ou l'autre de ces fonctions.

Pour autant, retrouver ses géniteurs, se relier ou se réconcilier avec eux, n'est pas rien. C'est une belle aventure ! La question des origines est centrale pour chaque être humain. Elle se traduit chez tous les enfants par des questions qui font parfois sourire : « Dis papa, où j'étais moi avant d'être dans le ventre de maman ? » ; « Où j'étais, maman, quand je n'étais pas né ? »...

La recherche des origines resurgit très fortement à l'adolescence, période durant laquelle l'enfant se met au monde lui-même, devient plus responsable de ses choix, cherche des racines plus solides avant de s'élancer dans la vie. Il recherche des ancrages, veut retrouver les liens du sang pour mieux s'inscrire dans la vie et construire davantage son existence.

On me demande souvent « Ça sert à quoi de savoir qui sont nos géniteurs puisqu'ils nous ont abandonnés ? », ou encore « Et si je découvre que mon père est un assassin ou un malade mental enfermé à vie en hôpital psychiatrique ? ». Cela sert à retrouver ses origines, si on ne confond pas la personne et ses actes, le géniteur et son comportement à un moment donné. Cela sert surtout à atténuer une souffrance chez celui ou celle qui se sent amputé de son identité, habité par un sentiment d'injustice. « À la DASS (Direction de l'action sanitaire et sociale), ils savent, ils ont un dossier, et moi, le principal concerné, je ne sais rien... » Permettre à un enfant adopté, qu'il soit encore jeune ou ait atteint l'âge adulte, d'accéder à plus de vérité concernant son histoire et son passé, c'est l'aider à mieux se construire et à mieux entrer dans la vie ou y trouver sa place.

J'ai longtemps gardé, affichée sur la glace de ma salle de bains, cette phrase d'Octavio Paz : « Contre le silence et le vacarme j'invente la parole, la liberté qui s'invente elle-même et m'invente chaque jour. »

Vivre en famille au quotidien

En passant de la famille élargie, constituée par un ensemble proche où différentes générations se mêlaient, à la famille recomposée faite de la réunion des morceaux de deux couples, d'enfants issus de plusieurs mères et de plusieurs pères, après avoir traversé le couple nucléaire, fondé sur une femme et un homme avec un ou deux enfants, nous sommes au bord d'une interrogation fondamentale : qu'est-ce qu'une famille aujourd'hui ?

Papa présent, papa absent

Dans notre imaginaire, une famille est constituée d'une maman, d'un papa et d'un ou de plusieurs enfants. Elle comprend aussi, parfois, dans l'entourage proche, des tontons, des cousins, des tatas, des mamies et des papys. Les familles d'aujourd'hui sont plus réduites, parfois singulièrement réduites à trois personnes, voire à deux dans le cas des familles monoparentales !

Bien sûr, certains papas rentrent chaque soir à la maison, d'autres seulement tous les deux ou trois jours ou en fin de semaine. D'autres enfin ne rentreront plus, car ils sont partis pour toujours…

Certains enfants envient ceux qui ont des papas absents : « Ah ! si mon père ne rentrait que le vendredi, ce serait plus calme à la maison ! » D'autres voudraient bien avoir un papa rien qu'à eux tous les soirs. Attention : pas un père, un papa. Celui qui est détendu, bienveillant, chaleureux, valorisant. Celui qui est fier de son enfant. Et non pas un père frustré dans son travail, débordé par tout ce qu'il a « encore à faire », se sentant coupable de cette situation, et qui, pour cette raison, dès son arrivée à la maison, se transforme en un tyran domestique pour lequel tout est critiquable, insuffisant ou invivable.

Il y a aussi les enfants qui ont vu un jour leur papa partir pour ne plus revenir, et ont entendu leur maman dire : « Tu vois, ton père ne nous aimait pas assez ! Il est parti avec une autre femme » en confondant relation parentale et relation conjugale. Cette mère gagnerait à préciser : « Mon mari m'a quittée, il a le droit de vivre avec quelqu'un d'autre, s'il ne peut pas maintenir son engagement avec moi, c'est à moi d'apprendre à vivre autrement ! Quant à toi, il demeure ton père. »

Aujourd'hui, beaucoup de pères sont absents d'une autre manière : non pas tant physiquement que relationnellement. Non parce qu'ils ne sont pas là comme ceux que je viens de décrire, mais parce qu'ils s'apparentent à des « papas-copains », des « papas-*cool* », des « papas-Macdo », voire simplement des papas laxistes qui laissent tout faire sans jamais intervenir.

Quand je dis « père absent », vous entendez bien que je ne parle pas de la personne, mais de la fonction. Un père présent est celui qui occupe sa place, qui existe comme référence dans la vie quotidienne en famille. Un adulte proche, relié affectivement à sa femme et à ses enfants, capable de témoigner de valeurs sur ce qui se fait et ce qui ne se fait pas, susceptible d'énoncer des limites, de poser des interdits, d'imposer des règles de savoir-vivre en commun.

Un père présent, même quand il est physiquement absent, est plus qu'un repère : il est un ancrage solide pour traverser le temps de l'enfance en toute sécurité et pour inscrire les bases d'un devenir qui soit un avenir fiable... pour l'enfant.

Je crois avoir un jour donné ce conseil à mes filles : « Un homme qui sait vous faire rire, intéressez-vous à lui, mais si en plus, il sait jouer, alors faites-lui un collier de vos bras et ne le perdez plus. »

« Quand papa arrive, il crie ; maman, elle, console »

Le plus souvent, le mari ou le papa arrive du travail fatigué, épuisé : « Je suis mort, je suis à plat, je suis crevé ! » Ce sont ses mots favoris ! Cela veut dire qu'il exige la paix (qu'on ne lui demande rien), qu'il réclame le calme (qu'on ne l'entraîne pas dans un conflit avec les enfants ou les voisins), qu'on le laisse tranquille (qu'on ne lui pose pas de questions). Car il a travaillé, Lui, la journée entière, sans pouvoir se détendre ou prendre un moment pour se demander ce qu'il désirait, se faire plaisir. Aussi, qu'on se le dise, son seuil de tolérance en fin de journée est très bas, *a minima* si ce n'est saturé.

Alors un rien, une contrariété, un incident banal de la vie quotidienne l'irrite et il crie. Il crie pour réclamer le silence ! Il s'agite pour avoir la paix et déclenche ainsi beaucoup d'insécurité tout autour de lui !

Dans une famille, les occasions sont très nombreuses qui provoquent les cris et les hurlements d'un père fatigué. Alors, maman, qui en a pourtant supporté beaucoup, elle aussi, dans sa journée, tente d'apaiser, de consoler, d'arranger. La plupart du temps elle y parvient et tout rentre dans l'ordre. Car maman est censée comprendre les tensions profondes des uns et des autres. Elle se doit de ne pas s'affoler, de garder sourire, chaleur, ouverture… et humour discret ! Elle doit prendre sur elle, faire preuve de tolérance face à l'intolérance de tous les autres membres de la famille ! On peut tout lui mettre sur le dos, elle accepte (trop souvent)... tout. Chez ses enfants : le besoin de bouger, de gesticuler, de jouer en faisant du bruit. Chez son mari : le besoin de calme, de silence, d'ambiance feutrée, de disponibilité !

Maman, elle, doit être présente sur tous les fronts, colmater chaque incident, régler des situations qui pourraient s'envenimer, voire provoquer des conflits et des crises plus aigus. Maman est là pour ça, c'est acquis ! On compte sur elle ! Tout le monde compte sur elle ! Quant à ses besoins à elle, ils sont tellement nombreux et si immenses (!) qu'elle n'envisage même pas d'en parler... Maman rêve parfois qu'elle en a, quand elle dispose d'un moment de liberté ! Mais avant, elle se doit de comprendre tous les besoins de ceux qui l'entourent ! Alors, certaines mamans, de plus en plus nombreuses, n'acceptent plus d'avoir des journées de dix-huit heures, de faire d'innombrables sacrifices, à temps plein, tant dans leur vie personnelle que dans leurs vies familiale et professionnelle – cela sans jamais pouvoir réaliser ce qu'elles, elles aimeraient. Qu'on se le dise dans les chaumières, les HLM et les pavillons de banlieue : Maman en a assez ! Elle aussi, elle voudrait vivre pour elle, un peu, beaucoup, passionnément, à la folie...

Un regard bienveillant apaise
doucement la souffrance,
comme un peu de fraîcheur efface
la buée d'une vitre.

« Papa, maman, regardez tout ce que je sais faire ! »

À certaines étapes de leur développement, les enfants sollicitent particulièrement notre attention. Ils nous demandent de prendre le temps de regarder leurs prouesses, de nous extasier devant leurs exploits, d'encourager leurs efforts, de confirmer leurs réussites : « Papa, papa, regarde, je nage sous l'eau ! » ; « Papa, maman, je fais du vélo sans tenir le guidon ! » ; « Maman, maman, regarde, regarde je fais deux pirouettes en arrière ! » ; « Maman, regarde, j'ai attrapé une sauterelle ! ».

Montrer leur adresse, leur vitalité, leur réussite dans les épreuves qu'ils s'imposent pour développer leurs ressources, voir confirmer leurs capacités, est un des besoins les plus vitaux et un des plaisirs préférés des enfants. C'est à nous d'étirer le temps à leur intention pour leur offrir notre regard, nos encouragements, notre approbation, sans nous laisser envahir ou entraîner par la peur qu'ils déclenchent parfois, avec beaucoup d'habileté et de succès... en nous !

À huit ans, quand j'ai dit à ma mère avec fierté que j'avais traversé la Garonne à la nage, ses premiers mots ont été : « Je t'interdis à jamais d'aller te baigner tout seul. En plus, je suis sûre que tu étais avec ton copain Marcel, que c'est lui qui t'a entraîné à faire cette bêtise. » Et comme chaque fois, quand il s'agissait de son fils, aucune contradiction ni exagération ne l'arrêtait, elle a ajouté : « Si tu avais été emporté par le courant, on t'aurait retrouvé à Bordeaux ! Il aurait fallu prendre le train pour aller te récupérer ! » Oui, de Toulouse à Bordeaux, c'est vraiment un long voyage !

Ce besoin de regard, de confirmation, d'encouragement, autant chez la fille que chez le garçon, est souvent adressé au père. Le regard du père est un soutien, un ancrage fabuleux, un point d'appui formidable, qui accompagne l'enfant lorsqu'il va à la rencontre du monde extérieur à la famille. Il est à la base de la confiance qu'un enfant peut développer dans ses facultés motrices, son corps, autant que dans sa prise de contact sereine avec l'inconnu. Le regard du père nourrit les ressources encore tâtonnantes de l'enfant et, ce faisant, conforte ce dernier, lui donne de l'assurance, inscrit en lui des certitudes qu'il pourra remettre en cause ou rejeter plus tard mais qui pour l'instant lui sont nécessaires.

Ne soyons donc économe ni de nos regards, ni de notre enthousiasme devant les « exploits » de nos enfants ! Prendre le temps de nous arrêter, de leur parler, de nous étonner avec bonheur est un vrai cadeau pour eux, une vitamine pour leur croissance et leur épanouissement.

L'assassinat de l'imaginaire commence très tôt. Devant le dessin d'un enfant de première année, la maîtresse d'école avait dit : « Qu'est-ce que c'est que cette idiotie, un têtard ne vole pas dans le ciel ! »

« Mon mari et mon fils ne sont jamais sur la même longueur d'onde ! »

Si une telle affirmation reflète l'esprit d'un échange difficile, je ne doute pas un seul instant de l'intérêt du père pour le fils, et réciproquement, même si cet intérêt se traduit par des conflits entre eux.

Peut-être serait-il souhaitable de rappeler à cette dame (qui m'écrit), qu'il ne s'agit pas de son mari, mais du père de son fils. C'est donc une relation qui ne lui appartient pas ! Cette relation entre le père et le fils peut être nourrie par du désaccord, une surenchère d'oppositions (qui peuvent agir comme autant de stimulations pour l'un et l'autre), elle peut se traduire par des prises de position passionnelles, excessives, parfois même blessantes. Tant qu'elles ne débouchent pas sur du silence ou sur la violence du ressentiment, il n'y a pas à s'inquiéter. Si le père accepte d'entendre ce qui est touché en lui, ce qui est mis en échec par le comportement ou le discours de son fils, il grandira... Si le fils peut entendre (en miroir) ce qui lui paraît si fermé, si obtus, si intolérable chez son père, alors il accédera à une meilleure connaissance de lui-même.

Il m'a été donné, dernièrement, de rencontrer à la même table un père et son fils. Situation dans laquelle le fils tentait de me dire ses tâtonnements, ses doutes, ses errances concernant ses études inachevées, aléatoires, confronté à une réalité dans laquelle il s'engouffrait par ailleurs à reculons... Il me parlait des excès de sa vie en miettes alors qu'il ne l'avait même pas commencée, de soirées passées dans des boîtes, suivies de relations sexuelles circonstancielles, de sa découverte du cannabis et de l'euphorie facile qu'il procure.

Le père, dont la voix résonnait dans tout le restaurant, nous coupait la parole sans arrêt en s'écriant pathétiquement : « Mais moi je ne lui impose rien, je veux simplement qu'il soit heureux ! Je veux qu'il devienne un homme. Je veux qu'il trouve sa voie, qu'il ait une passion. Regardez son frère, il a eu le bac à seize ans, il a fait HEC, Sciences politiques, et va bientôt passer une agrégation d'économie. Il a déjà été sollicité par plusieurs boîtes. Il s'en sort très bien. »

Je voyais sous mes yeux la parole creuse de ce père s'égarer aux quatre coins de la pièce. Je voyais cet homme enfermé dans le paraître, séparé par des années-lumière de son enfant qui se trouvait face à lui, dénué de désir, sans rêves d'avenir, et cependant un besoin d'affamé d'être écouté, entendu.

Je voyais un adolescent perdu, flottant à la surface de l'existence, sans voile ni gouvernail. Je tentais de limiter le discours du père, d'ouvrir dans sa logorrhée des espaces de silence, une écoute... Tout cela en vain.

Je suis sorti un peu déprimé de cette non-rencontre entre un fils, là tout proche, qui tentait de parler de lui, et son père qui n'écoutait pas et le comparait sans arrêt à un autre de ses enfants qui, lui, n'était pas présent.

« Le langage se situe entre cri et silence. »
ANDRÉ GREEN

Aux enfants qui croient ne pas avoir été désirés

La plupart des enfants qui croient ne pas avoir été désirés expriment fréquemment une plainte ou portent une accusation qui révèle leur souffrance : « Je n'ai pas été désiré, ma mère ne m'aimait pas, j'ai été comme un boulet pour mon père », ou « De toute façon je n'étais pas attendu, mes parents ne voulaient plus d'enfant, mon arrivée a été une catastrophe pour eux ! ». Combien de fois n'avons-nous pas entendu, chez les uns ou les autres, ce genre de lamentation témoignant d'une blessure mal cicatrisée et exprimant une souffrance toujours actuelle ?

Je vais cependant prendre le risque d'en étonner plus d'un : si un enfant a été conçu, c'est qu'il a été désiré. Pas nécessairement consciemment, parfois de façon plus subtile, plus cachée, plus inconsciente. Nous le savons bien. Malgré les contraceptifs et autres précautions prévues à cet usage : stérilet, crème, diaphragme ou préservatif, certains enfants sont quand même conçus. Nous avons tous entendu parler de ces spermatozoïdes capables de faire un double saut périlleux au-dessus d'un stérilet ou suffisamment habiles pour déjouer l'obstacle d'un diaphragme ou d'une pilule. Ainsi, tout se passe comme si tel spermatozoïde issu d'un désir inconscient était suffisamment puissant pour perforer un condom (pourtant étalonné afin de résister à cent vingt kilos de pression en laboratoire !).

Je crois que circulent entre deux êtres, au-delà des désirs reconnus et énoncés, des désirs inconscients qui sont souvent plus dynamiques que les désirs exprimés. Quand une femme dit « Je ne t'ai pas désiré », elle devrait plutôt dire « La femme que j'étais à l'époque ne se sentait pas capable d'être mère ». Le père pourrait dire quant à lui : « L'homme que j'étais à vingt-cinq ans ne se sentait pas prêt à devenir papa. » L'enfant issu de cette relation n'aurait ainsi plus besoin de se rendre malheureux en imaginant ou en se disant qu'il n'a pas été désiré ou qu'il a été rejeté. En fait, c'étaient ses géniteurs qui ne se sentaient pas capables de devenir des parents ! Pouvoir expliciter la situation de cette manière peut situer le jeune dans une tout autre dynamique pour aborder la vie.

J'invite les parents qui prétendent ne pas avoir désiré un enfant à revenir non pas au moment de la naissance, mais à cette période où, neuf mois avant, ils se rencontraient, hésitaient, s'aimaient ou se déchiraient. Un échange à l'occasion duquel chacun pourrait dire ce qu'il vivait, ce qu'il éprouvait à ce moment-là, ce qui se combattait ou ce qui se cherchait en lui, de façon à permettre à l'enfant (parfois devenu adulte) de ne plus se persécuter et de ne plus souffrir inutilement en croyant qu'il n'a pas été aimé ou qu'*il a été peu aimé... parce qu'*il n'a pas été désiré.

« Maman, je t'ai choisie il y a longtemps,
depuis les étoiles. »
MAEVA, huit ans

Julien ne veut pas de petite sœur

Julien a deux ans et demi. Ses parents lui ont dit tout récemment qu'une petite sœur poussait dans le ventre de sa maman. « Tu es content, Julien ? »

« Non ! » Et il part au fond du jardin, arrache avec férocité les bonnes et mauvaises herbes qu'il jette loin de lui. Il marmonne. Il reprend une parole de son père : « Les mauvaises herbes ça pousse toujours trop vite. » Il est dans l'inquiétude, Julien. Ce soir, il a dit que la petite sœur, qui doit arriver dans quelques mois, il la mettra là ! Là, c'est dans le placard tout noir, tout au fond du couloir.

Ses parents auraient pu lui dire qu'ils attendaient, eux, un enfant, qu'ils en avaient rêvé, parlé et que leur amour avait fait le reste. Non, ils ont seulement affirmé que Julien attendait une sœur, que ce sera « sa » sœur… Ce qui n'est pas vrai du tout, il n'attend rien, et surtout pas une sœur dont il n'a que faire !

Julien vient de se découvrir une passion, la cassette vidéo des *101 dalmatiens.* Le voilà scotché devant la télé, plus rien n'existe que *Les 101 dalmatiens* qui se débattent contre la méchante Cruella ! Ce dimanche après-midi, il est entré d'un pas décidé dans la chambre de ses parents qui envisageaient de faire la sieste. Enfin, celle que l'on fait dans le Midi en demandant aux enfants de ne déranger sous aucun prétexte ! Gravement, il a pris son père par la main, l'a entraîné dans le salon devant la télévision : « Viens, papa, mets-toi là », lui a-t-il dit en tendant la cassette vidéo. Et une fois encore, ils ont regardé ensemble les tentatives de Cruella, la sorcière, pour supprimer les jeunes chiots. Quand le film a été terminé, Julien a dit avec un grand soupir : « C'est ça que je veux, moi, pas une petite sœur ! »

Le papa et la maman de Julien discutent beaucoup, le soir venu, dans leur lit. Comment faire accepter sa petite sœur à leur fils ? « On pourrait peut-être lui demander de venir avec nous pour acheter le berceau ? » ; « On pourrait lui expliquer comment on sait que c'est une sœur qu'il aura ? » ; « On pourrait lui acheter un nounours pour diminuer sa frustration ? »

C'est le papa de Julien qui a finalement inventé un jeu, auquel il joue maintenant avec son fils tous les dimanches matin. Ils ont confectionné deux poupées de chiffon, qu'ils ont glissées sous leurs tee-shirts et coincées dans la ceinture de leur pyjama. Avec chacun un gros ventre, ils se promènent gravement dans l'appartement. Julien a dit à sa mère : « Nous aussi, papa et moi, on attend un enfant. Y a pas que toi ! »

« Les enfants sont
des énigmes lumineuses. »
DANIEL PENNAC

« Je compare mes enfants entre eux »

Un enfant n'est jamais conçu par hasard. Il s'inscrit dans une rencontre, il est un message particulier, enchevêtré dans un tissu relationnel aux ramifications immenses...

Chaque enfant arrive à un moment différent dans l'histoire d'un couple. Programmé ou non, il est porteur de désirs, d'attentes, de rêves de vie et d'enjeux familiaux particuliers. Et quand il est là, les parents doivent commencer par assumer la différence qui existe entre l'enfant imaginaire et l'enfant réel : « J'attendais un garçon. C'est une fille » ; « Je voulais un enfant dynamique, sportif et je trouve le mien apathique, toujours vautré dans ses livres ou ses disques » ; « J'imaginais une fille dont je serais fier et voilà qu'elle a pris quinze kilos qui déforment son corps. J'ai honte de sortir avec elle chez des amis ».

Une foultitude de comparaisons conscientes ou inconscientes existe ainsi entre l'enfant idéalisé et l'enfant réel. Entre l'enfant susceptible de nous combler, qui serait notre reflet narcissique, et l'être qui est là, qui nous paraît parfois si étranger, qui nous ressemble si peu ou trop, qui nous déçoit !

S'ajoutent à cela les comparaisons disqualifiantes entre frères et sœurs : « Regarde ta sœur, on n'a pas besoin de lui demander dix fois de prendre sa douche, elle ! » ; « Ton frère n'attend pas systématiquement le dimanche soir pour faire ses devoirs et préparer son cartable, lui ! ».

Chaque fois qu'un enfant est comparé à un autre, il se sent non seulement dévalorisé mais nié dans son unicité, dans sa singularité, dans sa valeur propre !

La comparaison est l'équivalent d'un cancer relationnel, elle fait des dégâts profonds et laisse des traces durables. Puis-je rappeler qu'être reconnu pour ce qu'il est et non pour ce qu'il devrait être est un besoin fondamental de l'être humain ? Si un enfant déçoit nos attentes, c'est à nous de gérer notre déception et peut-être d'écouter dans notre propre histoire ce que nous tentons et voulons réparer à tout prix à travers lui !

Une des fonctions cachées de la maladie serait de produire des maux écrans propres à rendre encore plus muettes les blessures insupportables de l'enfance.

« Mais je vous aime pareil ! »

Souvent, nous croyons désamorcer la rivalité qui existe entre deux de nos enfants en tentant de les rassurer par la phrase : « Mais je vous aime pareil ! » C'est que nous n'avons pas conscience de l'effet dévastateur d'une telle phrase sur eux. Car justement, ils ne veulent pas être aimés pareil, ils veulent être aimés dans l'unicité, la singularité de ce qu'ils sont !

Il serait préférable d'oser leur dire : « Je ne vous aime pas pareil. Je t'aime toi, et voici l'amour que j'ai pour toi (montrer à ce moment-là un objet significatif pouvant symboliser cet amour), cet amour je ne le donne qu'à toi, je ne peux le donner à quelqu'un d'autre. » Puis dire à l'autre : « Je t'aime toi aussi et voici l'amour que j'ai pour toi, seulement pour toi, (montrer un autre objet symbolisant cet amour différent). »

Il est important que nous soyons capable de signifier à nos enfants que l'amour n'est pas interchangeable, aménageable, ou aléatoire, fonction des circonstances. Leur montrer que nous ne confondons pas leur personne et leur comportement paraît essentiel : « Si, je t'aime, je t'aime tel que tu es, même si parfois je peux être dérangé ou irrité par ton comportement. »

L'amour que nous éprouvons pour nos enfants, contrairement à l'amour amoureux, qui peut être plus changeant, cet amour-là est acquis pour toujours. Il ne change pas, ne varie pas en fonction des bons résultats scolaires, de la gentillesse ou du comportement de nos enfants, comme eux-mêmes seraient tentés de le croire. Oser différencier les sentiments de la relation peut les aider à mieux se situer dans la vie : « Je t'aime, mais le bruit que tu fais m'empêche de me concentrer » ; « Je t'aime, mais je m'oppose à la sortie que tu envisages ce soir, je ne la sens pas bonne pour toi » ; « Quand je te demande de prendre une douche tous les soirs, c'est parce que j'ai une certaine conception de la propreté, ce n'est pas que je t'aime moins ! ».

Notre cohérence intérieure et nos prises de position qui en découlent naturellement passent par une meilleure différenciation entre sentiments et relation. D'un côté, les sentiments qui nous habitent sont un don gratuit que nous offrons à nos enfants, de l'autre, la relation que nous tissons, avec ses moments de grâce et ses moments difficiles, ses gratifications et ses frustrations, est plus ou moins stimulante, plus ou moins agréable à vivre pour chacun des protagonistes suivant les moments forts d'une journée !

Il est des bras qui n'enferment pas mais qui agrandissent l'être qu'ils serrent.

« Que dire à un enfant qui découvre que sa mère ou son père préfère sa sœur ou son frère ? »

La question ainsi formulée ne peut l'être que par un adulte. Peut-être s'agit-il d'un parent, d'un neveu ou d'une nièce, d'un ami qui se sent concerné ?

Je vais m'appuyer sur l'hypothèse suivante : celui qui pose la question a observé que les parents d'un enfant privilégiaient un autre de leurs enfants. Contrairement à ce que l'on peut penser, cela ne veut pas dire que cet enfant est moins aimé. Il arrive qu'un enfant très aimé soit, de la part de ses parents, soumis à plus d'exigences et traité avec plus de dureté que ses frères ou sœurs. Ce qui pourra lui donner le sentiment d'être moins choyé.

Se pose aussi le problème de la santé. Si les parents estiment que le frère ou la sœur est plus fragile, ils auront tendance à le protéger, à lui accorder plus de soins et d'attention.

L'enjeu est parfois plus caché. Supposez que la mère ait vu sa propre mère perdre son deuxième enfant. Devenue mère à son tour, elle peut craindre de perdre, elle aussi, son second enfant et, pour combattre sa peur, entourer celui-ci de plus d'affection que le premier, qui se sentira de ce fait laissé pour compte.

Chaque famille a de multiples raisons, visibles ou cachées, faisant qu'un enfant peut sembler être préféré à un autre !

Revenons à l'enfant qui se vit, lui, comme n'étant pas le préféré : il doute de lui et de l'amour que ses parents lui portent. Peut-être faudrait-il simplement :

• dans un premier temps, l'écouter, lui permettre de se dire et l'aider à accepter ce qu'il ressent ;

• dans un deuxième temps, lui montrer que nous comprenons son malaise, sans chercher à justifier les diverses raisons que ses parents peuvent avoir, eux, d'accorder plus d'attention à un autre de leurs enfants ;

• enfin, lui demander comment lui comprend la situation. Invité à se dire et se sentant entendu, il trouvera peut-être un sens à la place particulière qu'il occupe dans sa famille.

Le plus difficile consistera quand même à reconnaître que ce que ressentent certains enfants est le symptôme apparent d'un malentendu, d'un non-dit ou d'une blessure cachée qui concerne le couple lui-même. Il faut toutefois se rappeler que les enfants n'ont pas pour autant à être les thérapeutes de leurs parents...

Dire la vérité, mais laquelle ?
La vérité importe pour le sens qu'elle recèle.

Moments d'enfance

Nous venons tous du pays de nos enfances. Car nous avons plusieurs enfances, celle des vacances et des jours de classe, celle des rires et des pleurs, celle de nos rêves et de nos déceptions, celle de l'innocence et de la violence, celle de nos secrets et celles aussi de toutes nos attentes.

Le chemin de l'école

À l'époque de mon enfance, il y avait deux jours fastueux : le dimanche et le jeudi. Le jeudi, surtout, était semblable à une bouffée d'oxygène salvatrice et généreuse pour tous les enfants du quartier. Le dimanche nous faisait prisonniers des contraintes familiales : messe, repas, promenade au jardin des Plantes, soirée calme…

Mais ce qui m'a sauvé la vie durant toute mon enfance, c'est le chemin de l'école, surtout celui du retour ! Je pouvais, en revenant à la maison, arriver à n'importe quelle heure ! J'avais un alibi indestructible : j'avais été retenu par le maître. Aussi curieux que cela puisse paraître, cette affirmation, que ma mère ne vérifia jamais, avait le pouvoir de la rassurer : si le maître me retenait, c'est qu'il m'avait fait travailler encore un peu plus (et c'était tant mieux !), qu'il m'avait donné encore plus de devoirs et de leçons (quel bon enseignant !). Ma mère témoignait d'une confiance inconditionnelle envers les enseignants, elle qui avait dû quitter l'école, contre son gré, à l'âge de neuf ans…

Le matin, le chemin de l'école faisait exactement mille six cent cinquante-deux mètres par la voie la plus courte, c'est-à-dire en filant tout droit, en contournant l'école des filles, en bifurquant sans s'y arrêter à la fontaine dite de la place des Oliviers, en coupant au plus court par le marché aux lapins pour enfin déboucher au grand galop sur l'entrée principale de l'école primaire de garçons, l'école Lespinasse.

Ce chemin ultrarapide était celui du matin, mais celui du soir durait beaucoup plus. Il était bien plus long et, surtout, il était animé de tant de dangers et d'imprévus passionnants ! Il mesurait entre trois et cent vingt mille kilomètres. Oui, oui, certains soirs, il faisait trois fois le tour de la terre, le chemin que j'empruntais pour gagner la Sibérie de Michel Strogoff et me retrouver ensuite bloqué sur l'île de Robinson Crusoé, puis descendre dans les gouffres insondables de la mer de Corail grâce au Nautilus et suivre les traces de Milady du côté de l'Angleterre... Ce chemin n'hésitait pas à me conduire sur les pas de Spartacus jusqu'au saccage de Rome, il pouvait aussi me perdre dans le Grand Nord où j'étais sauvé *in extremis* par Croc-Blanc. Ce chemin s'attardait enfin sous un wigwam où je fumais le calumet de la paix avec le Grand Sachem, Sitting Bull lui-même, qui comprenait directement mes pensées et, pour le manifester, hochait la tête en rejetant un jet de fumée au-dessus de mes cheveux...

À neuf ans, qu'aurais-je pu répondre à ma mère qui me demandait si j'avais « été sage à l'école » ? Bien sûr que j'avais été sage, trop sage, incommensurablement sage, à côté des aventures intrépides que je vivais sur les chemins de l'école !

Celui qui s'émerveille a des étoiles
dans les yeux. De vraies étoiles,
qui ne sont pas le reflet de celles du ciel,
mais la manifestation de celles
qu'il porte dans son cœur.

L'heure du goûter

Avec le temps de transport et le temps passé en classe, sans compter celui des devoirs et leçons, la vie scolaire des enfants oscille entre sept et neuf heures par jour. Dans ce cadre, le retour à la maison est un moment-clé qui conditionne souvent tout le déroulement de la soirée et même l'amorce du lendemain. C'est un moment durant lequel les enfants ont besoin d'être accueillis, confirmés dans ce qu'ils sont, réconfortés parfois, ainsi que de recevoir du bon et du doux.

Autrefois, le goûter permettait de retrouver et de gratifier l'enfant, de lui offrir un moment de plaisir, c'était un moment privilégié très apprécié et savouré avec bonheur. Ma mère, quand j'arrivais de l'école, arrêtait toute activité ménagère, s'essuyait les mains, enlevait son tablier et me préparait un grand morceau de pain avec une barrette de chocolat qu'elle enfonçait dedans. Un grand verre d'eau permettait de faire passer le tout. C'était une maman qui m'accueillait, qui me comblait et me donnait le sentiment que j'étais important.

Aujourd'hui, le goûter est escamoté par un surplus de friandises dont on gave les enfants et qu'ils dévorent à toute heure. Ce faisant, on a presque oublié le moment privilégié du retour de l'école. Dès son arrivée, l'enfant se précipite devant la télé, sans même prendre le temps de saluer, et l'adulte, quand il est là, ne dit souvent rien.

D'autres parents s'emportent dès l'arrivée de l'enfant : « Ah ! Il était temps que tu rentres, tu as encore laissé ta chambre en désordre et ton lit n'est pas fait. » Si nous commençons par un reproche, l'enfant va se fermer, s'opposer ou fuir et tenter de mettre en échec ce que nous attendons de lui. Des demandes, des exigences, du travail à faire, il vient d'en vivre durant six ou sept heures, parfois plus.

Au retour de l'école, il conviendrait plutôt de lâcher du lest ! Ce n'est qu'un peu plus tard, vers la fin de l'après-midi, que pourront à nouveau s'exprimer exigences et contraintes telles que devoirs à finir, douche à prendre, préparation du cartable pour le lendemain, petits services à rendre !

Quant à moi, je rêve encore de mes goûters d'enfant, où durant quelques minutes, le temps s'arrêtait, les problèmes disparaissaient, où j'avais une maman pour moi tout seul, qui me regardait manger mon bout de pain et de chocolat, en s'essuyant parfois la lèvre, quand sur la mienne il y avait une miette de pain...

« Au-delà d'un "Je t'aime" c'est la caresse d'un regard, le cadeau d'un geste, l'accueil d'un sourire qui me reliera à l'aimé le plus sûrement, le plus durablement. »

MA GRAND-MÈRE

La tablette de chocolat

Les anniversaires, les rencontres et les fêtes familiales peuvent être de bons moments pour reparler du passé, ressusciter des moments heureux ou moins heureux, les dépoussiérer et même les embellir au travers de mille détails, réinventés, toujours renouvelés. Ils sont souvent l'occasion d'un échange qui étonne les uns, égaye les autres et parfois choque les plus réservés.

Mélanie raconte : « J'étais la plus petite de trois sœurs. Les deux grandes m'envoyaient plus souvent qu'à mon tour faire des bêtises, c'est-à-dire oser pour elles ce qu'elles n'osaient entreprendre… Je rechignais, mais elles m'obligeaient, en me culpabilisant, disant que de toute façon je ne risquais rien, que j'étais la préférée, l'innocente. Cette fois-là, il fallait que j'aille prendre du chocolat dans le placard aux sucreries, en cachette de maman bien sûr ! La porte faisait du bruit, elle crissait, j'avais peur. Je devais me tenir sur la pointe des pieds pour attraper la tablette la plus proche. Pendant ce temps, ma mère papotait avec des amies dans le salon. Soudain elle m'appela : "Mélanie, viens par ici !" J'avais la tablette à la main. Je me sentis découverte. Aussi me suis-je avancée lentement en faisant glisser la tablette derrière mon dos, dans les plis de ma jupe, et je me suis plaquée contre le mur pour la coincer. Les amies de ma mère étaient des couturières, venues pour nous essayer des robes. Je refusai : ''Non, non pas de robe, je n'en veux pas !'' On m'a pourtant obligée à m'approcher, à me déshabiller et, forcément, la tablette de chocolat est tombée à mes pieds. Je fus grondée fort. Je crois que ma mère était honteuse devant ses amies. Moi aussi j'avais honte, tellement honte... Et mes sœurs n'ont rien dit ! C'était il y a plus de trente ans. »

Sœurs et nièces ont croqué ensemble à belles dents ce souvenir à la fois douloureux et heureux. Une des nièces, le lendemain, a raconté toute l'histoire à son grand-père, le père de Mélanie. Celui-ci, tout ému, l'a aussitôt appelée au téléphone. Il ne savait rien de cet incident, sa femme, à l'époque, ne lui avait rien dit. Et ce jour-là, à soixante-quinze ans, il s'est mis à pleurer d'émotion et de tendresse : « Ma toute petite, comme tu as dû avoir du chagrin d'être punie à la place de tes sœurs... Et tu ne les as pas dénoncées, tu n'as rien dit en plus. » Après tant d'années, Mélanie entend enfin les mots d'apaisement et de réconciliation que cette aventure méritait, les mots de tendresse de son père. Quelques jours plus tard elle reçut un petit paquet, accompagné d'une carte : « Ma petite voleuse de chocolat chérie, voilà une tablette de chocolat pour toi, rien que pour toi, et du pain aux raisins, pour le plaisir. Je t'embrasse. Ton papa. » Ce qu'il y a de formidable dans les relations humaines, c'est que l'on peut toujours revenir dessus, mettre des mots sur des non-dits, sur des malentendus, sur ces blessures de l'âme enfantine pour se réconcilier avec sa propre enfance.

La vie est toujours en devenir,
mais il ne faut jamais oublier
de la vivre au présent.

« Papa, maman, c'est formidable, j'ai vu un exhibitionniste à l'arrêt du bus ! »

Le chemin de l'école, pour les enfants d'aujourd'hui, est en prise directe avec les violences et les avatars ludiques de la vie. La question du regard, et surtout de son impact sur l'imaginaire et la fragilité de l'enfance, m'a beaucoup interrogé comme parent. Ma fille avait huit ans quand elle revint de son école avec un enthousiasme joyeux, avide de nous faire partager ses découvertes de la vie : « Avec Julie, ma copine, on l'a bien repéré, il paraît que c'est un exhibitionniste ! Ce n'est pas la première fois qu'on le voit ! Il est super ! » S'élève alors le chœur des parents, sur un ton dubitatif : « Ah bon ?

— Oui, oui, il est spécial celui-là ! Il est toujours avec un imper, et tu sais ce qu'il a inventé ? Génial... ! Il a coupé les jambes de son pantalon, il a mis un élastique, ce qui fait qu'on voit tout son bazar quand il ouvre son imper... Oh ! il sait y faire, il est rapide, mais on l'a bien repéré. Vous n'avez pas à vous inquiéter pour moi, il ne fait ça que quand il y a une femme dans le coin ! Ma copine et moi on n'a jamais réussi à tout voir... ! »

Sa mère et moi-même étions partagés entre le rire et l'inquiétude, n'osant ni stopper ce bel enthousiasme, ni risquer encore un commentaire prudent... « Ce qui est super, c'est que le pantalon garde le pli quand il referme le tout. On dirait un type normal ! » Oui, « on dirait un type normal », disait ma fille.

Il nous fut difficile à nous, les parents, de tenter d'expliquer que le véritable problème ne se situait pas dans la capacité de cet homme à garder un pli impeccable à son pantalon pendant qu'il exhibait ses organes sexuels. Ce qui était en jeu, c'était le comportement malsain d'un adulte, qui imposait le spectacle intime de son sexe aux femmes qu'il croisait et peut-être aussi aux petites filles… « Non, non, pas avec nous, on ne l'intéresse pas. C'est nous qui nous intéressons à lui, il est drôle ! » répétait ma fille.

Nous eûmes, grâce à cet exhibitionniste astucieux, de nombreuses discussions sur les abus réels et potentiels auxquels nous confronte la vie en société, ainsi que pas mal d'échanges sur les multiples visages de la perversité au quotidien. Ce qui m'a paru important c'est la possibilité d'une distanciation entre l'événement et l'enfant, car le traumatisme s'inscrit d'autant que cette distanciation est abolie et surtout quand il n'y a pas la possibilité d'un échange, d'un partage, d'une mise en mots qui permette d'apprivoiser le réel et de lui donner du sens.

Celui qui se prive de plaisir accumule
des désirs fantômes et malsains
dans les moindres recoins de sa vie.

Un enfant vient au monde

Mon garagiste vient d'avoir un enfant. Je ne le savais pas mais je l'ai appris, comme le reste des habitants de mon village, en voyant suspendues, tout autour du garage, des dizaines de couches-culottes. J'ai entendu, dans cette manifestation, la joie de cet homme devant le cadeau extraordinaire qu'il venait de recevoir de la vie, et j'ai eu envie de lui offrir le petit texte qui suit.

Un enfant qui vient au monde, c'est un peu plus d'amour, un peu plus d'énergie, et surtout un peu plus de *vivance* qui prend sa place dans le grand cercle de la vie.

Un enfant qui vient au monde, c'est un univers de sourires, de gestes tendres à inventer, d'étonnements à accueillir, d'interrogations à développer.

Un enfant qui vient au monde, c'est un peu plus d'éternité pour l'avenir, avec les possibles qu'offre toute ouverture aux beautés de la vie et à l'infinité de la création. C'est un appel à la tolérance pour un monde meilleur.

Un enfant qui vient au monde c'est, au-delà de l'étonnement des adultes à se survivre, la découverte d'un partage avec l'envie de donner le meilleur de soi, et la nécessité de prendre position pour répondre à ses besoins et pas nécessairement à tous ses… désirs !

Un enfant qui vient au monde, c'est accepter d'être humble devant le mystère de la vie, et ouvert à l'accomplissement du rêve, longtemps porté dans leur cœur par ceux qui se sont aimés.

Un enfant qui vient au monde c'est, dans certaines parties de notre planète, au-delà des peurs, des violences ou des injustices, un peu plus d'espoir pour faire davantage de place à la dimension divine de la vie.

Que le jour de son arrivée dans notre monde soit pour cet enfant une belle fête d'amour, et pour ses parents un engagement à l'accompagner quelques années encore. Ils lui permettront ainsi de tenir sa place dans l'univers qui sera le sien, et lui donneront les moyens de s'épanouir et de transmettre à son tour… la vie.

« Le vrai bonheur ne cite pas ses sources…
pour ne pas rendre le Bon Dieu jaloux. »
DANIEL PENNAC

« C'est bon ! »

Jéremy a deux ans et demi. Que ce soit chez lui ou chez la gardienne (car sa maman travaille), il ne mange pas. Chaque repas est un conflit, il se nourrit de peu, refuse tout gavage. Pourtant, avec sa grand-mère, tout se passe bien. En sa compagnie, il mange. Il dit même, la bouche pleine : « Hum ! ça c'est booon » (avec trois o !). « Ça », c'est du poisson avec de la mayonnaise préparée à la maison. Il mange même des légumes. Il dit aussi en se serrant tendrement contre sa mamie : « On est bien ensemble ! » Sa grand-mère lui demande : « Tu en manges du poisson comme celui-là chez tatie Simone (c'est ainsi qu'il appelle la gardienne) ?

— Non, je suis vilain !

— Et pourquoi es-tu vilain ?

— Parce que c'est pas bon et qu'elle dit que c'est bon. Alors moi, je suis vilain. »

Il est vilain, Jéremy, pour tenter de faire comprendre à sa gardienne qu'il ne se sent pas compris ! Jéremy sait parfaitement se définir. Il a une façon bien à lui, sans séduction ni caprice, de demander ce qui lui semble évident, nécessaire et juste. Car il a un sens aigu de la justice. Comme il découvre la vie, il demande des explications et veut des réponses claires, pas trop compliquées, « komplikées » dit-il en appuyant laborieusement sur les « k ».

Durant cette période de sa vie, il parle de lui à la troisième personne : « Jéremy, il aime la purée avec du beurre, mais pas trop » ; « Jéremy, il n'aime pas être tout seul dans le noir, il aime quand maman laisse la porte de la chambre ouverte, même qu'il n'est pas content quand papa oublie et la ferme pour rester seul avec maman ! ».

Jéremy joue au grand, protège sa petite sœur qui a seulement quelques semaines et qui est encore au sein : « Il ne faut pas que tu manges toute ma maman, après tu seras malade et tu vas vomir partout sur mes affaires. » Il aurait pu ajouter : « Et alors je ne serai plus content que tu sois là ! » Jéremy aime les avions qui passent dans le ciel. Chaque fois qu'il en voit un, il dit : « Un "navion", c'est un bateau pour les oiseaux qui ne savent pas voler. »

Je ne sais comment Jéremy traversera le reste de son enfance, mais je sais qu'il affrontera la vie, porté par les soins et l'affection de ses parents, l'amour de sa mamie et la complicité qu'il partage avec elle, ainsi que par une solide confiance en lui. J'aime beaucoup sa façon grave de regarder les adultes et d'attendre d'eux présence, cohérence, bienveillance et fermeté.

« La façon la plus simple de prédire le futur, c'est encore de l'inventer. »

Un ingénieur anonyme de Hewlett Packard

Quand on jouait au docteur…

Avant d'oser « jouer au docteur » (autour de mes sept ans), j'étais fasciné par le mystère que représentaient les filles. N'ayant ni sœur ni cousine, je pressentais, plus ou moins confusément, qu'il devait y avoir des différences. Celles-ci m'intriguaient, et même, m'effrayaient un peu…

Quand je tentais de jouer avec les petites filles du voisinage, j'entendais les adultes : « Fais attention, ne sois pas si brutal, c'est une fille ! » ; « Tu sais, c'est plus fragile qu'un garçon » ; « Les filles, ce n'est pas pareil, elles sont quand même plus obéissantes que les garçons » ; « Les filles, ça pleure tout le temps, ça ne sait pas jouer au foot ! » ; « Les filles, ça ne sait pas se défendre », sans compter d'autres commentaires plus ou moins obscurs.

Et puis un jour, la petite voisine du deuxième (nous habitions une maison de trois étages) m'a demandé si je voulais bien jouer avec elle : « Jouer d'accord, mais à quoi ? Tu ne sais jouer à rien », ai-je répondu très sûr de moi. Elle ne s'est pas découragée : « À la dînette, au papa et à la maman. On fera comme si toi tu étais la maman et moi le papa ! » L'arrangement me convenait, je n'avais jamais été maman de ma vie ! Bientôt, nous avions toute une installation dans le jardin, avec un toit de toile tendu entre deux branches – plus qu'un simple abri, toute une maison, rien qu'à nous ! Au sol, de petits cailloux de couleurs, enfoncés dans la terre comme une mosaïque, délimitaient les pièces principales : cuisine, salon, chambre des parents, chambre des enfants ; nous disposions même de toilettes. Il y avait tout un rituel pour entrer dans la maison : nous devions nous essuyer les pieds, puis marcher à pas glissés sur des sortes de patins « pour ne pas salir ».

Ma camarade de jeu s'appelait Mimi, et c'était elle qui initiait les jeux. Un jeudi, jour de congé béni entre tous, elle proposa de jouer au docteur. Mais cette fois-là, ce fut moi qui pris l'initiative : « Je suis d'accord, mais je serai le docteur et toi la malade. » Elle accepta aussitôt et, entrant dans le jeu, vint vers moi en se tenant la tête : « Docteur, je ne sais pas ce que j'ai, mais j'ai très mal...

— Bien, madame, installez-vous ici, allongez-vous, je vais vous "osculter". » Je croyais à l'époque qu'ausculter voulait dire toucher les « os » et les examiner attentivement et gravement. Je poursuivis : « N'ayez pas peur, je vais "osculter" vos os pour vérifier s'ils sont tous là, s'ils sont bien chacun à leur place... » Je commençai mon examen par la tête, puis je continuai par les bras, le torse, les jambes : « Tout va bien apparemment.

— Oh ! non docteur, touchez mon ventre, c'est pas les os qui sont malades : là regardez, j'ai souvent mal, ici ! dit-elle en posant ma main sur son nombril. Regardez, docteur, il y a comme un trou, ce doit être grave, soignez-moi pour que je ne souffre plus, docteur...

D'ailleurs, ma meilleure amie m'a dit que vous étiez un très bon docteur. » Ainsi je découvris que le corps d'une fille a plus de trous que celui des garçons. Le jeu du docteur et de la malade se poursuivit ainsi durant tout un printemps. Une fois que ma mère passait tout près dans le jardin, elle nous a demandé : « Qu'est-ce que vous faites, les enfants... ?

— On joue au docteur ! » Et elle, brave femme, répondit : « C'est bien, continuez. Et quand vous aurez fini, venez goûter. »

Ce n'est que plus tard que je compris l'importance de ces jeux d'exploration et de découvertes sexuées. Je ne dis pas sexuelles, car ces jeux ne comportaient aucune ambiguïté, encore moins de grivoiserie chez les enfants que nous étions, mais un incroyable émoi des sens. Nous jouions très sérieusement, animés par une sorte de gravité, de respect, d'émerveillement. C'est grâce à ces jeux que j'ai dépassé la peur d'être repoussé.

Peur qui semble souvent être présente chez les hommes, car ils ne savent pas jusqu'où peut aller l'acceptation de l'autre, sa collaboration, son ouverture à leurs attentes !

Je me demande si les enfants d'aujourd'hui jouent encore au docteur...

Les êtres qui se sentent aimés
ont une place, ils gardent leurs racines
dans la mouvance des rencontres.

« C'est vrai qu'elle est morte, mamie ? »

À un enfant qui demande étonné, curieux ou inquiet : « C'est vrai qu'elle est morte, mamie ? » ; « C'est vrai qu'elle va habiter au cimetière ? », les parents tentent généralement de répondre en essayant d'expliquer, de rassurer. Il leur arrive cependant de nier ce qu'ils supposent être un doute ou une angoisse chez leur enfant. C'est souvent parce qu'ils essaient de cacher leur propre peine d'avoir perdu une mère ou un père.

« Mais quand est-ce qu'elle va revenir ? » ; « Qu'est-ce qu'elle va devenir ? » ; « Comment elle va dormir, elle qui se réveille toutes les heures ? » peut encore demander l'enfant.

Il arrive que les adultes tentent de retarder la nouvelle, voire de la cacher. Ils ont du mal à dire à un enfant qu'un proche est mort. Ils utiliseront des euphémismes, dériveront sur d'autres sujets, construiront une histoire à partir de leurs croyances : « Nous avons perdu grand-mère, mais là où elle est, tu sais, elle n'a besoin de rien, elle est moins malheureuse que lorsqu'elle était vivante ! » Malgré ces réassurances, l'enfant peut croire que, puisque mamie est perdue, il pourrait, lui, essayer de la retrouver. Il tentera donc de la chercher et marchera parfois les yeux au ciel, essayant d'entrevoir le visage, le sourire ou les yeux de sa grand-mère dans le dessin des nuages !

Nous, les adultes, savons mal comment nous situer face à la mort. Nous n'osons pas dire simplement que nous ignorons ce qu'elle est ! La seule chose que nous savons, c'est que nous ne pourrons plus voir, recevoir, toucher la personne décédée. Nous pouvons tout de même penser à elle, l'imaginer, dialoguer avec elle dans notre tête. Et nous découvririons certainement qu'il nous est possible de parler de notre chagrin, de notre peine, de notre vécu avec celui ou celle qui n'est plus là !

Nous pourrions aussi inviter l'enfant à dire adieu pour toujours à la personne décédée, car nous savons qu'il ne la reverra pas. Seul son souvenir restera. Un enfant a le droit d'avoir de la peine, d'être triste, et même d'éprouver de la colère devant la mort d'un être significatif pour lui. Ce n'est pas l'aider que de tenter de minimiser son chagrin ou de faire taire sa colère. Nous devons plutôt l'accompagner dans ses sentiments, lui permettre de les verbaliser ainsi que de dire ses croyances.

Les enfants ont souvent besoin d'un petit rituel pour accompagner le deuil : par exemple, mettre dans une boîte un objet qui représente tout l'amour qu'ils auraient donné à la personne si elle avait vécu ; ou écrire une lettre pour dire en quoi papy, ou mamie, était important pour eux. Nous pouvons commencer très tôt à leur apprendre que la vie humaine a un début, une croissance, un développement, une fin et que nul ne sait à l'avance quand se terminera un cycle de vie.

Le contraire de la mort n'est pas la vie, c'est la naissance. Chaque perte d'un être cher peut ainsi ouvrir à une nouvelle naissance.

Les vacances : un temps à partager avec nos enfants…

Comme le soleil est au plus haut, que les cigales se sont assoupies, que l'ombre de la tonnelle est propice à un moment de rêverie, je me laisse aller. La maison est provisoirement paisible, en ce plein du mois d'août, du fait que tous les petits-enfants sont partis *squatter* la piscine du voisin, emportés par un seul commentaire de mon dernier petit-fils : « Elle est super cette piscine ! Tu te rends compte, grand-père, je peux mettre la tête sous l'eau et ouvrir les yeux. Avec les autres piscines ça ne marchait pas ! » Quant à moi, je poursuis mes rêveries vacancières !

Je reviens sur ces temps de vacances, je reste dessus, je ne les lâche plus. Les vacances, c'est aussi, et surtout, le temps de la liberté et des jeux : jouir de ne rien faire, jouer à se faire plaisir, jouer pour le plaisir. Si nous avons des enfants, ils nous sollicitent sans cesse : « Papa (maman), viens dans l'eau avec moi ! » ; « Regarde, regarde, je mets la tête sous l'eau… ». Ils grimpent aux arbres, plongent de cinq mètres (toujours chez le voisin, qui a une piscine aux normes olympiques), ils sautent, gambadent, courent à perdre haleine, ils tombent, roulent, disparaissent en criant qu'ils ont découvert un nouveau chemin pour aller aux mûres, que plus loin dans le petit bois, « il y a une cabane qui sera à nous et on la défendra contre ceux qui voudront la prendre »…

Mon point de vue est que lorsque l'on a la chance d'avoir plusieurs enfants (ou la charge), il est vital de choisir un lieu de vacances auprès de l'eau, et surtout, offrant la possibilité d'avoir une activité suivie. Durant l'enfance de mes propres enfants, à l'époque où j'étais un passionné de canoë-kayak, descendre l'Ardèche, l'Hérault, l'Aude, le Tarn, l'Arve occupa beaucoup de nos étés. Ces rivières qui roulent, qui rient, qui saoulent par leur exubérance, irriguèrent une foultitude de souvenirs pendant des années.

Les vacances sont aussi l'occasion de découvrir que nos enfants nous dépassent rapidement, vont plus vite que nous, nous laissent à l'arrière, inventent des possibles qui nous étonnent, prennent des risques, affrontent des difficultés qui nous rendent à la fois fiers et inquiets, songeurs aussi quant à nos propres ressources.

Mes enfants, chaque fois que j'ai pu m'approcher plus d'eux, être davantage présent, m'ont entraîné dans des aventures folles. Leur appétence de vie fut un tonique pour ma vie de père, de mari, d'homme…

On ne peut pas toujours
avoir ce que l'on veut,
mais on peut parfois
trouver ce dont on a besoin !

Conclusion provisoire

Si je devais conclure, disait le vieil homme à qui il ne restait que quelques heures à vivre, je dirais que je suis prêt à recommencer ma vie en n'oubliant pas toutes les erreurs que j'ai pu faire, tout en souhaitant en conserver quelques-unes...

Osons la tendresse !

En matière de relations humaines, la prise de conscience est souvent nécessaire mais elle n'est pas suffisante : ce matin j'ai pris conscience que mon pneu arrière gauche était à plat. Cela ne l'a pas pour autant regonflé...

L'ouverture à l'autre, l'intentionnalité et la disponibilité sont toutes aussi indispensables, mais chacune de ces attitudes doit s'appuyer sur des moyens, des actions, une prise de position claire. Le faire doit intervenir, mais c'est surtout l'être qui est en jeu avec non seulement ses ressources, ses énergies, son enthousiasme, mais aussi avec ses conditionnements, ses autoprivations, ses ressentiments... La tendresse se fraye un chemin entre ce que nous donnons et ce que nous recevons, ce que nous proposons et ce que nous acceptons quand nous découvrons que derrière toute peur existe un immense désir de vivre, que sous le couvert d'apparences rigides, l'abandon et la confiance en l'autre sont possibles.

Je voudrais vous présenter quelques-uns des ancrages dans lesquels s'enracinent mes tendresses multiples et balbutiantes, souvent maladroites et excessives, toujours éblouies tant elles réveillent en moi la capacité de m'étonner, d'aller au-delà de toutes mes anticipations positives ou négatives, pour atteindre le meilleur de l'autre.

J'avais huit ans, je jouais au gendarme et au voleur. Noémie, ma camarade de jeu, faisait le gendarme, j'étais le voleur et elle me gardait prisonnier... J'ai découvert la tendresse ce jour-là. Elle était agenouillée auprès de moi, sa joue toute proche et une mèche de ses cheveux blonds voletant contre ma jambe : elle nouait avec une grande application, et une gravité si silencieuse que j'entendais mon cœur battre, son mouchoir autour de mon genou gauche écorché. J'ai refusé de laver mon genou durant quatre mois, suscitant l'incompréhension la plus complète chez mes parents !

J'avais 14 ans, j'étais au sanatorium. Je vivais couché depuis quatre ans déjà, dans un plâtre qui me couvrait des chevilles jusqu'au cou. Je communiquais alors avec des billets doux que je lançais du quatrième balcon où nous étions, nous les garçons, vers l'étage du bas où se trouvaient les filles. Elle s'appelait Annie. Un jour j'ai reçu d'elle ce billet : « Je ne t'ai vu qu'une seule fois (un jour où ton brancard a croisé le mien). Je pense souvent à toi, j'ai tant de plaisir à te savoir si proche, laisse-moi *te rêver* encore... Ne m'envoie pas de photo comme le font les garçons de ton étage à mes copines, laisse-moi t'imaginer de l'intérieur avec le peu que j'ai de toi. »

J'avais vingt-trois ans lors de la naissance de ma première fille. J'ai alors découvert la fragilité et l'incroyable vitalité d'un bébé : une boule de vie d'une densité si grande qu'elle ébranlait toutes mes croyances et me donnait envie de donner et de donner encore, d'offrir le meilleur de moi-même, d'accéder à la perfection.

J'avais trente-cinq ans, j'étais déjà le père de cinq enfants et je vivais en silence la peine inouïe de n'avoir pu porter aucun de ces enfants dans mon ventre. C'était un dimanche matin et je pleurais à gros sanglots, désespéré par l'injustice de n'être qu'un père ! La mère de mes enfants m'a dit : « Ferme les yeux, laisse-moi faire... » J'ai senti un bruissement sur ma peau, un chuchotement du côté du cœur et quand j'ai ouvert les yeux, j'ai vu un bébé tout rond sur mon ventre d'homme. Avec un crayon feutre bleu, elle avait dessiné un merveilleux bébé. Cette fois-là, je ne me suis pas lavé le ventre durant… six mois !

Jusqu'à l'âge de cinquante-deux ans j'ai cru que ma mère était immortelle et donc que je l'étais aussi. L'une de mes illusions les plus tenaces à l'époque était que je ne pouvais mourir avant ma mère : cela aurait été une telle trahison, une violence si inouïe pour cette femme qui m'adorait, que je ne pouvais l'imaginer. J'ai donc vécu en me croyant également immortel, entretenant cette conviction dans la plénitude, l'abondance, la générosité infinie de la vie.

Et puis cette année-là, en septembre, comme je revenais de vacances et passais la voir, j'ai vu que son corps était plus petit, plus menu, que son regard se perdait plus souvent, que ses gestes étaient moins précis, qu'elle était plus fatigable, plus fragile, plus vulnérable, elle qui n'avait pas arrêté de travailler un seul jour de sa vie… J'ai découvert cette injustice absolue : elle pouvait mourir, disparaître, ne plus être là… Elle était devenue mortelle !

J'avais déjà cinquante-sept ans quand, un matin, mon frère m'appela au téléphone, pour me dire que notre mère, ma mère, était dans le coma, et que les médecins pensaient que c'était la fin… Quand je suis arrivé à l'hôpital, au travers de la vitre du service de réanimation, j'ai vu ma mère toute recroquevillée dans un lit blanc, des tubes partout. Son drap avait glissé le long de son corps, elle était nue. Et quand je me suis approché, silencieux, ému, bouleversé, j'ai vu, non la vieille dame de soixante-quatorze ans qu'elle était, mais un tout petit bébé sans défense. Un bébé si démuni que j'ai eu envie de le prendre dans mes bras, comme on prend un nourrisson, en mettant une main sous les fesses et l'autre sous la tête... Je ne l'ai pas réellement fait, mais je l'ai fait mentalement. Quelques secondes plus tard, ma mère ouvrait un œil, me regardait et disait : « C'est toi Jacky ? » Il y avait si longtemps qu'elle ne m'appelait plus Jacky !

Je devais partir au Québec pour un cycle de conférences, mais j'ai pu lui dire qu'elle avait le droit de mourir, qu'elle pouvait passer de l'autre côté. Pour elle, dans sa foi, mourir c'était aller au paradis : saint Pierre l'accueillerait et lui ferait une place parmi tous les bons de la terre unis auprès de lui depuis l'origine des temps...

Après sa mort, en quelques jours, je suis devenu mortel. Je n'étais plus dans l'abondance et la générosité de la vie, j'étais dans l'errance. Quelques années plus tard, j'ai découvert l'intensité que peut revêtir l'existence : chaque instant, chaque minute, chaque jour est un miracle, un cadeau, une offrande riche d'un bonheur si éphémère qu'il ne faut rien en gaspiller sous peine de porter atteinte au principe vital...

Je crois aujourd'hui que nous recevons en dépôt, comme un cadeau, une parcelle de vie et d'amour au moment de notre conception. Que notre mission, le sens de notre passage sur terre consiste à permettre à cette graine de vie, ce germe d'amour qui a été déposé en nous, de s'épanouir, de façon à laisser à l'univers plus de vie et d'amour que nous en avons reçu. La tendresse à l'égard de la Terre-mère, Gaïa, ainsi qu'à l'égard de l'univers, participe de cette démarche : laisser, après notre passage, plus de vie, de tendresse et d'amour pour ceux qui nous suivront...

J'en suis là pour l'instant...

Au-delà de ce qui est ressenti au présent,
la tendresse est un germe de vie destiné
à prolonger l'infinitude de l'instant.

Table des matières

VIVRE AVEC SOI

Être son propre destin,
pour aboutir aux sources de soi.

J'ai mis longtemps à comprendre cette évidence que la personne avec laquelle je passais l'essentiel de ma vie était… moi-même. Et encore plus de temps à découvrir que je ne m'occupais pas beaucoup de moi, que je ne m'accordais pas beaucoup d'attention, que j'étais peu prévenant envers ma propre personne. Ce qui était un paradoxe, puisque j'étais censé, au travers de mon travail de formateur, m'occuper des autres, les accompagner et éventuellement les soutenir dans leurs démarches de changement.

Établir une bonne relation avec soi, se respecter, être congruent c'est-à-dire veiller à ce qu'il y ait un accord entre ce que je pense et ce que je fais, entre ce que je sens et ce que je dis, me semblent être de bonnes prémisses pour devenir un bon compagnon pour soi.

Dans les textes qui suivent et qui appartiennent à la série de *Chaque jour… la vie,* comme *Vivre avec les autres* et *Vivre avec les miens*[1], j'ai tenté de donner quelques repères qui me paraissent indispensables pour poursuivre l'interrogation sur soi-même, dépasser ses aveuglements et se montrer vigilant vis-à-vis de ses errances. Il s'agit de propositions ouvertes semblables à des chemins, à des pistes, et comportant des relais, propres à nous rappeler que c'est avec le meilleur de nous que nous pouvons rencontrer le meilleur de l'autre.

---

1. Parus aux Éditions J'ai Lu (N.d.É).

Intériorité

Dans l'éloignement et le silence tout bouge. J'ai profité de ce mouvement pour aller à ma rencontre.

Peurs et désirs

Nous mettons souvent longtemps à le découvrir : derrière toute peur existe un désir. Cette affirmation un peu péremptoire et simpliste risque d'en troubler plus d'un ! Pourtant, si nous prenons le temps d'écouter ce qui se cache derrière la plupart de nos peurs, nous entendons que beaucoup de désirs sont à l'œuvre en nous, qui n'osent s'exprimer directement, se manifester clairement ni s'énoncer comme ils le devraient.

Si j'ai peur d'avoir un cancer, il est vraisemblable que je désire que mon corps n'en produise pas un ! Si j'ai peur que ma bien-aimée ne m'aime plus, c'est certainement que je souhaite qu'elle continue de m'aimer. Si je redoute d'être mis à la porte de mon emploi, c'est sans doute que je tiens à le garder.

Ces quelques exemples suffisent à montrer que reconnaître et exprimer son désir est plus dynamique que de se laisser enfermer par ses peurs, de les ruminer ou de les imposer en permanence à son entourage proche !

Il existe aussi des peurs « à tiroirs ». Des peurs qui ne sont que le masque d'autres peurs et donc de désirs plus archaïques, plus diffus ou plus contradictoires, plus difficiles à circonscrire et à reconnaître. Ainsi, la peur du noir. Ce n'est pas le noir qui effraie, mais ce que nous imaginons qui pourrait surgir du noir. Chez certains enfants, la peur du noir peut cacher le désir de dormir dans la chambre des parents et de se mettre « justement entre les deux ! » ou celui « d'avoir maman toute à moi quand papa n'est pas là... »

La peur des voleurs, chez des adolescentes, peut être liée à la crainte d'une intrusion intime, et masquer un désir plus difficile à reconnaître, celui d'une rencontre amoureuse bienveillante, non menaçante.

Il appartient à chacun d'écouter et d'entendre le désir qui existe derrière chaque peur et d'oser le respecter...

Quand l'un ne peut s'ajuster
aux désirs de l'autre, il peut éventuellement
s'ajuster à ses propres possibles.

Le besoin naît avant le désir…

Dans l'ordre des priorités, le besoin précède le désir. De la satisfaction de nos besoins fondamentaux – nourriture, chaleur, protection – dépend avant tout notre survie. L'urgence primordiale, pour chacun de nous, réside dans la réponse appropriée, adaptée à nos besoins vitaux. Et nous y consacrons beaucoup de temps. Vient ensuite le désir qui s'éveille très vite quand les exigences imposées par la survie sont apaisées.

Le désir surgit du manque, du vide, de l'absence et, plus tard, de l'attirance, d'un mouvement qui nous pousse, nous conduit et parfois nous guide vers l'autre. Vers un autre qui a ce que nous n'avons pas, qui resplendit d'une lumière qui nous illumine, qui résonne d'une vibration s'accordant à la nôtre. Le désir est un élan qui cherche à retrouver une énergie perdue. Il est une implosion avant d'être une explosion. Sans désir, nous sommes semblables à des morts vivants : « Quand je fis cette dépression qui a duré deux ans, j'étais immobile intérieurement, sans désir, sans pulsation, inerte, dépossédée de toute envie », racontait cette femme qui a depuis longtemps traversé cette phase, et se présente aujourd'hui non seulement comme désirable, mais surtout comme désirante.

Parfois, à l'image de nos besoins qui se satisfont dans l'urgence, nos désirs s'imposent à nous avec une force quasi totalitaire, ravageant tout sur leur passage. Cet homme me dira : « Quand j'ai vu cette femme pour la première fois, j'ai été envahi par un désir douloureux, oppressant, qui ne m'a pas lâché de toute la soirée. Il fallait que je la revoie, que je la rencontre, que je lui parle... »

C'est ainsi que certains désirs nous aliènent et nous rendent dépendants. C'est un paradoxe : nous nous mettons à leur service au risque de négliger nos besoins profonds et prioritaires, alors que ce sont eux qui devraient nous servir, nous permettre de réaliser nos possibles et favoriser notre plein épanouissement.

Certaines relations amoureuses se construisent autour des besoins et ont ainsi (faut-il le dire sous peine de détruire quelques mythes ?) une durée de vie plus longue, plus harmonieuse, plus apaisée que d'autres. D'autres relations se cristallisent au contraire autour du désir et ont de ce fait un parcours plus chaotique, plus aléatoire, plus risqué.

Il arrive aussi qu'un besoin prenne l'apparence d'un désir pour se réaliser : « J'ai vu un petit tableau représentant un jardin, dans une galerie, tout à fait par hasard car je ne passais jamais dans cette rue. Le magasin était fermé. Je suis repassé quatre fois sans le trouver ouvert. La cinquième fois, j'ai eu un coup au cœur : le tableau n'était plus en vitrine. Je suis entré, tremblant. Le marchand m'a dit qu'il le gardait en réserve, un de ses clients l'ayant retenu. J'étais effondré. Je voulais ce tableau. Il m'a dit de repasser dans huit jours. Huit jours après... j'avais le tableau, le client s'était désisté ! Ce n'est que dix ans plus tard que j'ai découvert, en changeant le cadre, que ce tableau avait appartenu à mon grand-père. Un grand-père que je n'avais pas connu ! Son nom figurait dans un coin, au dos de la toile. Le tableau représentait le jardin de la maison où mon père était né... » Par son désir tenace d'obtenir ce tableau, cet homme a su répondre au besoin très fort de se relier à ses origines.

Que tu sois proche ou lointaine,
je suis toujours dans la fête des désirs.
Je te sais vivante et cela me suffit.

Rêve de vie

À l'intérieur d'une relation amoureuse, surtout si elle devient importante, encore plus si elle se consolide par un mariage ou se concrétise dans une vie en couple, il nous arrive de confier un rêve de vie à l'aimé(e). Ce rêve est constitué d'un ensemble d'images, de souhaits, de désirs que nous projetons dans le futur en y associant l'autre. L'autre, celui ou celle, justement, qui occupe nos pensées, que nous aimons, avec qui nous partageons un projet de vie dans la durée.

Ce rêve de vie peut être : « Avoir une petite maison en Ardèche, avec trois pommiers et une source », ou « Économiser ensemble pour acheter un bateau et faire le tour du monde avec les enfants », ou encore « Se retirer, plus tard, en Ariège, là où l'air est encore pur, où le béton n'a pas fait trop de dégâts ». Quel qu'il soit, ce rêve contient notre croyance intime ainsi que la part d'espérance que nous avons placée en l'autre.

L'un des deux l'a parfois longtemps porté en lui, l'a laissé germer, grandir, s'embellir, l'a poli et repoli durant de nombreuses soirées ou dans les moments les plus inattendus. Il a éprouvé du plaisir (sans savoir que c'était un risque !) à le partager avec l'autre, espérant qu'il (elle) s'y associerait, l'accueillerait dans son imaginaire, l'embellirait et le polirait à son tour. Le rêveur investit ainsi nombre de fantasmes dans son rêve en vue de sa réalisation. Un rêve de vie aide à traverser le présent, il soutient en faisant mieux accepter les difficultés, il est un support intime pour surmonter les obstacles, il encourage à préparer le futur…

Et puis il arrive que le couple éclate, que le mariage se termine par un divorce, une perte, une séparation. Celui qui a confié son rêve de vie à l'autre se retrouve alors devant une faille immense, une béance, plein d'une nostalgie dont il ne comprend pas le sens ! Quand c'est le cas, j'invite la personne qui se retrouve ainsi, castrée de son rêve de vie, amputée d'une part de son imaginaire, à faire une démarche symbolique. Une démarche qui consiste à demander au partenaire en partance ou déjà parti de lui restituer son rêve de vie au travers d'un objet auquel serait symboliquement associé un aspect ou quelque chose de ce rêve de vie : « J'avais oublié de reprendre mon rêve de vie, celui d'avoir un enfant avec cet homme. Je m'étais remariée et nous n'arrivions pas à avoir un enfant malgré tous les examens positifs. Cela dura six ans. Quand j'ai pu faire cette démarche symbolique, reprendre mon rêve de vie, un mois après j'étais enceinte… Je n'ai toujours pas saisi ce qui s'est passé, mais j'ai eu l'impression d'un soulagement immense quand il m'a redonné le petit tableau que nous avions acheté ensemble, qui représentait une petite fille, penchée sur un pont, regardant son propre reflet… »

En se réappropriant ainsi un rêve de vie, il me semble que la personne peut retrouver intacte toute sa créativité, qu'elle peut se réconcilier avec une part profonde d'elle-même, qu'elle met fin ainsi à une situation laissée inachevée.

La véritable intimité est celle qui permet de rêver ensemble aux rêves de chacun.

Cultiver ses propres valeurs

Pour pouvoir cultiver des valeurs, encore faut-il avoir déterminé celles dans lesquelles nous nous reconnaissons. Il est possible de rester fidèle aux valeurs transmises dans l'enfance, il est aussi possible de s'en séparer, il est surtout possible de découvrir ses propres valeurs en s'interrogeant sur le sens donné à ses expériences.

Je viens d'une famille modeste, euphémisme pudique pour ne pas dire très pauvre. Les valeurs sociales qui me furent inculquées étaient celles d'un milieu, d'un quartier, d'une époque. Elles concernaient l'ouvrage bien fait, le travail considéré comme rédempteur, l'argent mérité, la sexualité taboue, l'oisiveté condamnable, le danger représenté par l'alcool, le geste juste, le silence admis comme plus important que la parole, l'homme en bleu de travail, la femme à la cuisine et partout, il y a quelque chose à faire, et à faire il y avait !

D'autres valeurs, plus personnelles, plus intimes, plus profondes peut-être, me furent transmises par ma mère :

• Le respect de l'autre : « Tu dois éviter de faire de la peine et de te moquer des plus démunis que toi. »

• Le respect de la propriété d'autrui : « Tu ne dois pas toucher, ni même penser à ce qui n'est pas à toi. »

• La foi en un avenir meilleur : « Nous ne pouvons pas descendre plus bas ; un jour tout cela s'arrangera. Le bon Dieu ne peut pas toujours contenter les riches ! »

• Le pouvoir salvateur des études : « Si tu travailles bien à l'école, tu ne seras plus un esclave devant le travail, acquérir un *bon savoir* est le seul moyen de devenir quelqu'un dans la vie ! »

• La nécessité de rester digne, de se respecter, même dans les situations difficiles : « Tu ne dois pas t'abaisser à implorer. Veille à demander le moins possible. »

• La valeur de l'engagement : « Si tu as dit oui, tu dois faire. »

• La valeur de l'expérience : « Quand tu ne sais pas, essaie, regarde si cela est bon pour toi et ceux que tu aimes. »

• Le respect de la vie : « Tu es responsable de ta vie, ne violente pas celle des autres. »

• La méfiance envers les notables et le refus d'imiter les riches, ceux qui *s'en croient* : « Ils peuvent être gentils, il leur arrive même de paraître braves et bons, mais ne leur fais jamais confiance, cela se retourne toujours contre toi ! On ne mélange pas les torchons et les serviettes. »

• La valeur de la discrétion : « Tu ne dois pas te faire remarquer, on a déjà assez de soucis comme ça ! »

Et il existait bien d'autres valeurs... Certaines sont par la suite devenues des croyances qui ont balisé mes premiers tâtonnements dans la vie et ont profondément marqué ma relation au monde. D'autres sont devenues caduques et j'ai dû en inventer ou en adopter de nouvelles.

À mon tour devenu parent, j'ai tenté de transmettre mes valeurs à mes enfants. Quand je parle aujourd'hui avec eux, il m'est difficile de reconnaître ce que je leur ai apporté dans ce domaine. Ce serait à eux de me le dire. Je crois cependant leur avoir transmis un amour et un respect de la vie sous toutes ses formes, un code moral s'appuyant sur la tolérance, l'ouverture, la responsabilisation, la curiosité, le goût de la beauté. Il m'arrive de penser que c'est peu...

Quand je prends soin d'alimenter
et de respecter mes besoins relationnels,
j'ai moins besoin de faire pour mes manques.

Parler à son inconscient…

Sans vouloir simplifier à l'extrême ce qui reste d'une grande complexité, il est possible de hasarder quelques remarques sur le fonctionnement de notre psychisme. Voici un siècle, Sigmund Freud nous faisait découvrir, non sans quelques résistances de la part de ses contemporains (et certains résistent encore aujourd'hui !), que nous avions un inconscient. Il voulait dire par là qu'un certain nombre de nos comportements et conduites obéissent à une instance psychique qui échappe à notre conscience. Une instance qui ignore le temps, la logique, la volonté, et même le hasard !

Freud nous a ainsi appris que :

• L'inconscient nous parle ; il nous adresse des messages, pas toujours suffisamment clairs et forts pour retenir notre attention, mais suffisamment dérangeants pour nous interpeller et nous bousculer.

• Les trois grands langages utilisés le plus fréquemment par notre inconscient sont les rêves, les actes manqués et les lapsus.

• Les rêves, par le biais desquels nous nous disons à nous-même des désirs essentiels et pas toujours acceptables, demandent à être interprétés pour délivrer les messages qu'ils contiennent.

• Les actes manqués et les lapsus traduisent des conflits intrapersonnels, des divergences entre des désirs contradictoires, et témoignent d'interdits dont nous avons envie de nous défaire sans toujours y parvenir du fait des injonctions que nous avons reçues, de nos valeurs, de notre fidélité à nos habitudes et plus encore à des messages venus de la nuit de notre histoire.

Les travaux de Freud nous ont ainsi permis d'explorer quelques-unes des richesses de notre psychisme et ont favorisé chez beaucoup (que ce soit au travers d'une thérapie, de lectures ou d'une auto-analyse) des prises de conscience et des changements souvent équivalents à de nouvelles naissances.

Mais Freud ne nous a pas dit qu'il était possible de parler à notre inconscient, de lui adresser des messages afin de rétablir une relation sinon de réciprocité, du moins d'échange. Cela, grâce à trois grands langages : le langage poétique, la création artistique, enfin l'usage et la pratique de la symbolisation et des contes.

C'est pour cette raison que les grands poètes, les grands artistes et créateurs ont un retentissement universel, et qu'il existe dans les cultures dites primordiales une pratique de la symbolique. Je crois qu'il serait souhaitable que chacun de nous se réconcilie avec les dimensions poétique, artistique et symbolique qui l'habitent afin de développer un meilleur dialogue avec son inconscient.

Comme il est doux parfois de croire
aux mots tels qu'essence-ciel...

À quoi sert un lapsus ?

À une amie qui me parlait du début de son cancer et qui évoquait l'ablation de son sein, j'ai demandé : « Depuis quand savais-tu que tu avais un nodule sous le sein ?

— Depuis 1981, répondit-elle avant de se reprendre, étonnée. 1991. Oui, oui, je voulais dire 1991.

— Mais tu as dit 1981, as-tu une idée de ce qui s'est passé dans ta vie en 1981 ?

— Je n'ai jamais voulu en parler à personne, dit-elle en se troublant et en éclatant en sanglots. Mon mari a eu une relation avec une autre femme qui a duré presque une année ! »

Ainsi, ce que Freud appelait le retour du refoulé a-t-il ressurgi à l'occasion de cet échange. Peut-être apporte-t-il un éclairage nouveau sur le sens de ce cancer, surtout sur sa gestation silencieuse. Un lapsus qui s'est introduit à l'intérieur d'une phrase, un mot qui est apparu à la place d'un autre, peuvent ainsi révéler un *mal-être* et le plus souvent un conflit intrapersonnel. J'ai en mémoire ce journaliste venant de recevoir un invité et terminant l'entretien en disant : « Je vous ennuie » au lieu de « Je vous remercie ». Il exprimait bien la lassitude qu'il avait éprouvée durant l'échange !

Un lapsus révèle, mais aussi tente de cacher ce qui ne peut être dit ou énoncé de façon claire : « Est-ce que tu m'aimes ? Tu ne me dis jamais que tu m'aimes.

— Mais oui, je *l*'aime.

— Tu aimes qui ?

— Mais toi, bien sûr. Qu'est-ce que tu vas chercher là, à toujours faire des histoires ! »

Ce « mais oui, je *l*'aime » est à la fois révélateur des sentiments de cet homme pour une autre et en même temps de sa difficulté à prendre position vis-à-vis de sa partenaire.

Un lapsus nous laisse le choix d'entendre (si nous lui accordons une attention réelle) ou de ne pas entendre (si nous nous lançons dans des explications ou des excuses) ce qui est réellement en jeu !

« La vie vient toujours à ma rencontre,
quand je suis au bord de l'oublier »,
nous rappelle Christian Bobin
qui la connaît bien.

Conflit intrapersonnel

La plupart des conflits qui nous animent sont de nature intrapersonnelle et non interpersonnelle comme nous le pensons trop souvent. Je vis un conflit intrapersonnel quand je me sens pris entre plusieurs désirs et que je ne parviens pas à choisir lequel réaliser. Un conflit intime peut surgir quand je reste, presque malgré moi, dans une relation que je ne sens pas bonne pour moi, qui ne correspond pas à mes aspirations, qui me frustre, ou quand je suis en attente d'un changement… chez l'autre. Changement qui ne vient presque jamais ! Le conflit intrapersonnel le plus fréquent provient du décalage entre mes expectatives et les réponses de l'autre ou de mon entourage. Ce conflit est le plus souvent alimenté par des frustrations et des espoirs déçus.

La plupart d'entre nous restons démunis devant ce type de conflit où deux positions se combattent sans qu'aucune parvienne à s'imposer. Choisir l'une, c'est renoncer à l'autre. Quitter la relation insatisfaisante, c'est risquer de perdre à jamais celui (celle) que j'aime malgré tout. Me frustrer ou me limiter (« Je ne veux pas me marcher sur le ventre ! dirait une de mes filles ») en attendant le changement hypothétique de celui dont je fais dépendre une grande partie de ma vie, de mes conduites ou de mes comportements – tout cela demande beaucoup d'énergie et crée de nombreuses tensions. Ne pas savoir renoncer à l'une de mes attentes, en espérant toujours que l'autre m'entendra, que le ciel me comblera, que le hasard jouera en ma faveur, risque de me rendre dépendant.

Pour sortir de cette impasse, diminuer notre malaise, combattre nos frustrations, nous transformons souvent le conflit intrapersonnel en un conflit interpersonnel. Nous choisissons pour cela un autrui accessible, proche : soit notre partenaire conjugal, un collègue de travail, un ami, soit encore un parent ou un de nos enfants ! Un tel déplacement constitue la base de la plupart des problèmes de couple et familiaux : ne pouvant résoudre nos propres déchirements ou sortir de notre conflit interne, nous mettons l'autre en cause, lui reprochons de faire ou de ne pas faire, de dire ou de ne pas dire, ou simplement d'être, bref de ne pas correspondre à nos attentes profondes. Par un ensemble d'accusations, voire de reproches et de disqualifications, nous l'impliquons ainsi dans un conflit dont il n'est pas réellement partie prenante.

Or, un tel déplacement n'améliore en rien la relation. Au contraire, il détériore la communication au point de la rendre encore plus invivable, ce qui ne manquera pas de renforcer le conflit interpersonnel. C'est dans ce type de situation que le principe de responsabilisation doit être mis en avant. Il appartient à celui qui est le plus en difficulté dans la relation de prendre la décision qui apaise son malaise interne au lieu d'en rendre l'autre responsable.

Se contenter de vœux pieux ou attendre une catastrophe pour amorcer un changement est une manière de faire qu'il vaut mieux laisser à celui qui ne veut rien changer.

Il est bon de se dire...

Une amie psychologue me racontait ce que lui avait confié un enfant qu'elle suivait depuis quelques mois : « Tu sais, depuis que je parle avec toi, j'ai pas besoin de tout garder au fond de moi, je suis plus tranquille dans ma tête ! » Parler et surtout être accueilli, se sentir entendu dans ce que l'on vit et ce que l'on ressent, pouvoir confier à l'autre ce qui pèse et se délivrer de ce qui interroge ou angoisse, quel soulagement ! Surtout quand on découvre que ce qui sort de soi ne se retournera pas... contre soi !

Dans certaines familles, il est mal vu de se confier : on ne doit pas *dire,* on ne doit ni se dévoiler, encore moins se montrer, on doit « tout garder pour soi. Ça ne regarde pas les autres ! » Une jeune femme raconte : « J'avais huit ans quand j'ai été violée, c'est ma mère qui a découvert le sang, mais le soir, à table, mon père et elles ont décidé de ne pas porter plainte pour ne pas faire d'histoire dans le village. "On va te soigner et on n'en parlera plus, comme ça tu seras plus tranquille." » Quelques années plus tard, ils engageaient celui qui m'avait violée comme ouvrier agricole... Aujourd'hui, je ne peux plus leur parler ! »

Pour certains, parler de son intimité tient de l'obscénité. Il semble que les femmes osent davantage s'exprimer, prennent le risque de dire et ainsi de se libérer du trop-plein de détresse ou de désarroi qui les habite. Elles n'hésitent pas à aller consulter un psychologue pour tenter de mieux entendre ce qui les perturbe. Les hommes paraissent avoir plus de réticences. Ils commencent cependant à découvrir que parler est possible et moins traumatisant que tout garder pour soi ! Que la fuite dans le *faire* qui les habite souvent ne leur permet pas toujours de rencontrer leur être profond.

Il est possible de parler sur plusieurs registres :

• Partager des idées, confronter des opinions... On le fait généralement entre compagnons de vie ou entre collègues, notamment quand il faut prendre des décisions.

• S'exprimer, se délivrer d'un trop-plein de préoccupations. On le fait avec beaucoup de naturel chez le coiffeur, à la cafétéria ou quand on rencontre une oreille disponible.

Cela suppose, chez celui qui écoute, une capacité à se taire et à se décentrer de lui pour se tourner vers l'autre et lui accorder toute son attention. C'est ce que Carl Rogers a nommé l'*écoute active* : « Oui, j'ai entendu que tu supportes mal que ta fille te réponde grossièrement, cela te blesse dans ton image de mère », ou « Je sens bien combien tu as été atteint par la réflexion de ta collègue, as-tu entendu ce que cela réveillait en toi ? ».

Mais il est aussi possible de parler pour mieux entendre ce que l'on veut se dire à soi-même. Car le plus difficile ce n'est pas de dire à autrui, mais à soi.

En matière de relation, il y a rarement de solution toute faite, même si celui qui vous parle semble attendre de vous une réponse claire et définitive. Il n'existe généralement qu'une évolution vers un devenir ouvert au surgissement de l'imprévisible et à toutes les naissances potentielles d'une existence en mutation permanente. Comme disait l'enfant que je citais au début de ce texte : « C'est bon de parler et de se sentir entendu... »

Il me semble que l'on se ment aujourd'hui à soi-même avec plus d'habileté qu'autrefois, ce qui rend le travail sur soi plus difficile.

Dynamiques psychologiques

La plupart de nos échanges s'organisent autour de cinq grandes dynamiques relationnelles que nous-même ou l'autre mettons en place. Elles sont pour la plupart tenaces, efficientes, et qu'elles soient hypertrophiées ou hypotrophiées (chez nous ou chez l'autre), elles sont quasi indestructibles !

La dynamique de l'éponge

La personne qui *fait l'éponge* absorbe tout, non seulement les malheurs, les catastrophes, les épidémies, les souffrances individuelles et collectives, mais aussi les petits et grands bonheurs et tous les plaisirs qui passent à sa portée, cela dans la plus grande des confusions : c'est pour elle ! Tout ce qui arrive de par le monde, proche ou lointain... c'est toujours pour elle ! Tout se passe comme si, dans une installation de plomberie, on mélangeait les conduites d'eau : l'eau potable avec l'eau de vidange, si bien qu'au robinet, plus rien n'est bon ! Pour une éponge, quelles que soient les expériences vécues, le monde est souvent grisâtre ou a irrémédiablement mauvais goût !

La dynamique du filtre

Celui qui la pratique retient surtout le mauvais et laisse passer le bon. Vivre avec un « filtre » est décourageant et éprouvant, mais surtout épuisant. Cela donne le sentiment d'être vraiment nul dans tous les domaines. Quoi que vous proposiez, offriez ou partagiez, le filtre ne retient que le négatif, ce qui ne va pas, car c'est sa spécialité : garder essentiellement tout ce qui ne passe pas au lieu de retenir ce qui passe bien. Fuyez avant que le désespoir ne vous dévitalise !

La dynamique de l'entonnoir

Simple comme un entonnoir, la personne ne garde rien. Incapable de retenir, elle laisse tout s'échapper : le bon et le pas bon, le possible et l'impossible. Elle traverse la vie en état de manque permanent, avec le sentiment de n'avoir rien reçu, totalement anesthésiée, les sens usés par tant de choses qui n'ont laissé aucune trace en elle. Elle n'a rien perçu, rien donné, gaspillant son existence sans même le savoir, éliminant aveuglément tous les cadeaux de la vie. L'entonnoir, ce n'est pas vous bien sûr… c'est l'autre !

La dynamique de la passoire

Celui qui connaît cette dynamique sait garder le bon et laisser passer le mauvais. Il trouve son compte à capter les miracles de la vie, les rires et les douceurs, le positif et les possibles de l'existence. Il ne s'encombre pas de déchets, laisse la pollution à l'extérieur de la relation. Il relativise, dédramatise et accepte beaucoup de la vie avec une grande ouverture. Il est bon de vivre avec une passoire qui ne retient que le meilleur de nous et des autres.

La dynamique de l'alambic

Elle est la plus rare et la plus recherchée. Celui qui la connaît sait transformer, recueillir le bon et le merveilleux dans tout ce qu'il rencontre. De tout ce qu'il vit, il retire l'essentiel. Il peut ainsi offrir le meilleur. Les alambics sont précieux, si vous en rencontrez un, gardez-le au plus près de vous…

Savez-vous avec quelle personne vous vivez ?
Savez-vous ce que vous lui proposez ?

L'orgasme au masculin

Déjà, prévenir le lecteur fidèle que réfléchir sur l'orgasme au masculin n'est pas à proprement parler une partie de plaisir ! Je sais d'avance que parler ou écrire sur un tel sujet comporte nombre de risques ! Mais je fais confiance à ceux qui me liront pour aller plus loin en eux-mêmes et entendre au-delà des mots ce qui n'est pas dit. Je suis en effet certain que beaucoup sauront se référer à leurs propres expériences pour affiner leurs interrogations et approfondir leurs découvertes, et pourquoi pas, changer de comportement à l'égard de leur partenaire.

Disons tout d'abord que nous connaissons mal, les uns et les autres, notre propre sexe. Notre savoir est restreint, ponctuel, extérieur, limité à quelques expériences habituelles et à quelques autres un peu plus imprévues. Cette méconnaissance ou cette fausse connaissance d'un organe auquel la plupart d'entre nous tenons beaucoup peut sembler ahurissante. Est-elle simplement due au fait que nos parents ne nous ont pas appris à accorder l'attention nécessaire à notre sexe, ou au fait que nous ne nous intéressons à lui que lorsque cela ne va pas, quand nous éprouvons un dysfonctionnement ou quand nous en souffrons ? « Maman, ça pique, j'ai mal — Ce n'est rien mon chéri, je vais chercher de la pommade », « Maman, c'est quoi faire l'amour ? — Tu verras plus tard, tu as bien le temps d'y penser ! », « Maman, c'est tout rouge — Ce n'est pas grave, pense à autre chose, ça ira mieux ! », « Maman, regarde, la serviette de toilette tient toute seule ! — Tu ferais mieux de sortir du bain et de te préparer pour le repas ! » J'écris « Maman », car dans ma génération, et je ne pense pas que ce soit très différent encore aujourd'hui, ce sont les mères qui prenaient soin de l'intimité de leurs enfants, et il paraissait difficile, sinon impossible, de parler de « ça » à papa.

Cela dit, il me semble qu'un grand silence existe autour du plaisir masculin. Silence chez les hommes mais aussi chez les femmes qui les fréquentent. Peu de témoignages, ou alors des lieux communs, des généralités, voire des plaisanteries parfois excessives et souvent douteuses. Le plaisir masculin est un thème à propos duquel circulent, me semble-t-il, nombre de mythes, de croyances erronées, d'affirmations fantasmatiques. Ce sujet qui fait l'objet de certitudes « en conserve », d'étalage de prouesses, de comparaisons, suscite en fait beaucoup de doutes, d'inquiétudes et d'incertitudes. C'est un sujet dont il faudrait parler avec humilité et tendresse, ainsi qu'avec une écoute prudente et sereine et en se méfiant surtout des certitudes.

Une de ces certitudes est qu'éjaculation signifie orgasme. Combien nombreux sont les hommes (et les femmes) qui établissent une équivalence entre éjaculation et orgasme. Pour certains l'éjaculation peut n'être que de l'ordre d'un apaisement, pour d'autres, elle peut correspondre à une décharge au sens fort du terme, une décharge d'excitation, un lâcher prise d'angoisse, certes avec la satisfaction qui s'y rattache, mais avec peu ou pas de plaisir ; quelque chose qui serait de l'ordre de l'explosion, alors que l'orgasme serait de l'ordre de l'implosion. Pour beaucoup, bien sûr, l'éjaculation est dans l'ordre du plaisir, mais un plaisir qui ne débouche pas nécessairement sur l'orgasme, un plaisir limité aux organes génitaux et non pas global, sensuel et total comme peut l'être un orgasme.

Les femmes ne s'y trompent pas, elles éprouvent un sentiment de malaise quand elles sentent leur partenaire tendu, impatient, pressé de les pénétrer et de se satisfaire sans plus : « Parfois je me sens souillée, je ne veux plus être le réceptacle de son angoisse... », « Je sens bien que chez lui, le plaisir est court, fugitif. Il ne reste pas dans son corps, il ne se répand pas en lui... »

La découverte de l'abandon et du plaisir peut se faire tardivement dans une vie d'homme.

Un ami me disait : « Tu te rends compte, je viens de réaliser, en ayant mon premier orgasme à 42 ans, que pendant vingt-quatre ans je n'ai fait l'amour qu'avec le bout de mon pénis ! » Un autre me confiait : « J'ai commencé à faire l'amour autour de mes 17 ans et jusqu'à l'âge de 27 ans j'étais persuadé que c'était bien. Je n'avais aucune inquiétude, aucun questionnement particulier. Et ce jour-là, avec ma femme, je ne sais ce qui s'est passé, dans mon dos, dans mon cou, j'avais des picotements partout, des vibrations, mon corps chantait, je devenais immense, je m'accrochais à elle en criant, je ne sais pourquoi : "ne me perds pas, ne me perds pas !" J'ai basculé dans une sorte de lumière, je respirais avec chacune de mes cellules, quelque chose d'inouï me traversait. Aujourd'hui encore je n'ai pas de mots pour l'exprimer... Depuis, je sais pour l'avoir vécu de nombreuses fois ce qu'est un orgasme, jusqu'alors j'étais dans une sorte de leurre, une satisfaction béate du devoir accompli ! Et je ne trouve personne avec qui parler de cette expérience : vivre un orgasme ! »

Une femme me précisait : « Avec mon ami, je sens bien dans mon corps quand il est dans l'abandon, dans le plaisir. Il vibre de partout. C'est comme le prolongement d'une longue note de musique qui chante dans tout son être. Mais je sens aussi quand il n'est que dans la décharge, comme s'il déversait toute son angoisse, et parfois même son agressivité, dans mon vagin. C'est terrible pour moi. À ce moment-là j'ai envie de le rejeter et je me rends compte que je lui en veux ! » Une autre femme dit plus violemment : « Je ne veux plus être une poubelle à sperme ! »

Une femme mariée depuis trente ans témoigne : « J'ai l'impression que pour lui c'est un challenge, il faut qu'il réussisse, qu'il y arrive. Parfois c'est pathétique, il ahane comme un possédé qui ne veut pas renoncer. Nous ne sommes, ni lui ni moi, dans le plaisir, mais dans l'accomplissement d'une tâche. Nous tentons de survivre à une épreuve que nous pensons devoir conduire jusqu'au bout. Je n'ai jamais osé lui parler de cela tant j'ai peur de le blesser, et pourtant... » Nous sentons dans ce « et pourtant » tout ce qu'il serait nécessaire que cet homme et cette femme se disent pour vivre dans le « être en amour » plutôt que dans le « faire l'amour ».

Au-delà de ces témoignages, il importe d'entendre que beaucoup de partenaires ont une grande méconnaissance de la nature même du plaisir, des possibles que peut offrir le partage, de la liberté ou de l'impossibilité de se dire et d'échanger des mots pendant la rencontre des corps.

En matière de plaisir, qu'il soit féminin ou masculin, il faudrait parler non pas d'orgasme mais des orgasmes. Nous le savons bien, aucun ne ressemble à un autre, aucun ne peut servir de référence ou de modèle ni se vivre dans la répétition ou l'uniformité par rapport à ceux qui l'ont précédé.

Je pense avec une certaine émotion à ma rencontre avec le petit livre de Jacques Biolley *Comme un ciel de Chagall* (Éditions Wallada) dont le sous-titre est *Chronique extraordinaire d'un pénis ordinaire*. Dans cet ouvrage, un pénis raconte sa vie de pénis, avec tendresse, liberté, humour et tellement de *vivance* que chacun se sent concerné. Ce livre, je dois le dire, a ouvert mon regard et mon écoute sur mon propre sexe et m'a réconcilié avec ma sexualité en me confirmant que je n'étais pas totalement dans l'erreur et que j'étais loin d'être un obsédé sexuel comme j'ai pu le craindre à un moment donné tant je me sentais mobilisé par tout ce qui touchait à la sexualité.

À l'orgasme masculin correspond un ensemble de sensations et de *ressentis,* de phénomènes physiques et de manifestations gestuelles et émotionnelles qui sont si personnels, si intimes qu'il est le plus souvent difficile de se les avouer... à soi-même. La forme littéraire, poétique ou romanesque, apparaît comme une heureuse façon d'en parler. Dans ce domaine, de nombreux poètes et écrivains se sont donné la liberté de se dire sous le couvert de métaphores, en utilisant des euphémismes qui sont d'un grand secours pour tenter de traduire ce qui paraît souvent tenir de l'indicible. Il suffit de relire Verlaine, Rimbaud ou Aragon et bien d'autres pour entendre un peu plus ce qui semble si difficile à reconnaître, parfois inavouable tant l'intensité du plaisir peut surprendre. Pour ne pas avouer comme Marcel Camus « le regret du désir perdu dans la jouissance » et faire perdurer le besoin « de garder en fleur le désir, pour rester dans l'enchantement du désir sans fin », ainsi que nous le dit le chanteur Julos Beaucarne en précisant avec l'humour tendre qui est le sien que « c'est toujours à la veille des vacances que les vacances sont les plus belles ».

Il faudrait aussi explorer tout ce qui se passe pendant les périodes pré-orgasmique et post-orgasmique ; pour en parler plus simplement, essayer d'entendre le cheminement du plaisir en soi durant les prémices de l'abandon et le retentissement chez l'autre de son désir et du nôtre ; pour suivre les mouvements, les gestes, les sensations, les images mentales, l'imaginaire qui s'enflamme ou se perd, les mots qui jaillissent, les ardeurs, et le temps qui semble se ralentir jusqu'à l'immobilité et qui soudain illumine tout l'espace de la rencontre.

Il faudrait aussi parler des cris, exprimés ou retenus, des prudences : « Pas si fort, tu vas réveiller les enfants ! », des interdits : « Chut ! Je ne veux pas que les voisins me considèrent comme un obsédé ou un violent qui brutalise sa femme la nuit venue ! » Je me souviens d'un de mes enfants disant au petit-déjeuner : « Alors vous vous êtes *royaumés* longtemps hier au soir, vous en avez fait du bruit ! » en plongeant aussitôt son nez dans son bol de chocolat !

Royaumé devint, dans notre famille, le terme consacré quand nous anticipions un plaisir important : « On va se royaumer ensemble ! »

Parler aussi de l'après, des vibrations qui se prolongent, de l'amplification ou de cette dilatation de soi si soudaine, si ample, si immense qu'elle nous emporte au plus loin de nous, au plus près de l'autre. Cette violence de l'implosion nous fait craindre pour notre survie alors que la vie n'a jamais paru si vivante que dans ces moments où la fête des corps explose. Faut-il penser, comme Julos Beaucarne l'écrit dans *Mon terroir c'est les galaxies !* : « À ce moment précis toute l'énergie de l'univers est perçue par deux êtres qui sont l'un et l'autre l'univers, l'énergie de l'univers en perpétuelle expansion, les habite entièrement. » ?

De mon propre vécu et des témoignages que j'ai pu entendre, je retiens surtout quatre mots qui reviennent et semblent « envelopper » l'expérience du plaisir chez l'homme : vibration, énergie, expansion et plénitude. À chacun d'écouter en lui les cheminements du plaisir dans ce domaine si secret et si important. Car l'absence d'un plaisir de cette nature est souffrance et synonyme de non-vie.

Aimanitude : **science non exacte,**
qui permet d'étudier chez chacun
la capacité approximative et aléatoire d'aimer
et d'être aimé.

Croyances et certitudes

Au cours d'une existence nous emmagasinons une quantité importante de croyances. Le plus souvent, elles tentent de se transformer en certitudes, quelquefois même en vérités ! Ces croyances-certitudes nous rassurent et nous aident à affronter l'imprévisible de la vie.

Au cours des phases d'évolution liées à des changements personnels, la remise en cause de certaines croyances qui se sont avérées bonnes et valables pour nous par le passé mais se révèlent caduques au présent ne se fait pas sans souffrance, insécurité et résistances.

Les croyances les plus tenaces naissent dans l'enfance. Elles sont des relais, des médiateurs propres à nous permettre d'affronter les incertitudes de la vie et nos propres doutes. Elles tentent de remplir une partie du vide créé par les incohérences, les contradictions ou ce que nous ressentons comme des mystères dans le monde qui nous entoure. Mais elles peuvent par la suite se révéler de véritables carcans qui bloquent la créativité et freinent les engagements. « Enfant, je croyais que l'école allait me confirmer que nous étions tous égaux, j'y ai découvert l'injustice et l'humiliation, peut-être est-ce pour cela que je suis devenu enseignant ! » me disait l'an passé l'instituteur de ce petit village de Provence. Nous construisons nos croyances à partir des croyances, des injonctions, voire des menaces qui émanent de notre entourage : « Pour se marier, on n'a pas besoin de faire des études prolongées ! », « Si tu n'en fais qu'à ta tête, jamais personne ne t'aimera ! » Elles peuvent consister en des formes d'auto-injonctions que nous nous adressons à nous-même pour apprivoiser une situation ou un événement, pour baliser une démarche ou nous en servir comme d'un garde-fou lorsque l'irrationnel fait irruption – même si la croyance s'appuie elle-même sur de l'irrationnel ou sur une survivance de la pensée magique : « Si je suis sage, ma sœur guérira ! », « Si je travaille bien en classe, mes parents ne se disputeront plus... », « Si j'ai deux fois 10 sur 10 en calcul, maman m'aimera mieux que mon frère qui est nul en maths ! ».

Avoir une meilleure conscience de nos croyances peut nous permettre de découvrir la somme d'énergie que nous déployons pour nous y conformer et la manière dont elles structurent nos réponses et nos conduites à l'égard d'autrui. Nombre de nos engagements à l'égard de l'autre ne se font pas en fonction de ce qu'il est, mais en fonction de ce que nous imaginons devoir faire du fait de nos croyances.

Une mise à jour de nos croyances pour les rendre plus congruentes avec nos sentiments et nos expériences actuelles leur donnera un ancrage plus solide et nous permettra d'être davantage en adéquation avec les personnes et les situations.

Ce que nous appelons « évolution » ou « changement » résulte le plus souvent d'une transformation de nos croyances que nous acceptons de repenser et de modifier afin qu'elles soient plus adaptées à ce que nous sommes devenu.

**Il n'existe qu'une seule certitude,
celle qu'un jour nous mourrons,
le reste n'est que croyance provisoire.**

Rien ne vaut une bonne croyance !

Sur de nombreux sujets et sur certains aspects de la vie tels que la mort, l'éducation des enfants, la fidélité et bien d'autres encore, nous avons des croyances, c'est-à-dire des certitudes, qui relèvent pour nous de l'évidence.

En matière de croyance, nous n'avons besoin ni de preuves, ni de justifications ou d'argumentations : nous sommes sûrs de nous, mus par l'évidence : « C'est comme ça », « Ça tombe sous le sens », « Il est impossible que ce soit autrement ».

Nous entretenons ainsi diverses certitudes : « Quand on aime vraiment, c'est pour toujours », « Les enfants doivent respecter leurs parents et surtout leur obéir ! », « C'est Dieu qui m'avait donné cet enfant, c'est Dieu qui me l'a repris ». Ces croyances sont semblables à des garde-fous, elles font parfois office de balises, et à ce titre elles nous sont indispensables pour jalonner notre parcours de vie. Elles nous permettent, aussi, et surtout, de faire face à l'imprévisible, à l'incohérence ou à l'angoisse que déclenchent en nous certaines situations dont la complexité nous échappe. Rien ne vaut une bonne croyance pour éviter de se poser des questions !

Cela veut dire aussi que certaines croyances peuvent altérer le jugement au point que nous pouvons vouloir les généraliser et les imposer parfois avec beaucoup de violence à ceux qui ne les partagent pas. De nombreuses guerres, parmi les plus récentes, ont été déclenchées par les croyances de quelques hommes d'État qui les habillaient d'une idéologie pragmatique leur servant de masque et leur permettant de justifier tous les excès.

Une croyance intime est souvent nourrie par notre propre aveuglement, notre surdité. Un ami me disait : « J'étais sûr que ma femme était la plus fidèle et la plus aimante des femmes, jusqu'au jour où j'ai découvert qu'elle avait une relation tierce avec un autre homme, et cela depuis cinq ans. Ce jour-là, j'ai perdu une double croyance : d'une part, que ma femme m'aimait, et d'autre part que c'était pour toujours ! »

Le propre d'une croyance est qu'elle est irrationnelle. La contester ou chercher à la modifier de l'extérieur ne fait le plus souvent que la consolider. Seul celui qui entretient une croyance comme étant vraie pour lui peut y renoncer ou en changer. Nous pouvons tout au plus respecter la croyance de l'autre, voire la lui refléter comme étant sienne : « Oui maman, j'entends bien que tu crois que lorsqu'on a trois enfants et une femme attentionnée, on ne doit pas divorcer », ou « Oui papa, je connais ton opinion sur la valeur des mathématiques qui sont selon toi la voie royale pour accéder à Polytechnique, mais je suis attiré par les lettres et les langues anciennes... ». Reconnaître ainsi la croyance de l'autre comme étant sienne ne nous fera pas pour autant renoncer à la nôtre !

Celui qui croit que des mots peuvent tuer
confond le discours et le message.
Le discours est ce qui est dit,
le message ce qui est entendu.

Dé-croire…

L'essentiel de nos conduites et comportements repose sur des croyances plus ou moins élaborées, pour la plupart anciennes, qui se sont inscrites en nous très tôt dans notre histoire. Au fil de la vie, ces croyances sont confortées ou ébranlées par toutes sortes de confirmations ou de mises en cause : « J'ai cru longtemps que mes parents s'aimaient malgré les disputes fréquentes qui agitaient leur vie et la nôtre… » Il en va ainsi des signes et des messages que nous captons et qui alimenteront ou démystifieront nos croyances.

Nous ne sommes pas tout à fait libres face à des choix ou à des renonciations qui impliqueraient une modification, une remise en cause de nos croyances. Notre façon d'être au monde est conditionnée par les dynamiques suivantes :

• Je prends, je retiens ce qui me paraît de nature à alimenter mes croyances. Et quand le mouvement s'inverse, je prends, je retiens tout ce qui me permet de les remettre en cause ! Je peux ainsi rejeter une croyance et même l'oublier quand je l'ai remplacée par une autre.

• J'adhère à ce qui me vient de l'autre ou je le rejette, non en fonction de la valeur ou de la pertinence de son propos mais en fonction de mes croyances qui, avec le temps, sont devenues des certitudes.

Une croyance, même erronée, peut se révéler précieuse. Elle peut en effet nourrir une fixation inconsciente et conforter ma position, me sécuriser – tant que je la garde !

Qui plus est, autour d'une croyance, se développe une façon d'être, se modèle un type de regard, se construit une forme d'écoute, se solidifie une position de vie. Même lorsque nous découvrons que nous avons été leurrés par certaines croyances, nous réalisons que leur impact a rempli une fonction importante dans notre maturation et dans notre évolution.

La démystification d'une croyance peut se révéler un aiguillon stimulant pour accéder à un champ de conscience plus adapté au réel : « Je croyais que, vu l'état de ma hanche, une prothèse se révélerait inutile et sans intérêt. Quarante ans plus tard, je découvre les bienfaits et l'incomparable confort de marcher avec une prothèse. »

Mais la perte d'une croyance peut aussi ouvrir une blessure qui restera douloureuse à jamais.

Les réajustements que nous ferons n'excluront ni la nostalgie vis-à-vis de nos croyances passées, ni les doutes et les conflits quand il s'agira d'adopter de nouvelles... croyances. Retrouver le souvenir d'une croyance, s'y replonger un moment, s'y perdre encore, l'évoquer sans s'engloutir dedans pour en ressortir plus vivant, plus enjoué, libéré et ouvert à la découverte d'un nouveau savoir, est un des chemins possibles permettant de faire le deuil d'idées caduques.

La croyance nouvelle, qui se substitue à l'ancienne, n'est pas toujours bien établie ni suffisamment intégrée pour nous rassurer totalement. Nous nous sentons alors fragilisés, en équilibre entre deux mondes incertains...

Le savoir nouveau qui prend appui sur une croyance récente, pas très bien enracinée, peut alors s'exprimer avec quelques excès : « La première fois que j'ai lu un livre de ce sage indien, la plupart de mes croyances ont basculé. J'ai tout lâché : ma famille, mon travail, mon pays pour aller vivre quatre ans dans un ashram. Puis j'ai découvert les rivalités, les luttes de pouvoir, les enjeux financiers qui divisaient les disciples. Aujourd'hui je repars déstabilisé, sans aucun repère pour tenter de recommencer ma vie », m'a dit dans l'avion qui le ramenait de Bombay un homme fatigué et amer de s'être perdu dans une voie qui s'est révélée une erreur dans sa vie.

Un travail personnel peut être nécessaire pour démystifier certaines croyances erronées et induire l'évolution nécessaire du *dé-croire* au croître. Grandir de l'intérieur suppose, d'une certaine façon, pouvoir remettre en cause des croyances qui ne correspondent plus à celui, à celle, que nous sommes devenu. Le changement de croyances peut s'accompagner d'un déplacement du désir et donner un goût amer au présent.

Parfois, même quand l'avenir est incertain et peu assuré, nous avons besoin de croire à nouveau !

Pour que nos croyances ne deviennent pas des certitudes déguisées, une part d'irrationnel doit subsister en nous, qui permettra à notre imaginaire et à notre activité symbolique de s'épanouir. C'est à cette source intime que viendront s'abreuver notre créativité et notre capacité de *dé-croire* quand il le faut...

Quand tu échanges un œuf contre un œuf,
tu as toujours un œuf.
Quand tu échanges une idée
contre une autre idée, tu as deux idées.
Quand tu échanges de l'énergie avec une autre
énergie, tu crées de l'amour...

Zones d'intolérance

Notre sensibilité, notre psychisme, nos capacités d'adaptation ne se présentent pas de façon uniforme et cohérente. Nous avons des zones de vulnérabilité, de fragilité et de tolérance très différentes et variables, qui sont fonction de l'histoire de chacun et de son évolution. Ceci explique, par exemple, qu'un même événement comme la perte d'un parent, un divorce ou un déménagement ne retentisse pas de la même façon en chacun d'entre nous. L'un abordera la situation comme une péripétie banale de l'existence ou comme un incident sans trop d'importance. Un autre la vivra comme un conflit majeur qui perturbera toute sa sphère émotive, affective et relationnelle.

Le retentissement d'un événement dépend de l'impact qu'il a sur notre histoire intime. Cet impact varie lui-même en fonction des situations inachevées du passé et des blessures inscrites dans l'enfance. Une phrase légère, lancée avec humour au cours d'un repas entre amis, telle que « Attention, il ne faut pas dire du mal de sa fille devant elle, sinon elle sort ses griffes », peut déclencher une réaction disproportionnée, surtout si elle réactive toutes les disqualifications que cette femme, la mère, a subies durant son enfance. Nos zones d'intolérance sont en relation directe soit avec des croyances profondément enracinées, soit avec des épisodes violents et blessants de notre histoire personnelle auxquels nos croyances sont d'ailleurs liées.

Une réflexion banale de ma partenaire sur le fait que j'ai « encore oublié de fermer la porte du garage » peut me renvoyer à une image négative de moi, qui est née dans ma petite enfance et s'est ensuite structurée pour me donner une perception dévalorisée de ma personne. Le commentaire négatif d'un père, souvent fait en public, « De toute façon, il ne fait jamais les choses correctement, ce n'est pas comme son frère, lui au moins on n'a pas besoin de repasser derrière lui ! » a inscrit chez cet homme une zone de vulnérabilité si sensible qu'elle peut se réveiller dans les moments les plus inattendus.

Le réveil de ces zones d'intolérance nous surprend quelquefois. Quand, par exemple, nous pensions avoir pris du recul ou être parvenu à une forme d'acceptation et de tolérance vis-à-vis de telle ou telle question et que nous nous voyons réagir à la vitesse de l'éclair. C'est en général parce que cette question touche l'une des cinq grandes blessures de l'enfance : l'humiliation, l'injustice, la trahison, l'impuissance et l'absence d'amour.

Certaines zones sensibles et meurtries de nous-même peuvent être le produit d'événements récents ou de manifestations négatives, voire violentes, qui nous ont déstabilisé ou fait perdre notre confiance en nous momentanément ; en particulier quand cela se produit dans le cadre des relations les plus significatives de notre vie : familiale, amoureuse ou professionnelle.

Peut-être devrons-nous prendre position devant la personne qui, involontairement, aura réactivé en nous ces zones de souffrance, lui dire, en prenant sur nous et sans la mettre en cause, que sa parole, son comportement ou son geste a fait resurgir une douleur ancienne liée à une situation non résolue, qui remonte à la surface, lui parler de nous non pour la culpabiliser, mais pour être entendu au lieu précis où se joue notre malaise.

**L'important n'est pas dans la vérité
ou la beauté de la réponse,
mais dans le chemin que la réponse
fait en l'autre.**

« Ma voiture ! »

Ils ne le disent pas toujours, mais témoignent en permanence par mille attentions de leur amour pour leur voiture, de la place importante qu'elle tient dans leur vie ! Pour l'homme d'aujourd'hui surtout (c'est moins fort chez la femme), la voiture est une sorte de double : « Toucher à ma voiture, c'est m'atteindre directement. Elle me représente, elle fait partie de moi, je la sens presque dans mon corps et tout ce qui lui arrive m'arrive. »

Une sorte d'impérialisme de l'automobile prend ainsi le pas sur d'autres valeurs, aliénant tout autre engagement. En témoignent les soins et la vigilance dont la voiture est l'objet, qui semblent parfois pour le moins excessifs ! Il suffit de voir et d'entendre avec quelle hargne, quel mépris de la personne deux automobilistes peuvent s'interpeller, s'agresser, se reprocher d'avoir fait une manœuvre risquée qui aurait pu, qui « aurait seulement pu » porter préjudice à une aile, à un garde-boue, à un pare-chocs !

Pour d'autres, la voiture est une espèce de résidence secondaire. À la fois dépotoir affectif, lieu de refuge, accessoirement lieu de déplacement, elle garde la trace des multiples centres d'intérêts de son occupant principal, autant que de ses odeurs : « Quand je suis entré la première fois dans sa voiture, l'odeur de son chien était si intense, si tenace, que j'ai bien perçu que je n'avais que la seconde place dans sa vie ! » me disait avec philosophie et bon sens un ami.

La voiture peut aussi être une amie, une compagne fidèle, précieuse. Combien d'entre nous, après un conflit conjugal, une irritation familiale ou professionnelle, prennent leur voiture et *foncent* durant quelques heures pour oublier leur colère, tenter de se calmer et de retrouver la sérénité. Au point qu'aujourd'hui, circuler et revenir chez soi entier semble participer d'une succession infinie de petits miracles !

Quand on pense à l'état émotionnel de certains et à ce qui s'agite dans leur tête, quand on songe à ceux qui ruminent de sombres pensées, qui gesticulent ou sont emportés dans des rêves lointains, on peut vraiment se dire que les automatismes acquis, puissamment intériorisés, fonctionnent parfaitement bien... à de rares exceptions près ! Ou encore que la voiture, vigilante, bienveillante, se prend en mains toute seule et assure sa propre sauvegarde ! Heureusement, il en est ainsi pour beaucoup, dont moi-même, sans quoi je ne serais pas là pour vous le dire !

Aujourd'hui, les points forts de l'espérance consistent à imaginer que la détresse, la violence et la souffrance qui traversent le monde ne sont que des moments de transition.

« Exploser ! »

Il nous arrive parfois d'exploser, de perdre le contrôle, de « péter les plombs » comme le dit l'expression populaire. L'élément déclencheur est souvent un fait ou un incident bénin : un retard de cinq minutes à un rendez-vous amoureux, une remarque aigre-douce du mari ou de l'épouse, un verre renversé à table par l'enfant. Et soudain, sans avertissement, une explosion disproportionnée, violente, parfois angoissante, va sidérer l'entourage, le plonger dans un état de choc et l'entraîner à des réactions de protection qui ne sont pas toujours adaptées.

Un ami m'a raconté : « Je venais de rentrer du travail, les enfants étaient déjà à table, j'embrasse chacun, et ma femme en dernier qui détourne la tête. Je me lave les mains au robinet de la cuisine pour rester avec eux et tenter de rattraper un peu mon retard, quand elle lève la soupière très haut, la lâche : celle-ci explose dans un bruit de tonnerre ! Ma femme, comme stimulée par le bruit, balaie d'un revers de main tout ce qui est sur la table. Je fais sortir les enfants de la cuisine, je m'approche d'elle, je reçois des coups de casserole. Ce n'est que lorsque tout est cassé dans la cuisine qu'elle s'assied et se met à pleurer. Ce fut le début d'un cataclysme conjugal et familial qui dura plus d'un an. À partir de là, tout devint un problème… »

Exploser de cette manière est généralement un signal, un appel, l'expression d'un trop-plein de frustrations, d'un ras-le-bol d'insatisfactions, d'incompréhensions et de malentendus accumulés. Quelqu'un me racontait comment il avait explosé dans le bureau de son chef de service : « Je me suis levé, je me suis mis à danser autour de son bureau une sorte de danse du scalp, avec des cris et un langage fait de borborygmes et de hurlements. Mon patron était affolé. À la fin, malgré mon retour au calme, il a appelé le SAMU. Il pensait que j'étais devenu fou ! Tout cela m'a fait beaucoup de bien ! Comme si je lâchais quelque chose d'étranger à moi-même qui m'habitait depuis trop longtemps. »

Le mot « exploser » recouvre un ensemble de comportements susceptibles de fonctionner comme une soupape de sécurité quand la tension est trop grande au sein d'une relation proche ou significative. Cela peut suffire à décongestionner une situation douloureuse.

Parfois, au contraire, l'explosion est une porte ouverte à des excès plus graves : « Quand elle m'a dit qu'elle voulait divorcer, j'ai ouvert son sac à main, j'ai pris ses papiers, ses clés de voiture, celles de l'appartement, et je suis parti en l'enfermant. Nous étions au 6e étage. J'ai pris ma voiture, j'ai roulé à 180 km/h et je me suis réveillé à l'hôpital avec le bassin fracassé. Entre-temps elle avait appelé les pompiers pour aller dormir chez sa mère ! Avec le recul, je crois qu'avec mon accident, j'ai voulu l'immobiliser, elle, l'empêcher de partir en me paralysant. »

Exploser dans un embouteillage, dans les gradins d'un stade, dans un magasin risque d'être un exutoire qui n'est pas toujours salvateur, mais annonciateur d'enjeux qui seront à clarifier par la suite.

Entendue comme un avertissement par les protagonistes d'une relation, l'« explosion » de l'un d'eux peut marquer le commencement d'un réaménagement, d'une remise en cause, d'un changement du système relationnel... défaillant !

La pire ou la plus terrible des colères est la colère sincère qui se nourrit de ses propres certitudes.

La solitude à temps plein

Être seul ou seule ne veut pas dire être solitaire. De nombreuses solitudes sont habitées par des relations amicales, des activités, des centres d'intérêts divers. Il existe des solitudes ouvertes sur le miracle des rencontres imprévisibles et d'autres plus fermées, plus défensives.

On ne vit jamais totalement seul quand on est un bon compagnon pour soi. De fait, la pire des solitudes n'est pas d'être seul mais de s'ennuyer en sa propre compagnie. Bien sûr, après une rupture, un deuil ou une séparation brutale, se retrouver seul, avoir perdu ses repères habituels, tout cela peut bousculer, voire blesser, et déstabiliser l'existence. Mais ce qui empoisonne le plus la solitude de tout un chacun, et empêche d'être heureux en sa propre compagnie, ce sont l'attente vaine des attentions de l'autre et le ressentiment ou l'accumulation de la rancœur.

L'attente jamais comblée du « grand amour », de « l'homme (ou de la femme) de sa vie », de « l'âme sœur qui saurait nous aimer, nous comprendre, nous protéger ». L'anticipation idéalisée du futur, d'une rencontre miraculeuse, d'un couple merveilleux, le rêve sans cesse remâché d'une vie à deux, forment le cœur de l'attente et font obstacle au présent : ils le dévitalisent de ses possibles. Dans ces circonstances, le présent ne peut être vécu comme bon parce qu'il est construit sur un manque. L'espérance d'un signe de l'autre, sans cesse déçue, ouvre une béance que rien ne semblera pouvoir combler ou cicatriser.

Un autre obstacle à la solitude heureuse est le ressentiment. Nous sommes alors habité par la rancœur, et de multiples reproches et accusations nous animent contre celui ou celle qui nous a quitté, qui n'a pas voulu vivre avec nous, qui nous a trahi... Celui qui entretient ainsi le poison du ressentiment ne peut vivre les cadeaux du présent, ne peut inscrire demain comme une offrande et se violente en permanence à l'aide de ses propres pensées négatives.

Au contraire, il est possible de vivre seul et de se sentir partie prenante de la vie sociale et publique. Nous pouvons être solitaire et cependant... solidaire. Solidaire de ce qui se passe dans le monde et engagé dans différentes actions pour soulager la misère, lutter contre l'injustice, militer pour un monde plus harmonieux. Utiliser sa solitude pour mieux entrer, sans entrave, dans le vaste mouvement de la vie... voilà une belle option alternative au plaisir d'être seul.

Quand le ressentiment surgit après une rupture, il envahit tout l'espace intime. Il naît souvent de la privation de rêver imposée involontairement par celui qui a décidé de partir à celui qui aurait voulu donner suite à la relation !

Le jour où j'ai commencé à exister

Je m'en souviens parfaitement : j'avais un peu plus de 35 ans et je balbutiais mes premières tentatives d'affirmation en osant dire non. Ce n'était pas un non d'opposition, de refus ou de rejet, mais un non de début d'affirmation, ouvrant à un échange plus différencié et à la confrontation. Comme si je disais, sans le savoir encore : « En te disant non, c'est à moi que je dis oui ! »

Pour la première fois me semblait-il, je me définissais, je sortais du désir de l'autre. Je me différenciais, je prenais le risque de déplaire à ma compagne, j'osais énoncer mon désir. J'osais prendre le risque de la décevoir, de me faire rejeter ou de ne plus être aimé par elle pour peu qu'elle ait eu le sentiment que je disais non... contre elle !

Épreuve redoutable dont je n'avais jusqu'alors pas mesuré le danger, tant je craignais de perdre l'amour ou les marques d'intérêt dont j'avais tellement besoin pour survivre. Jusque-là, je survivais en veillant à ne pas heurter, irriter ou blesser l'autre par un refus qui aurait pourtant exprimé ce que je ressentais vraiment. En acceptant ce qui m'était proposé, je n'étais pas fidèle à moi-même. Depuis lors, j'ai appris que la vie est construite comme une succession de naissances autour de rencontres et de séparations liées à l'affirmation positive de soi.

Pour ma part, je m'étais construit dans le doute, le manque de confiance, une attitude de dépréciation personnelle, et j'avais recherché de façon quasi obsessionnelle pendant toute ma jeunesse l'approbation et l'acceptation des autres, animé par un besoin de reconnaissance immense, jamais assouvi. Je proposais ainsi, sans en être conscient, des relations incertaines, incomplètes, en fait peu satisfaisantes pour l'autre. Ma propre soumission ou passivité était chargée de regrets, de frustrations et de révoltes cachées que je n'avais jamais exprimées.

Comme je ne savais ni demander ni refuser, je m'investissais à corps perdu et à pensées égarées dans le donner et le recevoir. Ce faisant, je surchargeais l'autre de mes offrandes, de ma pseudo-générosité, je le saturais de ma présence. Je me transformais aussi en réceptacle passif, propre à accueillir tout ce qui me venait d'autrui sans vigilance ni sens critique – j'étais toujours présent, toujours à l'écoute, mais complètement à côté de moi-même, vivant tel un zombie, par personne interposée.

J'ai bien changé depuis ce jour mémorable où j'ai osé dire un non qui me libérait d'une mission obligée, et qui me permettait de commencer à exister. J'ai tellement changé, qu'il m'arrive... de ne plus me reconnaître !

Ainsi ai-je pu lui dire un jour :
« Je ne te demande pas de m'aimer,
mais seulement de t'aimer. »

Se sentir partie prenante de l'existence

Quand l'avenir n'offre plus l'espoir de rêver, alors la désespérance s'installe et l'auto-violence apparaît. L'auto-violence est la démarche qui consiste, consciemment ou inconsciemment, à maltraiter ses sens, à violenter ses ressources, à raviver ses blessures, à détruire son corps.

Peut-être faut-il le rappeler : c'est avec notre corps que nous passons l'essentiel de notre vie. C'est avec lui que nous irons jusqu'au bout de notre existence. C'est donc avec lui aussi que nous avons à établir une relation suffisamment stimulante, bienveillante et respectueuse pour qu'il se sente bien en notre compagnie !

L'auto-violence est très répandue dans notre société qui valorise pourtant le corps et tente de retarder les effets du vieillissement en proposant des molécules et des pilules de mieux-être. Mais le malaise est grand, au-delà des incidents et des péripéties qui surgissent dans la vie de chacun. De plus en plus d'hommes et de femmes connaissent l'usure, le découragement voire la dépression, et démissionnent. Leur *mal-être* ou leur mal de vivre se traduit à l'occasion par la fuite dans l'alcool ou la drogue. Ils combattent tout cela avec plus ou moins de succès, par des anxiolytiques, des antidépresseurs, des cures, mais il faudrait plus : il faudrait qu'ils redonnent du sens à leur vie.

Dans le métro de Tokyo des miroirs sont disposés sur les parois extérieures des wagons afin de décourager les candidats au suicide. Ceux-ci, en voyant leur visage, le reflet de leur corps, hésiteraient à mettre leur intention à exécution. Ainsi le seul fait de se voir, de se rencontrer, donnerait à réfléchir...

Donner du sens à notre vie ne consiste pas seulement à nous interroger sur la finalité de notre passage sur terre, mais suppose avant tout que l'un de nos besoins vitaux soit rempli : nous devons sentir que nous avons une valeur, une place reconnue par les autres, une signification positive et structurante pour les personnes qui nous entourent. Au-delà de la confiance, du respect, de la bienveillance que nous pouvons éprouver, nous devons sentir que nous appartenons à un ensemble, que nous sommes partie prenante d'un tout, que nous comptons pour les autres. Or ce sentiment est fragile, et dans le monde d'aujourd'hui, il est sans cesse menacé. Nous sommes, fondamentalement, des êtres de relation pris dans un réseau de liens par lesquels se transmettent des attentes et des réponses, de l'accueil et des offrandes, de l'acceptation et des refus, des stimulations et des inhibitions.

Je crois profondément qu'un des sens profonds de notre existence lors de notre passage sur la terre consiste à agrandir et à transmettre la parcelle de vie et d'amour que nous avons reçue en dépôt lors de notre conception.

Toute réconciliation avec autrui
est d'abord une réconciliation
avec le meilleur de soi-même.

Du passé au présent

Même si notre passé a été difficile ou douloureux, il nous appartient de le respecter comme étant bien le nôtre, en reconnaissant que s'il nous est impossible de le modifier, nous pouvons changer la relation que nous avons avec lui et dynamiser autrement notre ancrage dans le présent.

Ma mère...

Je viens d'une époque où la vie était plus ample, où le temps marchait à pas lents pour parcourir avec patience l'espace d'une existence, où l'on s'arrêtait pour se saluer, se rencontrer, échanger et rire.

Je viens d'un temps où la culture populaire n'était séparée ni de la culture livresque ni de la culture savante. La culture se transmettait au quotidien, dans les gestes de chaque jour, durant les moments d'échanges, les loisirs ou les fêtes familiales.

Ma mère, de qui je tiens le goût de cette vie, avait quitté l'école à 9 ans et savait à peine lire. Mais elle récitait des passages entiers de Victor Hugo et de Jean de La Fontaine en scandant chaque vers avec une force qui nous saisissait et nous laissait, mon frère et moi, ahuris et rêveurs. Elle puisait comme dans un panier, à la demande, des strophes de Leconte de Lisle, de José Maria de Heredia, d'Alfred de Vigny, ou de Gérard de Nerval, des auteurs un peu oubliés qui lui permettaient d'entretenir quelques rêves au sein d'une vie de travail et d'usure.

Elle se souvenait des leçons de choses du cours moyen comme de leçons de vie : la métamorphose de la chenille, les mutations du hanneton, la croissance du haricot vert représentaient pour elle l'équivalent d'une aventure merveilleuse, d'un voyage étonnant au pays de la connaissance.

Elle ne m'a pas seulement transmis la vie et plus tard quelques recommandations et interdits pour conduire avec dignité mon existence, elle a aussi tenté de m'ouvrir au monde des petites choses, de m'en faire découvrir les couleurs, les goûts et les coins secrets : « Regarde, me disait-elle, la couleur de ce petit pois, là, sous les feuilles, regarde comme il est accueilli par la vie ! » ou « As-tu remarqué comment les draps de lit gardent le bleu du ciel quand ils sont secs. C'est pour cela qu'il faut les étendre à l'ombre... ».

Elle savait une foultitude de choses, de petits détails propres à révéler, bien au-delà des apparences, la profondeur, le sens puissant, la force de vie du moindre événement ou du phénomène le plus anodin : « Quand quelqu'un veut dire quelque chose et qu'il n'ose le faire, je le perçois tout de suite. Il a le regard par en bas et un de ses poings est serré dans l'attente d'une vraie écoute... »

Elle avait arraché sans douleur les dents de lait de tous les enfants du voisinage. Avec un fil rouge, très important le fil rouge !, elle attachait la dent à la poignée d'une porte, l'enfant devait crier « Ah ! », la porte claquait, la dent pendait au bout du fil sous les regards ahuris des spectateurs.

Elle connaissait toutes sortes d'astuces pour simplifier les actes ordinaires de la vie, et surtout pour faire seule, toute seule : « Comme les hommes ne sont jamais là quand on a besoin d'eux, il faut apprendre à faire par soi-même, à se débrouiller tout seul, tu comprends. »

Elle avait surtout le geste juste, la connaissance exacte de ce qu'il fallait faire au moment où il fallait le faire. Comment mettre une demi-coquille d'eau dans l'omelette pour que celle-ci reste baveuse et douce, ou une noix de beurre dans la confiture sur le point de déborder afin d'en apaiser le bouillonnement ; comment appliquer un cataplasme à la feuille de chou pour soigner orgelet, panaris, furoncle et même lumbago...

Elle pouvait déplacer n'importe quel meuble. Avec une bûche, elle faisait levier, mettait des peaux de bananes dessous et faisait glisser le tout... Le plus difficile était de trouver non les bananes, car nous n'avions pas les moyens d'en acheter, mais les peaux, qu'elle demandait aux voisins de lui réserver ! Elle nous faisait fumer des tiges d'ail séchées comme vermifuge, protégeait les rosiers des pucerons en plantant de l'ail à leurs pieds ! Et quand elle repiquait des plants de poireaux, elle savait qu'il fallait saupoudrer de poivre le sillon pour éviter le ver des poireaux. Elle nettoyait le grand chaudron de cuivre pour les grandes cuissons de confits en... urinant dedans. Opération discrète, chaque fois plus mystérieuse. Le vert-de-gris disparaissait et le chaudron pouvait servir sans risquer de nous empoisonner... « Certains ne savent pas que l'urine saine est bonne à beaucoup de choses ! »

Elle garda longtemps un visage sans rides, lisse et doux comme celui d'une jeune fille, en se plaquant des morceaux de peau de pêche sur le front, le menton, les joues et le cou, le dimanche après-midi... Elle m'a souvent raconté cette petite histoire qu'elle certifiait « toute vraie » avec le même ton qu'elle avait quand elle disait « Tiens, mange, mange cette pomme, elle est toute fraîche » : « Il y avait dans mon village six copains, qui étaient les hommes les plus forts de la région. Ils bûcheronnaient l'hiver, moissonnaient l'été, défrichaient au printemps et partaient à la ville pour bambocher à l'automne. Un jour, un chariot chargé de grain s'embourba dans un gué. Ils étaient tous là à essayer de le soulever, chacun avec ses mains, ses épaules, ses cuisses tentant de dégager la masse énorme qui menaçait de chavirer. Puis, l'un d'eux monta sur le dessus des sacs et commença à chanter un de ces chants de peine qu'on nous apprenait pour chasser la tristesse et maintenir l'espoir vivant. Et les cinq autres, en quelques instants, réussirent à déplacer le chariot et à le sortir du gué. Celui qui avait chanté embrassa le nez du cheval qui tremblait encore sur ses pattes. »

Je viens d'une époque où la parole donnée valait autant qu'un acte notarié. Deux fois par an, devant la maison de mes parents, je voyais les maquignons, immenses dans leurs grandes blouses noires, tenir boutique de chevaux en plein air, au vent d'autan, dans les allées Charles de Fitte de mon enfance, vécue à Toulouse, frapper de leur main droite la main de l'acheteur : l'accord était scellé, définitif et immuable. Même si l'argent n'était pas échangé au grand jour mais dans la pénombre d'une arrière-salle du bistrot de la place du Fer à Cheval, le prix était fixé et la confiance inébranlable.

Je viens du pays de mon enfance, du seul pays dont je connaisse l'odeur, le rythme des saisons et les couleurs qui sont encore mêlés à tant de souvenirs si vivants. Je fus longtemps jaloux de mon meilleur copain qui appelait ma mère « Mamiedou ». Cette jalousie cessa quelque 50 ans plus tard quand il me raconta l'histoire suivante : « Je ne te l'ai jamais dit le jour où j'ai donné mon cœur à Mamiedou, ma seule maman-cadeau. Tu n'étais pas là, je venais chez toi comme chaque fois que j'étais en tristesse. Un petit enfant a trébuché, est tombé sur le bord du trottoir. Il pleurait, braillait "Bobo, bobo, aïe ! Maman, maman !" Et sa mère de dire "Espèce d'idiot ! Debout, ce n'est rien, arrête ta comédie..." Et le gamin hurlait de plus belle, se roulait à terre, refusant de se lever. Ce qui irritait encore plus sa mère. Alors j'ai vu Mamiedou, qui épluchait des haricots devant sa porte, vider son grand tablier, se lever, essuyer ses mains sur ses hanches et j'ai entendu ce qu'elle murmurait : "Oh ! Le pauvre petit. Viens, viens vite mon poussin que je te ramasse !" Le miracle fut instantané. Le pauvre petit, plein de morve, de tremblements, de larmes et de poussière, s'alla jeter dans le giron de Mamiedou qui le câlina, souffla sur ses bobos, pompa de l'eau fraîche à la fontaine toute proche, le lava, le moucha, et finit de l'essuyer en l'embrassant doucement, tout en continuant de psalmodier "Mon pauvre petit, qui avait très mal, mon pauvre petit !" Moi, j'avais 6 ans. Beaucoup de mes bobos guérirent ainsi d'un seul coup ; et bien d'autres par la suite tant je fréquentai ta mère ! » Il était le seul à avoir le droit d'appeler ma mère Mamiedou...

Je viens d'un temps où l'on savait soigner les grands et les petits bobos avec des baisers et beaucoup de tendresse.

Le pays de notre enfance...

Je viens du pays de mon enfance. Je viens surtout des pays de mes enfances multiples, sombres et colorées, joyeuses et tristes, innocentes et compliquées, tumultueuses et apaisées, mais qui ont des traits communs : l'émerveillement, l'enthousiasme, la nostalgie, l'impatience et l'infatigabilité.

Enfant, j'avais le sentiment de vivre des journées interminables au fil desquelles l'imprévisible suscitait mes étonnements, déjouait mes prévisions, tandis que je tentais de contourner les contraintes et de repousser les limites que m'imposaient des adultes aveugles. La plupart du temps ces derniers surgissaient maladroitement dans les instants cruciaux de ma vie, envahissaient et piétinaient avec la plus parfaite inconscience les moments forts de mon existence déjà très complexe.

Je viens de ces pays où le torrent de mes révoltes agitait tous les matins et les soirs. Ces pays dont j'ai gardé des traces fécondes, celles d'odeurs incomparables, d'élans et d'emportements, de sensations fortes, d'images vivaces et d'autres plus alanguies. Je reste habité par nombre de moments uniques qui sont autant de cris silencieux répondant aux violences données et reçues, aux colères rentrées, aux injustices subies, aux trahisons...

De ces enfances, j'ai aussi retenu une lumière, celle de la pénombre claire et apaisée d'un début d'après-midi dans une chambre aux volets clos où j'ai découvert la lecture – la lumière des jours en demi-teinte.

J'ai gardé longtemps le souvenir amer d'adultes silencieux ou absents, maladroits et émouvants. Dans le temps arrêté des rêves de mes huit ans, je songeais, éveillé, à des départs définitifs, à des fugues absolues qui me permettraient de quitter ce monde d'incompréhension et d'incohérence. J'imaginais fuir à jamais les rencontres vaines et stériles, les moments perdus et gaspillés dont les vagues se succédaient au fil de mes errances.

J'ai le sentiment d'avoir vécu plusieurs vies dans mon enfance, et surtout d'en avoir rêvé plus encore, dans l'attente de la liberté et des moyens pour devenir enfin moi-même. C'est ainsi que je concevais ma vie à venir : les grands me semblaient pouvoir tout faire, avoir le droit de vivre comme ils l'entendaient. Ils disposaient de moyens pour se déplacer, décider à leur guise, imposer leur désir et conduire leur vie selon leur volonté. Donc il fallait se débarrasser de son enfance et devenir grand le plus vite possible !

Mes différentes enfances m'ont accompagné longtemps, elles m'ont paru longtemps freiner mes tentatives pour grandir, elles ont parasité mais aussi stimulé ma vie d'adulte avec une ténacité dont je garde encore la marque.

Elles ont ressurgi quand je suis devenu père, car chacun de mes enfants, avec habileté, courage et persévérance, a réveillé le petit garçon ombrageux ou rêveur, enthousiaste ou morose, persécuté ou violent que j'avais été aux différents âges de mon enfance et de ma jeunesse.

« Celui qui n'espère pas n'atteindra pas l'inespéré », disait Héraclite – une pensée qui me semble d'une urgente nécessité.

Le passé ne passe pas toujours bien

Je parle souvent des pays multiples de notre enfance. Je dis « multiples », car je sais combien les univers d'une même enfance varient d'une année sur l'autre, sont dépendants des péripéties familiales (déménagement, changement d'emploi, perte, séparation, ruptures diverses). Ils sont donc différents, contradictoires, voire antagonistes. Entre l'enfant qui, sur le chemin de l'école, est l'égal de Zorro ou de Robin des Bois, et celui qui regarde, attentif, tous sens ouverts, le monde qui l'entoure et veille scrupuleusement à ne pas marcher sur les lignes verticales du trottoir en murmurant « Si j'arrive jusqu'au coin de la rue sans toucher une seule des lignes marquées sur le sol, peut-être que papa n'aura pas bu ce soir... », il y a des années-lumière de distance.

L'enfance est constituée d'époques et de tranches de vie si différentes qu'elles ne semblent pas faire partie de la même existence.

Nos enfances sont traversées de périodes de vacances lumineuses, vivifiées par une rencontre, un livre ou un jeu ou soutenues par une amitié unique, et marquées de périodes plus opaques, déstabilisées par l'arrivée d'un frère ou d'une sœur, violentées par un déménagement, brutalisées par des injustices ou des humiliations, assassinées par une violence sexuelle imposée, désespérées par une trahison amicale ou amoureuse. Elles sont traversées par mille événements aussi surprenants et imprévisibles les uns que les autres.

Toutes nos enfances nous habitent définitivement. Une fois que nous sommes adultes, elles logent dans les coins et recoins de notre corps, de notre imaginaire, de notre vitalité et de nos angoisses. Les blessures de l'enfance laissent des cicatrices profondes qui, je le crois, ne guérissent jamais. Tout au plus peuvent-elles se refermer, vivre *a minima,* se faire oublier... Mais un événement banal, une parole légère, une association d'idées incongrue, une rencontre inopinée peuvent venir les réveiller, les réactualiser, les dynamiser à nouveau. Alors, elles remontent à la surface et explosent, telle une bombe à retardement.

Il est possible d'entreprendre une remise à jour des modes relationnels de nos différentes enfances (j'appelle cela un « nettoyage de la tuyauterie relationnelle intime ») par un travail personnel, une thérapie, voire une psychanalyse. C'est ce que font ceux qui sentent combien leur existence, leur vie d'adulte est piégée par des répétitions, des insatisfactions, des souffrances, voire des échecs. Il est en effet possible d'être moins réactionnel, moins brutal ou exigeant envers l'enfant qui navigue encore en soi. Il est aussi possible de reconnaître cet enfant, de le protéger et de se réconcilier avec lui. Se réconcilier avec chacune de ses enfances, c'est avancer sur le chemin du bien-être et de la sagesse.

À l'aube des lendemains heureux,
je grandis au présent.

À l'écoute des blessures de l'enfance

Nous sommes quelquefois très surpris, bouleversé et mal à l'aise quand, dans une relation proche ou significative, nous avons des réactions disproportionnées en réponse ou en écho à ce qui vient de se passer entre nous et l'autre.

L'élément déclencheur peut être une parole banale, un événement ordinaire, un comportement qui ne devrait pas porter à conséquence.

Nous sentons alors remonter brutalement en nous des émois oubliés, des pensées violentes, voire un profond désarroi, qui nous étonnent, et surtout déstabilisent l'autre. Celui-ci peut être effaré, parfois même blessé, car il ne comprend pas ce qui a pu motiver notre réaction à son égard.

Ce qui s'est passé peut se comprendre ainsi : l'une ou l'autre des cinq grandes blessures de l'enfance a été rouverte.

Il est bon de connaître ces blessures afin de pouvoir les repérer, et de mieux comprendre à la fois leur origine (elles s'inscrivent tôt dans notre histoire, à partir de la première violence subie) et leur mode de fonctionnement, c'est-à-dire la façon dont elles continuent à naviguer en nous et à y tracer une route qu'un interlocuteur croisera sans le savoir, à un moment donné, mettant le feu aux poudres...

Je distingue cinq sortes de blessures de l'enfance. Présentes de façon latente en nous, elles peuvent resurgir à n'importe quel moment lors d'un échange ou d'une relation avec autrui ; elles sont donc récurrentes.

Quand les blessures sont minimales et qu'elles ne sont pas souvent stimulées, nous avons le sentiment d'avoir une bonne relation avec l'autre. Quand elles sont réactivées de façon régulière, la relation devient difficile, douloureuse, chargée de tensions et de malentendus. Elle prend le goût de l'amertume, des sentiments de rejet surgissent ainsi que de l'agressivité ou un repli par rapport à celui ou celle qui a provoqué ce réveil.

Les blessures de l'enfance ont une origine commune : un événement que nous avons ressenti comme nous faisant violence (quelle qu'ait été l'intention de l'autre) alors que nous traversions une période de vulnérabilité, de fragilité ou d'interrogations :

• *L'humiliation* est en relation avec le besoin de considération, de reconnaissance, de dignité. Elle est éveillée par la dévalorisation ou la disqualification de certains de nos comportements, croyances ou valeurs, ce qui produit une image négative de nous-même.

• *L'injustice* est liée au besoin d'équité, de justesse, de congruence. Ce besoin est extrêmement sensible durant certaines périodes de notre développement.

• *L'impuissance* nous renvoie au besoin que nous avons d'être partie prenante de ce qui nous arrive, de sentir que nous avons une influence sur ce qui nous entoure, que nous pouvons être créateur et auteur.

• *La trahison* est en relation avec le besoin d'accorder notre confiance et de nous sentir en sécurité dans une relation suffisamment fiable et prévisible. Elle surgit quand est ébranlée la solidité de l'ancrage des engagements que les autres ont pris envers nous.

• *L'abandon* est en lien avec le besoin de nous sentir soutenu et aimé, dans une continuité affective qui nous confirme dans ce que nous sommes et nous rassure. Le sentiment d'abandon peut surgir dès les premiers jours ou les premiers mois de la vie, lorsque nous fait défaut l'être le plus important : maman ou celle qui la remplace.

Maryse Legrand, psychologue clinicienne française, explique bien ce qui caractérise l'angoisse d'abandon en l'opposant à l'angoisse de castration.

L'angoisse d'abandon, explique-t-elle, est l'angoisse typique de toutes les souffrances narcissiques qui relèvent de ce que l'on appelle aujourd'hui, en psychopathologie, les états-limites. Ces angoisses se traduisent par des fantasmes de morcellement archaïques, qui reposent sur une perturbation grave du rapport au réel et à l'autre. L'angoisse de castration observable chez l'enfant plus âgé est un trouble de nature névrotique, plus proche de la normalité.

À mon sens, s'il est possible de mener seul un travail de réflexion afin de clarifier les réactions qui relèvent des quatre premières blessures, il est préférable de se faire accompagner, de se donner les moyens d'un soutien psychologique plus structuré pour travailler ce qui relève de l'abandon. Ce soutien peut prendre la forme d'une psychothérapie ou d'une psychanalyse.

Ce qui nous pousse à vivre
et nous maintient en vie, ce ne sont
pas les ancrages du passé ou les richesses
du présent, ce sont les promesses de l'avenir.

Paroles d'une femme après la mort de sa mère...

J'ai reçu cette lettre au courrier du matin :

« Tous ces derniers jours, la vie me bouscule. Je suis toute fissurée. Je n'ai pas d'autre choix que de toucher au plus près ma vulnérabilité, ma fragilité, le fond de mon angoisse. Durant les dernières fêtes de Noël, je me suis longuement isolée pour me permettre de sentir, d'éprouver et de vivre la douleur que m'a causée la mort subite de ma mère. Me voilà devenue volcan, tempête, chaos. Sourdent de moi la colère, les larmes, les cris. Je suis devenue rugissements et poings levés au ciel. Voici ce que me montre la face cachée de ma planète noire.

« Sur l'autre face, par contre, l'absence de ma mère me permet de rencontrer et de découvrir un homme, mon père, occulté jusque-là par ma mère. Ce presque inconnu, si souvent silencieux, qui incarnait une menace sourde et imprévisible mais toujours trop proche, a pris de la consistance. Je me permets de reconnaître enfin tous les sentiments positifs que j'éprouve pour lui. Et j'entends soudain, comme pour la première fois, tout étonnée, l'amour et la tendresse qu'il éprouve pour moi. Nous retrouvons, depuis quelque temps, ensemble, à coups de balbutiements, une confiance qui était enfouie et trop longtemps oubliée. Récemment, ma sœur m'a appris que lorsque j'étais enfant, mon père et moi étions comme deux doigts de la main – je dirais à présent deux doigts de la même main...

« À quel âge, à l'issue de quelle catastrophe, ai-je perdu ce "papa", c'est-à-dire, comme vous l'écrivez, la partie douce et tendre de mon géniteur, pour me heurter à la partie dure, opaque, fermée de l'homme qui m'était présenté comme mon père ? Je n'ai aucun souvenir de cela, mais je commence à en retrouver quelques traces. Chez mon père, dans une boîte à chaussures pleine de photos bien rangées, j'ai découvert une photo de moi, vers l'âge de 5 ans. Je suis sur ses épaules. Je me tiens debout, soutenue par ses mains puissantes et chaleureuses. J'y suis triomphante, victorieuse de je ne sais quel combat. Avoir vu cette image change toute la vision de mon enfance, de ma relation à lui, et surtout celle, déformée, que j'ai eue des hommes par la suite. Je découvre que j'ai eu un vrai papa. Il m'appartient de faire tout un travail de reconnaissance à son égard.

« Aujourd'hui tout cela reste frêle encore, ténu. Je me vois encore partiellement brisée, inachevée. Je me demande si je pourrais à nouveau devenir un être créateur, productif. Je ne suis pas là où j'aurais dû me trouver à ce stade de ma vie, à près de quarante ans, j'ai le sentiment d'être en retard sur l'essentiel de mon existence. Que de déceptions, de désillusions accumulées, de ressentiments inutiles. Mais je suis en train de lâcher prise par rapport à tous mes faux espoirs, pour rejoindre l'espérance, l'effleurer, m'apaiser en elle.

« Ainsi, avec la mort de celle qui m'a mise au monde, je découvre qu'une maman que je croyais proche peut devenir soudain une mère inaccessible. Et qu'un père lointain peut se révéler un papa affectueux et présent. Que n'ai-je appris plus tôt à mieux me définir et me situer par rapport à ma mère, voire à prendre le risque d'encourir sa désapprobation, moi qui avais tant besoin d'être reconnue par mon père ! J'avance ainsi... Je me mets au monde chaque jour un peu plus ! »

Je trouve que cette femme prend le risque de naître à nouveau et, avec beaucoup de lucidité, découvre et donne un peu plus de sens à sa vie.

L'éveil consiste à sortir de l'illusion.

Quand les mots parlent de nous… malgré nous

Je suis sensible au temps. Pas seulement au temps qu'il fait, beau ou moins beau, ensoleillé ou pluvieux, mais au temps qui est là, celui que je vis à l'instant, au présent, ici et maintenant. Je suis donc aussi sensible aux temps de la conjugaison des verbes.

Dans le cadre d'un travail de clarification sur soi, la conscience du temps par rapport à ce qui a été, ce qui va advenir, ce qui est et déjà n'est plus, est extrêmement importante.

Parler au temps présent, du présent, sans le coincer entre le passé et le futur, de ses blocages, de ses errances ou de ses souffrances pour bien marquer ce qu'il en est aujourd'hui, c'est déjà considérer le présent comme un moment neuf. Dire : « Je ne supporte plus les plaintes de ma mère » induit une dynamique, un élan, un début de changement. Au contraire, parler du passé au présent maintient et entretient le passé : « Je fais ce que j'ai toujours fait, je n'ai jamais réussi à m'affirmer devant ma mère. »

Parler du passé au passé (simple ou composé) confirme bien le choix de se démarquer de lui, de le laisser à sa place, de ne pas le ramener dans la vie actuelle. Je ne réactive pas mes douleurs, je les laisse à leur place, dans le temps de mon histoire : « C'est vrai que j'ai été un enfant fragile. J'ai été souvent malade. » Cela ne veut pas dire que je le suis toujours.

Il arrive que changer le temps d'un verbe propulse vers le futur. Je peux décider ainsi de sortir du passé en passant du constat à l'affirmation. Ne plus dire comme je l'entends raconter par cette dame chez le boulanger : « Au travail j'ai toujours du mal à me respecter tant l'ambiance est malsaine », mais : « C'est à moi de trouver les moyens de me respecter sans me laisser influencer à l'avenir par cette ambiance malsaine », voilà qui change tout.

La grammaire des mots est bien plus qu'un ensemble de règles. Elle permet de donner aux mots une direction, un pouvoir différent. Certains termes ou expressions peuvent remplacer les mots toxiques dont nous nous imprégnons trop souvent malgré nous. Si je m'enferme dans une expression négative : « La vie n'est jamais marrante » ou « La vie a toujours été injuste envers moi », j'évite de me responsabiliser. Ce n'est pas la vie qui est injuste, c'est la façon dont je la vis !

C'est souvent avec des mots-poignards que nous blessons ou assassinons autrui, et avec des pensées-poisons que nous polluons notre présent. En étant plus vigilants par rapport aux mots que nous utilisons et plus attentifs à ceux que nous pensons, nous pouvons en faire des amis plus fiables.

Il y a des mots pour l'état de grâce,
et des mots qui rendent beau.
Il y a des êtres qui savent écouter les soupirs du
silence et nous permettre de les entendre.
Il y a ceux qui savent regarder un paysage
et l'embellir de leur regard.
Il y a encore et toujours des instants d'amour
propres à embellir la vie.

« Fêtes » de famille...

Nous nous réjouissons longtemps à l'avance, nous anticipons beaucoup sur le plaisir de nous voir, de nous retrouver ensemble, de pouvoir enfin nous réunir autour de nos parents, avec ceux qui font partie de notre famille ou ceux que nous envisageons d'accueillir, nous nous faisons un plaisir à l'idée de recevoir, de fêter ceux que nous aimons.

Les fêtes de Noël en particulier, mais aussi l'anniversaire de papa ou de maman, le jubilé de leur mariage, un baptême, un mariage, sont des occasions de rassembler tous les membres d'une même famille, les pièces rapportées et les autres, les proches comme ceux qui sont éparpillés aux quatre coins de France et de Navarre.

Et puis, patatrac ! La fête chavire, les réjouissances anticipées provoquent des tensions et des conflits. Les rencontres familiales se passent rarement comme on l'avait rêvé.

Un tout petit détail, un plan de table légèrement modifié, une parole exprimée sur un ton qui blesse, une remarque faite à l'un ou l'autre, un commentaire à propos de l'un de nos enfants, et tout dérape dans la colère muette (la pire) ou celle qui est exprimée et jetée à la tête de celui qui a osé... La bouderie, l'amertume, les accusations lancées à l'emporte-pièce, les ressentiments longtemps mijotés, tout cela et bien d'autres choses encore empoisonneront la fête.

Nous avions prévu de partager de la tendresse, du plaisir, de la joie et vont surgir et circuler tant de violences que plusieurs mois plus tard nous n'en sommes pas encore remis...

Comment se fait-il que ce qui avait été prévu pour être un moment de partage, d'échange, de tendresse et de retrouvailles joyeuses ait pu donner lieu à des accusations, à des cris, voire à des pleurs et à des silences d'autant plus douloureux qu'ils ne font que s'ajouter à des contentieux déjà très anciens ?

Pourquoi cela se passe-t-il ainsi, si fréquemment ? me demande-t-on.

Il y a plusieurs raisons à ces moments de crises ; notamment des enjeux cachés, rarement exprimés, et aussi la croyance erronée qu'il est possible de révéler des désirs insolites qui n'ont encore jamais été dévoilés, d'exprimer des non-dits et de témoigner de positions personnelles et intimes, sans risque, à ceux qui nous aiment et qui devraient nous comprendre « puisqu'ils nous aiment ! ».

Nous pensons ainsi parce que nous sommes en compagnie de proches qui sont censés nous comprendre, nous soutenir, nous chérir !

Certains ex-enfants, devenus « adultes », considèrent ainsi que Noël est non seulement un moment de paix, de cadeaux, de joie partagée, mais devrait être une circonstance propice pour oser plus.

Ils se disent que cette fête est un moment favorable pour faire des demandes qu'ils n'avaient jamais osé formuler jusque-là, adopter une nouvelle attitude vis-à-vis de l'un ou l'autre de leurs parents ou de leurs frères et sœurs. Ils imaginent que le temps est venu de demander la reconnaissance qu'ils ont longtemps attendue de la part de papa dont ils savent qu'il souhaitait un garçon alors qu'une fille est arrivée...

Ils attendent que maman reconnaisse enfin que la femme qu'ils ont choisie pour épouse n'est pas aussi déplaisante ou tordue qu'elle le pensait ; ou souhaitent que grand-père qui a toujours un faible pour son frère aîné manifeste enfin un peu de considération à son frère cadet (qui justement est notre père) et ils veulent réparer cette injustice en prenant son parti !

Les fêtes de famille sont investies d'attentes incroyablement anciennes. Elles sont chargées d'émotions, de sens cachés qui vont bien au-delà des cadeaux, des attentions exprimées, des rires, du bien-être apparent manifesté au cours des repas, des discussions, des manifestations affectives de circonstance…

Il arrive aussi que des expressions un peu trop triviales telles que « Mais quel con, celui-là ! », des possessifs comme « mon enfant », « mon petit », parfois très appuyés, indisposent l'intéressé qui se sent infantilisé, ou dérangent son (ou sa) partenaire qui se sent dénigré à travers le jugement porté sur celui qu'il aime : « Non, mais tu as vu comme ton père t'a parlé durant le repas, il t'a repris devant nos enfants comme si tu étais un idiot qui ne sait pas ouvrir une bouteille de Bourgogne… », « Je préfère te le dire tout de suite, si ta mère continue à me faire des remarques sur ma façon de m'habiller, je vais lui dire sans me gêner ce que je pense de sa graisse et de la façon dont elle se tient à table, comme si son assiette était une auge. Tu ne vois donc rien ! Comment veux-tu que les enfants apprennent à manger correctement quand ils assistent à un tel spectacle ? Elle enfourne tout ce qu'il y a dans son assiette comme si elle n'avait pas mangé depuis des jours ! Je ne te l'ai jamais dit, mais je suis écœurée… ».

Une autre des caractéristiques des fêtes dites de famille, est qu'elles font souvent remonter à la surface l'une ou l'autre des blessures de l'enfance concernant l'injustice, l'humiliation, l'impuissance, la trahison, le déni…

Une parole, un mot, un geste en apparence bénin réveille le petit enfant qui est encore en nous et provoque une réaction émotionnelle souvent disproportionnée par rapport à l'élément déclencheur.

Vous l'avez compris, ces fêtes, au-delà du plaisir, de la tendresse, du partage et des échanges dans les rires et l'abandon liés aux souvenirs communs, restent pleines de risques. À chacun d'écouter en lui ce qu'il lui paraît possible d'accepter ou de supporter, et ce qu'il préfère refuser.

Toutes les familles ne sont pas toxiques,
mais beaucoup peuvent l'être...
sans le vouloir, sans le savoir.

D'hier à aujourd'hui, nos parents...

La lectrice qui m'interpella sur ce sujet me disait : « J'ai quitté le domicile de mes parents depuis cinq ans, je vis avec mon compagnon, mais chaque rencontre avec mes parents est gâchée... Ça se passe toujours mal, je ne m'en sors pas et chaque fois je suis furieuse contre eux et surtout contre moi-même ! » Elle ajoute : « Je me sens sabotée par ma mère, quelquefois même, par mon père qui la soutient. On ne peut pas rester plus de 10 minutes ensemble sans que se déclenche un conflit, sans qu'elle fasse une remarque qui me blesse, me rappelle un fait, une situation qui me disqualifie ou me rabaisse. Elle se mêle de tout et mon compagnon en arrive à la détester, parce qu'il subit les conséquences de l'état émotionnel dans lequel je suis après chacune de nos visites... »

Ce genre de situation est très fréquent. Nous aimons nos parents, mais nous avons souvent avec eux une relation difficile, chargée de tensions et d'incompréhension mutuelle. Le *sevrage relationnel,* c'est-à-dire, pour les parents, le renoncement à continuer d'exercer une emprise, une influence sur leurs enfants, est quasiment impossible pour certains. Ils continuent de considérer leurs enfants adultes comme des êtres immatures et ne se privent pas pour multiplier les conseils, les reproches ou les jugements de valeur sous n'importe quel prétexte : vêture, choix de vie, comportements, profession, éducation des petits-enfants... Au travers de cela nous pouvons entendre qu'ils cherchent désespérément, pathétiquement même, à maintenir un lien de dépendance. Certains redoutent par-dessus tout de découvrir qu'ils sont passés à côté de leur propre vie... C'est pour cela qu'ils s'accrochent tant à celles de leurs enfants devenus des adultes !

En se mêlant de la vie intime de leur fille, de leur fils, en faisant intrusion dans le couple de leurs enfants, ces parents peuvent aussi tenter d'échapper à leurs propres problèmes de couple : « Je n'ai aucune influence sur mon mari, mais je peux tenter d'en avoir sur mon fils... »

Il arrive enfin que la relation avec les enfants soit maintenue de façon superficielle, à coups de conflits par lesquels les parents se donnent l'impression de servir encore à quelque chose... D'autres parents, pour peu que leurs enfants suivent leurs conseils, peuvent entretenir le leurre qu'ils sont toujours de bons parents...

Pour les enfants devenus adultes, trouver la bonne distance avec leurs parents les confirmera eux-mêmes dans leur rôle de parents. Se faire reconnaître comme adulte par ses parents est parfois une tâche sans fin.

Est adulte celui qui sait faire quelque chose de ce qu'il reçoit.

Les défis de la vie

Il semble que chacun de nous doive affronter un certain nombre de défis au cours de sa vie, non seulement pour survivre, mais simplement pour vivre, exister à part entière. Il s'agit le plus souvent de challenges nés des circonstances (un échec à un examen qui nous oriente vers une autre voie), de difficultés relationnelles (refus, dérobade ou trahison d'un de nos proches), d'obstacles à vaincre (des engagements qui se révèlent peu fiables, des accidents qui nous ralentissent, voire nous handicapent momentanément), de résistances intérieures à surmonter (oser dire, faire, terminer...).

Tout se passe comme si nous avions à nous confronter à des épreuves qui nous délogent de notre confort et nous rappellent la relativité de toute certitude. Comme s'il fallait que face à nous surgissent des entraves, des écueils, des barrières qu'il nous appartient de dépasser pour avoir le sentiment de pouvoir à nouveau nous respecter, nous sentir à la hauteur ou simplement n'avoir ni honte ni regret.

Un des défis les plus éprouvants que j'ai dû affronter se présenta lorsque j'avais 16 ans : je dus réapprendre à marcher après être resté immobilisé dans le plâtre durant quatre ans. Réapprendre à simplement me tenir debout, avec la tête qui tournait et un vertige terrible à la seule perspective du sol vu de ma propre hauteur. Vaincre les résistances de mon corps, coincé et hypertendu à la fois, pour oser bouger, laborieusement, pas à pas, afin de redécouvrir un espace qui pouvait m'accueillir, m'accepter.

Un des défis posés à l'homme d'aujourd'hui me paraît être d'une tout autre nature : oser se confronter à sa propre violence, opposer un contrepoids aux forces de destruction qui l'habitent, pour apprendre à s'aimer, simplement s'accepter.

Je sais qu'il existe bien d'autres défis, plus universels, plus sérieux peut-être, que l'humanité doit affronter collectivement et dépasser si elle veut survivre : l'approvisionnement en eau, la faim dans le monde, la maîtrise de l'évolution des climats, la préservation de la biodiversité garantissant le droit à la vie à chaque espèce vivante, la limitation des productions toxiques et des activités de prédation qui perturbent la couche d'humus, les océans, les forêts. Toutes violences dont l'accélération depuis plus d'un siècle menace l'existence de l'humanité à venir...

Mais il me semble que toute cette violence visible n'est que la projection amplifiée des violences individuelles que nous exerçons sur nous-même. Avoir le courage de nous confronter aux sources de notre violence intime, c'est-à-dire à la façon dont nous avons été élevé, de remettre en cause des habitudes de vie et des certitudes concernant notre propre développement, me paraît constituer une activité à plein temps.

Je crois qu'on ne dira jamais assez que les modèles relationnels proposés par la famille, l'école et le monde du travail sont pour la plupart toxiques, au sens où non seulement ils ne favorisent pas l'éveil, le développement personnel de chaque être humain, mais où ils se révèlent porteurs de toutes les conditions propres à entretenir la violence et l'autoviolence. Il appartient donc à chacun de se mobiliser pour tenter d'adhérer à d'autres modèles relationnels ou pour en inventer de nouveaux afin de développer des communications non violentes.

Depuis quelques années, il me semble que chaque livre que je lis répond à une question vitale... que je ne me posais pas jusque-là.

Les bonnes résolutions de début d'année

Avec l'arrivée du printemps, il m'arrive de repenser aux bonnes résolutions que je prends, avec une détermination farouche, au début de chaque année. Ces décisions intimes concernent de nombreux domaines. À mi-chemin entre injonctions et rêveries, elles touchent en même temps différents strates et enjeux de ma vie.

L'alimentation par exemple : « C'est décidé, je supprime le sucre dans le thé (j'ai déjà supprimé le lait il y a quatre ans, avec succès !). Et il faut que j'apprenne à manger lentement, que je savoure chaque mets, que je goûte chaque parfum », « C'est insensé, j'ai toujours terminé un quart d'heure avant les autres et de toute façon ce n'est pas bon pour la digestion, d'ailleurs mon ventre commence à me le dire... ».

L'activité physique est un autre enjeu : « Je pourrais quand même faire un peu de marche tous les jours, voire me muscler un peu. Je n'ai pas aimé quand ma benjamine m'a dit, en riant d'accord, mais elle l'a dit !, ''Oh la là ! papa, ta poitrine tombe ! Il te faudra bientôt un soutien-gorge''. Il serait temps que je ressorte du garage ces haltères et ces poids que j'ai achetés voilà dix ans, et qui n'ont jamais servi ! »

Et la vêture : « Il faudrait que je change de look. Tous les types de ma génération portent des polos ou des chemises ornés de marques en forme d'animaux, des dromadaires, des chevaux, des crocodiles, des lions, je ne sais plus ! Il serait temps que je passe au blouson léger, aux mocassins, chic bien sûr, et plus confortables que mes semelles compensées. Il faudra que je revoie tout cela sérieusement, je veux dire plus légèrement... »

Et puis : « Je devrais m'occuper un peu plus de mes enfants. » J'aurais dû placer cette décision en premier, me direz-vous, mais vous comprenez bien que toutes ces remarques forment un tout. En effet, si je ne suis pas bien avec moi-même, je ne pourrai pas être bien avec mes enfants ou ma compagne... Avec elle d'ailleurs, je devrais me montrer plus attentionné, être plus présent, envisager quelques sorties au restaurant ou au spectacle : « Aussitôt la billetterie ouverte, je réserverai, c'est sûr, pour le festival d'Avignon et même pour les chorégies d'Orange. »

Mais l'urgence, au fond, c'est moi. Enfin, je veux dire ma façon de vivre – oserai-je me l'avouer ? Ma décision première devrait être de prendre soin de moi, de me dorloter un peu plus, de m'accorder quelque attention, en un mot, de me respecter. L'alimentation, la vêture, un peu de sport, du sommeil... c'est important, mais tant de choses sont à revoir dans ma vie ! La télé par exemple ! Toutes ces nullités que je regarde presque tous les soirs et qui mangent le peu de temps que je pourrais consacrer à lire, à discuter, à échanger... Et le cycle des décisions urgentes et indispensables recommence dans ma tête !

Ainsi, chaque printemps, je m'engage à appliquer avec régularité ce que j'avais décidé de faire au début de janvier... Et avec l'arrivée de l'été, avec la même sincérité, je recommence : « C'est juré, je maigris, je mange plus lentement, je fais du sport ! » La liste est longue. Je m'endors... De toute façon, l'an prochain... c'est sûr, je tiendrai mes bonnes résolutions !

Je ne suis jamais autant dans l'erreur avec moi-même que lorsque j'ai de bonnes intentions envers moi-même !

Les « plus jamais » de notre vie

Combien de fois n'avons-nous pas juré dans notre for intérieur : « Plus jamais ça », ou « Jamais je ne ferai quelque chose comme ça ! » Nous avons ainsi pris, le plus souvent de façon réactionnelle, à la suite d'une déception ou d'un échec, non pas une décision mais un engagement négatif, sur un mode absolu : ne plus « jamais » faire ceci ou cela. Sans toujours prendre conscience que le « jamais », qui devrait nous engager à ne pas nous dédire, a quelque chose d'excessif, de totalitaire et d'insupportable dans la durée.

La vie, bien sûr, se chargera de nuancer nos décisions, de nous déloger de cette position absolue et de nous montrer que l'homme que nous sommes devenu, peut être à nouveau capable de faire ce qu'il avait juré de ne plus faire, ou de ne plus faire ce qu'il avait envisagé de faire... à jamais !

Ainsi je me souviens d'un « plus jamais amoureux » auquel je m'étais irrévocablement décidé après une déception sentimentale. Car aimer, c'est bien connu, est un risque susceptible d'entraîner trop de souffrance. Ce « plus jamais » de mes 18 ans ne résista pas plus de dix mois. Il y eut aussi un « plus jamais » à la marque Peugeot, qui fit suite à une succession d'ennuis avec un modèle, mais je viens tout dernièrement de le transgresser, après avoir tout de même tenu bon durant quinze ans !

Tout se passe, en fait, comme si nous avions besoin d'une mise à l'épreuve. Le « plus jamais » nous aide à prendre la distance nécessaire avant de tenter de réapprivoiser progressivement une situation, un événement. Quand je dis, après une intoxication alimentaire, « Plus jamais de crevettes ou de moules », ce rejet exprime à la fois une déception et un malaise que je ne souhaite pas voir se renouveler. L'idée de punition est parfois sous-jacente : en rejetant dans l'oubli la personne qui m'a fait souffrir, qui m'a déçu ou désespéré, je souhaite la sanctionner.

Mais nous gardons tout au fond de nous l'espoir de pouvoir tout de même recommencer, d'avoir encore la possibilité, par exemple, de déguster de nouveau et sans crainte des coquillages délicieux et digestes, de savourer un rosé qui ne soit pas du vitriol, d'être aimé sans être trompé, de travailler sans nous faire systématiquement exploiter ou dévaloriser dans le poste qui nous est confié. Oui, nous avons besoin de croire que la vie n'est pas figée, immobilisée par nos propres décisions surtout quand elles sont réactionnelles.

Le plus difficile est d'ouvrir les yeux
sur son propre aveuglement.
MA GRAND-MÈRE

La mémoire du corps

Richard est un homme de 51 ans. Sa mère vient de mourir. Il est arrivé de Provence pour veiller le corps de cette femme qu'il a aimée et haïe, recherchée et fuie, désirée et rejetée. Gabrielle, une amie de sa mère, est là. Pendant une partie de la nuit, ils vont parler. Ou plutôt, Gabrielle va parler, et Richard va découvrir ainsi, j'ai envie de dire enfin, l'essentiel de son histoire.

Il avait pu se réconcilier avec sa mère quelques mois avant qu'elle disparaisse : « J'ai fait la paix avec elle, avec moi aussi par la même occasion. Pendant des années, je lui ai reproché de ne pas me parler, de ne rien me dire sur mon enfance, juste quelques bribes lâchées à regret. ''Tu étais un enfant violent et sage, me disait-elle.

— Comment ça, violent et sage ?

— Oui, parfois tu t'emportais, tu criais, mais la plupart du temps tu étais tranquille. Un enfant sans problème... Mais ce n'est pas la peine de parler de tout cela. Je t'ai élevé normalement...'' »

C'est ce mot, « normalement », qui était longtemps resté en Richard, comme une interrogation tenace.

Et voilà que Gabrielle lui apprend que quelques mois après sa naissance, sa mère, en difficulté à Paris, l'a placé chez une nourrice en Bretagne, et que c'est elle, Gabrielle, qui a accompagné le bébé en train pour ce premier voyage. Mais ce bébé ne connaît pas cette inconnue qui le porte, le berce, lui donne à boire. Dans le wagon il pleure, il appelle sa maman. Gabrielle est très embarrassée, elle agite un biberon à moitié plein devant le visage convulsé de désarroi du bébé. C'est en 1942, il y a des soldats allemands dans le wagon qui commencent à s'énerver, à s'agiter, à s'approcher du bébé. Et puis l'un d'eux propose de lui donner une gorgée de bière. Tout le monde rit, le bébé boit la bière, et avec un peu de mousse au coin de la bouche il s'endort bientôt.

Richard entend ainsi, plus de cinquante ans plus tard, pourquoi chaque fois qu'il a un problème, une angoisse, un choc affectif, un conflit avec sa femme ou ses enfants, pourquoi, lui qui ne boit jamais de vin ni d'alcool, se retrouve devant une bouteille de bière, puis une deuxième et parfois une troisième.

De la bière, seulement de la bière. Il est stupéfait de découvrir comment ce souvenir oublié, cette douleur engrangée lors de la séparation d'avec sa mère, que cette femme qui l'a connu bébé vient de lui rappeler, sont demeurés enfouis en lui depuis lors ; stupéfait de voir comment son corps d'homme a gardé la trace vivante, toujours vivace, de sa détresse de bébé qui s'était exprimée dans un train et un environnement hostile et comment cette détresse, bien qu'anesthésiée, était restée si présente dans sa mémoire – au point qu'elle réclame encore d'être entendue dans les moments difficiles de sa vie d'adulte.

Que la mémoire du corps est belle et douloureuse quand elle laisse éclore les souvenirs perdus des premiers temps de la vie !

« J'ai du mal à vivre l'instant... »

Un certain nombre de personnes ont effectivement du mal à s'inscrire au présent, dans l'ici et maintenant d'une situation. Elles sont présentes physiquement, là, devant nous, ou toutes proches, mais nous sentons qu'elles sont ailleurs. Non pas dans la lune comme on le dit gentiment, mais dans un autre temps, un autre espace, peut-être même dans une autre relation !

Elles paraissent tiraillées par les réminiscences de leur passé, projetées dans un futur idéalisé ou persécuteur, ou enfermées dans un autre monde. Prises en sandwich entre ces temps, ces personnes ont de grandes difficultés à vivre l'instant, à être là où elles sont. À leur contact, nous éprouvons de la difficulté à les rencontrer, à les cerner, à nous sentir réellement entendu. Tout se passe comme si une vitre, un filtre, un voile invisible nous séparait d'elles.

Celui qui s'interroge sur cette difficulté à vivre l'instant semble pris dans le dilemme de ne pouvoir être présent au présent ; il éprouve d'ailleurs le sentiment étrange de se sentir peu concerné par le moment vécu, d'être ailleurs alors que son désir serait d'être davantage dans l'ici et maintenant de la situation.

Il devra s'interroger sur son passé et tenter de clarifier les situations laissées inachevées qui semblent encore actives en lui et parasitent son présent. Il pourra aussi entreprendre un travail de conscientisation quant aux mécanismes de fuite qui le poussent à vivre dans un futur idéalisé, à imaginer un avenir qui lui paraît toujours meilleur que le présent. Il devra enfin se questionner sur ses fixations de nature persécutrice qui lui font parfois envisager l'avenir comme négatif, dangereux, voire insupportable à vivre et l'empêchent de s'abandonner et de jouir de l'instant.

Vivre au présent est un vrai cadeau à se faire : être vraiment là, entier, ouvert au moment qui surgit, au temps qui passe, à la relation dans laquelle on est engagé – quel plaisir !

En présence de quelqu'un qui, de façon récurrente, a du mal à être là, il vaut mieux renoncer provisoirement à l'échange et au partage et remettre à plus tard la possibilité d'une rencontre vraie avec cette personne. Il sera toujours temps d'aller vers elle quand elle sera enfin là, présente avec la totalité de tout son être.

Avec lui, avec elle, il faut s'attendre
à tout, y compris à rien.

« J'ai la vie devant moi ! »

Une amie, veuve depuis quelques années, m'écrit :

« Mes frères et sœurs m'avaient invitée dimanche dernier. Au lieu d'un jour de fête, ce fut une journée marécageuse. Comme je suis veuve depuis quelques années, ils se croient autorisés à me donner des conseils : ''Tu pourrais refaire ta vie, tu es assez jeune'', ''Dépêche-toi, parce que dans cinq ans ce sera trop tard !'', ''Tu devrais chercher des occasions, tu es encore très attirante''.

« Quel froid soudain ! Quel dessert au goût de fiel m'ont-ils servi là, croyant m'aider, me faire plaisir ? Ainsi la vie se *referait* ? On la *détricoterait,* comme on récupérait la laine pendant la guerre, éliminant le moche pour faire du nouveau. De nouveaux chandails ou des chaussettes plus modernes, plus à la mode ! Mais il n'y aura jamais assez de laine pour la vie que je me construis. Et puis, *chercher des occasions,* quelle expression ! Je ne veux pas une vie d'occasions, au rabais, en solde.

« Cahin-caha ma vie continue et celle que je vis en ce moment est toute neuve, paisible et stimulante à la fois. Je la trouve *extra* et surtout immense. Ce dont je dispose en moi me fait vivre pleinement. Je me sens bien en ma propre compagnie. Et combien bellement, somptueusement, intensément, je peux me permettre de vivre avec le meilleur de moi !

« "Et dépêche-toi, à ton âge on vieillit vite !" ont-ils ajouté, pour me réveiller certainement, pour déloger ma confiance en moi ! Mais la vie, le temps de la vie, qu'est-il ? Celui de l'état civil : entrée et sortie, naissance et décès ? Pour moi, la vie est ce que je vis à chaque instant, le temps ne m'impose pas sa loi. Il sait s'accélérer quand je me rapproche de celui que j'aime, ralentir quand je suis auprès de lui, traîner parfois quand je suis loin. Les souvenirs, les espoirs aussi me font complice de ce temps dont j'ai l'entière disposition.

« Revenir sur le temps qui fuit ou se dérobe n'est pas possible, ni souhaitable. Et anticiper le temps futur est hasardeux, car il est difficile de faire des prophéties, surtout si elles concernent notre propre avenir ! Le mieux, le bon, c'est encore de vivre et de jouir de chaque parcelle de ma vie. C'est bercer mon désir, lui laisser la liberté de prendre des chemins inattendus, ahurissants parfois, alanguis ou fougueux, surprenants et stimulants.

« Et même si je n'ai pas beaucoup de temps, comme ma parenté le croit, patience, car *j'ai la vie devant moi* !, non seulement tout ce qu'il en reste, mais ce que je vais en faire ! La *vraiment* vraie vie, oui. Il y a des matins, des soirs où dans mon cœur, mon corps, ma tête, tout est soleil, surtout quand je me respecte. »

Belle lettre d'encouragement pour tous ceux qui se croient seuls et pour ceux aussi qui prennent le risque de construire leur vie à tout âge. Pour tous ceux aussi qui ne veulent plus se laisser dicter par leur entourage, aussi aimant soit-il, la façon dont ils devraient vivre ou se comporter !

**L'apprentissage de l'éternité
se fait en vivant l'instant grâce
à la graine de folie que chacun porte en soi.**

« Avez-vous réussi votre vie ? »

À l'automne de ma vie, c'est une des questions qui m'est le plus fréquemment posée, avec quelques autres : « Êtes-vous vraiment (j'aime beaucoup le *vraiment* !) heureux avec tout ce que vous avez découvert ? » ou « Aimeriez-vous changer quelque chose dans votre vie ? ». Je vais répondre tout de suite à cette dernière question : « Oui, l'heure de ma mort. » Quant à la première : Ai-je réussi ma vie ? Oui, dans beaucoup de domaines, pas du tout dans d'autres. Je ne crois pas que l'on puisse réussir sa vie sur tous les plans. La vie n'est ni monolithique ni linéaire, elle comporte des strates, des volumes, des zones très différents.

L'ai-je réussie sur le plan amoureux ? J'en doute. J'ai vécu des amours orageuses, tumultueuses, parfois lumineuses, mais qui furent d'autres fois blessées par des malentendus, des maladresses, des trahisons et des ruptures.

Sur le plan familial ? L'accompagnement de mes cinq enfants et, au fil de ce temps, la découverte de quelques-unes des blessures de mon histoire, furent peut-être, malgré deux divorces (ou grâce à deux divorces !), une réussite, ou tout au moins une aventure merveilleuse. Sans mes enfants, je ne serais pas l'homme que je suis devenu. Je leur dois beaucoup, non seulement de mieux gérer mes impatiences mais aussi d'avoir appris à me projeter dans l'avenir. Sans les deux femmes qui ont accompagné une partie de ma vie d'homme, je ressemblerais certainement à un Cro-Magnon relationnel !

Sur le plan professionnel, je crois avoir échoué (et *heureusement* échoué !) dans la première orientation professionnelle qui fut la mienne, la comptabilité, et m'être plus épanoui dans la troisième prise autour de mes 40 ans : l'écriture.

Sur le plan de mon équilibre intime, j'ai longtemps été un mauvais compagnon pour moi-même. Je n'ai appris à me respecter qu'à la fin de la trentaine, n'ai su m'aimer que dix ans plus tard et prendre réellement soin de moi qu'au mitan de ma vie.

Je ne sais pas si j'ai réussi ma vie, mais je sais que je ne l'échangerais pas contre une autre. J'éprouve une véritable affection pour elle. Cette parcelle de vie qui me fut offerte lors de ma conception, je l'ai abondamment maltraitée durant les premières années de mon existence, mais j'ai par la suite appris, avec beaucoup de tendresse, à l'aimer, à la respecter et à la choyer. Oui, la choyer, lui faire cadeau de sensations nouvelles, lui offrir de la beauté chaque fois qu'il m'a été possible de le faire et l'honorer pour sa présence et sa vigilance à me maintenir vivant.

Si j'avais le pouvoir de changer quelque chose dans le déroulement de ma vie j'accorderais plus d'espace à mon enfance et aux premières années et je songerais à un système scolaire moins dévalorisant que celui que j'ai connu, je me donnerais une mère moins fatiguée et moins stressée par l'inquiétude de la survie, plus enjouée, ainsi qu'un père plus présent et plus chaleureux. Je peindrais ma jeunesse de multiples couleurs auxquelles j'ajouterais ensoleillement et joyeuseté. J'offrirais aux débuts de ma vie d'adulte plus de sensibilité et de courage dans les rencontres avec les femmes.

Mais telle qu'elle fut, je peux remercier ma vie de sa fidélité et surtout de sa générosité.

Après avoir connu le fracas des tempêtes,
le désert des errances et la violence
des impatiences, avoir l'impression d'être arrivé
au port ou savoir au moins qu'il existe.

La retraite

« Depuis que j'ai pris ma retraite, me dit ma voisine, j'entends souvent sur un ton faussement joyeux : "Alors, la jeune retraitée, comment vas-tu ?" Cette phrase me choque, m'irrite et me donne envie d'agresser mon interlocuteur qui se croit bienveillant à mon égard. Ce mot de "retraitée" ne résonne pas bien en moi ! Retraitée dans quoi ? On parle d'uranium retraité ou d'une huile de moteur usée qui sera retraitée pour un autre usage !

« Il est vrai que j'ai quitté l'enseignement après trente-cinq ans de service. Je ne pars plus, cinq jours par semaine, vers l'école. Je n'ai plus de préparations de cours, de devoirs à corriger, de réunions auxquelles participer. Je dispose de mon temps à plein temps ! Enfin, je croyais en disposer, car pour l'instant je ne le vois pas. De façon étonnante, depuis que je n'exerce plus ma profession, je ne vois pas passer le temps. Il se dérobe. À peine suis-je levée, c'est déjà le soir, ma journée s'est écoulée en un clin d'œil. Elle s'est éparpillée en mille gestes, en une multitude de petits actes sans consistance, sans résultats visibles. Comme si je maintenais à flot le bateau de ma vie, sans que pour autant il avance ou se déplace vers un but. Ma vie n'a plus de direction, ou plutôt, je n'ai pas trouvé la nouvelle direction de mon existence.

« Avant d'être à la retraite, je croyais que je pourrais faire plein de choses. Tout ce dont j'avais rêvé sans pouvoir le réaliser : m'occuper du jardin, lire, apprendre à jouer d'un instrument de musique, me réconcilier avec l'anglais et bien d'autres projets. Je pensais que j'allais enfin pouvoir vivre et réaliser tous les projets que j'avais mis en jachère durant des années. J'ai toujours ces projets, mais c'est curieux, ils ne se traduisent pas encore en actes, ils restent à l'état d'intentionnalité paresseuse, dans les limbes…

« Par contre, je découvre que le plus important, c'est de me retrouver moi, de me relier à ma propre personne. Au fond, c'est elle que j'avais négligée durant toutes ces années consacrées aux autres. C'est moi que je dois réapprivoiser, découvrir et recharger d'énergie… »

J'imagine tout à fait le cheminement nouveau de cette ancienne enseignante, qui prend conscience qu'elle a besoin de vivre dans l'être plus que dans le faire. Je pense aussi à tout ce qu'elle pourra s'offrir et recevoir lorsqu'elle aura pu enfin se rencontrer et s'apprécier pleinement.

Approcher la paix intérieure qui ressemble au bonheur…

Prendre sa mort en main

De plus en plus de personnes envisagent de ne pas mourir n'importe comment. Surtout, elles ne souhaitent pas laisser leur entourage ou le système médical décider pour elles de la nature des soins qui leur seront nécessaires quand elles atteindront la fin de leur vie, ou de la nécessité de les maintenir en vie alors qu'elles se sentiraient prêtes à passer de l'autre côté. C'est une décision qu'il convient de prendre en accord avec soi-même, en fonction de choix de vie personnels et en préparant son entourage à respecter les conséquences de sa décision.

Dans différents pays, des associations proposent des contrats d'anticipation pour prévoir la façon dont on veut être soigné et jusqu'où, quand on ne sera plus en mesure de s'exprimer ou de décider. Pouvoir refuser d'être ranimé à n'importe quel prix et avec n'importe quelles conséquences, pouvoir ne pas accepter des interventions chirurgicales de confort, pouvoir opter pour des soins palliatifs, pouvoir garder le respect de soi quand la vie s'échappe du corps telle une hémorragie qui laisse sans volonté ou sans force – il vaut mieux le prévoir. Car on ne sait jamais à l'avance ni l'heure ni la façon dont on finira ses jours, quand surgira l'appel de ce que l'on appelle la mort.

Dans l'esprit de beaucoup, bien mourir est lié au souhait de partir vite, sans souffrance et même parfois sans conscience, dans son sommeil : « Ne pas se sentir mourir », me dit un parent. « Moi, je voudrais mourir dans mon sommeil, sans m'en rendre compte », me confie un autre proche. Mais la vraie demande est de mourir sans souffrance, apaisé, en accord avec son corps et son entourage. Pour l'un de mes amis, j'ai trouvé une très belle formule : « Partir sans laisser de zones d'ombre derrière soi. » C'est-à-dire avoir mis de l'ordre dans sa vie, avoir pu accepter d'être plus au clair avec ses engagements, eux-mêmes liés à la façon dont on a vécu. Car mourir en laissant des situations en suspens, des conflits ouverts et des blessures à vif derrière soi constitue une violence souvent impossible à gérer pour ceux qui restent.

Il faut se rappeler que beaucoup de tabous et d'enjeux familiaux complexes resurgissent en fin de vie (de même qu'en *faim* de vie !). Prendre sa mort en main est lié à la capacité de lâcher prise, non seulement pour la personne concernée, mais aussi pour l'entourage proche. Je pense qu'il est important pour les proches, les intimes, les enfants adultes, de pouvoir autoriser la personne en fin de vie à mourir : « Tu as le droit de passer de l'autre côté. Si tu sens que tu as vécu tout ce que ton corps pouvait vivre, tu peux oser nous quitter. Ta vie t'appartient… » Il me semble que pouvoir donner une telle autorisation à un être aimé est non seulement un beau cadeau, mais un témoignage d'amour inestimable.

Souvent la peur et le refus de souffrir produisent
une souffrance plus grande que la mort.
En ne voulant pas mettre de balises,
nous sommes parfois conduits
à mettre trop de barrières…

L'ultime combat

Avec l'âge, après avoir mené de multiples combats *contre* l'injustice, la torture et l'intolérance, *pour* la liberté de la procréation, la contraception, l'enseignement de la communication à l'école, il m'arrive de penser qu'il reste un combat ultime à mener : le combat contre soi-même. Non pas un affrontement destructeur, mais un combat contre l'aveuglement, la surdité, la pseudo-compréhension qui incitent parfois à tout accepter au nom d'une tolérance qui n'est plus alors que du laxisme... Se battre contre ses propres tendances à la facilité et au confort moral qui accompagnent le bien-être matériel, acquis après une vie de labeur. Ce confort moral, dans une vie bien remplie, semble un dû car, obtenu de haute lutte, il n'accepte pas facilement d'être bousculé ou remis en cause.

Bien sûr, j'ai appris la prudence et la relativité. J'ai de bonnes raisons pour ne plus m'engager avec autant de passion qu'autrefois, pour batailler avec moins de conviction et mettre de l'eau dans mes indignations contre la bêtise, les abus quotidiens et les injustices plus lointaines. Ayant découvert les leurres et les duperies que recèlent la plupart des idéologies que j'ai fréquentées, je suis devenu plus prudent, ce qui ne veut pas dire moins ardent ou plus passif !

Je ne veux pas non plus me donner l'alibi d'une fausse sagesse acquise au fil de la démystification douloureuse des croyances de ma jeunesse et des utopies de l'âge adulte : des lendemains qui chanteraient plus bleu, un avenir sans guerre, un monde sans famine… Les déceptions accumulées, les trahisons surmontées, la découverte brutale des corruptions, des déviances, la frivolité frileuse de certains en qui j'avais cru et qui me semblent s'être trahis, détournés de leurs idéaux, les retournements d'engagements qui m'ont blessé, tout cela ne doit pas être un prétexte pour ronronner…

Je suis d'une génération qui, à la lumière (si j'ose dire !) des exactions, des guerres, des tortures, des génocides, avait cru en des changements définitifs, et qui découvre combien il est facile de trahir sa propre jeunesse, de ne plus respecter tout ce pour quoi, à 20 ans, elle avait décidé de vivre.

Pour moi, aujourd'hui, l'ultime combat ne consiste pas seulement à me respecter en refusant de participer à la lente dégradation et stérilisation du vivant, mais à rester vigilant de façon à maintenir ma conscience éveillée, à lutter contre les facilités d'une conscience que je voudrais apaisée alors qu'elle est endormie.

**Je croyais n'avoir aucun ennemi,
mais l'âge m'en a fait découvrir beaucoup.
Ils se nomment : intolérance, préjugé,
hypocrisie sociale, injustice, jalousie,
rumeur, haines cachées…**

La difficulté d'être

Qu'est-ce que le bonheur ? C'est renoncer au plaisir d'être malheureux.

Qu'il est difficile d'être belle !

À l'époque où j'animais des sessions de formation, j'ai souvent entendu des femmes splendides, belles et séduisantes, dire combien il n'était pas facile pour elles d'être belles : « J'ai suscité très tôt des désirs, des audaces et des provocations. Je ne sentais ni amour ni respect pour ce que j'étais vraiment, je me sentais désirée plus qu'aimée », « J'étais recherchée, parce que ma présence à leur côté les valorisait, croyaient-ils, aux yeux des autres hommes », « C'est une image de moi qu'ils prétendaient aimer, quelqu'un que je n'étais pas, une représentation qu'ils idéalisaient ».

Oui, il est certainement difficile d'être belle pour celle qui est considérée comme telle, mais qui sent qu'au plus profond d'elle-même, elle entretient des doutes, un manque de confiance, une insécurité sur la valeur réelle de ce qu'elle inspire : « Je ne me sentais pas aimée, je doutais des intentions, des déclarations, je me méfiais des engagements... », « Je portais ma beauté comme un masque derrière lequel je cachais toutes mes insuffisances, mes manques. J'enviais mes copines pour leur intelligence à discuter sans complexe avec les garçons ! », « Un jour, j'ai essayé de me mutiler, de me faire une balafre sur la joue, pour vérifier ce que mon mari aimait en moi ! Était-ce la belle femme qui lui faisait honneur, qu'il pouvait montrer, qui déclenchait un mini-séisme quand elle entrait dans un restaurant ou arrivait à une réception, ou celle que j'étais, paumée, avide de réassurances et de marques de tendresse et de sympathie ? ».

Une femme belle déclenche rarement de la sympathie chez les autres femmes et peu de marques de tendresse chez les hommes, qui restent prudents, dans l'expectative. Elle peut provoquer une attirance qui tient à distance, susciter des commentaires, mais elle inspire surtout des jugements de valeur négatifs chez ceux qui traquent la faille en faisant des insinuations ou tiennent des propos à double sens visant à la déstabiliser.

Être belle aujourd'hui, c'est risquer d'être perçue comme un produit de consommation, risquer de devenir l'enjeu d'une appropriation et donc d'une dépossession de soi-même. J'imagine qu'une femme très belle doit se protéger, vivre dans un univers intime, personnel, et demeurer inaccessible aux aspirations de ceux qui l'entourent tout en témoignant de sa présence par autre chose que son apparence. J'imagine...

Il est des femmes dont la beauté stupéfie le regard mais la grande beauté demande que l'on soit humble.

« À l'approche de l'hiver, je déprime ! »

Chaque saison est porteuse de messages d'espoir, de rêves et de stimulations différentes concernant notre vie, nos projets, nos engagements. L'automne est pour beaucoup une saison de dépouillement, de rupture et de nostalgie. Après l'éclat de l'été, les éblouissements du mois d'août, l'émerveillement des journées scintillantes de septembre, quand le ciel semble plus bas, les journées plus grises, le temps plus agressif ou plus tristounet, entre pluie et brouillard, quelque chose semble mourir en nous sans que nous sentions encore les germes d'une renaissance. Comme si l'espoir se dérobait devant la perspective du ciel triste, de l'horizon occulté…

L'approche de l'hiver qui se prépare nous incite parfois à un repliement, à un isolement, à une recherche de protection. Certaines personnes se sentent plus vulnérables, plus sensibles aux agressions naturelles et peuvent avoir le sentiment d'être plus fragiles, de perdre un peu de leur vitalité : elles dépriment. Le raccourcissement des jours a un effet psychologique sur le moral et sur la nature même de nos engagements. Il appartient à chacun de se préparer pour trouver des ressources et se donner des repères afin de mieux baliser ces journées de transition qui sont maussades, fermées, plus opaques que d'autres.

Alors que l'été, nous sommes plutôt extravertis, inscrits au cœur de la réalité qui nous environne, quand nous arrivons dans l'automne, nous vivons plus à l'étroit, avec le sentiment que le monde se referme et nous offre moins de possibilités. C'est souvent une période durant laquelle nous prenons plaisir à nous rendre au spectacle, au cinéma ou au théâtre, ou à aller écouter de l'opéra, pour faire le plein de beauté et de plaisir.

La répétition régulière de périodes dépressives et moroses dans notre vie, pour peu que nous la mettions en relation avec les moments de notre conception ou de notre naissance, peut nous éclairer sur un vécu plus ancien concernant ces périodes. Nous découvrirons peut-être alors que lorsque nos parents nous concevaient ou nous accueillaient dans la vie, ils s'entendaient moins bien, se déchiraient, voire même envisageaient de se séparer... Si notre conscience l'a oublié, notre corps en a gardé la mémoire. Notre corps garde la mémoire de tout ce qui concerne les états émotionnels, conflictuels et heureux de notre histoire. Nous pouvons donc établir des liens entre certaines périodes de notre existence actuelle et les moments clés de notre vie tels notre conception, notre naissance, un abandon soudain, une perte ou la séparation d'avec un être significatif.

Il y a un soleil en chacun de nous,
ce soleil ne peut être séparé ni
de notre ciel intérieur, ni de notre terre
profonde, de l'humus d'où nous sommes issus.

« Oui ou non ? »

La peur d'être rejeté, de ne plus être aimé, d'être jugé comme un égoïste, fait que certains d'entre nous éprouvent des difficultés à dire non. Aussi disent-ils oui, mais il leur est ensuite difficile de se situer. En conséquence, ils prennent le risque d'être définis par les attentes, les désirs ou les peurs de l'autre.

Le oui que nous donnons quand nous n'osons pas dire non n'est pas un vrai oui. Il s'agit souvent d'une pseudo-acceptation laissant croire que nous sommes d'accord alors que nous adoptons une attitude de soumission passive qui débouchera inévitablement sur des sabotages relationnels et des conflits larvés.

La difficulté à dire non relève chez certains du désir de faire plaisir ou de nourrir une image de soi positive : « Regardez comme je suis bon, patient, généreux. J'accepte tout ce qu'il me demande ! » Mais du même coup, la personne engrange des frustrations et du ressentiment qui se traduiront par de l'ambivalence et de l'agressivité larvée.

Les pseudo-oui qui s'accumulent sont *énergétivores*. Le corps se rebellera et tentera de nous alerter sur ce manque de respect de nous-même en produisant différents symptômes : lumbagos, migraines, maladies de peau, troubles intestinaux. Comme si notre corps nous disait clairement par ces mises en maux : « Tu ne te respectes pas ! »

J'ai en mémoire cette femme qui racontait sa propre aliénation quand elle n'osait pas s'opposer aux requêtes de son mari : « Pendant dix-huit ans, j'ai accepté que la mère de mon mari vienne passer le dimanche avec nous. Mon époux y tenait beaucoup. Je ne savais comment dire non, je souriais à ma belle-mère, je faisais tout ce qui me semblait être mon devoir de belle-fille et... j'étais constipée comme peu de femmes doivent l'être, allant jusqu'à m'administrer des lavements tous les trois jours ! Ma constipation a disparu le jour où j'ai osé dire non à ces dimanches consacrés à la gloire de ma belle-mère et à la dévotion que je me sentais tenue de lui témoigner ! »

Oser dire non pour se respecter peut s'apprendre à tout âge !

**C'est toute l'humanité qui se libère
un peu plus chaque fois qu'une personne
fait un travail personnel de conscientisation
et de changement.**

Apprendre à dire non

Une grande partie de notre éducation, donc de nos conditionnements, est fondée sur l'injonction à respecter les adultes qui nous entourent, sur l'obéissance, voire la soumission.

En dehors de la fameuse crise d'opposition de l'enfant de trois ans qui dit non à tout pour se différencier et s'affirmer, dire non n'est pas facile pour la plupart d'entre nous. En particulier quand nous sommes l'objet d'attentes, de demandes venant de la part de personnes aimées. Nous avons peur de leur faire de la peine, de nous faire rejeter ou de ne plus être aimé, apprécié. Nous craignons d'être vu comme un égoïste ou un sans-cœur.

Dire non de manière affirmative, en adoptant une position personnalisée, plutôt que de façon négative, en rejetant ou nous opposant, peut s'apprendre à tout âge : « Je ne t'accompagne plus aux matchs de foot que tu apprécies tant. Je ne me sens pas à l'aise au milieu de tant de cris et d'agitation, je préfère aller au cinéma ou lire », « Ce soir je n'éprouve pas le désir de faire l'amour. Ce n'est pas contre toi ni pour disqualifier ton propre désir, c'est pour respecter ce que je ressens », « Je ne souhaite plus laver tes affaires ni en prendre soin, tu as 25 ans, je considère qu'il t'appartient de t'en occuper ». Ces mots, ces tentatives d'affirmation, nouvelles dans un premier temps, peuvent inquiéter, déstabiliser celui qui les reçoit, surtout s'il a été habitué à notre soumission.

Dire non n'est pas nécessairement le signe d'un désaccord ou d'un conflit, c'est la manifestation d'une différence, d'une prise de position personnelle, c'est l'ouverture à la possibilité d'une confrontation. C'est l'expression de notre unicité, de notre singularité et surtout le témoignage que nous éprouvons le besoin de respecter ce que nous ressentons, nos idées et nos choix de vie.

Dire non peut correspondre à un moment précis de l'évolution d'une personne, le moment où elle éprouve fortement le besoin de se faire reconnaître, de sortir de la dynamique de passivité ou de soumission dans laquelle elle s'était enfermée, parfois d'elle-même. Un de mes amis me rappelait combien il avait été important pour lui de ne plus accepter la présence de sa belle-mère au domicile conjugal. Belle-mère qui s'était installée à demeure après la naissance de son enfant en prétendant « s'occuper de son petit-fils et aider sa fille, mal secondée par son mari... ».

Dire non est une marque de respect envers nous-même, quand ce non correspond à ce que nous ressentons réellement. Une relation vivante et saine est une relation dans laquelle existe justement la liberté de pouvoir dire non à l'autre sans déclencher chez lui un drame ou un malaise. Oser dire non à l'autre, c'est parfois dire oui à un peu plus de soi-même.

Des découvertes extraordinaires ont marqué ma vie mais il en est une qui m'a semblé centrale. C'est le jour où j'ai pris le risque d'exprimer mon point de vue, et où j'ai senti que c'était vraiment le mien.

« La culpabilité, je connais... »

Elle est mère de deux enfants et porte sa cinquantaine avec une joyeuseté d'adolescente. En réaction à l'un de mes articles, elle m'écrit quelques-unes de ses réflexions...

« La culpabilité, je connais ! Je suis tombée dedans bien avant ma naissance. En vous écrivant, j'éprouve le besoin de m'adresser directement à ma mère, de lui parler à travers vous...

« "D'ailleurs, maman, il faudra qu'un jour je te restitue cette culpabilité que tu m'as fait endosser... avec ma complicité. Mais aujourd'hui je la trouve trop lourde à porter. Car vois-tu, maman, aujourd'hui, j'ai grandi, mes épaules se sont élargies : cet habit de coupable me gêne aux entournures. Vois comme les coutures cèdent les unes après les autres... J'ai longtemps pensé que j'étais coupable d'exister. Mais ma faute ne s'arrêtait pas là ! Tout ce que je faisais était nul, sans valeur, irrecevable par toi.

« Depuis quelques années, grâce à quelques rencontres, à des lectures, je mue... Un jour, c'est sûr, je sortirai définitivement de ma gangue. Tu as évité la prison des hommes, celle dont les murs sont palpables. Tu as été reconnue innocente justement ! Ma pauvre mère, comment as-tu pu survivre, porteuse de ce drame, de cet "accident" ? J'ai d'ailleurs longtemps cru que cet "accident" relevait de mon imagination. Mais à quel prix as-tu survécu ? Claquemurée à vie, à survie, devrais-je dire... Car peut-on appeler vie cette existence de renoncement à tous tes désirs ? Je sais maintenant pourquoi tu as endossé l'habit de victime : tu l'as essayé et il t'a brûlée au dernier degré. Il t'a rendue insensible à toute émotion, incapable de tout partage : les événements passaient, s'engouffraient en toi et disparaissaient sans produire aucune sédimentation – car tu avais fait le deuil de la Vie. Et depuis, tu n'as pas cessé de te punir : sclérose en plaques !

« Tu es une habile cuisinière des relations. Ta spécialité : le tian de l'oubli, une couche de repli sur soi, une couche d'agressivité et puis une d'indifférence.

« Paradoxe apparent : tu m'as semblé plus humaine le jour où j'ai appris que tu avais tué, oui *tué*, à 15 ans, ton propre frère âgé de 16 ans. Cela s'est passé un soir, au moment du coucher, dans la maison familiale. Mon grand-père, vrai Corse du Niolo profond, possédait un revolver. Tu l'as braqué sur l'un de tes frères, Ghjuvanni-Baptiste. Le coup est parti "comme ça, tout seul", as-tu dit. Son nom a été écrit dans les journaux de l'époque de façon erronée... Je ne peux imaginer ce qu'il t'avait fait pour avoir eu à payer ce prix...

« Oserai-je un jour te demander plus de détails, toi qui pour toute solution as trouvé le déni ? Jusqu'à nier l'existence de ce frère, quand je te demandais si tu étais fille unique et que tu me le confirmais. Toi que j'ai toujours connue constipée, en rétention. Il est des pollutions difficiles à évacuer, si difficiles qu'une vie ne suffit pas."

« Voilà, l'essentiel est dit », m'écrit ma correspondante, en ajoutant, avec un sursaut de lucidité : « Pardonnez-moi de m'être servi de vous. Cela m'a fait du bien de m'adresser à celle qui est ma mère, à travers vous. »

C'est une des vertus de l'écriture que de faire passer au-dehors ce qui a été enfermé trop longtemps au-dedans. Qu'importent le discours c'est le message qui est important ; ce qu'en fera le destinataire lui appartient.

« Tout bonheur que la main ne peut atteindre n'est qu'un leurre. » J'ignore qui a écrit cette phrase, mais je sais qui me l'a envoyée !

Éloge de la plainte

Beaucoup, beaucoup de gens adorent se plaindre. Pour rien au monde ils ne renonceraient à ce plaisir : « Vous savez, ça ne va pas du tout. Et puis, il faut que je vous le dise, plus ça va, moins ça va ! Je n'y comprends rien, je n'y arrive plus, je n'y suis jamais arrivé d'ailleurs. Tout semble se liguer contre moi… »

« Ah ! la vie n'est pas un cadeau. Je préfère ne pas commencer à vous dire tout ce qui ne va pas, ça me déprimerait encore plus ! Remarquez, de toute façon, je ne me suis jamais senti bien. Déjà tout petit, je voyais bien que rien ne se passait comme je voulais, et cela n'a fait qu'empirer avec l'âge. D'ailleurs, je n'ai jamais eu de chance. Aussi loin que je remonte dans mes souvenirs, je ne vois pas un seul instant où j'ai été heureux. Bon ! d'accord, c'est mon lot, certains diront mon "karma" ou mon "destin". Mais le mien est vraiment gratiné. Je n'arrive pas à m'y faire. Non, non, je ne m'y fais pas ! »

« Je vais mal. Vous allez peut-être me dire que si déjà j'acceptais d'aller mal, je souffrirais moins, mais dans mon cas, je ne peux pas accepter. D'abord, je trouve que ce n'est pas juste, alors vous imaginez ma souffrance. En vérité, je dois vous le révéler avec simplicité, j'éprouve une double souffrance : une première souffrance pour tout ce qui ne va pas, et une autre pour tout ce qui devrait aller mieux mais ne s'améliore pas ! Quand l'une diminue, l'autre augmente et vice versa. Je ne peux pas m'en sortir... »

« Au fond, ce que je voudrais, je vais vous le dire sans rien vous cacher : je voudrais que ça aille bien chez moi naturellement, sans avoir à faire d'effort. Je ne demande pas beaucoup, simplement d'aller bien, de me sentir heureux. Je voudrais que tout soit "cool" sans que j'aie à m'interroger sur ce qui ne va pas ! Je voudrais que le bonheur me fréquente un peu au lieu de m'éviter ainsi qu'il le fait comme si j'avais une maladie honteuse ou sentais mauvais ! Bon, je fais une supposition : si cela m'arrivait d'aller mieux, je sais que j'aurais du mal au début parce que j'ignore ce qu'est le bonheur ou se sentir bien. Mais je peux m'entraîner, dépasser les premières douleurs, faire preuve de patience et de bonne volonté. Je vous assure, je crois que je pourrais oser aller mieux si le bonheur acceptait de me dire bonjour ou si jamais quelqu'un ou un événement me donnait la possibilité de le rencontrer ! Il me semble, voyez-vous, qu'il suffirait d'un petit rien, et j'irais moins mal. J'irais mieux, même si c'est difficile. Mais ce petit rien, c'est quelque chose que je n'ai jamais rencontré ou que je ne vois pas. Je sens que ça existe, là, tout proche, mais je ne le vois pas. Oh ! je suis sûr que je passe tous les jours à côté sans le voir, mais bon sang, personne ne m'aide. Ah ! si vous saviez comme ça fait mal d'aller mal ! Vous ne pouvez pas savoir, vous. Pour vous, je le vois tout de suite, ça va ! Mais soyons positif. Supposons que vous sachiez déjà ce que je vous raconte : vous seriez affable, voire attentif quelques instants même si je doute que cela vous intéresse vraiment ! Mais ensuite vous vous en ficheriez ! Oui, les gens sont durs, très durs avec ceux qui souffrent depuis toujours. Je vous le dis. »

« Je ne sais pas comment font les autres, mais autour de moi, j'ai l'impression qu'il y en a qui arrivent à aller un peu mieux... Remarquez, je n'en rencontre pas beaucoup ! Mais aller mieux, c'est pas pour moi. Moi, c'était foutu dès le départ, tout bébé. Vous pensez, avec les parents que j'ai eus ! C'était pas une vie qu'ils avaient, alors avec moi en plus, ça a été la "cata" ! C'est bien simple, je n'aurais jamais dû naître. Au moins je n'aurais pas ajouté au malheur du monde et au leur. Ils n'auraient pas eu besoin de me rejeter, de me faire sentir tous les jours que sans moi, ils auraient pu être, non pas heureux, mais moins malheureux ! Mais voilà, je suis né. Je ne pouvais tout de même pas me suicider dans le ventre de ma mère ! Je suis quand même venu au monde, et depuis ça n'a pas arrêté. Tous les malheurs de l'univers me sont arrivés. Vous n'allez pas me croire, j'en suis sûr, vous allez faire comme les autres, penser que j'exagère ou que j'aime me plaindre ! Quelqu'un m'a dit – vous vous rendez compte de la cruauté des gens ! – que je me masturbais les neurones avec mes malheurs – vous vous rendez compte de leur inconscience ! J'ai bien essayé la masturbation mais ça donne un plaisir triste. Comme s'il manquait quelque chose... Dans la souffrance par contre, il y a parfois du plaisir, comme celui de gratter une vieille croûte. »

« Vous allez me demander comme les autres "mais qu'est ce qui ne va pas ?" Tout, absolument tout. Là, je n'ai aucune hésitation : r-i-e-n n-e v-a ! C'est clair. Chez le médecin, quand il me demande ce qui m'amène, je réponds toujours « rien de neuf, que du vieux, que du connu qui se renouvelle tout seul. » Je n'ai pas d'effort à faire, le *mal-être* est endémique chez moi. Pourtant, je vous assure que je ne fais rien de particulier. Je ne suis pas plus idiot qu'un autre, pas plus tordu, mais voilà, je passe dans les mailles de la vie et je me retrouve suspendu au-dessus d'une marée d'ennuis, des fois j'ai les pieds dedans et des fois je plonge carrément. »

« J'entends déjà votre question. Vous allez me demander *où* j'ai mal ! Mais partout, du haut en bas, du dedans au dehors, dans ce qu'il y a de plus sensible en moi à ce qu'il y a de plus coriace, partout et sans arrêt. Si encore j'avais des pauses, des oublis, des vacances. Je ne sais pas, moi, un petit miracle ! Pendant quelques jours le malheur qui passerait à côté de moi sans me voir ! Non, même pas ça à espérer ! »

« Rien ne fonctionne bien. Je vivote, je survis, je rame. Je devrais dire "je galère", sans plus, sans avancer ni couler, je fais du surplace, je m'efforce de garder la tête hors de l'eau. C'est épuisant, vous n'avez pas idée ! Essayez de vous mettre à ma place, vous verrez, vous ne tiendrez pas cinq minutes. D'ailleurs, personne ne veut la prendre, ma place ! Les gens sont d'un égoïsme, c'est pas croyable ! »

« Pourtant c'est pas faute de demander de l'aide. Je ne fais que ça : appeler, crier, soupirer, supplier. Mais même ça, c'est encore trop. Les gens d'aujourd'hui veulent des plaintes silencieuses et dignes, le regard baissé qui se fait humble, la main tendue mais pas insistante. Ils veulent une souffrance qui ne racole pas – ça les gêne... »

« Non, dans mon cas, c'est le désintérêt le plus complet. J'ai l'impression de leur casser les pieds avec mon *mal-être* ! Même ma femme n'a pas tenu le coup, seulement dix ans et puis hop !, elle est partie avec un musicien. Quelle imbécile ! Elle disait qu'elle aimait la vie. Comme si on pouvait aimer la vie avec moi ! Alors je vais vous le dire, à vous qui m'avez écouté jusque-là. Je ne me décourage pas, vous savez. Je vais continuer ! Je vais aller mal jusqu'au bout. On verra bien qui sera le plus têtu de mon malheur ou de moi, qui lâchera prise le premier ! Allez ! J'espère que ça ne va pas trop mal pour vous. Sinon n'hésitez pas, commencez à vous plaindre, vous verrez, on ne va pas mieux mais au moins on a quelque chose à dire. »

De fait, il est délicieux de se plaindre, d'accuser le sort injuste, les dieux ou le ciel, le gouvernement ou le voisin. Quel bonheur de se présenter aux yeux du monde entier comme n'ayant pas eu la chance d'être heureux au moins une fois dans sa vie...

Quel plaisir pour d'autres d'entretenir la croyance malsaine et tenace, le sentiment négatif et féroce qui les taraude, celui de n'avoir que de la malchance, que le sort est inévitablement contre eux, tout en nourrissant, à l'arrière-plan, l'idée tout aussi irrationnelle que les autres, tous les autres, des veinards, eux, ont de la chance !

Celui qui se plaint est en effet persuadé qu'il lui manque quelque chose qu'il aurait dû recevoir ! Qu'il a été oublié dans la répartition des bienfaits, que la justice divine ou temporelle n'a pas fonctionné à son endroit. Que s'il possédait ne serait-ce qu'une miette de cette fameuse chance, rien de tout ce qui le désole, le décourage ou le meurtrit n'existerait plus !

Attention ! Ne commettez pas l'erreur de vouloir apaiser quelqu'un qui se plaint. Celui qui se plaint ne demande pas à être rassuré ni à changer : il demande quelqu'un qui l'écoute, un réceptacle, une « poubelle » en quelque sorte où il puisse vider son insatisfaction, raconter par le détail la somme de tout ce qui lui est tombé dessus sans qu'il le veuille, sans qu'il ait fait quoi que ce soit pour attirer tant de mésaventures, de malheurs et de catastrophes ! Ce qui est la preuve même de sa bonne volonté : « Ce n'est pas ma faute, je fais attention, je me méfie et crac ! Ça tombe sur moi. Même l'ordinateur des impôts a fait une erreur, et aux dépens de qui ? De moi ! Si encore cela avait été à mon avantage ! Mais non ! Et ils ne m'ont remboursé que six mois après alors que j'empruntais déjà pour boucler mes fins de mois ! Ce n'est pas de la malchance, ça ? »

Ainsi, certains ne vivent-ils pas, mais survivent plutôt, au milieu d'une série de catastrophes qui font boule de neige et provoquent des avalanches socio-économiques, des tempêtes affectives, des tremblements de terre relationnels.

Il existe souvent, peut-être faut-il le dire au risque de surprendre, une érotisation de la plainte chez celui qui savoure avec délectation tant de catastrophisme !

« Ce que j'aime, c'est souffrir en silence,
incompris de tous, surtout
de ceux qui m'aiment. »
(ENTENDU SUR LA PLAGE)

Une victime idéale

Le goût de se victimiser, comme le goût de se plaindre, doit sembler incomparable à beaucoup de personnes tant elles prennent de plaisir à énoncer leurs multiples malheurs, à détailler la foultitude d'ennuis et de contrariétés qui peuvent surgir dans leur vie ou dans celle de leurs proches. Se victimiser comporte en effet de nombreux avantages, parmi lesquels :

• Capter l'attention de l'autre et en attendre des marques d'intérêt, des signes de compassion.

• Accuser ou tout au moins reprocher à l'autre d'avoir fait ou pas fait, dit ou pas dit ce qu'il aurait dû...

Se victimiser est une façon de s'assurer une emprise sur l'autre en le mettant dans une position vulnérable : « Tu n'as pas le droit d'être heureux, regarde comme je suis malheureux ! » Accuser, reprocher, mettre en cause les autres, la société, le destin ou le hasard permet surtout de se déresponsabiliser en attribuant la responsabilité de ce qui nous arrive à des éléments qui se situent hors de nous.

Ces victimes, contrairement à ce que l'on peut imaginer, sont rarement passives, elles font plutôt preuve d'un activisme dynamique tous azimuts. Tels les enzymes gloutons de nos lessives d'autrefois, elles nous laissent lessivé, démuni, affligé, coupable.

L'arme privilégiée de la victime est la culpabilisation par laquelle elle tente de rendre l'autre, quoi qu'il ait fait, responsable de ce qui arrive : « Tu dois te sentir concerné par mes ennuis et ne pas les prendre à la légère. Si ce n'est pas le cas, c'est que tu ne m'aimes pas ! »

La victime, non pas accidentelle, mais régulière, tenace, pratiquante assidue dans sa collaboration à tous les ennuis du monde, est en quelque sorte une quasi-professionnelle !

De façon générale, je propose de ne pas encourager le fonctionnement des victimes par une pseudo-attention ou un faux intérêt, ni tenter de leur proposer des solutions. Car c'est avec un art consommé qu'elles vous démontreront que vous les agressez, que vous êtes bien « comme les autres » en leur offrant de faire ce que justement elles ne souhaitent pas faire : être privées de leurs difficultés et surtout de la possibilité jouissive de se plaindre !

Il y a des cas désespérés
et des cas désespérants, fuyez les seconds.

Perpétuellement insatisfait…

Il m'arrive de rencontrer des personnes qui sont toujours insatisfaites, habitées d'un reproche permanent à l'égard de la vie et des autres. Et d'autres qui ont du mal à recevoir, qui confondent la mise en mots et la mise en cause d'elles-mêmes, qui, devant la moindre remarque, ou commentaire, les concernant se sentent attaquées, mises en accusation et sont tout de suite sur la défensive : « Je ne sais pas pourquoi tu t'en prends à moi en me disant qu'il y a des voitures mal rangées sur le parking de l'usine » ou, pour peu que nous relevions devant elle le fait que 73 % des personnes ne lisent pas : « Ah bon ! Tu dis ça pour moi, tu crois que je devrais lire plus ? » Une de mes voisines prétendait que le facteur faisait exprès de terminer sa tournée par elle pour qu'elle soit la dernière à recevoir son courrier…

Ces personnes sont d'une grande habileté à se transformer en victimes et à prétendre que le monde entier est contre elles. Ces éternels persécutés se transforment quelquefois en persécutants. Cela peut s'avérer gênant pour l'entourage : « Puisqu'il fait exprès de laisser son vélo contre mon mur, je dépose mes ordures contre le sien… », « J'ai remarqué qu'il brûle toujours ses ordures quand le vent souffle en direction de ma maison et chaque fois que j'étends mon linge. Alors je jette des boulettes empoisonnées à ses chats ! »

Certaines personnes peuvent ainsi construire leur vie autour d'un petit nombre de comportements visant à punir, à sanctionner les autres ou à leur faire comprendre « ce qui ne se fait pas ». Si vous avez un voisin de ce style, vous allez au-devant de nombreux conflits, pour la plupart insolubles. Il ne vous reste qu'à envisager de déménager, à moins que ce voisin ne trouve une personne plus proche que vous à persécuter !

Il est quasiment impossible de modifier le comportement de telles personnes. Toutes vos tentatives d'explication, de clarification, votre patience et même votre bonne volonté se retourneront irrémédiablement contre vous. Le persécuteur, lui, a toujours de bonnes raisons de vous persécuter même si vous, vous les ignorez !

Celui qui prête aux autres une intention maligne et se sent ensuite persécuté peut ainsi justifier à l'infini ses propres comportements persécuteurs.

Adepte de la répression imaginaire

J'appelle répression imaginaire l'ensemble des interdits, des censures et des frustrations que nous nous imposons à nous-même, en imaginant à l'avance que nos dires, nos propositions, nos actes seront mal reçus ou feront l'objet d'un jugement de valeur négatif de la part de notre entourage. Pour cette raison, nous exerçons une véritable censure à l'égard de nous-même, par laquelle nous nous interdisons de donner et surtout de recevoir : « Je ne vais quand même pas acheter cette robe-là, elle est trop sexy. Ils vont penser que je cherche à draguer le chef de service ! », « Je suis sûre qu'ils m'ont invité en vacances par pitié. Je ne peux pas accepter. Ils doivent croire que je ne sais pas me débrouiller tout seul... ».

La répression imaginaire constitue un véritable poison propre à se répandre dans notre psychisme et à conditionner une part importante de notre existence. Elle est une autopollution très active, en prise directe sur nos pensées, nos gestes, nos comportements, car nous imaginons nous-même, par anticipation, les opinions, les jugements de valeur et les réactions de l'autre : « Je suis persuadée que ma voisine va penser que j'exagère si je lui emprunte encore son fer à repasser... », « Les parents des copains de mon fils vont croire que je suis une mauvaise mère ou, pire encore, une femme pingre, si je ne lui achète pas les chaussures de marque qu'il souhaite », « Ma mère va me prendre pour une folle si je lui renvoie un objet symbolique représentant toutes les violences verbales qu'elle m'a adressées. Non je préfère tout garder et ainsi ne rien changer dans les accusations que je peux continuer à lui porter ! ».

Certains en arrivent ainsi soit à vivre par procuration, en s'alignant sur ce qu'ils imaginent être l'attente de l'autre, soit à se sentir dans un état de frustration permanente, en se privant de tout ce qu'ils auraient pu recevoir s'ils avaient osé demander.

Notre liberté d'être est liée au dépassement de la répression imaginaire. Elle passe d'une part par la reconnaissance de nos sentiments et de nos émotions que nous devons assumer, d'autre part par la reconnaissance de nos désirs et de nos attentes vis-à-vis desquels l'autre peut prendre toute position libre et responsable, avoir une réponse en cohérence avec ses propres désirs. Position ou réponse qui n'ira pas toujours dans le sens de nos désirs !

Oser demander, oser proposer, oser inviter ou faire les premiers pas vers quelqu'un sans anticiper le refus, la gêne ou le manque que nous projetons sur lui, c'est aussi une façon de respecter l'autre en arrêtant de penser à sa place et d'imaginer que nous allons le gêner ou le contraindre. C'est surtout arrêter de l'infantiliser en pensant à sa place !

Je ne sais rien de plus enthousiasmant
et de plus stimulant que le renoncement
au négativisme.

Les pathologies du pouvoir

Je peux imaginer que tout parcours menant à un haut niveau de responsabilité, que ce soit dans les domaines politique ou artistique, industriel ou financier, est constitué par une succession d'affrontements et de combats, de déceptions et de réussites qui mettent durement à l'épreuve l'équilibre personnel de celui qui, un jour, arrive enfin au plus haut de l'échelle sociale.

Mais j'aimerais pouvoir penser que chaque postulant ou conquérant, en marche vers plus de puissance et donc de pouvoir, aura l'honnêteté d'entreprendre un travail personnel sur lui-même et sur son histoire afin de développer une écoute et une lucidité plus grandes par rapport à ses comportements et d'accepter ainsi de pouvoir mieux reconnaître ses propres tendances, ses zones obscures, voire ses traits pathologiques.

Je pense en effet que ces derniers sont présents, au moins à l'état potentiel, chez tout individu, et qu'ils tendent à se réveiller et à prendre beaucoup de place dans certaines situations, en particulier quand les contre-pouvoirs ou les instances de contrôle sont moins présents.

Tout individu qui se trouve en haut de la hiérarchie et cumule pratiquement tous les pouvoirs tout en se sachant hors d'atteinte des influences, des pressions ou encore des risques qui le guettent devrait être conscient que cette situation est susceptible de majorer sa pathologie de base.

J'entretiens cette utopie en imaginant que celui qui s'engage à la conquête du pouvoir dans une entreprise, au sein d'une organisation politique, ou pour parvenir à la charge suprême de chef d'État, pourrait avoir cette exigence intime relevant d'une éthique forte : accepter de se confronter à une démarche de prise de conscience de sa personnalité quand on s'apprête à occuper un poste important.

Je peux tenter d'expliciter le sens et la nécessité de cette démarche qui peut paraître pour le moins curieuse ou inutile, voire relever d'une forme d'angélisme, à ceux qui me lisent.

J'ai observé que chacun d'entre nous a une dominante sensible qui fonctionne la plupart du temps *a minima*. Cette dominante peut être soit obsessionnelle, sadique, masochiste, hystérique, phobique, maniaco-dépressive ou paranoïde, et elle se mobilise très rapidement et se montre particulièrement active dans certaines situations de stress, d'affrontement ou de compétition.

Dans ces situations, elle s'éveille et prend son plein essor. La même chose se produit à des moments charnières de notre vie. Un de ces moments est l'accession à un poste de pouvoir, à une fonction influente ou à une charge politique importante.

Dans le cursus professionnel, social ou amoureux d'un homme on peut déceler deux phases importantes :

• Une phase durant laquelle il met sa « pathologie » (qui n'est pas encore reconnue comme telle, mais qui apparaît comme un trait de caractère fortement marqué) au service de l'entreprise, de la tâche, de l'action, des projets ou de la relation amoureuse dans laquelle il est engagé. Ce qui fait que l'entourage concerné en tire beaucoup de bénéfice et le pousse à prendre de plus en plus de responsabilités et donc de pouvoir.

• Lors d'une deuxième phase, celui qui est promu mettra implicitement l'entreprise, les projets ou la relation amoureuse au service de sa pathologie. C'est au cours de cette phase que des distorsions, des dysfonctionnements, voire des abus ou des violences apparaîtront et se révéleront catastrophiques pour l'entreprise, la relation, voire le pays.

Nous avons tout dernièrement eu l'exemple d'un chef d'entreprise français qui, partant d'une entreprise nationale, a construit en quelques années une multinationale majeure sur le plan mondial. Cet homme dont les manifestations narcissiques, égocentriques, mégalomaniaques n'avaient échappé à personne a su créer un empire planétaire très diversifié dans les domaines de l'édition, de la communication, du cinéma et de la télévision. Or, malgré la chute de plus de 69 % de la valeur des actions de son groupe en quelques mois, il réclamait une augmentation de ses revenus ainsi qu'un important paquet de *stock options*.

Je pourrais citer d'autres exemples comme celui du président de l'un des États les plus puissants du monde dont la dimension paranoïde s'est révélée incontrôlable, au point qu'elle a entraîné sa destitution.

Il me semble que les décideurs et les électeurs ne font de cadeau ni à eux-mêmes ni à la personne qu'ils promeuvent en la propulsant au plus haut d'une hiérarchie, s'ils ne se sont pas assurés auparavant que cette personne a pu entreprendre en parallèle un travail sur elle-même visant à une prise de conscience ! Le prix à payer est très élevé, à la fois pour la personne qui aura à vivre les débordements d'une composante pathologique fonctionnant sans contrainte et sans possibilité d'en saisir le sens caché, et pour ceux qui devront en subir les contrecoups.

J'ajouterai que ce n'est pas le pouvoir en tant que tel qui pervertit les hommes, mais l'absence de contre-pouvoir qui les livre démunis à cette part d'ombre qui peut empoisonner toute ou une partie de leur existence.

J'ai du pouvoir quand j'influence l'autre par la contrainte, quelle que soit la nature de cette contrainte. J'ai de l'autorité quand je peux l'aider à devenir lui-même.

« Je ne ris plus »

Combien de fois, au cours d'une conversation entre proches, n'ai-je pas entendu cette confidence, dite sur un ton anodin, mais que je ressens plus douloureuse, plus chargée de souffrance qu'il n'y paraît : « Cela fait des années que je ne ris plus ! » ou « Autrefois j'étais quelqu'un de joyeux, je riais pour un rien et puis sans m'en rendre compte j'ai perdu l'habitude de rire ! Une amie me disait dernièrement : "Je ne te reconnais plus, toi autrefois si joyeuse, on dirait aujourd'hui que tu en veux au monde entier !" Moi non plus, je ne me reconnais plus ! »

Rire n'est pas une question d'habitude, c'est un plaisir, un plaisir vital. Rire est en relation directe avec le bien-être, le plaisir d'être vivant, le fait de se sentir bien dans sa peau et avec autrui. C'est une façon de dire : « J'occupe le présent, je ne suis pas soucieux de l'avenir, ni persécuté par mon passé. » Rire est lié à la capacité de saisir la dimension joyeuse, étonnante ou surprenante de la vie dans une situation particulière.

Le rire est souvent le reflet d'un trop-plein de satisfactions, la marque d'un plaisir reçu et l'envie d'en témoigner, de le partager et de le faire rayonner autour de soi. Chaque rire diffuse une énergie bienveillante à l'intérieur et autour de celui qui rit. Il existe bien sûr plusieurs sortes de rires qui correspondent à des états émotionnels très différents :

- Des rires crispés qui tentent de masquer une gêne et ne font que la dévoiler.
- Des rires de satisfaction, d'étonnement, de jubilation.
- Des rires de contagion, quand nous nous sentons emportés par le rire de notre voisin.
- Des rires d'émotion pudique.
- Des rires pleins de larmes, tous sens confondus.
- Des rires de gratitude à l'égard de la vie.

Celui qui rit s'abandonne, s'ouvre. Il invite en quelque sorte l'autre à partager son plaisir et sa joie. On ne peut commander son rire, mais au moins peut-on le féconder par un sourire et le partager avec ceux qui se réjouiront de nous voir rire !

**Quand je t'offre l'amour au-delà de l'amour,
ce sont tous mes rires, tous mes élans,
tous mes abandons que je te propose d'accueillir.**

« Je ne sais pas pleurer »

Combien de fois ai-je entendu ce constat, parfois un peu nostalgique, chez certains hommes, plus rarement chez les femmes : « Je n'arrive pas à pleurer, je garde tout, caché au fond de moi ! », « Pleurer c'est craquer, c'est comme montrer sa faiblesse... », « Quand quelqu'un pleure devant moi, j'ai envie de le secouer, de lui dire de se ressaisir ». J'ai même entendu une fois cette remarque : « Je trouve que pleurer, pour un homme, c'est obscène ! »

Il faut savoir que les pleurs et les rires sont des langages. Ils sont l'expression d'émotions récentes ou anciennes qui remontent à la surface.

Une émotion surgit lorsque entrent en résonance un ressenti actuel et un ressenti plus ancien. Ce qui a été ressenti dans le passé, puis enfoui, refait soudain surface et télescope ce qui est éprouvé au présent, permettant à la personne de prendre conscience de ce qu'elle a vécu dans le passé. Ce témoignage l'illustre bien : « En voyant à un feu rouge cette femme roumaine ou gitane qui demandait à son bébé de tendre la main pour recevoir une pièce, je me suis mise à pleurer – à pleurer ! moi qui ne pleure pourtant jamais, raconte cette femme responsable du marketing dans une grosse entreprise. Ce jour-là je n'ai pu travailler tellement je me sentais sensible et vulnérable. Le soir dans mon lit, je me suis vue bébé, tenue à bout de bras par mon père me prenant en otage et criant à ma mère : "Si tu me quittes, tu ne verras plus ta fille.'' Ma mère n'est jamais partie et je me suis toujours sentie coupable, comme si c'était ma faute qu'elle soit restée avec mon père, malheureuse pour tout le reste de sa vie. »

Dans ma génération, qui n'a pas entendu cette injonction : « Quand on est un garçon, on ne pleure pas, il n'y a que les filles qui pleurnichent pour un rien ! » Aussi, beaucoup d'hommes imaginent-ils que pleurer est une tare, ou tout au moins une marque de faiblesse portant atteinte à leur virilité. Or, il se trouve qu'aujourd'hui de plus en plus de femmes apprécient cette vulnérabilité chez les hommes, car elles y voient la marque d'une dimension sensible, féminine qui les touche. Pleurer, c'est accepter d'être plus près de ses émotions, en relation directe avec ce qui est ressenti, en accord avec ce qui est vécu dans l'intime de soi.

À certaines périodes, au mitan d'une vie par exemple, reviennent souvent les souvenirs de situations restées inachevées et demandant réparation, remontent à la surface la trace des vieilles blessures qui semblaient oubliées mais qui étaient demeurées présentes au plus profond de nous. En résultent des états émotionnels imprévisibles qui font parfois croire aux hommes qu'ils dépriment ! Il n'en est rien, ils ne font que s'ouvrir à plus de vérité envers eux-mêmes et se libéreront peut-être ainsi d'une partie des non-dits qu'ils refoulent depuis longtemps au plus profond de leur être. Peut-être ainsi en étant à l'écoute de leurs émotions entendront-ils l'appel en eux à oser dire, à exprimer cette part d'indicible qui les tenaille secrètement.

Ce n'est pas parce qu'une espérance a fait naufrage une fois qu'il faut renoncer à tout espoir.

« Je n'ai pas osé ! »

Nous nous imposons souvent plus d'autoprivation que nous ne le pensons, nous interdisant de dire, de faire, d'imaginer, de rêver : « Je n'ai pas osé te demander, j'ai pensé que tu avais bien assez de soucis avec tes enfants ! », « Comme tu n'avais pas répondu à mes deux précédents messages, j'ai cru que tu avais renoncé à notre relation et je n'ai pas osé donner signe de vie... », « Je n'ai pas osé t'inviter, j'ai imaginé que tu préférerais te reposer avec tout le travail que tu as ».

En disant « Je n'ai pas osé », en nous donnant de bonnes raisons pour ne pas appeler, demander ou faire quelque chose qui serait bon pour nous, nous pratiquons ce que j'appelle la *répression imaginaire*. Ce faisant, nous exerçons avec beaucoup d'habileté et de persévérance, et de façon très concrète, une censure sur notre spontanéité et surtout sur nos véritables besoins et désirs. Lorsque nous nous mettons à la place de l'autre, imaginant par exemple que nous le dérangeons, ou lorsque nous nous empêchons d'agir, nous ne respectons pas l'équilibre de la relation.

Je rappelle qu'une relation équilibrée comporte la possibilité de demander, de donner, de recevoir ou de refuser. Si l'une de ces dimensions manque, si elle est hypo ou hypertrophiée, la relation est malade !

Je dois également savoir que si je prends la liberté de faire une demande, je prends le risque que l'autre n'y accède pas. C'est à lui, à lui seul, de me dire si ma demande est recevable, s'il peut y répondre ou non !

Celui qui n'ose pas exprimer ses attentes risque ainsi de nourrir envers lui-même une dynamique de gêne, de manque, de frustration. De surcroît, il entretient souvent la croyance infantile, profondément ancrée chez certains : « Si l'autre s'intéressait réellement à moi, s'il m'aimait vraiment, il entendrait ma demande sans même que je l'énonce ! »

Oser demander, proposer, inviter de façon suffisamment ouverte, c'est avoir le courage de nous respecter en acceptant que notre demande puisse être entendue, c'est aussi prendre le risque de nous heurter à l'acceptation, au refus ou aux limites de l'autre.

Le plus difficile dans la vie
est d'oser la vivre pleinement.

« Je ne fume pas et j'en bave ! »

Julien, adolescent de 16 ans, en classe de seconde dans un lycée de province, me racontait dernièrement combien il était dur pour lui de continuer à ne pas fumer, de rester ferme sur ses positions. Il me disait comment il devait se défendre contre toutes sortes de pressions, de jugements de valeur, de disqualifications et de commentaires divers : « ''T'es débile, t'as jamais fumé, tu peux pas savoir ce que c'est. Tu n'as qu'à essayer une fois, alors là tu décideras si tu continues ou pas. Tu ne sais même pas de quoi tu te prives. T'es vraiment à part...'' Dans mon lycée, ajoutait-il, ils savent tous que je ne fume pas, et ils continuent cependant à me demander si j'ai pas une clope à leur passer, si j'ai du feu ! L'an passé ça a été dur, j'ai même été tenté d'acheter un paquet, juste pour pouvoir offrir des cigarettes à l'occasion et payer ainsi mon droit d'entrer dans le groupe... Le fait de ne pas fumer est considéré comme une tare, à laquelle ils associent des commentaires sur ma virilité. Je ne suis pas vraiment un ''mec'' : ''Alors t'offriras même pas une cigarette ou du feu à ta nana si elle fume !'' Je me sens sans arrêt agressé sur ma façon d'être. Ils ont tenté de me marginaliser. Ce qui me sauve, c'est que je suis bon en sport et que sur le terrain de foot je me défends pas mal... »

Il est difficile pour un enfant, pour un adolescent surtout, de se démarquer de la loi du groupe. Chaque clan, chaque groupe a un code de valeurs concernant la vêture, la façon de s'exprimer par des phrases clés, des mots particuliers et des conduites fétiches telles que des rituels, des habitudes de retrouvailles et de séparation... que doit respecter chaque membre du groupe. Et cela d'autant plus qu'à cet âge, le besoin d'appartenance est grand. La loi des pairs est plus forte que la loi du père.

Julien me disait encore combien il souffrait de ne pas se sentir accepté tel qu'il est, avec son besoin de se respecter dans sa différence. Mais il tient le coup, il continue donc à ne pas fumer – pour l'instant ! Je crois que s'il peut faire face, c'est parce qu'il a engrangé un sentiment de valeur personnelle et qu'il a pu développer une estime de lui-même qui le structure et lui donne sa cohérence.

Accepter de renoncer, c'est faire un choix et, d'une certaine façon, perdre ce que l'on ne choisit pas. C'est aussi accepter de mettre toute la distance nécessaire avec ce qui n'est pas advenu.

« Je ne sais pas recevoir »

« Quand on me donne quelque chose, j'ai toujours du mal à l'accepter. Si on veut me faire plaisir en m'offrant un cadeau, je m'arrange, dans les jours qui suivent, pour offrir quelque chose à mon tour afin de remercier tellement je me sens mal à l'aise ! » Comme s'il était important pour cette femme de ne rien devoir pour ne pas se sentir en dette.

Certaines personnes ont ainsi beaucoup de mal à accepter gratuitement un geste, une attention ou une marque d'intérêt. Elles rejettent ou minimisent les manifestations positives qui leur sont adressées. Vous leur dites : « Je trouve que vous avez des yeux splendides, ce matin » et elles vous répondent : « C'est seulement aujourd'hui que vous le remarquez ? » ou « Vous dites cela à tout le monde ! ». Celui qui donne éprouve une frustration permanente vis-à-vis de ces personnes, car il ne sait jamais ce qui leur ferait réellement plaisir. Quand vous dites à une amie proche : « Je trouve ton chemisier magnifique, il te va très bien » et qu'elle vous répond : « Je l'ai acheté en solde », vous sentez bien que votre compliment n'a pas été bien accueilli...

Recevoir, c'est abandonner ses défenses, c'est s'ouvrir, c'est accepter l'altérité, la différence. Quelqu'un me disait récemment : « Mes parents m'ont beaucoup donné, mais je n'ai pas beaucoup reçu car j'avais le sentiment que je devais tout leur rendre. Rendre en étant sage, gentil, bon élève... en ne faisant pas de bruit, et surtout, en évitant de faire de la peine "à ton pauvre père qui travaille beaucoup pour que nous soyons tous heureux !", disait ma mère d'une voix plaintive. Ce qui me donnait toujours l'impression que je ne méritais pas réellement ce qu'ils me donnaient. »

Sans compter tous ceux qui ont été déçus de ne pas recevoir ce qu'ils attendaient et qui cultivent l'autoprivation : « Si ma femme avait refusé de faire l'amour avec moi tout au début de la nuit, même si par la suite elle me proposait quelques caresses et invites, je restais fermé, je refusais de recevoir pour la culpabiliser tout le bon qu'elle aurait pu me donner et dont... je me privais ! »

Nous n'acceptons pas toujours facilement ce qui vient d'autrui, mais nous pouvons au moins lui confirmer que ce qu'il nous a donné est bien arrivé jusqu'à nous.

Si nous nous rappelons qu'une relation saine est une relation où demander et donner, refuser et recevoir s'équilibrent, nous percevons combien la difficulté à recevoir peut déstabiliser les échanges et grever une relation de longue durée en maintenant ouvert un contentieux frustrant.

Il est possible d'apprendre à mieux recevoir en évaluant la qualité de ce qui vient de l'autre à l'aune de ce que l'on ressent. Ce qui me vient de l'autre est-il bon pour moi ? Si oui, je peux l'accepter sans hésiter. Quand ce qu'il m'offre est bon, puis-je le reconnaître ? Quand ce n'est pas bon, puis-je le lui restituer ? Je peux ainsi accéder à la liberté de recevoir sans me sentir ni pollué, ni coupable, ni redevable. Je peux accepter de recevoir sans me positionner comme étant redevable (sans dette) de ce que j'ai reçu !

Recevoir est le miroir du don.
Il lui permet de prendre toute sa place,
de s'offrir sans réticence.

Désir, besoin et autonomie

Le conflit entre désir et besoin est l'un des conflits intrapersonnels les plus difficile que nous ayons à affronter. Nous sommes parfois porteur d'une envie qui nous mobilise en vue de sa réalisation, tout en nous trouvant confronté à des résistances, voire à un refus intérieur pour peu que nous pressentions que la réalisation de ce désir ne corresponde pas tout à fait à un besoin profond.

Certains de ces conflits sont bénins. Ainsi puis-je avoir envie de sortir et de faire la fête, tout en éprouvant le besoin de me reposer ; telle femme a envie de prendre un peu de temps pour elle afin de respecter ses aspirations, d'aller au cinéma par exemple, mais elle a aussi besoin de se rassurer en préparant l'examen qu'elle doit passer dans quelques jours. « J'ai envie de voir plus souvent mes parents qui sont restés importants pour moi, dit un homme, mais j'ai besoin de savoir que je ne paierai pas ma visite d'une bouderie de ma femme ou de ses reproches à l'effet que je ne suis pas suffisamment présent pour elle ! »

La plupart du temps, nous privilégions notre désir car il est plus dynamique, plus vivace que le besoin, mais au moment de le vivre, le besoin se rappelle à nous et nous le fait souvent payer en sabotant notre plaisir.

Ce genre de conflit suscite encore plus de malaises et de tensions, quand sont en jeu un désir d'autonomie et un besoin engendrant la dépendance. Il en est ainsi quand je désire lire ou prendre du temps pour moi, mais qu'en même temps je dois assurer ma survie en travaillant ; quand je suis engagé dans la nécessité de terminer la tâche entreprise mais que je me sens attiré par une proposition de voyage. Dans ces cas, j'ai du mal à vivre pleinement l'un ou l'autre de mes choix.

Cela se complique encore lorsque des désirs parasites font irruption, augmentant la confusion. Une femme dit : « Pendant longtemps j'ai pensé que la satisfaction de mes besoins propres était secondaire par rapport à ceux de mes enfants. Mon mari me trompait, il voyait régulièrement une autre femme, et malgré mon désir de sortir de cette relation dans laquelle je me sentais dévalorisée, je mettais en avant mon désir ou mon besoin, je ne sais plus, d'être une bonne mère, de préserver mes enfants des risques d'une séparation qui les aurait privés de leur père qu'ils adoraient... »

Les conflits entre désirs et besoins paraissent souvent insolubles à celui qui les vit. Aussi tentera-t-il souvent de nier le problème en tentant de satisfaire les deux à la fois : « Je me débattais pour répondre à la fois à mon besoin de sécurité et à mon désir de liberté. Je jonglais avec les contraintes, je transgressais mes interdits, si bien que j'étais toujours insatisfaite et angoissée ! »

La conquête d'une autonomie personnelle plus grande et bien intégrée intérieurement passe par un dépassement de ce type de conflit.

France Quéré compte juste :
« L'amour est capable de durer,
nous rappelle-t-elle, mais il faut
un peu d'arithmétique pour aimer.
Il faut être deux et pour être deux,
il faut d'abord être un. »

Apprendre l'autonomie...

Cette interrogation revient souvent chez ceux qui, justement, ont du mal à se construire ou seulement à exister en dehors de la dépendance.

Au tout début de l'existence, le nouveau-né est dépendant des réponses de l'entourage (notamment celles des parents) pour satisfaire ses besoins primordiaux. Cette dépendance physiologique entraînera par la suite, au long de l'enfance, d'autres dépendances plus subtiles et parfois plus contraignantes : des dépendances relationnelles et surtout affectives.

L'autonomie est une conquête parsemée d'embûches, d'obstacles et de pièges. Se différencier des personnes chères et proches que sont papa et maman n'est pas facile. La séparation va se heurter à ce que j'appelle la *répression imaginaire*. Celle que nous produisons lorsque nous imaginons ce qui pourrait arriver si nous faisons ou ne faisons pas, si nous disons ou taisons... Nous craignons de déplaire, d'être rejeté, de perdre l'amour de nos proches à la seule idée d'énoncer notre position ou notre point de vue : « Je ne suis pas toujours celui, celle que vous croyez », « Mes croyances ne sont pas les vôtres et ma perception du monde n'est pas la même que celle que vous avez... », « Je pense autrement, j'ai des idées différentes, parfois opposées ».

Beaucoup de parents, oubliant que l'amour parental est un amour donné à l'enfant afin de lui permettre de les quitter, de se séparer de sa famille, entretiennent subtilement la mainmise infantilisante sur leurs enfants et nourrissent leur dépendance vis-à-vis d'eux.

Pour pouvoir laisser un jour ses parents, encore faut-il disposer de suffisamment de ressources personnelles, de confiance en soi et de sécurité intérieure afin d'être autonome et indépendant face aux choix de vie qui s'imposent. Outre la différenciation, qui est une sorte de mise à distance permettant de sortir de la fusion, l'autonomie suppose l'affirmation de soi, la capacité de se définir, de prendre position, et surtout la capacité de répondre avec ses propres moyens à ses besoins fondamentaux.

Un certain nombre d'adultes n'ont pas accédé à l'autonomie. Étant passés trop vite d'une prise en charge familiale à une prise en charge conjugale, ils n'ont fait que changer de dépendance. La conquête de leur autonomie en sera retardée d'autant. Ce sont les mêmes qui, durant des années, accepteront de se laisser dicter des comportements et définir par les autres, et qui un jour, en réaction, tenteront de faire payer à leur conjoint et à leurs proches les révoltes, les colères et les ressentiments qu'ils auront accumulés pendant des années à l'égard de leur famille d'origine.

Accéder à l'autonomie peut s'apprendre très tôt. Il suffit de s'appuyer sur quelques repères simples, en particulier sur une règle de vie que chacun peut faire sienne. Ainsi, celle-ci : « Je suis responsable non de ce qui m'arrive, mais de ce que je vais en faire. »

À une époque de ma vie, j'ai failli me laisser croire que c'était toi qui me manquais alors que c'était moi qui me faisais défaut.

Entre soi et l'autre

Il n'est nul besoin de se regarder dans un miroir pour découvrir que beaucoup de gens cohabitent en soi.

La source de l'amour

Pendant longtemps, j'ai cru que si nous avions été aimé dans notre enfance, par nos parents ou par des personnes significatives, nous serions à notre tour capable d'aimer. Aujourd'hui, je ne le crois plus. L'amour reçu n'est pas suffisant pour pouvoir aimer.

Pour aimer, encore faut-il accepter de nous aimer nous-même, et pour cela avoir été élevé sur la base de relations de qualité s'appuyant sur nos ressources, confirmant notre valeur, renforçant notre confiance en nous, et balisant nos limites !

Cet amour de soi, qu'il ne faut pas confondre avec le narcissisme ou l'égocentrisme, s'enracine dans la bienveillance et le respect. Pour s'aimer, avoir confiance en soi, il est important de ne pas avoir été élevé à coups d'injonctions, de disqualifications, de chantages, de comparaisons ou de culpabilisations, mais plutôt au sein d'une relation permettant et favorisant l'échange, la tolérance vis-à-vis de vécus différents, l'apposition et la confrontation plutôt que l'opposition et l'affrontement – une relation autorisant l'alternance des rapports de force ouvrant sur le dialogue.

On m'a souvent demandé : « Vous dites que la source de l'amour est l'amour de soi, mais quelle est alors la source de l'amour de soi ? »

Les sources de l'amour de soi sont multiples et universelles :

• L'amour reçu, quand il est de bonne qualité, c'est-à-dire quand il n'est pas l'enjeu d'un troc affectif, d'un conflit de fidélité, et qu'il n'est pas dévoyé par de la culpabilisation sacrificielle.

• Les gratifications et les confirmations que nous engrangeons lorsque nous faisons des expériences positives, ainsi que les relations au sein desquelles nous nous sentons accepté de façon inconditionnelle, sans être jugé.

• La valorisation de nous-même lorsqu'elle nous est offerte sans complaisance et qu'elle est chaleureusement confirmée à l'occasion de nos réussites.

• L'élan de vie ou la *vivance* qui nous traverse quand le divin qui est en nous devient un appel nous portant à l'accomplissement de nos possibles.

Toutes ces expériences favorisant l'amour de soi peuvent avoir été vécues avec d'autres personnes que nos parents : grands-parents, amis, voisins, professeurs, thérapeutes... Retrouver la trace intérieure de ces souvenirs précieux, pour se relier au bon que nous recelons, est un beau cadeau à se faire.

Aimer l'autre et aimer être ce que l'on est en aimant l'aimé(e), deux conditions qui ne sont pas toujours remplies...

Quand l'amour n'est plus qu'un remède contre la solitude

L'amour semble aujourd'hui en difficulté. Chez les hommes, comme chez les femmes, il a du mal à s'épanouir, à révéler toutes ses possibilités. L'amour est devenu l'objet de nombreux enjeux qui le malmènent et parfois même le détruisent.

L'amour a longtemps été le support du rêve, de l'évasion, des belles actions, le justificatif de conduites nobles et héroïques. Il a été la voie royale pour l'entrée dans la sexualité. Pour beaucoup, l'amour a été l'élément déclencheur de la créativité et fut à l'origine de nombreuses œuvres d'art.

Aujourd'hui, il semble le plus souvent associé à la recherche de sécurité. Il est devenu un antidote à l'angoisse de la solitude, vécue comme injuste et frustrante. L'amour est réclamé, voire exigé pour masquer l'incapacité et la souffrance à se supporter soi-même !

La solitude vient de loin en nous. Elle est présente dès le séisme occasionné par la première séparation : la sortie du ventre. Durant les émois des premières années, quand nous sommes encore proche de notre mère, la solitude originelle reste en sommeil. Mais nous engrangeons alors d'autres vulnérabilités qui nous laisseront des séquelles et resurgiront dans les demandes d'exclusivité et de fidélité que nous adresserons ultérieurement à l'être aimé. Tout cela rendra difficile la progressive démystification du couple maman-enfant, bien qu'elle soit nécessaire. Qui plus est, si nous avons du mal à nous séparer de notre mère, nous éprouverons plus tard bien des difficultés quand nous songerons à construire un couple, et surtout à l'inscrire dans la durée.

Tout couple qui dure trouve son équilibre entre les forces de cohésion et les forces d'éclatement. Une relation qui veut rester épanouissante pour chacun et résister à l'usure du temps sera confrontée à cette recherche d'équilibre. Ainsi le désir de liberté, qui sommeille, voire s'agite en chacun, même s'il se construit sur une sécurité intérieure et reçoit le soutien de l'autre, renvoie inévitablement à la solitude qui s'exprime dans ce témoignage : « Toute ma vie j'ai senti que la solitude me guettait. Au début je la recherchais. J'avais avec elle une relation satisfaisante. Je faisais cohabiter harmonieusement intimité partagée et intimité réservée. Puis, avec l'âge, la disparition de quelques amis qui étaient des repères ou des relations balises, j'ai senti que nous sommes irrémédiablement seul, pour affronter non seulement le grand mystère de l'au-delà, mais aussi quelques-unes des énigmes de notre histoire personnelle... »

Quand l'amour est utilisé comme une défense contre l'angoisse d'être seul ou comme une réponse urgente au besoin d'être aimé, je crois qu'il n'est pas réellement aimé. Nous n'avons pas à proposer à l'autre d'être un compagnon de solitude, mais un partenaire pour une vie d'échanges, de partages et de découvertes mutuelles.

La pire des solitudes, faut-il le redire, n'est pas d'être seul : c'est de s'ennuyer en sa propre compagnie, d'imposer parfois cet ennui à tout son entourage et de stériliser ainsi l'amour qui ne saurait résister à ce traitement.

L'amour ne doit pas être utilisé
comme un remède à la solitude,
mais comme un soleil propre à faire éclore
en chacun le meilleur de lui-même.

Empreintes relationnelles

Chacun de nous est semblable à un immense champ sur lequel se dessinent une multitude d'empreintes relationnelles. Les unes ont été déposées intentionnellement, les autres imposées avec la plus parfaite inconscience. Certaines nous ont été transmises au moment de notre conception. Elles s'articulaient autour d'un désir ou d'un rêve. D'autres encore se sont inscrites durant la gestation ou pendant les premières années de notre vie. Elles sont nées de peurs, de supputations, d'espérances, de croyances. Je ne voudrais pas oublier les plus anciennes, les plus cachées peut-être, qui nous viennent de nos ancêtres et circulent ou resurgissent de façon plus ou moins aléatoire sur plusieurs générations. Mais je ne voudrais parler ici que des empreintes que j'appelle « relationnelles » : celles qui nous ont été transmises dans le cadre de nos relations avec les personnes significatives de notre vie au travers de messages formels énoncés explicitement ou, le plus souvent, implicitement ; ou de messages davantage informels, plus voilés, de nature infra ou supra verbale, mais qui laissent cependant autant de traces.

Nous savons en effet qu'existent non seulement des messages clairement exprimés par des paroles, des gestes, des conduites, voire des comportements répétitifs ou une intentionnalité affirmée avec force, mais aussi des messages plus subtils et masqués qui s'avéreront tout aussi prégnants.

L'empreinte s'inscrira pour peu qu'un besoin puissant chez l'un, rencontre un terrain réceptif chez un autre. Tout se passe comme s'il fallait qu'existe un accord mystérieux, une sympathie entre le désir et le terrain d'accueil, pour qu'une empreinte se fixe et trouve son emprise. Cela permet de mieux comprendre pourquoi les enfants d'une même famille, qui sont susceptibles de recevoir des messages identiques, ne sont pas marqués, imprégnés de la même façon. La plupart des enfants captent différemment des désirs et des peurs que nous leur insufflons, et sont plus ou moins durablement stimulés par les incitations et les invitations, voire les ordres ou les menaces que nous leur adressons. Autant d'empreintes qui marquent leurs comportements, leur relation au monde et leur adaptation à la vie et aux autres en particulier.

Les messages s'imprègnent d'autant plus puissamment qu'ils sont émis très tôt et par des personnes significatives de l'histoire de chacun. La petite fille qui voit durant des années sa mère relever ses cheveux d'un geste las, au-dessus de sa vaisselle ou de son travail ménager, peut associer en pensée les cheveux longs au découragement, à l'exploitation ménagère. Plus tard, il se peut que ses cheveux courts soient l'expression triomphante d'un désir d'indépendance tenace. L'homme qu'elle aimera et qui lui demandera de se laisser pousser les cheveux ne saura pas qu'elle risque d'entendre sa demande comme une exigence insupportable, une tentative pour la soumettre et il s'étonnera de l'intensité qu'elle mettra à résister à son désir ou de sa réaction excessive.

L'empreinte qui s'inscrit ne dépend pas de l'énoncé du message mais du sens que nous donnons à ce dernier, qu'il s'agisse d'une parole, d'un geste ou d'un comportement. Ceux-ci nous marquent et s'imprègnent fortement en nous, car nous leur offrons un terrain réceptif à ce moment-là de notre existence. Rappelons-nous que c'est celui qui reçoit le message qui lui donne un sens.

Tel petit garçon remarque très tôt la façon dont son père se laisse servir à table, ne participe pas à la vaisselle, ne manque jamais le début du feuilleton télévisé, alors que sa mère s'oblige à anticiper les attentes de son mari, à y répondre, ne regarde la télévision que lorsque la vaisselle est terminée, essuyée, rangée et qu'elle a noté qu'il faudra renouveler le liquide à vaisselle... Le message reçu par le garçonnet est double, il a le choix : soit il s'identifie à son père et mettra à son service ses sœurs et les femmes qu'il rencontrera dans sa vie, soit il s'identifie à sa mère et se rebellera, se révoltera contre toute tentative de diktat qu'il rencontrera dans ses relations intimes ou sociales.

La force et l'impact des messages qui s'inscrivent en nous seront d'autant plus efficaces qu'ils nous auront atteint à des moments de vulnérabilité ou dans des périodes de sensibilité particulière. La prise de nourriture, la toilette, l'habillage, l'avant-sommeil sont des moments de réceptivité latente durant lesquels tous les sens sont à l'écoute. Ce sont des moments sensibles au cours desquels les messages peuvent s'inscrire avec le plus de force : « Mais qu'est-ce que j'ai fait au bon Dieu pour avoir un enfant si maladroit ? », « Mais regardez-moi ça. On pourrait planter des choux dans ses oreilles, pas étonnant qu'il n'entende jamais ce que je lui demande de faire ! ».

Et d'où vient la croyance de telle jeune femme à l'effet qu'avoir des désirs et surtout oser les exprimer, c'est risquer d'être perçue comme une femme facile, sinon de l'inscription, en elle, des messages émis dans son entourage proche par le biais d'un commentaire, d'une réflexion banale : « Oh ! celle-là, on voit bien qu'elle a le feu aux fesses pour oser insister avec autant d'assurance ! », « Une femme qui ne sait pas tenir ses jambes croisées, on sait tout de suite que c'est une gourgandine ! ». Ce mot de gourgandine avait navigué longtemps dans l'esprit de la petite fille qui avait bien senti qu'il n'est pas recommandable d'en être une !

Les empreintes se divisent en deux familles principales. Celles qui autorisent, confirment, et celles qui jugent, obligent, voire interdisent. Les premières inscrivent une liberté d'être chez l'enfant, elles donnent un ancrage solide à la confiance et à l'estime qu'il a en lui-même et à son besoin d'affirmation. L'enfant sera porté par un courant positif qui lui permettra d'affronter l'imprévu et de traverser sans trop de mal les difficultés inévitables de la vie.

Les secondes sèment des doutes, des sentiments parasitaires d'angoisse, des menaces latentes, voire des blocages qui jalonneront toute la vie de l'enfant. Comment tel petit garçon peut-il s'autoriser à être joyeux, heureux, vivant s'il a entendu très tôt qu'il était un enfant de remplacement et qu'en plus il avait déçu au moment de sa naissance ! Comment pourrait-il, au vu de tous ses manques, remplacer le petit ange blond qu'avait été sa sœur aînée, décédée un an avant sa propre naissance ? Si un enfant voit les murs de l'appartement de ses parents couverts des photos d'un frère ou d'une sœur disparu et qu'il entend dix fois par an sa mère dire à la cantonade « Mais pourquoi c'est justement lui qui m'a été enlevé ? », il lui sera difficile de se sentir accepté et d'avoir réellement sa place dans la famille.

Une empreinte s'inscrit avec d'autant plus de force et a d'autant plus d'emprise qu'elle est reçue sur le terrain malléable, réceptif qu'offre le tout petit enfant : « Quand ton père a appris que tu étais un garçon, l'héritier tant attendu de la famille, le futur directeur de son usine, il a donné une prime de 500 francs à tous les ouvriers ! », « Après la mort de ma mère, mon père m'a confié quelque chose que j'ignorais jusqu'alors. "Ta mère avait insisté pour accoucher à la maison, m'a-t-il dit, et au moment même où tu es sorti de son ventre, les cloches de l'église voisine, Sainte-Marie, se sont mises à carillonner. Les premiers mots que ta mère a prononcés à ton endroit furent 'Je le consacrerai à la Vierge Marie'." Dix-huit ans plus tard, j'entrais au séminaire et je devenais mariste. Ce qui veut dire *consacré à Marie* ! Même si ma foi et mon engagement religieux se sont construits depuis sur d'autres bases, je peux m'interroger sur ma fidélité au désir de ma mère. Et peut-être mieux comprendre pourquoi j'ai défroqué à l'âge de 42 ans, l'âge auquel ma mère est morte. Si j'avais été un enfant fidèle à ma mère durant toutes ces années, il était temps que je devienne fidèle à moi-même ! » me dira ce prêtre qui a quitté la prêtrise pour devenir psychothérapeute !

Les messages que nous recevons avant ou après notre naissance se mêlent à d'autres empreintes. Il arrive à certains enfants d'inscrire précocement en eux les dualités, les ambivalences, voire les conflits vécus dans le système familial d'origine : « J'ai toujours senti le rejet de mes grands-parents paternels à l'égard de ma mère. Ils lui ont reproché d'être née dans un milieu populaire, d'avoir en quelque sorte pollué la lignée ! Et moi, porteur du titre, après avoir fait Sciences politiques, je me suis engagé dans un cirque comme cracheur de feu et faux athlète briseur de chaîne... Le pseudonyme que j'avais choisi était Napoléon. Je me sentais l'usurpateur dans ma famille et je voulais leur faire payer toutes les humiliations qu'avait subies ma mère, en les rejetant. Des années durant j'ai mené une vie de sans domicile fixe, sans références, sans racines... » Mais cet homme, passé 40 ans, après avoir parcouru l'Espagne, l'Italie, le sud de la France avec un petit cirque famélique, est revenu au château, juste un an après la mort de ses grands-parents paternels, pour fonder une famille honorable avec un bon parti blasonné... Laissant sans état d'âme la compagne de ses années d'errance ainsi que les deux enfants de sa vie de bohème.

Les empreintes relationnelles orientent les choix de vie de ceux ou de celles qui ont été marqués mais influencent également leurs descendants, parfois sur plusieurs générations, par le biais de ce que j'appelle la *communication transgénérationnelle*. Une forme de « fidélité » se met ainsi en place sur plusieurs générations, balisant l'existence de nombre d'enfants et de petits-enfants. Avant de retrouver mon géniteur, à 50 ans, je ne savais pas que son arrière-grand-père, son grand-père et son propre père avaient été sculpteurs de pierre, qu'ils avaient laissé sous forme de Monuments aux morts une quantité d'horreurs dans le sud de la France !

Les empreintes relationnelles peuvent se manifester au travers de comportements, de somatisations, voire de maladies récurrentes. Une femme médecin cessa d'être asthmatique à l'âge de 46 ans, après un voyage à Auschwitz où elle avait découvert comment les femmes et les hommes qui allaient être gazés, comme l'avaient été ses parents, collaient leurs bouches aux interstices des portes pour tenter de respirer quelques bulles d'air supplémentaires avant de mourir. Avait-elle entendu ce besoin désespéré et pathétique de survie, à travers l'espace et le temps, pour le répéter dans son corps avec autant de ténacité ? Tout un travail d'archéologie personnelle est nécessaire pour retrouver le sens de certains comportements répétitifs, pour pouvoir y renoncer et accéder à plus de liberté dans ses mouvements et ses engagements de vie.

La plupart d'entre nous découvrons un jour ou l'autre l'impact réel d'une empreinte relationnelle sur notre existence, quand nous en pressentons la présence et la force au travers d'une relation intime ou avec nos enfants. Il est rare de pouvoir accéder à sa propre libération sans démarche de conscientisation et de changement personnel. Il me paraît cependant possible d'accepter d'entendre que de tels messages circulent et s'inscrivent dans la préhistoire de chacun ; et possible de penser que nous pouvons à l'occasion restituer à l'autre, l'émetteur, le message ainsi engrangé. Il me semble cependant qu'une empreinte ne se cicatrise jamais au point de s'effacer totalement, et qu'elle participe ainsi aux éléments fondateurs de l'existence.

Tout être humain naît inachevé, sa maturation en devenir le rend vulnérable, sensible, réceptif aux influences de son environnement. La conquête d'un peu plus d'autonomie passera par la façon dont il parviendra à atténuer l'impact des empreintes reçues.

Et puis les empreintes culturelles viendront recouvrir les empreintes relationnelles, faisant de chacun un terrain fertile et unique.

Nous pouvons aussi prendre conscience des empreintes dont nous marquons nos descendants et peut-être leur adresser un message de vie qui les en libérera à jamais.

De soi à l'autre, l'effet miroir...

Il m'arrive de rencontrer des personnes qui sont perpétuellement critiques et rejetantes, sans arrêt dans le négatif à l'égard d'autrui. Elles semblent incapables de donner leur accord ou de reconnaître le bon, le beau ou le bien-fondé d'une action, d'une réalisation, voire d'une simple conduite. Elles ne peuvent s'empêcher de disqualifier, de dénigrer, de porter un jugement de valeur négatif sur tout ce qui les entoure. Cette attitude alimente en fait une lutte intérieure permanente contre un sentiment de dévalorisation personnelle, contre un manque de confiance en soi-même. Tout se passe comme si le seul moyen de se valoriser à leurs propres yeux était de déconsidérer autrui : « Moi je suis quand même mieux que lui. Je vaux un peu plus que lui. Je n'aurais pas fait ce qu'il a fait, je n'aurais pas dit ce qu'il a dit... »

En pointant du doigt chez les autres un aspect qu'elles jugent négativement, ces personnes tentent désespérément de réparer les malaises, les doutes et les insuffisances qu'elles perçoivent en elles-mêmes.

Si celui qui fait l'objet de tels jugements ou commentaires se comporte comme s'il était réellement concerné et réagit en conséquence, c'est qu'il n'a pas perçu ce qui est en jeu dans le comportement de l'autre. Qui plus est, s'il se défend, il renvoie la personne qui le critique à ses propres doutes, à son manque de confiance en elle. Et en réaction, jugeant insupportable ce reflet d'elle-même, celle-ci renforcera son attitude...

Quand une personne parle de nous, elle exprime ce qu'elle ressent ou perçoit. Nous pouvons donc lui confirmer que cette perception est bien la sienne. Si nous réagissons, c'est qu'il y a un enjeu pour nous : nous nous sentons atteint. L'hygiène relationnelle consisterait alors à nous demander pourquoi les paroles ou les comportements de la personne nous touchent à ce point et surtout à quoi ils nous renvoient.

Après coup, nous pourrions aussi envisager de remercier la personne qui nous a choqué, irrité ou blessé pour l'éveil, la démarche de remise en cause, voire la conscientisation qu'elle a suscités en nous. C'est ce que me confirmait un ami : « Je suis reconnaissant à ma femme de m'avoir ouvert à cette écoute de moi-même. Par des comportements que je jugeais insupportables, inadmissibles et complètement déviants au début de notre relation, elle m'a amené à regarder des zones d'ombre de moi-même que je n'avais jamais explorées. »

L'effet miroir permet de mieux comprendre pourquoi tant d'hommes et de femmes choisissent des partenaires avec lesquels la relation va s'avérer inévitablement conflictuelle et déstabilisante. Comme si chacun, inconsciemment, cherchait à résoudre... chez l'autre des difficultés qui sont... en lui ! Malheureusement, dans la plupart des cas, le conflit ne produira ni progression ni évolution, chacun pensant que c'est le comportement de l'autre qui est inadmissible (refusant ainsi d'entendre ce qui est touché en lui) et que c'est à l'autre de changer !

« Le réel n'est jamais parfait, il présente beaucoup d'inconvénients, disait ma grand-mère, mais ce qu'il y a de bien avec lui, c'est qu'il est à portée de main et que je peux me lier à lui de différentes façons et peut-être, qui sait, l'influencer un peu... »

Un grand besoin de gratifications

Parmi nos besoins fondamentaux, il en est un qui est rarement comblé ou pris en compte par notre entourage proche : le besoin de recevoir des marques d'intérêt, de faire l'objet d'attentions, de se sentir valorisé. Le besoin d'être gratifié par des mots, des gestes, des commentaires positifs ou des appréciations bienveillantes quant à notre personne, à notre caractère, à nos actions ou à notre façon d'être, est un besoin important qui réclame d'être satisfait au quotidien et plusieurs fois par jour.

Ce besoin de gratifications masque souvent des doutes, un manque de confiance en soi. Il traduit en fait notre besoin d'être aimé : « Quand on souligne devant moi que les Italiens sont d'une politesse exquise ou d'un charme fou, j'ai le sentiment qu'on ne me reconnaît pas comme étant attentionné et surtout qu'on me voit comme un homme dépourvu de charme ! Sinon, pourquoi font-ils référence à des gens qui sont loin, en Italie, alors qu'ils ont justement devant leurs yeux quelqu'un de poli et qui peut avoir du charme si on lui en donne la chance ? », ou : « Quand ma belle-mère fait l'éloge des maris de ses deux autres filles devant moi qui ai épousé la troisième, j'ai le sentiment d'être un minable. Je ne l'ai jamais entendue exprimer quelque chose de positif sur moi ou émettre une quelconque appréciation valorisante sur ma personne ».

Dans le monde du travail, le besoin de confirmation positive est vital : « Mon patron ne voit que ce que je n'ai pas fait, il ne remarque jamais tout ce que j'ai fait ! », « Quand j'étais enfant et que j'avais eu 14 sur 20, mon père regrettait que je n'aie pas eu 16 ! Une fois, miraculeusement, j'ai eu 16, il a souligné que je n'étais que le second au classement général. Et lorsque j'ai réussi le bac avec la mention très bien, il a éprouvé le besoin de rappeler que je n'avais pas eu de prix au Concours général… »

Dans de nombreux couples, fait souvent défaut la générosité qui consiste à faire plaisir à l'autre en relevant, dans l'intimité ou devant des connaissances, sa réussite, ses succès ou ses qualités : « Nous sommes mariés depuis vingt-deux ans et chaque fois je me laisse prendre. J'attends de lui un mot, une remarque, un remerciement pour ce que j'ai fait. J'espère toujours une confirmation pour tout ce que j'ai entrepris afin de lui faire plaisir ou en imaginant sa joie… Mais rien. Comme s'il ne voyait rien de mes performances, ou comme s'il lui paraissait impossible de voir quelque chose de bien chez moi… »

Il est en effet curieux de constater que beaucoup d'hommes (et de femmes) ont l'impression de ne pas être authentiques ou de se comporter comme des flatteurs quand ils font un compliment ou reconnaissent une qualité chez l'autre. La gratification est pourtant le carburant de l'énergie vitale qui liera deux êtres… dans la durée.

Ne jamais oublier un sourire,
ne pas laisser se perdre un baiser
ni s'égarer une caresse, sous peine
de produire un vide dans l'univers…

Avoir raison à tout prix

Souvent, quand nous ressentons quelque chose de manière intense ou en avons une impression forte, quand nous émettons une opinion qui nous paraît juste, quand nous traversons des moments particulièrement significatifs ou faisons une découverte qui nous semble majeure, nous éprouvons l'envie de partager, le désir de transmettre à l'autre les sentiments qui nous animent.

À dose homéopathique, ce désir est encore recevable. Mais il devient pour certains si impératif qu'il se transforme en exigence ou en contrainte : « Je sais que cela débouchera sur un conflit, mais je ne peux m'empêcher de le faire ; chaque fois, j'essaie de la convaincre que c'est bon pour elle. Comme si je voyais une preuve d'amour dans son acceptation... », « Quand j'ai une idée, un projet que je pense bon pour lui, j'essaie de le persuader d'accepter, et c'est insupportable pour moi quand il refuse ! Alors, il accepte pour me faire plaisir, mais là aussi c'est inacceptable, car je voudrais qu'il accepte pour lui-même ! ».

Ces personnes tentent généralement d'obtenir de l'autre la réponse qu'elles souhaitent en posant des questions inductives. Mais comme elles ne sont jamais satisfaites, les répétitions et les excès se multiplient dans leurs demandes : « Tu as vu comme ce film était passionnant ? C'était beau, tu ne trouves pas ?

— Oui, mais enfin ce n'est pas le chef-d'œuvre décrit par la critique.

— Quand même, tu as vu ces images, cette musique, et le jeu des acteurs ! Moi je trouve ce film exceptionnel, tu n'as pas le même sentiment ? Je suis sûr que tu es d'accord avec moi. »

Il devient difficile d'affirmer autre chose ! Ces personnes attendent avec une avidité envahissante que l'autre partage leur point de vue : « Tu n'as pas l'impression qu'il y a des problèmes dans le couple de ton frère ? », « Tu n'as pas remarqué que tes parents me détestent depuis que j'ai refusé de leur laisser la petite aux vacances de Noël ? »

Bien sûr, ces personnes sont déçues, frustrées, parfois même en colère quand la perception, l'opinion, les sentiments de l'autre ne correspondent pas aux leurs. Vouloir avoir raison, outre le fait que cela traduit un besoin d'être valorisé par l'autre et, le plus souvent, une tentative de prendre le contrôle de la relation, conduit surtout à nier la différence, à refuser d'accepter la dualité au risque d'un affrontement, voire d'un conflit.

Dans certains couples, vouloir avoir raison tout en entretenant le leurre d'une bonne entente témoigne parfois de la difficulté à sortir de l'illusion de la fusion : « Si l'autre pense comme moi, c'est qu'il m'aime comme je l'aime ! », « Si elle est d'accord avec ce que je dis, c'est qu'elle a confiance en moi... », « S'il se range à mon point de vue, c'est qu'il a vraiment confiance en moi ! ».

Accepter la différence, c'est s'ouvrir à la confrontation et enrichir le partage. Le besoin d'avoir raison traduit la tendance de certains à entretenir et à développer des rapports dominants/dominés à leur profit...

La secte la plus dangereuse est la secte du Moi. Celle qui se nourrit de l'illusion de la toute-puissance infantile que nous cultivons depuis l'enfance.

Les livres de comptes... affectifs

Il s'agit de ces livres de comptes, tenus dans certains couples ou relations intimes, où sont soigneusement comptabilisés, sur la page de droite, « Tout ce que j'ai fait pour toi », et sur la page de gauche, « Tout ce que tu n'as pas fait pour moi ».

Ils sont tenus à jour avec une grande méticulosité par les partenaires conjugaux ou les compagnons de vie, le plus souvent à l'insu de celui qui les alimente. Certains, ne reculant devant aucun sacrifice, ont en plus un petit carnet où sera noté « Tout ce que tu aurais dû faire pour moi, si tu m'avais réellement aimé ! ».

Vient un jour où, au petit matin, après un geste ou une parole maladroite, celui, celle qui tient le livre de comptes s'écrie triomphalement : « Tu n'as pas changé. Tu es toujours le même. Tu es aussi têtu que cette fois-là (il y a dix ans...) quand tu n'avais pas voulu reconnaître que tu t'étais trompé de chemin, alors que c'était moi qui avais raison ! Vraiment tu n'as pas changé, tu n'en fais qu'à ta tête ! Comme la fois où je t'avais dit de ne pas faire confiance à ce vendeur de voitures, mais non, tu as quand même voulu acheter cette folie, et trois mois après c'était une réparation de 7 620 euros ! Et qui a payé ? C'est moi ! la bonne poire... »

J'ai moi-même été stupéfait quand celle avec qui je partageais ma vie à ce moment-là s'est exclamée, en réponse à mon invitation de faire un détour de quelques kilomètres pour aller voir un ami proche : « Ah ! non alors, je ne vais pas t'accompagner chez ton copain, faire un détour de 10 kilomètres sur le chemin des vacances, alors que toi, il y a 15 ans, tu as refusé de faire 5 kilomètres de plus pour que je puisse embrasser ma sœur ! »

Ainsi découvrez-vous avec un étonnement non simulé et un peu d'admiration (voilée d'amertume) que votre partenaire a une véritable mémoire d'éléphant, que ses comptes sont incroyablement détaillés : pas un seul reproche, pas une seule déception ou accusation ne manque. Vous vous apercevez que vous vivez sans le savoir avec un être à l'œil aigu, aussi avide que celui d'un nouveau-né à qui rien n'échappe !

Vous avez quand même du mal à croire que votre bien-aimé(e) a su maintenir ainsi au chaud et durant tant d'années des ressentiments, des rancœurs, des accusations triomphalistes, autant de reproches non digérés, liés à un petit refus de votre part, à un oubli sincère, à une maladresse involontaire, voire, pourquoi pas, à un reste de pingrerie que vous tenez de votre mère et auquel vous êtes attaché (pas à la mère, à la pingrerie !) : « C'est bien toi qui m'avais presque obligée à rester dans le wagon de première pour être près de toi. Tu te rappelles, c'était la première fois que nous partions ensemble. Je n'avais qu'un billet de seconde et quand le contrôleur m'a imposé une amende de 30,50 euros, tu n'as même pas proposé de la régler pour moi ! On venait de faire l'amour pour la première fois, deux heures avant. Tu étais si pressé ! Je m'étais donnée à toi corps et âme, et toi qui voyageais toujours en première et qui savais mes difficultés, tu m'as laissé payer… Ça, tu vois, je l'ai toujours en travers de la gorge. » Elle l'a tellement en travers de la gorge qu'elle n'hésite pas à tousser pour montrer combien il a été, lui, cruel et inconscient ! Elle n'ajoute pas : « Depuis, tu vois, chaque fois que nous faisons l'amour, je repense à cela ! », mais il peut le lire dans ses yeux et comprendre ainsi l'origine de la monotonie de ses ébats amoureux !

Les livres de comptes affectifs sont pour celui qui les tient un compagnon fidèle, rassurant, extrêmement obligeant. Comment sont-ils tenus à jour, à quel moment sont notés ces « petits riens » qui vont devenir de « vrais quelque chose », je ne le sais pas. Ils servent surtout à soutenir l'accusation et la colère quand celles-ci mollissent, fatiguent, auraient tendance à se désamorcer : « Et en plus je pourrais te dire tout ce que moi j'ai fait pour toi durant toutes ces années de vie commune. Toi, j'en suis sûre, tu ne t'en rappelles même pas du dixième ! »

Dans ces livres de comptes sont surtout relevées les frustrations et les déceptions liées à des demandes. La pire des frustrations, la reine des déceptions est généralement due à une demande implicite, qui n'a jamais été exprimée, mais dont votre partenaire pense que vous auriez justement dû l'entendre, voire la combler : « Je sais, je ne t'ai rien demandé ce soir-là, mais j'aurais aimé que tu y penses, que tu m'invites de toi-même sans que j'aie besoin de le dire, que tu devines que j'en avais envie. »

Dans les livres de comptes affectifs, ce n'est pas tant la réalité du fait qui importe mais l'intention maligne, blessante, prêtée à l'autre. En fait, il existe une sorte d'autodisqualification (insupportable) de soi-même qui ne peut trouver réparation que dans la critique de l'autre.

Ainsi certains couples (pas le vôtre !) amassent-ils au cours des ans un solide contentieux qui sera libéré ou explosera dans les moments les plus inattendus de la vie ; le plus souvent quand il y aura un public, car celui qui tient le livre à jour a besoin de témoins pour valider la justesse de ses reproches ou de ses accusations et montrer à tous que l'homme (ou la femme) avec qui il vit ne mérite pas d'être aimé, admiré, voire fréquenté.

Certains lecteurs se demanderont peut-être qui oserait être assez puéril ou sordide pour tenir une telle comptabilité. Vraiment, qui aurait une telle faiblesse dans un couple où ne devrait se partager que de l'amour ? Je les laisse chercher autour d'eux et en eux...

Si je permets que s'accumulent des ressentiments, des reproches, des accusations dans une relation intime, j'engrange des toxines redoutables, dangereuses tant pour la relation que pour moi-même.

La culture de l'image de soi

Nous avons tous, en référence ultime, une image de nous-même que nous aimerions voir partagée par les autres, tout au moins ceux que nous aimons ou qui prétendent nous connaître. C'est un peu comme si nous leur envoyions le message suivant : « Tu dois me voir tel que je me vois ! »

Tel, qui se voit comme quelqu'un de serviable, d'aimable, de disponible, serait étonné de découvrir que les autres n'ont pas du tout cette image de lui et le perçoivent plutôt négativement : comme un benêt qui se fait tromper par n'importe qui, ou comme quelqu'un qui cherche à se faire bien voir !

Telle femme qui se trouve « moche », sans intérêt et pense qu'elle est incapable d'attirer une marque d'attention de la part des hommes serait stupéfaite de découvrir qu'elle est perçue comme désirable mais... inaccessible, voire arrogante !

L'image de soi est constituée de toutes les représentations de nous-même que nous avons accumulées en nous durant les périodes significatives de notre vie à partir des reflets, parfois des étiquettes, que nous ont renvoyés les personnes importantes de notre entourage.

Une grande partie de nos comportements ne sont pas des réponses à la réalité d'une situation, mais autant de manières de renforcer et de nourrir l'image de nous-même telle que nous voulons qu'elle soit perçue par les autres. Et certaines de nos conduites trahissent toutes les luttes intérieures que nous menons pour nier la partie de notre image qui ne nous convient pas !

Ainsi, je peux faire la guerre à mon fils pour qu'il ne sorte pas de la maison sans mettre un cache-nez ou un imper, non parce que je pense qu'il aura froid ou qu'il sera mouillé, mais parce que j'imagine que mes voisins vont penser que je suis une mauvaise mère (ou un mauvais père) si je laisse mon enfant jouer dehors aussi peu couvert par un temps pareil ! Mon intervention alimente l'image de la bonne mère (ou du bon père) que je souhaite que les voisins aient de moi !

Nourrir, alimenter la bonne image de soi peut devenir une activité à plein temps qui entretient de nombreux malentendus et nous coupe à la fois de notre être profond et de la réalité dans laquelle nous vivons.

À trop proposer des échanges boomerang, dans lesquels ce que nous donnons en abondance doit nous revenir pour alimenter la bonne image que nous avons de nous-même, nous risquons de stériliser la plupart de nos relations.

« Les autres ne me voient pas tel que je suis ! »

Souhaitant sentir que l'autre partage l'image que nous avons de nous-même, nous avons tendance à imaginer que c'est chose faite, que l'autre, voire notre entourage, nous perçoit sans déformation.

Mais il peut se trouver que la personne qui nous fait face ne nous perçoive pas comme nous nous voyons. Parfois, le décalage est si grand que cela nous étonne, nous irrite, nous blesse, voire nous déstabilise. Des ajustements par rapport à ce que nous percevons et ressentons naturellement sont alors nécessaires, en particulier dans les relations intimes. Cette différence entre nos perceptions et celles de l'autre peut paraître insupportable à certains moments : « Tu me dis que tu ne peux pas me faire confiance, alors que moi je me sens au contraire très fiable. Tu ne me vois vraiment pas comme je suis », pourrait dire un homme. « Tu prétends que je fais toujours des histoires, que je suis compliquée, alors que j'ai le sentiment d'être claire, sans ambiguïté et particulièrement conciliante », pourrait affirmer une femme.

Un certain Alphonse Kass (dont j'ai relevé une citation dans un livre sans savoir de qui il s'agit) disait : « Chaque homme a trois caractères : celui qu'il a, celui qu'il montre, celui qu'il croit avoir. »

Beaucoup d'entre nous sont à la recherche d'une unité qui réconcilierait la propre image qu'ils ont d'eux-mêmes et celle qu'autrui a d'eux... Nous voudrions tellement que les autres soient en accord avec nous ! Nous désirons, surtout avec des êtres aimés, pouvoir réunifier ces trois aspects de nous : ce que nous sommes, ce que nous montrons, et comment nous voudrions être perçu. Que notre personne forme un tout et puisse être accueillie, acceptée et aimée inconditionnellement dans chaque partie de ce tout !

Il nous appartient d'accepter les différences mais il nous revient aussi de nous interroger quand le fossé est trop grand entre la manière dont nous nous sentons et la façon dont nous sommes perçu. Nous devons avoir conscience des risques qu'il y a à rester flou, à créer tant de confusion et à susciter tant de projections autour de notre personne...

Je ne suis pas toujours qui je suis.
Qui en moi sent cela ?
Qui se sent frustré, incompris,
menacé, aimé ou séduit ?
Qui veut être aimé, valorisé, gratifié,
sécurisé ou ignoré, rejeté ?

Être reconnu et aimé tel que je suis...

Parmi nos besoins relationnels fondamentaux, besoins de se dire, d'être entendu, de se sentir valorisé, le besoin d'être reconnu et aimé tel que je suis, tel que je me vois, semble être un des plus vitaux. Dès le début de notre existence nous l'éprouvons vis-à-vis de nos parents et de notre entourage. Le sourire radieux, le son de la voix de maman ou de papa nous confirment que nous sommes important, précieux, chéri... Par la suite, d'autres signes nous conforteront dans ce sentiment.

Mais cela ne se passe pas toujours ainsi. Nous avons parfois déçu : attendu comme garçon, nous sommes arrivé fille. D'autres fois, nous avons été remplacé, délogé par un nouveau venu. Ou nous sommes arrivé au plus mauvais moment de la vie du couple ; nous avons alors représenté une gêne, un poids.

Bref, les marques de reconnaissance et d'amour, tellement souhaitées, n'arrivent pas. Et pour peu que nous ayons un entourage peu gratifiant, nous risquons de devenir des affamés avides de combler tous ces manques premiers. Un paradoxe s'installe alors et risque de se cristalliser dans un malentendu sans fin : nous nous mettons à attendre des manifestations de reconnaissance justement de la part de ceux qui ne peuvent ou ne veulent pas nous les donner. Un cercle vicieux se met ainsi en place, d'autant plus pervers que même si nous recevons des marques d'attention et d'amour d'autres personnes, celles-ci nous paraissent sans valeur car elles ne viennent pas de ceux qui devraient, dans notre esprit, nous les donner : « Je reçois beaucoup de marques de reconnaissance de la part de mon entourage tant sur le plan personnel que professionnel, mais c'est de papa et maman que j'attends un signe, une attention particulière… qui ne vient jamais ! L'essentiel de mes conduites, de mes engagements est conditionné par ce besoin impérieux, absolu, impérialiste. Ils devraient m'aimer et me le manifester, je suis leur fils quand même. Ils devraient arrêter de m'ignorer. »

Il est quasiment impossible de faire percevoir à cet homme que son père et sa mère, pour des raisons, des enjeux complexes, conscients ou inconscients, ne pourront pas lui donner cet amour et cette reconnaissance tant attendus, car les sentiments ne se commandent pas – c'est pour cela que, parfois, le « senti-ment » !

J'entends déjà s'écrier ceux qui pensent que je ne crois pas au changement, à l'évolution des personnes et à l'amélioration de leur comportement. Ma croyance est autre : je pense qu'il existe des dynamiques relationnelles qui sont piégées à jamais, car l'amour ne se commande pas : il ne peut ni être imposé ni faire l'objet d'une injonction intime. De plus, j'estime qu'il appartient à chacun, devenu adulte, de prendre soin de ses besoins, y compris celui d'être reconnu et aimé. Sans cela, risque de se perpétuer le cercle vicieux sans fin mentionné prédemment C'est ce qui fait mieux comprendre combien parfois nous violentons ceux à qui nous réclamons une marque d'affection qu'ils devraient dans notre esprit nous donner… gentiment !

Plus je m'occupe et je prends soin de mes besoins, moins j'ai besoin de nourrir mes manques.

À qui faire confiance ?

« Quand j'étais petite, j'avais l'impression que ma mère ne m'aimait pas. J'avais même le sentiment qu'elle me détestait. Oh ! rien dans son comportement ne me permettait de l'affirmer, elle était aussi sévère avec mes frères qu'avec moi. Mais je la sentais glaciale quand elle m'appelait ou venait vers moi...

« Quand j'étais petite je sentais tout plein de choses que je croyais être la seule à percevoir. Les adultes autour de moi prétendaient que ma mère était quelqu'un de bien, une femme "remarquable", quelqu'un de "méritant". Ils la voyaient comme une femme belle, intelligente, presque parfaite, une mère exemplaire en somme. Autour de moi on disait que toutes les mères aiment leurs enfants.

« Mais tout au fond j'avais peur et quelque chose en moi me disait que ma mère ne voulait pas de moi, que j'étais une gêne permanente pour elle, que je n'aurais pas dû exister, que je lui rappelais quelque chose dont elle ne voulait pas se souvenir. Elle me l'a d'ailleurs dit très tôt, mais à l'époque, je ne l'entendais pas : "J'ai fait deux erreurs irréparables dans ma vie : me marier et tomber enceinte."

« Je croyais que ce que je sentais était mauvais, que j'étais une mauvaise fille. Que si je doutais de ma maman si bonne aux yeux de tous, c'est que j'étais vraiment vilaine, quelqu'un de méprisable pour avoir de telles pensées...

« Aussi ai-je commencé à douter de moi, de ce que je ressentais. Je me disais que ce que j'éprouvais n'était pas juste, pas bon. J'ai même fini par croire que mes sensations me venaient d'ailleurs, que j'étais folle...

« Alors j'ai fermé mon cœur à tout ce qui n'était pas visible, logique, tangible. J'ai fait de mon mieux pour devenir ce que je croyais qu'on voulait que je sois, sans trop savoir d'ailleurs ce que cela pouvait être exactement. J'ai étouffé tout ce que je ressentais pour devenir quelqu'un de bien, une "petite fille tout à fait comme il faut". Et puis ma mère est partie, quittant mon père et me laissant avec lui. Là encore, j'ai cru que c'était de ma faute, que je n'avais pas été comme il faut, que j'aurais dû mieux me comporter. J'avais 12 ans. Pour réparer mes manques, j'ai pris en charge mon père, j'ai voulu lui donner tout ce que ma mère ne lui avait pas donné.

« J'ai fonctionné ainsi durant vingt-cinq ans, avec ma tête seulement, me méfiant de moi-même et de ce que j'éprouvais, tentant d'être rationnelle, intelligente, compétente face aux attentes des autres.

« Quand j'ai commencé une psychothérapie, j'ai découvert que ce que je sentais pouvait être vrai, que j'étais tout à fait capable de faire des choses positives, bonnes pour moi et pour les autres. Cette psychothérapie fut un travail de mise au monde, de renaissance, de réconciliation avec moi-même : pour accepter l'idée que je suis quelqu'un de bien, me reconnaître et pouvoir me dire que ce que je ressens n'est pas mauvais, mais est acceptable, respectable, estimable... »

Je crois que cette femme pose des questions vraies, au sens de justes pour elle.

La confiance que l'on s'accorde
à soi-même est plus fiable
et plus durable que celle
qui nous est offerte.

« Docteur, j'ai peur ! Docteur, j'ai mal... »

La première séquence se passe la plupart du temps dans un hôpital ou une clinique, et en général avant ou la veille d'une opération chirurgicale :

« Docteur, j'ai peur, j'ai peur de ne pas me réveiller...

— Mais non, vous allez voir, ça va aller, tout se passera bien. »

Le médecin qui fait cette réponse passe-partout est en général pressé mais plein de bonnes intentions. Il pense rassurer, il n'entend pas que la personne veut être écoutée dans ce qu'elle ressent. « J'ai peur », cela veut dire ici : « Je voudrais que vous reconnaissiez que j'ai peur. Je vous demande de ne pas nier ma peur tout de suite, ni de tenter de la minimiser voire de la banaliser en me disant : "Tout le monde a un peu peur avant une opération", ou bien "Vous savez, j'en opère 10 comme vous chaque semaine !" ».

Le malade que l'on va quitter, un patient qui attend, un futur opéré, tentent tous de capter un peu d'attention, une écoute particulière et non pas une écoute « en conserve » et des réponses stéréotypées. Il n'est pas très compliqué d'oser reprendre ce que l'on a entendu pour ouvrir un échange : « Vous avez peur. Vous pouvez m'en dire un peu plus sur ce que vous ressentez ou ce que vous imaginez autour de cette peur ? » – en se rappelant que celui qui parle veut être entendu, seulement entendu dans le registre où il parle.

La seconde séquence se déroule en général dans les heures ou les jours qui suivent une opération :

« Docteur, j'ai mal, si vous saviez comme j'ai mal, je ne pensais pas que ce serait aussi douloureux ! » Là aussi les réponses passe-partout ou en conserve fusent quasi automatiquement : « C'est normal ! Mais non, vous êtes encore protégé par l'anesthésie, vous ne devriez pas avoir mal... Vous allez voir, ça va passer. Allez, un peu de courage, vous n'êtes plus un enfant... » Dans ce cas aussi, celui ou celle qui a mal a besoin d'entendre qu'il est entendu, simplement entendu. Peut-être aussi veut-il être rassuré et se voir proposer une option alternative, une échéance à la douleur.

Ainsi s'accumulent, dans des moments sensibles, alors que la vulnérabilité est à fleur de peau, des frustrations, des tensions qui pèsent encore un peu plus lourd sur un moral défaillant.

La principale demande de celui, de celle qui est dans le désarroi est d'être reçu, d'avoir le sentiment que ce qu'il a dit est bien arrivé jusqu'à l'autre. De sentir une disponibilité se traduisant non seulement par la présence physique, mais par la qualité du regard et la focalisation de l'écoute de son interlocuteur vis-à-vis de ce qu'il vit, ressent, éprouve, ou par un geste d'apaisement personnalisé qui tienne compte de sa réalité subjective, si présente, si dense, si réelle pour lui.

Écouter ne signifie pas croire.

La pudeur

Parmi toutes les lois non écrites qui régissent la vie d'un être humain, il en est une qui s'apprend au travers d'un conflit intrapersonnel : la pudeur.

J'avais 6 ans, l'année de la grande école, et un matin, dans le rang où nous étions deux par deux avant de rentrer en classe, j'ai dit à mon meilleur copain, que je connaissais depuis deux jours, avec une voix qui a résonné dans tout le préau : « Je t'aime. » Il s'appelait Antoine, c'était mon ami depuis la rentrée.

Il m'avait demandé, le deuxième jour, si je voulais jouer avec lui. Vous vous rendez compte ! J'étais devenu quelqu'un d'important puisqu'il voulait jouer avec moi. Depuis ce jour, je lui vouai une reconnaissance absolue, sans limites, et mon affection pour lui ne cessa de croître. D'où mon « Je t'aime », qui voulait lui confirmer qu'il pouvait compter sur moi, que j'étais moi aussi son ami. Il a rougi, détourné la tête, fait semblant de ne pas entendre ou de croire que cette déclaration ne s'adressait pas à lui.

La maîtresse discutait avec sa collègue et le rang commençait à s'agiter. Je répétai : « Antoine, je t'aime. » Il se tourna violemment vers moi, me bouscula et, la bouche mauvaise, le regard dur, il a dit : « T'es fou ? T'es pas bien, non, de m'insulter devant tout le monde ! On ne dit pas des trucs comme ça, pour qui tu me prends ? »

Je découvris ce jour-là qu'on ne peut dire ses sentiments à n'importe qui, ni n'importe comment. La pudeur venait d'entrer dans ma vie.

Plus tard, j'ai réalisé que certains sentiments doivent rester voilés et peuvent se réserver pour mieux se donner dans l'abandon d'une intimité. J'appris à ne pas les offrir impunément, mais à créer un temps propice pour en révéler l'essence et la profondeur.

La pudeur a de multiples visages. Nous n'avions pas de salle de bains, et quand ma mère me « lavait en grand » dans la cuisine, ma pudeur se débattait contre la simplicité et l'évidence de ce commandement. Se laver en grand voulait dire se plonger tout nu dans la lessiveuse, opération qui se répétait tous les mercredis et les samedis soir « pour être propre comme un sou neuf », disait-elle. « Propre pour le jeudi, le jour des enfants, et le dimanche, le jour du Seigneur. »

Cette fameuse lessiveuse était installée dans la pièce qui servait à la fois de cuisine et de salle à manger, mais dont la porte principale donnait sur le jardin commun à tout l'immeuble. Même si c'était un tout petit bâtiment de six logements, il y avait du passage et la situation présentait un risque : celui de l'irruption de l'une ou de l'autre des voisines qui pouvait surgir au moment le plus important de l'événement, quand ma mère me lavait le possible et l'impossible : « Il ne faut jamais oublier de se laver l'impossible, disait-elle chaque fois, devant et derrière... »

Bien avant l'épreuve, je disposais deux chaises en écran, sur lesquelles je tentais de disperser mes vêtements et des serviettes, pour créer un obstacle, un coupe-regard, entre la porte d'entrée et ma nudité trop vulnérable.

Ma pudeur fut violentée avec une brutalité inouïe un jour de 1943, quand un groupe de grands gaillards, avec des bérets noirs ou verts, je ne sais plus, larges comme des tartes et qui débordaient de chaque côté de leur tête, envahirent notre école : « Ce sont des miliciens, ils sont avec les Allemands... » chuchotaient les plus grands. Ils venaient dans toutes les classes vérifier le sexe de chaque garçon : « Ils veulent savoir si t'es juif ou si tu es normal », assura le grand Bébert, qui savait tout parce que son père était communiste « et que les communistes ils ne s'en laissent pas conter, eux ! ».

Cela se passa au fond de la classe, dans le coin du poêle, nous étions en novembre. Il fallait baisser son pantalon et même son slip et montrer son sexe à un type qui ajustait chaque fois ses lunettes pour mieux voir : « Bon, ça va, toi t'es français, mais tiens-toi tranquille. On t'a quand même à l'œil ! » Arrivé devant moi, il s'écria triomphant : « En voilà un, on n'aura pas perdu notre temps... »

L'instituteur laïque s'interposa : « Je vous assure qu'il est catholique, il a fait sa première communion, il va au catéchisme. Ce que vous voyez là, c'est un phimosis qu'il a eu, vous savez bien quand même ce que c'est, un phimosis !

— C'est ce qu'ils disent tous, mais on verra bien. S'il a été baptisé après 1940, phimosis ou pas, il est bon pour le grand départ ! »

J'avais été baptisé en 1935, mais j'avais été effectivement opéré d'un phimosis en 1938 ! Ouf ! j'étais sauvé, j'étais quand même un Français presque normal ! Mais j'avais bien senti un vent d'une violence inouïe souffler très près de moi. Ce jour-là, non seulement ce fut ma pudeur qui fut bousculée mais aussi une sécurité intérieure que je n'ai jamais retrouvée.

« L'amour est un sentiment dont on ne devrait parler qu'avec les yeux. »

Le respect de l'intimité... de chacun !

Certains enfants, certains adultes semblent méconnaître les besoins d'intimité, de silence, de quiétude de leur entourage proche.

Apprendre le respect de l'intimité me semble être une priorité à développer assez tôt dans l'éducation d'un enfant. Mettre un minimum de vêtements pour se déplacer dans la maison, frapper à la porte de la chambre parentale ou de la salle de bains avant d'entrer, fermer la porte des toilettes, pouvoir exprimer son désir de ne pas être dérangé pendant un temps de lecture ou un moment de rêverie personnelle, ne pas être interrogé chaque fois que l'on s'absente... et tant d'autres choses importantes à rappeler, à préserver !

L'intimité est à la fois un espace et un temps dont chacun a besoin, essentiellement pour pouvoir se rencontrer, pour pouvoir échanger avec lui-même. Un temps et un espace permettant à chacun de prendre soin de lui, de sa propre intimité.

Le respect de l'intimité, c'est aussi ne pas assaillir l'autre par des questions intrusives : « Où étais-tu passé ce matin, tu as quitté la maison bien précipitamment ? », « Qui est-ce qui t'écrit là ? Depuis plusieurs jours, je vois arriver beaucoup de courrier te concernant ? », « Tu as une trace de rouge sur ta joue, c'est ta copine qui t'a embrassé ? ».

L'intimité est une zone qui doit être protégée de l'ingérence des autres. Elle est balisée par une sorte de bulle à diamètre variable qui nous entoure, définit des limites implicites et nous protège. Chacun d'entre nous non seulement a droit à un jardin secret, constitué par son imaginaire et par tout ce qui gravite autour de ses rêves, de ses attentes, de ses désirs personnels, mais aussi à une attitude de respect de la part de l'autre. Nous nous attendons implicitement à ce que l'autre sente qu'il ne doit pas intervenir, poser de questions ou faire irruption quand nous sommes en dialogue avec nous-même ou engagé avec quelqu'un d'autre. Qu'il n'a pas à violenter notre silence ou notre rêverie en nous demandant : « Mais à quoi penses-tu ? » ou « Que dites-vous ? ».

Le téléphone est un bon exemple : si une personne autre que celle que j'appelle, un membre de la famille par exemple, décroche et me demande : « C'est de la part de qui ? », je réponds : « Je vais le lui dire moi-même si vous voulez bien me le passer ! » Je considère que celui qui répond au téléphone prend la communication pour lui ou ne la prend pas, qu'il n'a pas à intervenir dans une relation qui ne le concerne pas.

Il appartient à chacun d'entre nous de protéger son intimité en ne dévoilant pas n'importe comment ni à n'importe qui ce qui l'habite, ce qui est important pour lui. Respecter son intimité est un beau cadeau que l'on peut se faire à soi-même et par là même aux autres, surtout à ceux avec qui nous la vivons.

Le levain de la liberté, c'est le respect de la vie en soi, chez autrui et dans la nature.

« C'est mon chien qui m'a appris l'amour »

J'ai entendu cette phrase chez une personne proche à qui, vers la quarantaine, une personne bien intentionnée avait offert un chien, un terrier irlandais d'une très grande gentillesse et surtout d'une politesse et d'un raffinement exceptionnels. Il s'appelait Pete, avec un nom à rallonges car il avait un pedigree impressionnant. Ce petit chien enjoué et grave s'était fortement attaché à sa nouvelle maîtresse. Celle-ci réciproquement, et au-delà de son attachement, elle lui vouait beaucoup d'amour.

« C'est mon chien qui m'a appris à aimer dans le don le plus gratuit, celui qui consiste à s'offrir inconditionnellement, me raconta-t-elle un jour. Mon chien dispose de tout un ensemble de signes pour attirer mon attention, manifester son désir de sortir ou s'intéresser à moi. Quand je mange, si je coupe un morceau de viande ou de fromage, il s'assoit, cligne des yeux, et ne bouge pas un poil. Quand je lui présente un petit morceau d'aliment, il ouvre délicatement ses babines, ferme les yeux, et recueille la nourriture sans la happer ou la saisir, puis il mâche en me regardant avec reconnaissance. Mon chien m'a appris la reconnaissance.

« Il m'a aussi appris la constance, la fidélité, la valeur de l'engagement. Avant lui je me dispersais, je n'accordais pas beaucoup de valeur au déroulement d'une journée. Je vivais dans un désordre improvisé qui ne me coûtait pas, mais qui me décentrait. Avec lui, j'ai appris l'importance de la qualité d'un geste simple : préparer ses repas, lui verser de l'eau, l'étriller tous les matins, rire de ses grognements, lui passer son collier, enlever les épines sous le coussinet de ses pattes, l'amener au toilettage en m'étonnant chaque fois de la douceur de son poil...

« Il m'a aussi fait découvrir l'importance d'une relation suivie fondée sur quelques gestes répétitifs, adaptés à son rythme. Je lui procure une grande sécurité intérieure et il me la rend. Je lui parle avec beaucoup de gravité de moi, de la vie, et il m'écoute sans se lasser.

« Lorsque j'envisage de sortir, il le sent à quelques signes invisibles et commence à me suivre. Si je décide de le laisser, il me suffit de lui dire : "Tu restes là, je reviens", et il ne tente pas de me suivre, de forcer ma décision. Au retour, il m'accueille sans réserve avec un plaisir chaque fois renouvelé.

« Parfois, il me boude. Je le vois à la façon dont il cache sa truffe entre ses pattes et me tourne le dos. C'est que je l'ai déçu ou encore qu'il ne s'est pas senti entendu. Mais sa rancœur ne dure jamais, il n'y a pas de contentieux entre nous. Quelques caresses, quelques jeux de balle, quelques petits *mamours* et nous voilà heureux, simplement heureux mutuellement de constater notre présence, l'amour que nous partageons inconditionnellement. Je sais que je suis plus importante pour lui que qui que ce soit d'autre au monde. Et il sait qu'il est important pour moi. »

J'ai recueilli ce témoignage, pour en garder la trace, pour le préserver des dommages du temps, pour saluer ce Pete, chien fidèle et si présent.

Comme disait CHATEAUBRIAND :
« Il ne faut pas ménager son amour,
il y a tant de nécessiteux. »

De l'indignation au dialogue

S'il est des personnes qui veulent rester prudemment à l'abri sous le parapluie des apparences, des lieux communs, ou des évidences simplistes, il en est d'autres qui veulent savoir ce qu'il y a derrière ce qu'elles voient, qui veulent aller au-delà de ce qu'on leur montre. Elles désirent accéder au sens des choses, entendre le message en deçà du discours, comprendre un peu plus que ce qu'on leur explique.

Ces personnes ne se contentent pas d'approuver, de digérer ce qu'on leur mâchouille à la télévision, à la radio ou dans leur vie quotidienne. Elles veulent entendre, comprendre, faire travailler leur esprit critique, bref elles désirent prendre leur place dans le vaste mouvement des idées.

Ceux qui prétendent savoir, ou qui se donnent le droit de nous informer, peuvent nous raconter ce qui se passe dans le vaste monde sous la forme d'une succession d'anecdotes, d'histoires ou de faits normaux. Chacun d'entre nous, téléspectateur fidèle, peut s'émouvoir devant l'image télévisée d'un enfant atteint d'une balle malgré la protection que lui offrait le bras de son père tentant de le garder vivant. Chacun peut se laisser entraîner à un flot de commentaires réactionnels devant le lynchage de deux Israéliens par des Palestiniens (ou l'inverse). Chacun peut douter de la sincérité de certains hommes politiques. En fait, chacun peut réagir comme il l'entend : simplement s'étonner, ricaner, se laisser toucher, voire se scandaliser de l'obscénité du mensonge ou de la violence.

Mais l'indignation, c'est plus que cela. C'est le désir, non seulement de mettre en cause, mais aussi de changer quelque chose et de vouloir autre chose :

- Ne pas être dupe, se vouloir lucide.
- Recourir à sa capacité de rapprocher les événements qui n'ont aucun lien apparent, mais qui prennent un sens une fois qu'ils sont pensés ensemble.
- Renforcer son pouvoir d'analyse, de critique et d'élaboration, de réflexion.

C'est peut-être entendre qu'entre Israël et la Palestine, la question du partage et de la répartition des eaux potables est plus importante que la reconnaissance ou l'appropriation des lieux saints mise en avant pour ralentir un processus de paix. Ou entendre que toucher à la peine de mort, aux États-Unis, c'est réveiller des angoisses et détruire des mythes encore nécessaires à certains. C'est découvrir que certains hommes politiques ont besoin de s'appuyer sur une idéologie, voire de se cacher derrière, pour faire passer des décisions qui ne visent qu'à satisfaire des intérêts commerciaux ou industriels.

L'indignation contient sa part d'aveuglement et d'intolérance. Elle peut être le masque que prend notre écoute, quand nous ne voulons pas… changer ! Passer de l'indignation à la confrontation, à l'échange d'idées, au partage des points de vue me semble encore et encore nécessaire.

Il ne faut jamais dilapider son indignation,
elle peut servir tant de causes.

Quotient relationnel

De même qu'il existe un quotient intellectuel témoignant de la capacité des personnes à comprendre la réalité du monde qui les entoure, à analyser ou à résoudre des problèmes, ou encore à faire face à l'imprévisible…

De même qu'il existe un quotient émotionnel, indiquant la capacité d'un homme ou d'une femme à avoir conscience de ses sentiments, à rester en relation avec eux et les entendre sans se laisser envahir…

De même, il conviendrait de s'interroger sur le quotient relationnel qui est le nôtre. Cela nous éclairerait sur notre capacité à entrer en relation, à demander sans pour autant nous sentir tenu d'offrir, à recevoir sans nier autrui, à refuser en prenant le risque de la discussion plutôt que celui de l'affrontement ou à donner sans imposer.

Nous pouvons sentir, au cours d'une rencontre, que certaines personnes ont un quotient relationnel élevé, qui leur permet de s'ouvrir que d'autres ont un quotient relationnel plus faible, qui les inhibe, les place immédiatement sur la défensive.

Il me semble que le quotient relationnel n'est pas établi une fois pour toutes et qu'il peut se développer en chacun. Mais cela suppose un travail sur nous-même, une démarche d'archéologie intime à mener à propos de notre enfance et de notre famille, ainsi que de nos expériences, qu'elles aient été structurantes ou destructrices : « C'était toujours l'autre que je mettais en cause quand quelque chose n'était pas satisfaisant dans notre relation. Si cela ne marchait pas bien entre nous, eh bien c'était à alle de changer ! Il ne me venait pas à l'esprit de m'interroger, de mettre en cause mes propres attitudes, encore moins de les modifier. Quand ma femme m'a quitté, ce fut un choc, un tremblement de terre, je n'avais rien vu venir... », « Quand mon principal collaborateur m'informa qu'il ne souhaitait plus travailler avec moi car je ne lui proposais qu'un rôle d'exécutant, sans aucune réciprocité ni possibilité de discussion, alors j'ai découvert qu'il était temps que je me responsabilise. C'était le huitième assistant qui partait ! J'aurais pu me réveiller avant ! ».

Apprendre à développer son quotient relationnel est possible. Il suffit de mettre en pratique quelques règles simples. La plus évidente est : une relation comporte deux extrémités et dépend toujours de deux partenaires. Je suis responsable de ce que j'adresse à l'autre, de la manière dont je reçois ce que lui-même m'adresse, et surtout de ce que je fais de ce que j'ai reçu... Si je réagis douloureusement ou violemment, c'est à moi d'entendre ce qui est blessé en moi.

En apprenant ainsi à mieux me définir, à exprimer ce que j'éprouve, à me responsabiliser vis-à-vis de mes besoins, je peux faire progresser très positivement mon quotient relationnel. Si je sais laisser à l'autre ce qui n'est pas bon pour moi, venant de lui, j'évite de me polluer et je deviens moins défensif, moins agressif. Si je sais accueillir et amplifier ce qui est bon pour moi, j'augmente ma créativité, mon dynamisme, ma confiance en moi et par là, la confiance que j'accorde aux autres.

Nous former à une communication non violente est une autre façon d'améliorer et d'enrichir notre quotient relationnel et ainsi, la qualité de notre vie, car nous sommes fondamentalement des êtres de relation.

**Tout ce temps pour découvrir que l'existence
n'est faite que d'instants infimes,
donnés par la vie pour apprendre
à mieux être ce que nous sommes.**

Donner une limite à la violence

Un ami me disait : « Pendant des années, mes amis, ma femme et sa famille, mes enfants, m'ont considéré comme un homme impulsif et violent, et je le fus. J'ai mis longtemps à entendre que ma violence exprimait surtout mon impuissance et ma vulnérabilité. Impuissance à me faire entendre, à ne pas réussir à convaincre, à me faire aimer, vulnérabilité face au rejet, à la solitude… »

Ainsi, cet homme faisait une prise de conscience grâce à un travail et à une démarche d'exploration personnelle qui lui avaient permis de modifier son comportement. Jusqu'alors aucune sanction, aucune menace n'avait pesé sur lui pour l'obliger à évoluer, mais son propre malaise grandissait et le vide relationnel s'ouvrait chaque jour plus largement devant lui.

Il arrive qu'une rencontre significative et structurante, la confrontation avec une prise de position plus claire de la part d'un être proche, des événements douloureux invitant à poser de nouvelles balises, voire une démarche thérapeutique, modifient la relation d'un individu au monde et l'invitent à se définir avec d'autres moyens que l'agressivité, à utiliser un autre langage que la violence.

Ceux qui sont confrontés directement ou indirectement à la violence d'autrui devraient peut-être entendre que la violence personnelle est toujours une réponse à une peur ou à une violence initiale. En ce sens, la violence de la personne qui leur fait face est une violence seconde ou tierce. Elle constitue en quelque sorte une tentative pathétique, inadaptée certes, mais essentielle (voire vitale chez certains) pour faire face à une violence première inscrite soit dans l'histoire passée, soit dans le vécu actuel, et qui est ressentie comme insupportable.

Il ne s'agit bien sûr pas de justifier la violence seconde ou tierce ni d'en donner quitus à l'autre, mais de tenter d'entendre le point oméga d'une spirale qui semble sans fin dans certaines situations de violence répétitive.

Pour ce qui est de la violence sociale, politique, économique ou des violences issues de la guerre, il en va tout autrement. Des individus auxquels nous avons cédé notre pouvoir d'agir (démocratie), ou qui se le sont accaparé (régime totalitaire), pèsent de toute leur puissance négative (voire de toute leur pathologie), afin d'entreprendre et de poursuivre des actions arbitraires d'une violence inouïe, voire laissent se développer la torture, le viol, la mort programmée… Violences pour lesquelles l'impunité sera dans la plupart des cas reconnue, voire une amnistie déclarée !

La création du Tribunal Pénal International et l'inculpation toute récente d'un homme d'État m'invite à en dire plus. La mise en place du TPI me semble une excellente initiative. Commencer le siècle sur cette idée forte qu'aucun responsable politique, aucun homme d'État, aucun tyran n'échappera aux conséquences de ses actes me semble constituer un beau cadeau que les hommes se font à eux-mêmes.

L'histoire du monde a toujours connu des exactions, des transgressions et des violences. Elles ont généralement été perpétrées dans le cadre de rapports de force opposant les grands de ce monde ou les hommes de pouvoir à des individus ou à des minorités plus fragiles. Mais il existait chez ces grands, me semble-t-il, à l'arrière-plan, de façon plus ou moins aiguë, la conscience qu'ils devraient un jour ou l'autre, sur terre ou dans l'au-delà, rendre compte de leurs actes. Ce qui ne limitait pas pour autant l'ampleur de leurs actes, mais pouvait procurer aux victimes un sentiment de soulagement et surtout l'espérance qu'un jour une instance immanente prendrait en compte leur souffrance, ou qu'une justice divine soulagerait leur désespoir – au fond, que le désespoir puisse ne pas être aussi désespérant...

Depuis l'Holocauste certains ont le sentiment que Dieu (s'il existe) est fort occupé ailleurs et qu'il appartient aux hommes de réparer ses défaillances. D'autres estiment qu'il ne souhaitait pas intervenir dans les affaires humaines et qu'il a remis à l'homme l'entière responsabilité de ses actes. En lui donnant cette liberté inouïe de pouvoir faire et le bien et le mal avec des moyens de plus en plus sophistiqués et d'une redoutable efficacité, Dieu renvoyait ainsi l'homme à son humanitude ! Comme il s'agissait bien d'une affaire humaine, il appartenait aux hommes de se donner des balises, des garde-fous, des interdits clairs pour rappeler et faire respecter les droits fondamentaux de tout être vivant.

Puis-je rappeler quelques-uns des droits qui mettent des limites à la violence :

- Droit au respect et garantie de l'intégrité physique.
- Droit à la dignité et à la tolérance vis-à-vis des croyances et des convictions.
- Droit de résister à l'oppression et à l'injustice.
- Droit de s'ouvrir à des relations pour répondre à des besoins aussi vitaux que celui de se dire, d'être entendu, reconnu, valorisé et d'exercer sa créativité.
- Droit d'intervenir dans son environnement pour parvenir à une meilleure adéquation entre les besoins de la nature et ceux de l'espèce humaine.

Je souhaite que les activités du TPI s'inscrivent non dans l'ordre de la punition ou de la répression, mais dans celui de la prévention et de la sanction. J'appelle sanction la confrontation d'un homme avec les conséquences de ses actes et la possibilité de réparer le préjudice qu'il a fait subir. Cela peut aussi s'appeler responsabilisation.

Quand on parle de droits,
il faudrait parler aussi des devoirs
qui en sont la contrepartie.

Messages reçus !

En revenant du Québec, au printemps dernier, je somnolais à 9 000 mètres au-dessus de l'Atlantique, songeant à l'enfant que je fus. J'imaginais quel message de vie j'aurais voulu recevoir, autour de mes huit ans, quand je découvrais quelques-unes des incohérences du monde qui m'entourait. Quel message sensible m'aurait stimulé, poussé de l'avant, donné des ailes ?

Des mots furent comme chuchotés à mes oreilles. Ils semblaient si anciens et venus de si loin qu'ils s'imposaient avec évidence : « La vie n'est ni mauvaise ni difficile. Elle est belle et sereine, c'est nous qui la maltraitons. Alors ose ta vie, toi seul la vivras. » Ces derniers mots sonnaient comme l'annonce d'une victoire, mais ils résonnaient en même temps comme une plainte éveillant tout un ensemble de souvenirs douloureux.

Je tentais de retrouver quels messages de confirmation, de valorisation, de gratification j'avais pu recevoir dans mon enfance de la part de mes proches ou de mon entourage. En fait, très peu, car ils étaient pour la plupart assortis d'un « mais... » qui corrigeait ce qu'ils pouvaient avoir de trop positif, « pour que ça ne te tourne pas la tête ». Quand quelqu'un de notre entourage disait quelque chose de gentil me concernant, j'entendais aussitôt : « Il ne faut pas trop le lui dire, il va s'en croire ! Oh ! Il a du caractère, mais la vie se chargera de le dresser », ou « Ça ! pour avoir des idées, il en a ! mais pour nettoyer sa chambre, c'est autre chose... », ou encore « Pour aller jouer, on peut lui faire confiance, il est toujours le premier, mais pour donner un coup de main, faut pas trop compter sur lui ! » Je suis frappé de réaliser combien mes parents, qui m'aimaient, avaient de mal à me gratifier d'un compliment sans réserve. Comme si cela avait pu me gâter le caractère ou me donner de mauvaises idées !

Ce que j'ai le plus souvent entendu dans mon enfance, ce sont des reproches, des accusations, des dévalorisations. Ainsi, quand je revenais de l'école, je devais passer à la boulangerie pour rapporter le pain. Je le posais souvent sur le bord de la fenêtre afin de me libérer les mains et de pouvoir jouer en toute tranquillité quelques instants. Et j'entendais chaque fois : « J'en étais sûre, tu as encore oublié de rapporter le pain... » le tout suivi de commentaires négatifs. Si on me lavait la tête et que je crispais les paupières pour ne pas avoir du savon dans les yeux, j'entendais : « Mais qu'est-ce que tu es douillet ! Tu verras plus tard quand tu feras ton service militaire ! », « Et ces oreilles, on pourrait planter des choux dedans ! », « Regarde ton frère, il n'attend pas le dernier moment pour préparer ses affaires et réviser ses leçons, lui ! ».

Alors, assis dans cet avion, dans cette période de mon existence qui est aussi le dernier tiers de ma vie, un peu plus près du ciel, je rêvais à tous les messages positifs qu'il serait possible de dire à un enfant pour qu'il grandisse dans la confiance et la quiétude, dans l'amour de soi et le respect de ses possibles. Je vous laisse le soin d'en inventer quelques-uns, en vous invitant à ne pas trop attendre... pour les offrir !

« Il faut fermer souverainement les yeux, pour voir ce qui vaut la peine d'être vu. »

René CHAR

Petits bonheurs

Les bonnes résolutions sont comme les chats, elles aiment qu'on les caresse.

Est-il si compliqué d'être heureux ?

Être heureux ne semble ni difficile ni compliqué. Ce qui l'est par contre, c'est de renoncer à un certain nombre d'autoprivations fondées sur la honte et la culpabilité, de lâcher prise sur les ressentiments accumulés et longtemps ruminés en réaction à des messages négatifs, à des blessures narcissiques.

Pour se sentir bien, il suffit parfois de respirer intérieurement, d'écouter le bruit de l'eau, du vent ou les murmures du silence… Bien sûr, il vaut mieux être en accord avec les valeurs qui fondent notre relation au monde, et cela dans chacun de nos gestes, et être en prise directe avec nos émotions, au plus près de ce que nous ressentons.

Une des erreurs consiste à confondre plaisir et joie. Le sentiment du bonheur ne résulte pas d'une accumulation de plaisirs, mais de la capacité à vivre dans la joie les moments les plus anodins de la vie. La joie n'est pas seulement un élan, elle est un jaillissement interne d'énergie qui dynamise la personne et son entourage. La joie participe d'un accord de tous les sens avec l'instant. Le plaisir est une sensation qui peut être forte et bonne mais qui reste limitée à une action donnée. Le plaisir s'épuise au moment même où il est vécu, alors que la joie s'amplifie et se diffuse au fil de multiples accords qui renaissent et laissent des traces plus durables.

Développer notre capacité à être heureux suppose aussi que nous sachions nous relier le plus directement possible à nos émotions, que celles-ci soient négatives ou positives. Notre culture et notre éducation ne voient pas toujours d'un œil très favorable l'expression des émotions. En général, elles nous enseignent à *bien nous tenir*. Nous apprenons donc à refouler ce que nous éprouvons, voire à le nier. Nous le savons maintenant, les émotions sont un langage qui parle de ce qui est éveillé en nous par un événement actuel ou récent et retentit dans notre propre histoire. En acceptant non seulement de reconnaître, mais aussi de nommer nos émotions à partir de nos sensations intimes, nous apprenons à mieux distinguer les sentiments parasites, épidermiques, réactionnels qui, eux, sont liés à une irritation, à une frustration ou à une déception dont les enjeux touchent principalement l'image de soi et non la personne profonde. Ces sentiments parasites nous coupent de nos émotions et de l'accord indispensable avec nous-même.

Par ailleurs, considérer que nos réactions physiologiques (rougir, trembler, transpirer) sont des indicateurs visant une adaptation maximale de l'organisme à l'environnement, et mieux reconnaître nos émotions permet de ne pas trahir ou négliger ce qui s'est réveillé en nous et qui tente de se manifester.

Au travers de ces quelques réflexions, nous voyons qu'être heureux ne dépend pas seulement de l'irruption d'un événement gratifiant ou bienveillant dans notre vie, mais surtout de notre capacité à accueillir, à protéger et à amplifier cet événement sans le parasiter par des pensées toxiques.

Cette force murmurante qui nous pousse à aimer l'être parfois le plus inaccessible.

Il est vivant !

C'est sur un coup de cœur que j'avais acheté un nouveau bonsaï. Depuis plusieurs années, j'avais la nostalgie d'un pre-vingt ans. C'était un érable du Japon, beau comme une sculpture, une merveille d'équilibre, une joie permanente pour les yeux, un ancrage tourné vers le divin, une présence forte. C'est devant lui que je méditais quotidiennement. Je l'appelais « le Vénérable », car il me semblait plein de sagesse et de bonté.

Et puis, à l'occasion d'un déménagement, bien que transporté avec beaucoup de soin dans ma voiture, il a commencé à dépérir. Je soupçonne les courants d'air produits pas une vitesse excessive sur l'autoroute qui me conduisait vers le midi de mes rêves ! Une langueur étrange le saisit, son feuillage se raréfia, la sève déserta son tronc, n'alimenta plus ni ses bras ni sa tête. Il est mort silencieusement, comme il avait vécu.

Durant vingt autres années, je ne l'ai pas remplacé. Puis, un jour, dans une fête du livre, j'ai vu son successeur traînant sur un stand, attirant tous les regards : un orme de Chine aux feuilles frissonnantes, au tronc puissant vivifiant quatre branches solides et hardies qui en faisaient un compagnon fiable.

Je l'ai adopté au premier coup d'œil, pressant le responsable du stand de me le céder. Il ne le souhaitait pas, refusant de laisser son arbre en des mains trop incertaines : « La plupart des gens achètent un bonsaï non par amour mais par curiosité, m'a-t-il dit. Vous l'aimerez au moins ? »

Nous nous sommes apprivoisés l'un l'autre, lui peut-être plus que moi, car j'ai eu du mal à trouver, dans ma maison, l'emplacement idéal pour lui : ni trop de soleil, ni pas assez, à l'abri des courants d'air, du bruit, des mouvements trop brusques, mais cependant suffisamment proche car je souhaitais pouvoir lui parler, lui sourire, partager avec lui quelques moments forts d'un quotidien souvent très encombré...

Puis un matin, au retour d'un voyage, j'ai découvert qu'il était devenu tout roux, feuilles séchées, recroquevillées sur elles-mêmes, branches squelettiques, dévitalisées, avec toute l'apparence d'être, sinon mort, du moins à l'agonie.

Une amie de passage proposa de le prendre en pension. Je pensais que c'était inutile, j'ai accepté. Mais à l'intérieur de moi, j'avais renoncé, démissionnant de cette relation trop frustrante.

Un mois plus tard, je recevais cette lettre :

« Il est vivant, tu sais, il est vivant, il est bien vivant ! C'est une petite tache verte posée sur la branche brune qui m'a interpellée... J'ai cru qu'il s'agissait d'abord d'une aile d'éphémère ou d'un minuscule puceron. Hésitante, prudente, tant je ne voulais pas m'illusionner, tant j'étais en attente du moindre signe de vie, j'ai posé sur mon nez une seconde paire de lunettes, j'ai même pris une petite loupe... et j'ai vu, je l'ai vu ! Pas de doute, c'est bien un petit bout de feuille, une vraie, toute chiffonnée, toute naissante de sève neuve. Oui, oui, oui ! Et voici une autre tache verte, à peine un point de couleur, comme une éclaboussure infime de vert, égarée sur le tronc noirci. La loupe le confirme, c'est un bourgeon qui se fissure, c'est bien la vie, c'est gagné ! Ton bonsaï, ce vieil orme, est vivant !

« La joie m'a fait taper des mains comme une enfant, m'accroupir près de lui, rire de plaisir, le caresser du regard et accepter l'émotion qui m'a mis les larmes aux yeux, me faisant découvrir le lien particulier que j'ai avec cet arbre. Cela faisait vingt-six jours que j'attendais, que j'espérais qu'il ne soit pas malade, que je lui parlais, le vaporisais, que j'essayais de lui transmettre de l'énergie. Je ne pouvais accepter l'idée, qui devenait de plus en plus prégnante au fil des jours, devant la nudité terne des branches, la ramure figée comme sur une vision d'hiver faite de froidure, de grisaille et de tristesse, qu'il pouvait mourir.

« J'avais taillé les extrémités dépouillées, raccourci les branchettes desséchées, enlevé chaque cochenille une à une, ainsi que celles qui s'étaient agglutinées et avaient formé des boursouflures rouges, sangsues malfaisantes qui l'avaient terrassé, lui l'ancien, le plus que vénérable. Délicatement, d'un petit coup d'ongle, en m'excusant chaque fois, j'avais souvent écorché le tronc, les branches maîtresses, les petits rameaux, recherchant dans l'infime blessure la marque encourageante qui me laisserait espérer, malgré l'apparence extérieure, que la vie était encore là, présente à l'intérieur. Je lui disais : "Je veux que tu vives !"

« Hier matin encore, j'étais dans le doute, je l'avais sorti sur le balcon, le temps étant orageux, pour permettre à la pluie de venir le câliner, l'humidifier un peu. Avant-hier, je lui avais dit : "Pousse, pousse, quelqu'un t'attend."

« J'avais bien remarqué une différence dans les bourgeons, qui m'avaient paru plus apparents, plus renflés, mais j'avais pensé que c'était mon imagination (ou plutôt mon désir qu'il vive...) qui me jouait un tour. Aujourd'hui c'est bien vrai : la vie est là. La sève remonte, prend toute sa place.

« Demain, après-demain il va reverdir en entier, retrouver sa parure, son port superbe, ses feuilles dentelées, sa belle prestance, sa bonne santé. Quand il sera beau, ragaillardi, à nouveau tout feuillu et fringant, il reviendra vers toi... »

Ainsi, sans désespérer, avec ténacité et passion, en offrant chaque jour des soins privilégiés à un arbre centenaire, cette amie a maintenu la vie vivante, à l'endroit même où j'avais renoncé, découragé... La vie, la vie ardente me surprend chaque fois par sa vitalité.

La qualité d'une écoute permet même d'entendre ses propres silences.

« Heureusement que j'ai une passion ! »

Celle qui s'exprime ainsi ne se place ni sur le plan de la relation affective ni sur celui de la passion amoureuse, mais sur le terrain de l'amour, de la passion qu'elle a éprouvée toute sa vie pour le dessin et la peinture : « J'ai réalisé ma vie en fonction de cette passion, raconte-t-elle. À 12 ans je ne voulais plus aller à l'école, je voulais dessiner et mon désir fut contrarié justement parce que j'étais "mauvaise, nulle, incapable" par ailleurs. Si j'avais aimé l'école et si j'avais eu de bons résultats, on aurait soutenu ma passion, mais bêtement je la mettais en rivalité, en opposition avec mon travail scolaire. Alors mes parents ont fait la guerre à cette intruse. Ils rendaient le dessin, la peinture et mes quelques velléités pour la danse responsables de mes mauvaises notes. Heureusement, en 5e, dès le début de l'année, une enseignante découvrit quelques-uns de mes gribouillis et dessins, les trouva beaux et m'encouragea à poursuivre. J'ai voulu devenir comme elle, c'est ainsi que je suis entrée dans l'enseignement. Quand j'ai été institutrice, pour avoir la paix, c'est-à-dire beaucoup de temps à moi, j'ai toujours été la première, avec d'excellentes notes confirmées par mon inspecteur... »

Ceux qui arrivent à l'âge de la retraite sans passion, sans hobby, risquent d'éprouver des difficultés à passer leur temps à ne rien faire ou à s'ennuyer en leur propre compagnie. Heureusement que les passions sont presque aussi nombreuses que les individus !

Les passions pour la musique, la lecture, le modelage, le jardinage ou la pêche au lancer sont assez répandues. Mais il est des passions plus rares, plus secrètes, moins dicibles peut-être, polarisées sur des aspects de la vie qui paraîtraient à d'autres insignifiants ou banals : collectionner les étiquettes de vins, les affiches de Johnny Hallyday, les ronds de serviette ou les capsules de bière peut paraître dérisoire à certains, mais représenter pour d'autres une passion de tous les instants.

Celui qui est passionné ne le fait pas pour occuper son temps. Il y a du militantisme, un engagement du cœur et de tous les sens dans une passion, qui font passer au second plan tout ce qui ne la concerne pas. Une passion nous garde toujours auprès d'elle, elle fait danser le temps, dynamise et exalte le présent.

Hier, c'est de l'histoire ancienne
Demain est un mystère
Aujourd'hui un don
C'est pour cette raison qu'on l'appelle
Le Présent.
(AUTEUR INCONNU)

Écrire

Lire, écrire, s'exprimer par la musique, la peinture, la danse ou la sculpture, autant de chemins offerts pour se dire et surtout pour aller à la rencontre du meilleur de soi-même. L'une des grandes fonctions de l'écriture réside dans son pouvoir libérateur et donc thérapeutique. Écrire, c'est tenter de savoir ce que l'on écrirait, si l'on écrivait. « On ne le sait qu'après », disait Marguerite Duras. L'écriture est semblable à un chemin ouvert sur la quête de soi-même et de son propre mystère. Un chemin qui nous fait voyager à l'intérieur de nous, pour aller à la rencontre de quelques-uns de nos possibles.

Un ami écrivain me confiait : « J'ai commencé à écrire pour me délivrer de ce qui m'encombrait, m'aliénait, me dépossédait de moi-même. Plus tard seulement, j'ai écrit pour les autres ! » Écrire pour aller mieux, pour donner une forme à son imaginaire, pour se relier au regard et à l'écoute de l'autre, se ressourcer et grandir.

Je suis devenu *écrivant* pour écouter et prolonger en moi le temps de l'aimée. C'est durant son absence que j'écrivais. Je faisais des poèmes pour elle, pour la garder encore un peu en moi, me relier encore et encore à sa présence. J'écrivais aussi pour exorciser la peur de lui déplaire, l'angoisse de la perdre. L'écrit amplifie les mots rêvés, anticipe les déclarations attendues et espérées. L'écriture donne une existence et une vie plus durables aux mots secrets longtemps portés dans le silence du cœur et l'illusion de l'âme.

L'écriture est un acte de confiance inouïe envers l'avenir. Celui qui écrit espère un lecteur, c'est-à-dire un regard, une écoute, un alter ego. Ma grand-mère disait : « Un livre a toujours deux auteurs : celui qui l'écrit et celui qui le lit ! » J'imagine souvent que les plus grands chefs-d'œuvre de la littérature dorment dans des tiroirs ou sommeillent au fond de malles, dans des greniers oubliés, attendant justement un regard, une écoute.

On m'a demandé ce qui distinguait un écrivain d'un *écrivant*. L'écrivain me semble faire une œuvre dans laquelle il crée du réel avec son imaginaire et celui du lecteur. *L'écrivant,* lui, puise dans le réel, le travaille, le cisèle pour l'emmener jusqu'aux rives de l'imaginaire de son lecteur. Écrivain, *écrivant,* chacun sculpte des mots pour les apparier et bâtir, au-delà de la phrase, un récit, une vision, un enchantement.

Mon arrière-arrière-grand-père était tailleur de pierre. Payé à la tâche, il marquait de son signe, sorte de sceau personnel, chaque pierre qu'il avait façonnée. Il était payé quelques sous par pierre travaillée. Qu'aurait-il répondu à l'étranger qui demanda à trois tailleurs de pierre ce qu'ils faisaient sur un chantier venant d'ouvrir : « Je taille une pierre », répondit le premier, « Je prépare un mur », dit le second, « Je bâtis une cathédrale », murmura le troisième ? Écrire, c'est faire tout cela et, de plus, imaginer la foule des fidèles qui prieront dans la cathédrale.

À l'instar du poète chinois disant que « Pour peindre un arbre, il faut le laisser pousser à l'intérieur de soi », je dirais que pour écrire un mot il faut le laisser grandir dans son imaginaire.

Cultiver nos cinq sens

À certaines périodes de notre vie, en été et particulièrement durant les temps de loisir, lorsque le soleil se fait généreux et la nature intensément présente, le contact plus direct avec les quatre éléments fondamentaux de la vie, l'eau, la terre, l'air, le feu du ciel, stimule davantage nos sens, les réveille, les vivifie, parfois même les sature.

En vacances, nous avons quelquefois le sentiment que notre corps est trop petit ou trop étroit pour toute la vie qu'il contient, trop passif ou morcelé pour accueillir l'influx d'énergie qui le traverse, le dérange, mais l'irrigue aussi. Parfois encore, ce sont nos sens, trop sollicités, qui s'épuisent, s'affolent à saisir, à engranger les mille stimulations dont ils sont l'objet.

Durant le moment privilégié des vacances, se découvrent et se développent non seulement nos sens familiers, la vue, l'odorat, le toucher, l'ouïe, le goût, mais aussi des sens plus sensuels, plus intimes, plus subtils, plus précieux – la curiosité, l'étonnement, voire l'émerveillement, qui nous transporteront, nous enchanteront, nous feront découvrir en nous des ressources parfois insoupçonnées.

Un ami me disait : « J'étais en vacances aux Antilles, imprégné d'odeurs, de couleurs, stimulé par des sensations nouvelles, et j'ai commencé à faire du pastel. Il m'a semblé d'un seul coup qu'il était nécessaire, urgent, de traduire, de mettre en forme l'enchantement qui m'habitait devant l'opulence des paysages, le chatoiement et le mouvement des couleurs... Aujourd'hui c'est une passion, sans laquelle ma vie me semblerait vaine et fade, sans couleurs ! »

Il est important de cultiver nos cinq sens, mais aussi les autres, plus secrets, plus cachés, ceux qui n'appartiennent qu'à nous, qui sont uniques, plus fragiles et qu'il est précieux de protéger, de choyer au fil des cheminements de l'existence.

« Il n'y a rien de plus important
en amour que d'accepter la fragilité de l'autre :
c'est ce que j'appelle la douceur.
Et rien de plus important dans la sagesse,
que d'accepter sa propre fragilité,
c'est ce qu'on appelle : l'humilité. »
André Comte-Sponville

« J'inventais des odeurs... »

Il est des confidences émouvantes qui viennent du plus loin de l'histoire de chacun. Ainsi cette lettre que j'ai reçue l'an passé, d'une inconnue qui a signé de son seul prénom. Un prénom simple : Marie.

« Toute petite je me sentais. J'aimais toucher mon sexe et porter ensuite mes mains à mon visage. J'adorais me sentir. Ce geste qui n'avait jamais été remarqué par mes parents avait été perçu par mon oncle qui, chaque fois qu'il le pouvait, me disait, sur un ton que je ne trouvais pas plaisant du tout même s'il riait : "Tu sens la crevette." J'entendais ces mots comme méprisants et dévalorisants, porteurs d'un jugement très négatif. C'est comme si la totalité de mon corps était sale, comme si je sentais mauvais. Alors, je vérifiais chaque fois, en posant ma main sur différentes parties de mon corps et je me disais : "Mais non, je ne sens pas la crevette, je sens, c'est tout." Et je cherchais des noms d'odeurs.

« C'est ainsi que je me suis mise à inventer des odeurs qui n'étaient connues que de moi seule !

« J'entendais des exclamations telle que "Ah ! j'adore l'odeur des roses fanées", et le soir quand je me touchais et sentais mes doigts, je me disais : je sens *rosefanée* sans toujours comprendre ce que cela signifiait. Une fois, j'ai entendu mon père raconter : "J'ai suivi une trace de serpent sur plusieurs mètres. Je le sentais tout proche." J'inventai aussitôt l'odeur *serpentine*. Ainsi ai-je successivement senti *colèrebleue, iristrouble, cèdrette*... Oui, je sentais même le cèdre du jardin. Un jour j'ai senti *titillante,* j'avais entendu le mot "titiller", je le trouvais joyeux !

« J'ai gardé longtemps cette habitude de me sentir. Quand j'ai eu mes premières règles je sentais la *sanguine,* parfois la *rougeoyante,* la *désespérante* aussi !

« Aujourd'hui je vois bien que ma fille a un geste bien à elle pour se sentir : elle frotte son index juste au-dessus de sa lèvre supérieure et replie son majeur sur son nez, le regard, lointain. Je ne sais si elle donnera des noms à ses odeurs à elle, cela lui appartient... »

Je suis émerveillé par ce témoignage. Je sais combien tout ce qui touche à l'intimité du sexe d'une petite fille est censuré et reste souvent dans un non-dit qui va bien au-delà de la pudeur. Les parents, les mères en particulier, ne s'intéressent au sexe de leurs enfants que lorsque quelque chose ne fonctionne pas bien ! « Maman, c'est tout collé — Ce n'est rien ma chérie, je vais te laver » ou « Maman, ça saigne — Ah ! tu es une femme maintenant »...

Serait-il possible pour une mère de proposer à une petite fille de poser sa main sur son sexe, puis de l'inviter à l'écouter respirer, chanter, rire... ? Serait-il possible de réconcilier les femmes avec leur propre sexe en démythifiant les messages négatifs qui leur sont trop souvent adressés par un entourage maladroit ou angoissé ?

Chaque sexe est un mystère et a besoin d'intimité pour être respecté, pour trouver sa place et pour ne pas être identifié par une odeur, pour être au bon endroit non seulement dans le corps de la petite fille, mais aussi dans celui de la femme qu'elle sera plus tard, et surtout dans la tête de chacun.

L'existence de tout enfant comprend une tranche de vie que j'appelle le temps de l'innocence. Un temps où le bon et le beau se confondent, où l'horizon réside dans le bleu ou le noir d'un regard aimant, où la vie est immense comme un berceau de rires...

Une journée bien remplie

Une journée bien remplie est une journée qui commence en général tôt, juste avant le lever du soleil, et qui se déroule jusqu'au soir dans une succession d'événements qui s'ouvrent les uns sur les autres en s'accordant, tels les morceaux d'un puzzle qui, même éparpillés, participent au même dessin.

Une journée bien remplie passe si vite que le temps semble avoir oublié de se manifester, comme s'il s'était mis en retrait pour permettre à chaque instant de révéler son parfum d'éternité. À la fin d'une telle journée, la fatigue nous accueille, telle un berceau de détente. Nous n'avons pas besoin de rechercher le sommeil, il est là qui nous enveloppe et nous emporte pour le long voyage de la nuit tandis qu'un sentiment de plénitude nous ferme les paupières.

Une journée bien remplie voit se dérouler des gestes qui savent improviser, s'ajuster, réparer, apaiser, prolonger en s'entremêlant harmonieusement pour permettre à chaque événement de tenir sa place. En même temps, elle laisse suffisamment d'espace pour que puissent surgir et trouver leur place tout l'imprévisible et l'inattendu qui jalonnent la matinée, les repas, l'après-midi et la soirée d'un seul jour.

À la fin d'une journée bien remplie, il n'y a ni regrets, ni déception, ni lassitude, seulement la satisfaction béate d'avoir vécu justement, dans le bon et dans le bien, d'être accordé aux vibrations de l'air, aux nuances et aux variations de la lumière, aux odeurs, aux bruits, à la respiration des événements.

Une journée bien remplie se suffit à elle-même, elle ne comporte pas de situations laissées inachevées ou en suspens, ne se laisse pas polluer par hier ou par demain, elle est compacte, elle forme un tout homogène. Pour cette raison, elle s'apparente à un noyau d'énergie pouvant servir d'ancrage et de référence pour les jours à venir. De fait, une journée bien remplie peut nous dynamiser pour plusieurs jours.

J'en ai vécu une dernièrement. C'était la veille du mariage de l'une de mes filles. Je fermais les yeux et elle était dans mes bras, nourrisson affamé de vie. J'ouvrais les yeux : un quart de siècle s'était écoulé, et se tenait devant moi une femme dans la plénitude de son être, engagée dans sa profession, présente à l'amour de son partenaire, *rêveuse rêvant* de tout un futur à vivre tandis que j'entre dans l'automne de ma vie !

J'ai traversé cette journée en me souvenant de mille détails concernant sa conception, sa gestation dans le ventre de sa mère, son enfance et son adolescence tumultueuse. Je retrouvais intacts les mille événements joyeux et douloureux qui avaient jalonné notre vie commune. Je pressentais aussi toute la nostalgie d'être trop souvent passé à côté de l'essentiel avec cette enfant, mais en gardant en moi tout le précieux et le bon de notre relation. Et j'anticipais aussi tout le bon et le généreux qu'il nous restait à vivre encore et encore.

Il arrive à certaines secondes d'avoir
plus de mémoire que de longues heures.
Ma mémoire de toi reste pleine
de tous nos instants.

Au cinéma...

Chaque fois que je vais au cinéma, ce qui n'arrive pas souvent, une douzaine de fois par an peut-être, je découvre des aspects nouveaux ou inconnus de moi. Et je trouve cela très stimulant.

Tel personnage devient mon double, cette partie de ma personne qui n'avait pas osé aborder une certaine dimension de l'existence, risquer un geste, dire un mot, reconnaître une émotion, qui n'avait pas encore découvert le plaisir d'aimer de cette façon ni la tentation de l'héroïsme...

Je n'assiste pas à une projection, je *suis* une projection vivante. Je n'ai pas le sentiment de fuir ma vie, ou de regretter des choix que j'ai faits quant à mes engagements passionnels, affectifs ou familiaux. Non, je me sens bien à ma place dans les orientations que j'ai choisies et dans les ancrages passés et actuels de mon existence ; mais j'ai plaisir, au travers du comportement des personnages, plus que de l'histoire proprement dite, à reconnaître tel mouvement secret de moi, tel désir encore en germe et qui soudain sort de l'ombre, se dévoile et prend sa place au soleil.

Parfois aussi, ce sera la découverte, comme une évidence, grâce à un nouveau décodage, d'une partie de mon propre vécu. Telle situation, telle décision, tel événement prend alors sens, ou prend un sens différent de celui que, jusqu'à ce jour, je lui avais prêté.

Le cinéma est un révélateur de nos pulsions secrètes. Un film, un personnage, une séquence irréelle ont ce pouvoir de nous déloger de nos habitudes, de bousculer nos croyances, d'agrandir nos possibles, de dynamiser nos ressources – en un mot, de nous éveiller.

Je pense encore à cette scène de *Out of Africa,* ce film que j'ai vu il y a maintenant quinze ans. Au moment où Robert Redford et Meryl Streep font l'amour sous la tente, elle lui chuchote, pour mieux s'abandonner : « Ne bouge pas, ne bouge pas »... Cette scène m'a paru superbe, elle mêlait l'amour et la tendresse, évoquait le temps que nous prenons quand nous décidons d'arrêter le temps pour accueillir la part d'éternité qui existe dans tout acte d'amour.

Je pourrais évoquer *Bagdad Café, Le Festin de Babette, Broken Silent, Hiroshima mon amour, Himalaya, Sur la route de Madison* et quelques autres films encore qui m'ont ému, bouleversé et, chaque fois, fait faire un pas de plus dans la rencontre avec moi-même.

Je songe aussi à *La Belle Verte,* une allégorie merveilleuse de Coline Serreau. Je revois la scène, quand elle se présente dans une maternité où souffre un bébé fiévreux et dévitalisé et qu'elle le prend nu contre sa peau et lui transfuse un peu de sa vie, un peu de sa présence : transfert d'énergie et d'amour... Scène qui m'a révélé que moi aussi j'avais pu ainsi donner de l'énergie et de l'amour à mes jeunes enfants quand ils étaient tout petits et que je les prenais contre mon corps, à une époque où c'était encore faisable !

Il est des films qui repoussent un peu plus loin les limites de nos possibles.

« L'homme descend du songe. »
Daniel MERMET

« Depuis qu'elle chante, on ne la reconnaît plus ! »

« Depuis qu'elle chante, on ne la reconnaît plus ! C'est comme un miracle ! Vrai ! » Cette amie qui me parle, à l'accent chantant de Martigues, ne peut s'empêcher d'accentuer ce « Vrai », comme si je pouvais douter que la personne dont il est question puisse vraiment chanter !

« Avant, elle était toujours dans sa tristesse, confite dans le deuil de son mari, celui de sa vie difficile, avec un quotidien rempli d'une infinitude de petits ennuis... On n'osait même plus l'appeler au téléphone tant le ton monotone de sa voix nous chavirait le cœur. Elle était souvent déprimée, abattue, à la limite de ne plus se nourrir, tellement triste, négative, engluée dans sa peine, ses multiples maux, ses médicaments, son médecin qu'elle voyait presque journellement...

« Puis elle est entrée dans un groupe de chant. Un de ceux qui se sont développés au village ces dernières années. Pas une chorale, non, c'est plus dynamique, plus jeune, moins formel ! Tous les âges y sont accueillis. On y chante du jazz, du traditionnel, du Brel, du Bécaud, des chansons *de la télévision,* du Nougaro... des classiques sérieux (là, il ne faut pas se tromper parce que ça se voit, non ça s'entend !).

« Elle chante, elle ose dire, enfin, qu'elle a toujours aimé chanter et même ô surprise ! qu'elle aurait voulu faire du théâtre, mais que "dans sa famille, cela ne se faisait pas..." Avec le groupe, elle part chanter dans les communes environnantes. Si on la cherche, "elle est au chant" ! Et c'est de la joie qu'elle en rapporte, qu'elle raconte au téléphone.

« Elle est devenue tellement gaie que c'est un plaisir de l'appeler, de l'entendre, d'être auprès d'elle. Tellement en forme qu'elle ne prend plus aucun médicament. Son médecin s'est inquiété de ne plus recevoir d'appel d'elle (eh oui ! l'entretien de la dépendance !), elle n'a plus aucune douleur. "Demain on verra bien !" Aujourd'hui, elle paraît occupée à temps plein, elle se mijote de bons petits plats, elle prend soin d'elle. Elle a demandé à sa fille de l'accompagner pour changer sa garde-robe "qui date quand même un peu, tu ne trouves pas ? ». Et elle prend soin de sa voix, une si belle voix...

« Toute la famille s'extasie, en parle avec des larmes aux yeux, tant elle rayonne, tant elle a changé... Grand-Mère ! Car cette jeune chanteuse, cette alouette, ce pinson qui chante et chante depuis plus d'un an maintenant, c'est la grand-mère de mon fils et elle a 81 ans ! » me confie cette amie. Un peu plus tard, elle ajoutera, songeuse : « Je ne vais pas attendre mes 81 ans pour chanter... Moi aussi j'ai beaucoup de chansons en retard ! »

Et si chacun de nous commençait à en retrouver quelques-unes en lui, pour commencer ainsi à se les offrir.

C'est à tout âge et chaque matin qu'une femme devient femme, en affirmant ses choix, en allant au bout de ses désirs, en acceptant d'aller vers le meilleur d'elle-même.

Lecture à foison

Depuis ce jour inouï de mes huit ans où a surgi dans ma vie un livre de Michel Zevaco (feuilletoniste prolifique de la fin du XIXe siècle), *Les Pardaillan,* je suis devenu un lecteur puis un *papivore* redoutable et insatiable, ce que l'on appelle un « grand lecteur ». Après avoir dévoré les huit tomes de cette saga, je me suis jeté sur tout ce qui était imprimé. Au début, il me suffisait d'entrevoir la couverture d'un bouquin pour l'ouvrir. J'entrais dedans à la page où le livre s'ouvrait. Je commençais toujours par la page de droite, ce qui me permettait de la tourner vite, et je continuais jusqu'à la fin du chapitre. Ensuite, je reprenais du début, depuis la page de titre : j'avais besoin d'entrer dans un livre à l'improviste, comme de le surprendre avant qu'il ne puisse s'enfuir et disparaître...

Aujourd'hui, en matière de lecture, mes choix sont éclectiques. La gamme en est large, paradoxale. Le dimanche je lis des livres faciles, des fictions, des romans policiers. Je réserve pour les vacances les grosses sagas américaines de 600 pages, les best-sellers dont j'ai repéré les titres en cours d'année, soit lors d'une rencontre, soit dans les critiques et les comptes rendus des magazines, littéraires ou non. Mais la plupart du temps, je me sens appelé par un titre, une quatrième de couverture, un auteur. La nécessité de me réactualiser sur le plan professionnel, la psychologie, la communication, existe aussi. Mais c'est un pensum relativement léger que de me plonger dans des essais ou des ouvrages plus techniques qui traitent de ce qui me tient le plus à cœur : les relations humaines. Je cherche surtout des livres qui m'offrent des ancrages et m'apportent un supplément d'âme.

La lecture est à la fois une activité solitaire (il est difficile de lire à deux le même livre) et conviviale (quand on lit allongé près de celle ou de celui avec lequel on peut partager ses découvertes et commentaires enthousiastes ou étonnés).

En fin de journée, la lecture peut être sabotée par une somnolence insidieuse qui étire les mots jusqu'aux rives du sommeil. Chez la plupart de ceux qui aiment lire, le plaisir de lire s'accompagne, outre du plaisir d'entrer dans un univers nouveau, d'un sentiment de bien-être, d'abandon et de lâcher prise vis-à-vis des préoccupations ou des obligations en cours... Lire, c'est se donner la possibilité d'agrandir le temps, d'ouvrir un espace à l'intensité des rêves, des voyages imaginaires et des réflexions sur ce qui nous meut. Le temps idéal pour lire est un jour de pluie. Pas de tempête ou de tornade, non, ces journées où ruisselle sans fin une pluie douce et lente qui ferme l'horizon, ralentit le temps, enveloppe la maison comme une protection paisible.

Car s'il est des livres qui donnent le sentiment d'être plus intelligent, il en est d'autres qui rendent plus savant ou qui font voyager, et d'autres encore qui font rêver. Plus rares sont ceux qui réconcilient avec le meilleur de soi, qui rapprochent de cette part de l'être que j'appelle le noyau divin, qui scintille en chacun. Lire, c'est entrer dans l'inattendu d'un mot, la chaleur d'une phrase, l'imprévisible d'une histoire et parfois l'appel d'une voix qui nous rejoint dans l'essentiel, au plus proche de notre vérité intime, et nous invite à nous respecter, à aller plus loin, plus près du meilleur de nous, de l'autre aussi.

**Je ne prête jamais un livre, je préfère l'offrir,
je ne rends jamais un livre prêté,
je préfère le garder...**

Qu'il est doux de ne rien faire...

Aspirer au repos ne suffit pas pour le trouver. Cela peut même nous épuiser, tant le décalage paraît grand entre le besoin et sa réalisation ! Se reposer, ne rien faire, s'immerger dans le farniente, est une aspiration louable, et plus fréquente qu'on ne le croit chez beaucoup ; mais contrairement aux apparences l'intention peut se révéler difficile et laborieuse à réaliser ! De fait, le désir d'interrompre une activité, de cesser de s'éparpiller dans le *faire,* afin de prendre du temps pour soi, est sans cesse menacé, bousculé, parasité par de multiples intentions récurrentes : terminer la tâche entreprise, s'occuper les mains, mobiliser son esprit, réaliser un rêve, rencontrer quelqu'un... Bref, *faire* au lieu d'*être,* car ne rien faire, c'est donner plus de place au *savoir-être.*

Quand nous parvenons enfin à ne rien faire, souvent après nombre d'efforts, ce moment se révèle fragile, facilement remis en cause et perverti par beaucoup d'autres bonnes intentions, sollicité par de nouvelles sollicitations à... faire ceci ou cela !

Se reposer est rarement une activité à temps plein. Il faut avoir des dons très particuliers, très affinés pour rester toute une semaine, et même une seule journée, sans rien faire. Les conditionnements familiaux et culturels sont puissants pour nous déloger de l'inactivité. Le droit à la paresse n'est pas intégré psychologiquement comme un alibi suffisant. S'entraîner à doses homéopathiques au début, puis oser de façon délibérée et soutenue par la suite et finalement s'adonner au farniente de manière constante et élaborée, est peut-être la solution... Quelques personnes particulièrement douées y arrivent. Et on les entend, après cette expérience, raconter à tous leurs amis et connaissances, avec force détails, tout ce qu'elles ont fait pour... ne rien faire.

Ah ! Ne rien faire pour avoir le temps de faire plein de choses passionnantes...

Règles de vie

Renoncez à vos ressentiments
n'en gardez aucun
car ils sont semblables à des poisons
et polluent toute relation
y compris la plus essentielle
la relation à vous-même.

N'entretenez plus accusations,
reproches ou critiques vaines
et ne nourrissez plus vos rancœurs.
Apprenez à ne plus vous disqualifier,
ne restez pas dans la victimisation,
abandonnez les plaisirs faciles
de la plainte et des regrets.

Osez être à l'écoute de votre personne,
dans le respect de ce que vous êtes
c'est le seul chemin pour rencontrer le meilleur
de vous-même.
Rassurez-vous en prenant appui
sur le meilleur de vous et de l'autre
quand ce dernier est proche de vous.

Encouragez-vous en reconnaissant votre valeur.
Du besoin d'affirmation et du besoin d'approbation,
oubliez le dernier.
Vivez au présent

tant d'éternité est en gestation dans un instant.
Devenez coauteur de vos relations
en acceptant les possibilités que procure la solitude
et celles, plus imprévisibles, qu'offre la rencontre
avec autrui.
Vous serez ainsi le meilleur disciple
de votre propre vie.

Aimez-vous autant qu'il vous est possible de le faire
et même un peu plus qu'il n'est nécessaire.
Vous introduirez ainsi plus de vie dans votre existence,
plus de *vivance* dans votre vie.

**Prenez le risque de vous respecter
et de vous aimer.**

Espace de vie

Certaines périodes de l'année, variables chez les uns et les autres, mais qui sont à mon avis très liées aux dates de notre naissance et parfois de notre conception, réveillent un besoin de changer de *look* ou de décor. Se révèlent alors une fringale de transformation, un besoin de couleurs nouvelles, une métamorphose dans les apparences ou l'environnement proche et, au delà, le témoignage encore voilé d'une mutation plus profonde, déjà en cours...

Certains congés sont mis à profit pour modifier, pour améliorer le nid, l'appartement, la maison. Nous appartenons à deux catégories principales : les organisés et les improvisateurs. Les organisés choisissent, planifient une stratégie et une façon de faire cohérentes : la cuisine ou la chambre en premier, les couloirs en dernier. Ils protègent les meubles, font des essais, comparent des échantillons, consultent, se renseignent, demandent des conseils à des amis ou à des professionnels. Bref, certains n'ont jamais été aussi sérieux que pendant ce temps de repos, quand leur projet occupe toute la place dans leurs pensées et leurs actes.

Les seconds improvisent, d'abord joyeusement, pleins de fougue et d'enthousiasme, pour se retrouver parfois au milieu d'une immense pagaille. Prisonniers de trois ou quatre chantiers différents, enfouis sous les difficultés, envahis par des matériaux en trop ou inappropriés. Ceux-là aussi feront appel à des professionnels patentés ou à des amis compétents et disponibles qui viendront les tirer d'affaire, mais seulement à la fin !

Quelle que soit la méthode employée, les effets de tous ces travaux sont le plus souvent positifs et le moral reste élevé, surtout quand s'y ajoute l'anticipation des réactions futures qui confirmeront le bon goût, le courage ou l'habileté du maître d'œuvre, par une admiration sans réserve devant les résultats !

Ce changement de l'environnement familier retentit positivement sur l'image de soi. Le remplacement d'une vieille moquette par une nouvelle, plus colorée et surtout plus moelleuse, peut ainsi s'apparenter à un cadeau plein de tendresse que l'on se fait à soi-même. S'offrir un tapis qui illuminera un coin de l'appartement peut équivaloir à une marque d'amour adressée à la partie vulnérable de soi. Changer l'éclairage de son coin de lecture, c'est d'une certaine façon tenter d'éclairer des aspects de sa vie ou projeter plus de lumière sur les zones d'ombre de son existence. Il arrive parfois que l'on veuille aussi toucher aux fondations ; il s'agit de changement plus profonds, qui peuvent faire basculer une vie dans une autre direction. Notre maison extérieure est à l'image de notre maison intérieure, elle en reflète les contradictions comme les ressources.

En matière de changement,
chacun reste maître
de ne pas vouloir... changer.

Rangement

Le désir soudain de ranger, de mettre de l'ordre (qui n'est le plus souvent qu'un déplacement organisé du désordre !) s'accompagne d'un besoin d'élaguer, d'alléger, de se soulager de l'inutile qui encombre notre existence. Quand nous arrivons à la fin d'une année de travail, d'une tranche de vie, et que nous avons le sentiment que trop de choses nous envahissent, trop d'affaires superflues, trop d'objets inutiles, trop de souvenirs dévitalisés, surgit le désir de faire un peu le vide pour faire place à du nouveau, à du neuf.

Ranger son appartement, déplacer les meubles, modifier la géographie d'une maison s'accompagne d'un sentiment de libération et de renaissance. Ma grand-mère disait : « Il est très difficile de remplir une bouteille déjà pleine ! » Si nous sommes en effet trop plein de tout ce que nous avons reçu et accumulé, nous sentons que pour accueillir l'imprévisible, pour nous étonner d'une découverte, il nous faut faire de la place en nous et hors de nous. Tailler dans le vif de l'inutile ne sera pas inutile ! En libérant l'espace extérieur, c'est aussi l'espace intérieur que nous libérons, que nous ouvrons, que nous rendons plus disponible pour nous-même et les autres.

Je sais par expérience que certaines velléités de rangement se heurtent à des résistances, à des doutes qui nous saisissent quand vient le moment de jeter, de mettre dans un carton ou dans un sac poubelle : « Je pourrais en avoir besoin un jour, qui sait ? », « Cela pourrait encore intéresser un des enfants, des amis, des parents. On ne sait jamais. » Alors nous replaçons l'objet, le livre, le vêtement que nous avions l'intention de supprimer et nous le retrouverons des années plus tard, avec le même désir de nous en débarrasser, la même hésitation à le faire ! Un jour viendra où le deuil étant fait, il sera possible de renoncer à le garder plus longtemps... Ce sera bien.

L'intention de mettre de l'ordre n'est souvent qu'une autre façon de faire du désordre ailleurs, dans un endroit moins visible, moins chargé affectivement et où le changement peut encore attendre.

Cependant, quel soulagement d'avoir pu se débarrasser de meubles, d'objets, de linge, de babioles qui ne correspondent plus à l'homme ou à la femme que nous sommes devenu. Ils ont perdu leur signification émotionnelle, et leur disparition, la place qu'ils laissent vide offrent effectivement un espace pour accueillir d'autres objets, un autre projet de vie, plus en accord avec notre mode de vie actuel... Mais il est certains objets qui échappent à toutes les tentatives de séparations, qui s'accrochent à nous pour nous rappeler qu'ils sont plus que des objets, qu'ils sont des souvenirs.

**La prise de conscience n'est pas suffisante
pour qu'il y ait changement,
encore faut-il faire des choix
et s'engager avec soi-même à s'y tenir...**

Du temps pour rêver

Je reste en vacances... Être en vacances, c'est prendre le temps de rêver, de quitter le passé immédiat, de renoncer un peu à l'emprise du présent, du quotidien, qui est ailleurs : c'est s'ouvrir à l'avenir.

Parmi nos besoins fondamentaux est le besoin de rêver, de nous projeter et, d'une certaine façon, de remodeler, de rebâtir ou de refaire le monde. Rêver non seulement à un avenir meilleur, à davantage de compréhension entre les hommes, mais aussi à la disparition de l'injustice, de la souffrance et de la violence, ou plus simplement de la bêtise.

Même si nous avons le sentiment d'avoir mérité notre plaisir d'exister, d'entrer de plain-pied dans quelques jours de bonheur que nous nous apprêtons à passer au bord de la mer, à la montagne ou en Provence, il peut nous arriver d'avoir le cœur serré, la pensée absorbée par ce qui se passe dans le vaste monde.

Nous sommes alangui au soleil, bercé par les vagues et le rire des enfants, ou encore, en montagne, entre le bleu du ciel et la terre ardente, et, par les journaux, la radio, la télévision, le discours de nos voisins de chalet, nous arrivent la rumeur d'une forme de terrorisme aveugle, de l'emprisonnement d'innocents, d'inondations ou de tornades, l'information que des condamnés à mort attendent depuis dix, quinze ou vingt ans une grâce, une libération, voire la reconnaissance de leur innocence. Nous rentrons le soir, à l'hôtel ou sous la tente, et nous parviennent les échos de quelques-unes des violences et injustices qui sévissent de par le monde.

En vacances, le militant que j'ai été ne s'endort pas totalement. Je continue, avec les amis de toujours, de rêver à haute voix d'un monde meilleur : notre seuil d'indignation n'est jamais tellement loin car nous avons encore beaucoup d'utopies à proposer pour diminuer les abus, résoudre les problèmes de la planète, favoriser l'amour entre les races, les religions, les ethnies qui s'opposent, susciter, accueillir plus de tolérance...

Rêver de vacances c'est aussi voyager dans sa tête. C'est habiter un lieu, inaccessible dans la réalité et qui devient familier, soudain proche et vivant. En vacances, j'ai un rêve prioritaire : je rêve souvent de Tahiti, où je ne suis jamais allé. J'ai dans ma tête le petit îlot dans le lagon de Bora-Bora où Colette Victor a vécu durant près de trente ans avec Paul-Émile Victor. Lieu magique où j'ai été invité à venir d'urgence, avant que le lagon magnifique qui l'entoure ne se transforme en vivier touristique piqué d'une multitude d'hôtels cinq étoiles qui tueront à jamais cet endroit de rêve. Mais je rêve...

(Non pas tout à fait.) Car entre le moment où j'ai écrit ce texte et celui où il est publié, j'ai pu aller à Bora-Bora et, le cœur un peu triste, découvrir comment peut mourir un paradis abîmé par un excès de tourisme ! et me réconcilier quand même avec l'espoir qu'il existe des êtres comme Teva (le fils de Colette et Paul-Émile Victor) et sa compagne pour entretenir dans l'îlot qui est le leur une qualité de vie rare et exceptionnelle.

Une utopie est semblable à une étoile à l'horizon d'une vie. Même si nous ne pouvons l'atteindre, l'essentiel est ce que nous découvrons le long du chemin, en allant vers l'étoile...

Un instant de bonheur

C'était la fin d'une belle après-midi, celle du dernier dimanche de vacances. Le lendemain recommençaient les classes, le travail, la vie normale... Une certaine nostalgie, un alanguissement flottaient dans l'air.

La foule des touristes se dispersait doucement, sur un mode nonchalant, et je crois que j'attendais avec une impatience tranquille que mon village retrouve son visage des autres mois de l'année... Je m'étais tourné vers l'ouest, la direction du bonheur, au bout d'une journée, face à un soleil resplendissant dans une magnifique trouée de verdure. Plus bas, sur la place, dansaient les feuilles des platanes étonnamment vertes et lumineuses sur le bleu éclatant du ciel. J'étais ainsi, abandonné à la douceur des choses, encore bercé par les dernières paroles d'une connaissance qui s'éloignait, le regard perdu dans un large rayon de lumière. Instant fugace pendant lequel il est possible de s'isoler de toutes les responsabilités. Le ciel me sert souvent à ça, je m'y envole pour échapper aux pesanteurs des réalités quand elles sont trop problématiques !

Et voilà que dans ce drapé de lumière, il y eut tout à coup une spirale ascendante, toute scintillante. Des centaines de petits éclats infimes, irisés de scintillements dorés, s'élevaient lentement jusqu'à disparaître, happés par l'ombre du feuillage. Un instant, du coin de l'œil je crus à des poussières... Et puis il y eut un autre envol, encore plus magique

que le premier, et là, j'ai vu une petite fille manger le plus consciencieusement du monde, de la barbe à papa. Elle ne plongeait pas sa bouche dans le nuage de sucre rose, mais elle en arrachait à pleine menotte de belles effilochées qu'elle happait avec délice. Et de celles-ci s'envolaient, par milliers, des cristaux infimes de sucre qui virevoltaient autour de ses mains et que chaque mouvement répandait comme une pluie ascendante de poussière d'or. La fillette, dans ce rayon de soleil tombé du ciel, irradiait une aura de particules scintillantes que le souffle de vent emportait vers la voûte des arbres.

C'était superbe, tellement léger, imprévisible et impalpable, irréel mais si présent... instant de bonheur rare comme la réalité sait nous en offrir pour nous rappeler que le bonheur existe. Instant d'apesanteur sociale, quand la vie s'écoule benoîtement sans obstacles ni réticences, et qui m'émerveille chaque fois avec la même intensité, que je reçois comme un cadeau. Quelques secondes encore, quelques bouchées de plus, et la fillette s'en est allée, reprise par la poigne ferme de sa mère...

Heureux toute une soirée d'avoir été le témoin, le seul témoin peut-être, de ce moment enlevé à la voracité du temps – aussi ai-je plaisir à vous l'offrir en partage...

Soyez les poètes de votre vie.
Osez chaque jour mettre du bleu à votre regard,
de l'orange au bout de vos doigts,
un sourire dans votre écoute et surtout,
surtout, de la tendresse
dans chacun de vos gestes.

Le temps de l'exceptionnel

Durant les vacances, si nous sommes suffisamment ouvert et disponible, l'exceptionnel peut faire partie de notre quotidien, venir nous surprendre à chaque instant. Pour cette raison, les vacances nous laissent un goût d'étonnement, de surprise, voire de renouvellement. Un de mes enfants me demandait un jour : « Papa, comment un miracle peut-il arriver ? » et je me suis entendu lui répondre spontanément : « Quand nous savons l'accueillir. » Si nous savons accueillir l'imprévisible, nous ouvrir à l'exceptionnel, des miracles surgiront spontanément et nous surprendront plus souvent que nous n'osons l'imaginer.

J'avais 19 ans, j'étais seul en vacances près de l'étang de Leucate, à 10 kilomètres de Perpignan, au cœur d'un mois de juillet torride. Une après-midi, j'ai dérangé sans le vouloir un homme qui faisait la sieste sous une pinasse retournée. J'ai fait ainsi connaissance d'Eugène, un pêcheur d'anguilles qui ne travaillait que la nuit. Un homme mûr, silencieux, bon (je le découvris plus tard) et rieur (je le sus tout de suite). Dès notre première rencontre, il m'invita à déguster une bouillabaisse d'anguilles, dont il m'apprit aussitôt les secrets, en particulier comment il fallait frotter chaque pomme de terre avec de l'ail « pour donner du goût en profondeur » ! En quelques jours, nous sommes devenus amis. Nous pêchions la nuit, dormions la moitié du jour et mangions à chaque repas, sauf le dimanche, une bouillabaisse d'anguilles si succulente que je n'en ai jamais retrouvé de semblable. Le dimanche, par contre, « puisque c'est dimanche ! » disait-il, nous dévorions, à deux, un énorme plat de sardines grillées avec des poivrons !

Je trouvais cet homme extraordinaire. Il me donnait le sentiment que rien de préjudiciable ne me viendrait de lui, que rien de mauvais ne pouvait lui arriver. Toutes les deux phrases il riait, enveloppant ce qu'il disait de soleil et de bonheur. Son regard, tendre et rieur, semblait découvrir des moments heureux dans tous les coins et recoins du temps, à chaque instant. Sa prestance, je devrais dire sa façon de se tenir face aux autres comme s'il était face à un vent de force six ou sept, semblait créer un champ magnétique contre lequel toute la violence du monde échouerait…

L'habileté de ses doigts à réparer les trous d'un filet, à colmater au chanvre et au goudron une fuite d'eau, à démonter son vieux moteur diesel et à le répandre en pièces détachées sur une vieille bâche, au fond de la cale ou sur le pont, avant de le remonter en quelques heures, m'étonnait chaque fois et me remplissait d'une admiration envieuse. Son sourire, au moment de relever le filet chargé de poissons, ses gestes affectueux pour rejeter à l'étang tout ce qui n'était pas anguilles et « qui méritait de vivre malgré nous ! », m'émouvaient et me donnaient une confiance inouïe. Oui, je trouvais cet homme exceptionnel de simplicité, de cohérence et de force bienveillante. Il a marqué ma jeunesse, il fut pour moi un maître de vie.

Il existe un pays où le mot tristesse n'existe pas. Je ne connais pas le nom de ce pays, mais je sais comment y aller.

Les multiples noms de l'espoir

Quand je suis emprisonné, l'espoir
s'appelle Liberté...

Quand je suis affamé, l'espoir
s'appelle Pain...

Quand je suis assoiffé, l'espoir
s'appelle Eau...

Quand je suis seul, l'espoir
s'appelle l'Autre...

Quand je suis désespéré, l'espoir
s'appelle Espérance...

Quand je suis sans lumière, l'espoir
s'appelle Soleil...

Quand je suis mourant, l'espoir
s'appelle Vie...

Quand je suis aimant, l'espoir
s'appelle Aimée...

Quand je suis paralysé, l'espoir
s'appelle Mouvement...

Quand je suis aveugle, l'espoir
s'appelle Lumière...

Quand je suis malade, l'espoir
s'appelle Guérison...

Quand j'ai peur, l'espoir
s'appelle Courage...

Quand je suis découragé, l'espoir
s'appelle Ténacité...

Et quand je suis au plus près... de moi
l'espoir s'appelle Toi.

Avec espoir je vis, sans espoir je survis...

Reflets

J'étais descendu en Avignon pour régler une affaire urgente. Un peu en avance, je me suis assis sur un banc public.

À ma droite, à l'autre bout de banc il y avait un homme. En fait, je ne l'avais pas regardé, seulement entrevu : il était assis, calme, avec des cheveux blancs.

Je regardais autour de moi, distraitement, sans m'intéresser particulièrement à l'animation de la place. Les gens se hâtaient. Depuis le matin, il y avait du vent. Un vent froid qui fouettait les visages, ébouriffait les cheveux. Un de ceux qui vous tapent au milieu du dos sans prévenir, faisant remonter les épaules et rentrer la tête dans le cou. Un vrai mistral qui venait subitement nous annoncer que l'été était révolu, que l'automne promettait d'être précoce.

C'est sous ce vent que j'ai vu arriver, à ma gauche, une jeune femme tenant un enfant par la main. Elle avait une longue jupe blanche, une auréole de cheveux la précédait presque à l'horizontale, tant le vent en jouait. Elle essayait, sans résultat, de les rabattre dans son cou. C'est ce geste qui a d'abord attiré mon attention. J'ai souri en la regardant faire, et j'ai pensé : « Gare à la jupe ! », car je connais le vent de chez nous. Quand il jette son dévolu sur une femme, il faut le voir s'enrouler autour d'elle, tourbillonner, maltraiter la jupe, la plaquer contre ses cuisses ! C'est ainsi qu'il joue, ce vent coquin, à affoler les vêtures !

Ainsi, pour notre plaisir, les femmes, leurs jupes soulevées en corolles, dévoilent leurs jambes, serrent les genoux, plaquent leurs mains sur leurs cuisses, leurs fesses, dans une défense pudique, avec un petit cri effaré : « Oooh ! »

Quelquefois, le vent ne soulève pas, il drape... C'est d'une sensualité merveilleuse, un drapé de mistral sur le corps étonné d'une femme. D'autant que l'élue n'en a pas conscience. Elle ne le sait pas, mais elle est comme nue. Penchée le plus souvent, absorbée par la force du vent, attentive à se protéger des envols, elle ne voit pas qu'elle offre son corps aux yeux de la rue. Celui-ci, révélé dans un drapé sculptural, fait d'elle, un instant, une Diane antique. Rondes ou élancées, fines ou musclées, toutes les cuisses des femmes sur lesquelles se plaquent les jupes sont superbes sous la fougue curieuse du mistral.

Mais ce jour-là, la femme qui avançait en tenant son enfant par la main avait une jupe longue et droite qui voletait à peine autour de ses chevilles. La jupe restait sage. Le vent n'avait pas d'emprise. Il n'y eut pas d'autre envolée que la bourrasque dans les longs cheveux qui m'effleurèrent presque lorsqu'elle passa devant moi.

Je la suivais du regard vers la droite, quand je fus saisi : il était presque 18 heures ; le soleil descendant éclairait de plein fouet la jeune femme que je voyais alors de dos, et au travers de la jupe claire, tout son corps apparaissait en transparence. Voilà que le soleil s'acoquinait avec le mistral pour la mettre à nu lui aussi ! Elle marchait, sans en avoir conscience, aussi belle qu'une Vénus au bain !

Image volée à quelque tableau classique ! La femme avançait sagement, son enfant l'accompagnait, et l'image qu'elle offrait tout autour était d'une impudeur émouvante tant cette femme était belle, douce et naturelle, illuminée par la transparence d'une poudre de lumière dorée.

C'était superbe ! Et tandis que j'étais ainsi tourné vers elle pour la suivre quelques instants encore, jusqu'à ce que la transparence disparaisse et lui restitue son corps sage, mon regard a rencontré celui de l'homme assis à ma droite. J'ai vu dans ses yeux l'éclat provoqué par la même image, le même sourire ravi que le mien.

J'ai dit simplement : « C'est magnifique n'est-ce pas ? » Il m'a fait un beau sourire et a répondu : « Oui, c'est magnifique à regarder... » Et tout aussitôt, comme s'il cherchait à s'excuser d'avoir vu malgré lui, il a ajouté : « Après tout, on a des yeux pour s'en servir, n'est-ce pas ! ? »

Bien sûr, Monsieur ! On a des yeux pour s'en servir ! Vous, moi, nous n'avons rien fait d'autre que regarder, saisir l'image, capter l'instant. Nous n'avons rien volé, rien dérobé, seulement reçu ce qui s'offrait à nous, qui s'est dévoilé devant nous : cette femme conduisant sa fille – cadeau du soleil et complicité du vent que je me plais à imaginer...

Mais, je m'en vais, cher Monsieur ! Je suis soudain pressé, mais vous, il me semble bien que vous avez du temps disponible. Je me demande même – et c'est possible ! et c'est tant mieux ! – si vous n'avez pas choisi cette place-là, sur ce banc, dans le rayonnement de cette fin de journée, justement pour admirer ce que la vie nous offre ! C'est bien possible... Ne m'avez-vous pas dit, quand je suis parti, avec un léger haussement d'épaule qui vous a donné l'air d'un enfant pris en flagrant délit : « Vous savez, c'est tout ce qui me reste... regarder ! »

Ne pas se priver du regard, même si nos autres sens sont en sommeil, garder les yeux ouverts...

Si nous croyons que le réel ne peut plus provoquer d'émotions, que seule la fiction peut en créer, alors remettons-nous à l'écoute du réel pour agrandir davantage nos rêves.

Dernière chronique

Accompagné par le journaliste Philippe Garcia, que je remercie ici, j'ai animé toute une année sur France Bleue Vaucluse une chronique radiophonique qui est à l'origine des trois volumes de *Chaque jour... la vie.*

Il m'appartient ici d'exprimer ma reconnaissance à tous les auditeurs qui, avec leur sensibilité, leur émotion, leur curiosité, m'ont écrit ou téléphoné pour partager leurs interrogations, pour me dire aussi, ultérieurement, le cheminement qu'ils avaient suivi, les changements qu'ils avaient introduits dans leur vie à la suite de l'une ou l'autre de mes interventions.

Nous avons ainsi évoqué, parcouru, sans bien sûr les approfondir, quelque 250 sujets concernant la vie au quotidien. Quand je revisite ces chroniques, je m'aperçois que les thèmes qui reviennent le plus souvent sont au cœur de la vie de chacun :

• En premier lieu, se présentent l'amour et la difficulté à se sentir aimé dans la durée. Les souffrances liées à la perte, à la séparation, à la rupture. Les couples reconstitués qui se cherchent et veulent réussir plus et mieux...

• Viennent ensuite les enfants : comment communiquer avec eux, leur apporter le meilleur de nous ? Comment ne pas nous laisser entraîner par leurs désirs, leurs peurs et les nôtres ! ?

• Beaucoup d'interrogations concernent les relations des enfants devenus adultes avec leurs parents, avec nos parents. Malgré l'affection, l'amour ou la tendresse que nous leur portons, nous avons souvent avec eux un lien difficile, lourd de contentieux, de malentendus, de tensions et de malaises.

• De nombreuses questions furent posées sur la difficulté à se respecter, à rester soi-même, à pouvoir se définir et s'affirmer dans les relations significatives de la vie.

• Et bien d'autres interrogations sur l'école, la vie dans les quartiers, au travail... et d'autres plus intimes encore dont j'ai tenté avec pudeur de refléter la force émotionnelle et la richesse.

Ainsi, durant toute une année, nous avons traversé ensemble des tranches de vie, tenté de réinventer le monde, de proposer des chemins différents pour oser être un bon compagnon pour soi-même, un meilleur compagnon pour notre entourage, pour ne pas passer à côté de notre existence, pour aller vers le meilleur de la vie.

Ce qui m'a le plus touché, et je dois le dire souvent ému, c'est l'écho engendré par ces chroniques chez nombre d'auditeurs, d'auditrices. Certaines ont germé, leur donnant envie d'aller plus loin dans leurs interrogations et leur responsabilisation, d'autres les ont fait rêver et leur ont donné envie d'engranger plus de vivance dans leur existence pour leur cheminement futur.

À chacun, je souhaite d'accueillir la vie avec plus de plaisir, d'oser s'entendre au plus près de ses possibles et de ses ressources, de découvrir l'importance du partage, de l'échange, de la tolérance, de la solidarité ou plus simplement les richesses simples d'une parole vraie adressée à l'autre, quand tout semble fermé, perdu ou inutile. À chacun je dis ma reconnaissance pour tout ce que j'ai appris avec lui.

S'il est des mots qui donnent des ailes aux rêves, il en est d'autres qui coupent le cou à la réalité. Il est aussi des mots qui traversent silencieusement l'espace d'une vie et d'autres qui éblouiront les rires d'un enfant à naître. Il est encore des mots à inventer pour tenter de crier l'indicible tandis que d'autres sont si meurtris qu'ils finissent leurs jours dans les labyrinthes d'un délire.

Alors ne prêtons pas aux mots tant de pouvoir, ils ne sont souvent que le reflet de l'expression d'une personne qui se cherche. Mais veillons quand même à les honorer. Et, surtout, à les écouter quand nous en découvrons quelques-uns blottis et tout étonnés d'avoir survécu sur la page d'un livre qui attendait d'être ouvert et… lu.

Table des matières

Composition
NORD COMPO

Achevé d'imprimer en Italie
par GRAFICA VENETA
le 4 juin 2013.

Dépôt légal novembre 2012
EAN 9782290065303
OTP L21EDDN000448C002

ÉDITIONS J'AI LU
87, quai Panhard-et-Levassor, 75013 Paris

Diffusion France et étranger : Flammarion